国家双高"铁道机车专业群"系列 活页工作手册式立体化教材
——城市轨道交通车辆应用技术专业

城市轨道交通列车网络控制及应用

主　编◎赵　慧　毕红雪　李　熙
副主编◎牛　可　刘峻峰　易　楠
主　审◎周　峰

西南交通大学出版社
·成都·

图书在版编目（CIP）数据

城市轨道交通列车网络控制及应用 / 赵慧，毕红雪，李熙主编. -- 成都：西南交通大学出版社，2023.12
ISBN 978-7-5643-9558-2

Ⅰ. ①城… Ⅱ. ①赵… ②毕… ③李… Ⅲ. ①城市铁路－轨道交通－列车－计算机网络－控制系统 Ⅳ. ①U284.48

中国国家版本馆 CIP 数据核字（2023）第 219457 号

Chengshi Guidao Jiaotong Lieche Wangluo Kongzhi ji Yingyong
城市轨道交通列车网络控制及应用

主编	赵 慧 毕红雪 李 熙
责任编辑	梁志敏
封面设计	何东琳设计工作室
出版发行	西南交通大学出版社 （四川省成都市金牛区二环路北一段 111 号 西南交通大学创新大厦 21 楼）
邮政编码	610031
营销部电话	028-87600564　028-87600533
网址	http://www.xnjdcbs.com
印刷	四川森林印务有限责任公司
成品尺寸	185 mm×260 mm
印张	19.75
字数	490 千
版次	2023 年 12 月第 1 版
印次	2023 年 12 月第 1 次
定价	56.00 元
书号	ISBN 978-7-5643-9558-2

课件咨询电话：028-81435775
图书如有印装质量问题　本社负责退换
版权所有　盗版必究　举报电话：028-87600562

前言

党的二十大明确指出要加快发展方式绿色转型。推动经济社会发展绿色化、低碳化是实现高质量发展的关键环节。要加快推动产业结构、能源结构、交通运输结构等调整优化，加快节能降碳先进技术研发和推广应用，坚持把发展经济的着力点放在实体经济上，推进新型工业化，加快建设制造强国、质量强国、航天强国、交通强国、网络强国、数字中国。

轨道交通作为国际公认的绿色交通，具有经济、环保、高效等独特优势，对于提高交通运输能力、提高群众的出行效率有着积极作用。近年来，随着我国经济高速增长和城市化进程快速推进，城市轨道交通行业也得以快速发展，运营线路长度、客运量、在建线路长度屡创历史新高。城市轨道交通行业前景广阔，需要大批具有扎实理论基础、较强操作能力的技术技能人才，满足社会、企业和行业需求。

当前，新一轮科技革命和产业变革相互促进，多种新兴技术加速发展，在实现"碳达峰、碳中和"目标的背景下，以信息化、数字化、网络化、智能化为重要特征的新兴技术成为推动高端装备高质量、高标准发展的必要引擎。随着智慧城轨不断加速推进，对城轨列车全自动、智能化、多系统协同发展要求越来越迫切。列车网络控制系统作为城轨车辆系统智能化的集中体现，在新技术不断涌现中呈现出蓬勃发展的趋势，列车网络控制系统成为城轨列车智能化应用的关键载体。

《城市轨道交通列车网络控制及应用》在计算机网络和数据通信技术的基础上，主要介绍了城市轨道交通列车通信网络的基础知识、控制原理及其应用，同时融合了城轨轨道交通网络控制的最新技术。全书分理论篇和实训篇，采用项目式教学，任务驱动，配有丰富的数字资源。

理论篇分为七个项目：项目一主要对城市轨道交通列车网络的概念进行阐述，并且回顾了列车网络的国内外发展现状；项目二讲述了列车网络的基础知识，包括计算机网络的概念、拓扑结构、传输介质、访问控制方法及网络体系结构；项目三介绍了数据通信的相关知识，包括通信系统、编码技术、传输技术、多路复用技术、数据交换及差错控制技术；项目四阐述了现场总线系统，包括总线及总线操作、现场总线的概念、现场总线的通信系统及网络化控制、串行通信接口技术；项目五重点介绍了城轨列车通信网络，包括列车通信网络、ARCNET通信网络、CAN总线通信网络、LonWorks总线、WordFIP总线及列车以太网技术；项目六主要介绍了常见的列车网络控制管理系统，包括SIBAS、MITRAC、DETECS和TCMS系统；项目七针对目前列车故障诊断系统和网络控制在列车运行方面的应用进行了详细分析与介绍。

实训篇分为五个实训项目，是对理论知识的综合运用与实践。实训项目按照真实的网络系统检修作业流程及作业规范确定，构建了工学结合的课程体系，使教学课程能更加密切地与实际作业相结合，形成"职业引导、能力递进"的人才培养模式，以实现人才培养与实际工作需求完整对接的目标。

本书由一线教师和企业技术人员组成的团队共同编写。郑州铁路职业技术学院赵慧、毕红雪以及北京市地铁运营有限公司李熙任主编，郑州铁路职业技术学院牛可、刘峻峰、易楠任副主编。其中，赵慧编写项目五、项目六、项目七；毕红雪编写项目四和实训；李熙编写项目二的任务五~任务七；牛可编写项目二的任务一~任务四；刘峻峰编写项目三；易楠编写项目一。此外，贵州轻工职业技术学院高天编写项目六的任务五并负责本书的图表制作。

本书在编写过程中得到了郑州铁路职业技术学院领导的大力支持，株洲电力机车有限公司周峰对本书编写思路提出了宝贵意见并担任主审，郑州地铁集团有限公司刘腾飞、赵慧阳、张鹏冲、马利在本书编写过程中给予了支持和帮助。另外，本书的编写参考了相关研究论文、国内其他铁路院校相关教材、各地方地铁公司规章、培训教材及行业标准等。在此一并表示感谢！

通信网络和控制技术一直在不断发展之中，限于编者的技术水平和实践经验，书中难免有疏漏和不妥之处，敬请广大读者批评指正，以便修订和完善。

编　者

2023 年 5 月

Digital Resources 数字资源

序号	资源名称	资源类型	页码	资源位置
1	列车通信网络概述	微课视频	4	项目一任务一
2	列车通信网络特点（一）	微课视频	6	
3	列车通信网络特点（二）	微课视频	6	
4	列车通信网络的发展和趋势	微课视频	6	项目一任务二
5	计算机网络拓扑结构与功能	微课视频	20	项目二任务三
6	计算机网络传输介质	微课视频	24	项目二任务四
7	网络体系结构	微课视频	36	项目二任务六
8	网络互联设备	微课视频	51	项目二任务七
9	数据通信系统概述	微课视频	58	项目三任务一
10	数据编码技术	微课视频	64	项目三任务二
11	数据传输技术	微课视频	69	项目三任务三
12	多路复用技术	微课视频	73	项目三任务四
13	差错控制技术	微课视频	80	项目三任务六
14	串行通信接口技术	微课视频	100	项目四任务五
15	TCN列车通信网络（一）	微课视频	115	
16	TCN列车通信网络（二）	微课视频	116	
17	多功能车辆总线MVB	微课视频	117	项目五任务二
18	WTB总线分析	微课视频	122	
19	WTB初运行	微课视频	126	
20	ARCNET网络	微课视频	129	项目五任务三
21	CAN总线	微课视频	135	项目五任务四
22	LonWorks总线	微课视频	142	项目五任务五
23	WorldFIP总线	微课视频	153	项目五任务六

24	列车以太网	微课视频	162	项目五任务七
25	城轨列车网络控制系统概述	微课视频	173	项目六任务一
26	列车网络 SIBAS 控制系统	微课视频	175	项目六任务二
27	列车网络 MITRAC 控制系统	微课视频	180	项目六任务三
28	列车网络 DTECS 控制系统	微课视频	188	项目六任务四
29	列车控制与诊断系统（TCDS）	微课视频	196	项目六任务五
30	TCN 通信网络在地铁车辆上的应用（一）	微课视频	204	项目七任务一
31	TCN 通信网络在地铁车辆上的应用（二）	微课视频	207	
32	TCN 通信网络在地铁 TCMS 系统应用	微课视频	216	
33	MVB 通信故障分析及处理	微课视频	220	项目七任务二
34	WorldFIP 列车通信网络在城市轨道交通中的应用	微课视频	229	项目七任务三
35	LonWorks 总线在列车故障诊断中的应用	微课视频	232	项目七任务四
36	以太网在列车网络控制中的应用	微课视频	234	项目七任务五
37	MVB 总线连接器的制作	微课视频	264	项目八任务二

目录

上篇 理论篇

项目一 绪论 ··· 3
  任务一 列车通信网络概述 ··· 4
  任务二 国内外列车网络控制的发展现状 ····································· 6

项目二 列车网络基础知识 ··· 10
  任务一 计算机网络概述 ··· 10
  任务二 局域网 ··· 16
  任务三 网络的拓扑结构 ··· 20
  任务四 网络的传输介质 ··· 24
  任务五 介质访问控制方法 ··· 30
  任务六 网络的体系结构 ··· 36
  任务七 网络互联设备 ··· 51

项目三 数据通信基础 ··· 57
  任务一 通信系统简介 ··· 58
  任务二 数据编码技术 ··· 64
  任务三 数据的传输方式 ··· 69
  任务四 多路复用技术 ··· 73
  任务五 数据交换技术 ··· 76
  任务六 差错控制技术 ··· 80

项目四 现场总线系统 ··· 91
  任务一 现场总线系统简介 ··· 92
  任务二 现场总线数据通信系统 ··· 94
  任务三 现场总线网络化控制系统 ··· 96
  任务四 总线与总线操作 ··· 98
  任务五 串行通信接口技术 ··· 100

项目五　城轨列车通信网络 112
- 任务一　城轨交通网络控制概述 112
- 任务二　列车通信网络 114
- 任务三　ARCNET 通信网络 129
- 任务四　CAN 总线通信网络 135
- 任务五　LonWorks 总线 142
- 任务六　WorldFIP 总线 153
- 任务七　列车以太网 162

项目六　列车网络控制管理系统 172
- 任务一　列车网络控制系统 173
- 任务二　SIBAS 系统 175
- 任务三　MITRAC 系统 180
- 任务四　DETECS 系统 188
- 任务五　列车控制与诊断系统 196

项目七　城轨列车网络控制及应用 203
- 任务一　TCN 系统在列车故障诊断中的应用 204
- 任务二　MVB 通信故障分析及处理 220
- 任务三　WorldFIP 总线在城市轨道交通中的应用 229
- 任务四　LonWorks 总线在列车故障诊断中的应用 232
- 任务五　以太网在列车网络控制中的应用 234

下篇　实训篇

- 实训一　列车网络结构认知 249
- 实训二　列车组干网 MVB 线缆制作 264
- 实训三　M12 连接器组装 272
- 实训四　单模块实验 279
- 实训五　地铁网络设备连接 288

参考文献 307

上篇 理论篇

项目一　绪　论

1. **知识目标**
（1）了解城轨网络的专业术语。
（2）了解国内外城轨网络的发展与现状。
（3）建立城轨网络的整体概念。

2. **能力目标**
（1）具有轨道交通相关专业必需的文化基础。
（2）拥有健康的体魄，能适应铁道机车专业岗位对体能及心理素质的要求。
（3）具有健康的心理和乐观的人生态度。

3. **素质目标**
（1）热爱中国共产党、热爱社会主义祖国，积极进取，有奉献精神和创新精神。
（2）具有正确的世界观、人生观、价值观，遵纪守法，诚信做人、踏实做事。
（3）具有良好的职业道德和公共道德。

项目导入

交通强国，铁路先行。2017年6月26日，两列被命名为"复兴号"的流线型"子弹头"列车分别从北京南站和上海虹桥站驶出，在京沪高铁首发。2017年9月21日，7对"复兴号"动车组在京沪高铁率先按时速350 km商业运营，为世界高铁建设运营树立了新的标杆。中国高铁就像复兴号列车一样，在万众瞩目中再次出发，驶向一个中国标准的全新运输时代。北京纵横机电科技有限公司的程建华副研究员手里有许多披着"中国红"的元器件，比较其他各国绿色的电路板，这一抹亮丽的红色似乎也传达着不同意味——在这位工作30余年的老先生眼中，这是"中国制造"的标志："我想到要在产品设计中融入中国元素，让更多人知道，中国动车组澎湃的动力来自中国制造！"现在，他所设计的带有"中国结"等造型的产品已安装在时速350 km、时速250 km复兴号动车组上，投入了实车运用。

光荣的背后是汗水浇灌的长征路。作为验证优化列车各项性能的最后一道关卡，整车试验是必不可少也不容疏忽的环节。为了确保复兴号的高安全性，参与复兴号工作的铁路职工们依次在中国铁路科学研究院环行试验线、长春—吉林客运专线、大西高速铁路综合试验段、郑州—徐州客运专线、哈尔滨—大连客运专线进行试验，历时16个月，其间在中国标准动车组上布置测点近3000个，在地面 60 个工点布置测点上千个，运用考核试验考核里程超过 60 万 km，是迄今为止试验周期最长、试验项目最多的高速动车组综合试验。郑州—徐州客运专线高速试验更是完成了时速 420 km 两车交会及重联运行高速综合试验，创造了高铁列车交会、重联运行速度的世界最高纪录。

谈到高铁创新的"国家队"，首屈一指的就是中国铁道科学研究院集团有限公司首席研究员赵红卫和她所带领的攻关团队。赵红卫是铁路系统入选科学技术部"中青年科技创新领军人才"的第一人，是 UIC（国际铁路联盟）机车车辆分委员会数据与通信专业组组长，也是在这个主要由西方国家组成和把控的联盟中，第一位担任专业组组长的亚洲人。从 2005 年起，她就开始从事机车车辆和高速动车组牵引网络控制系统研究。她率领的团队成功研制出了高速列车网络控制系统半实物仿真平台，填补了国内该领域的空白，达到国际先进水平。

任务一　列车通信网络概述

微课：列车通信网络概述

随着技术的进步，我国高铁事业也飞速发展，我国从 20 世纪 90 年代开始进行高速铁路动车组的研发，历经了以"中华之星"和"先锋号"等动车组为代表的自主探索阶段和以"和谐号"系列动车组平台为代表的引进消化吸收再创新阶段。从 2013 年开始，我国动车组研发进入了自主创新阶段，研发出的复兴号动车组具有完全自主知识产权，它的出现标志着我国已具有自主研发高速动车的能力。

为保证列车高速行驶的稳定性和可靠性，列车通信网络必须具有高安全性、高可靠性以及高效运行的能力。随着列车智能化和信息化水平的不断提高，列车通信网络中连接的设备和终端数量逐渐增多，同时随着科技的进步和不断增加的用户需求，如牵引、供电、制动系统以及主动控制等都广泛应用了计算机技术，导致车载计算机设备的数量增加，这些智能列车设备又增加了新的功能，如计算功能和通信功能等。这就要求列车通信网络共享更多的信息，如列车控制、监视、故障诊断数据等，都要通过网络进行传输。

随着加入网络的设备增多、列车上服务的多样化，网络的流量也日益增大，作为列车控制的核心系统，列车通信网络承载的通信种类与通信量也越来越大，因此对列车的安全性、可靠性和稳定性提出了更高的要求。在采用动力分散编组方式的电动车组上，采用列车通信网络来实现整列车所有车辆计算机设备之间的信息交换和共享，从而实现列车安全运行。

列车通信网络主要用来对各种信息进行传输，包括列车控制命令信息、列车故障诊断信息、状态监视信息和乘客服务信息等。列车通信网络可以比作列车的大脑和神经中枢，它是网络控制系统的核心部分。列车通信网络在历经二十多年的发展后已逐渐走向成熟，目前常用的列车通信网络有 LonWorks、ARCNET、WordFIP、CANOpen 和 TCN（WTB/MVB），其特点及网络性能如表 1-1 所示。

表 1-1 常用列车总线通信网络性能对比

现场总线	TCN	CANOpen	LonWorks	ARCNET	WordFIP
传输速率/(b/s)	1 M/1.5 M	5 k~1 M	1.25 M/78 k	2.5 M	31.25 k/1 M/2.5 M
最大节点数	32/256	127	127	256	256
最长用户数据长度/byte	128/32	8	228	507	128
优点	可靠性、实时性	简单、可靠	具有高层协议、层次结构	快速确定	高度精确
缺点	带宽低	速度慢、抗干扰能力差	速度慢、不安全	不适合大型网络	芯片昂贵
应用范围	列车级/车辆级总线	车辆级总线	列车级/车辆级总线	列车级总线	列车级/车辆级总线

一、应用列车通信网络的必要性

在以前的标准铁路实践中,是用一根或多根列车线路上的电线来监视或控制列车的每一项功能。例如,在一列地铁的单元列车组里,可能会用一对列车线来控制全部左边的车门,再用另外一对列车线来控制全部右边的车门。至于车门的关闭状态,同样需要一对列车线来报告所有左侧车门的关闭情况,另一对列车线来报告右侧车门的关闭情况。显然,这种方式需要很多列车线,而且要想知道哪个车门发生了故障基本不太可能(尽管工作人员非常希望了解)。车门系统只是许多列车线子系统之一,更多子系统意味着更多的连线,也意味着更多的电耦合器管脚以及更高的失效率。由此看来,随着车上控制项目的增多,在列车控制系统中引入通信网络是非常必要的。

此外,由于列车上的设备具有分散的特点,要使分布于各车辆设备协调工作,就必须借助于一个分布式的计算机控制系统,即列车通信网络来实现。例如,在牵引过程中各动车上的牵引电机协调工作或柴油机重联控制;在制动过程中各车辆间制动力的协调分配等。

(一)列车通信网络的概念和任务

列车通信网络是一个安装在列车上的计算机局域网络系统,它将分布于列车上不同位置具有不同功能的控制设备以一定的规则用通信介质连接起来,形成信息通道,在一定的计算机软、硬件的支持下,为连接于其上的设备提供稳定、可靠的通信服务。图 1-1 所示为列车通信网络的示意图。

列车通信网络连接车厢内的可编程设备、传感器和执行机构,以便完成如下任务:
(1)各动力车的重联控制。能够由一端司机室控制全列车的动力车。为此,需要将司机的操作命令传到各个动车,同时需将各动车对命令的执行情况、各部件的状态返回给司机。如果某些命令未能执行,则应按故障导向安全的原则采取相应的措施。
(2)全列车(包括动力车和拖车)所有由计算机控制的部件的联网通信和资源共享。
(3)全列车的牵引控制、制动控制、门控制、轴温监测和空调等控制。
(4)全列车的自检及故障诊断决策。

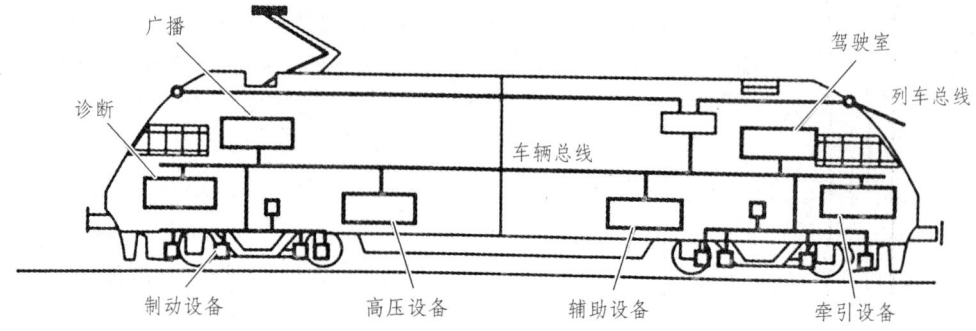

图 1-1 列车通信网络示意图

（5）全列车设备状态信息、运行信息的显示。每辆车的工作状态及故障信息可通过列车通信网络传送到司机显示屏，从而使整列车有效而安全地运行。

（6）为旅客提供信息服务。

（二）列车通信网络的特点

列车通信网络是用于列车这一流动性大、环境恶劣、可靠性要求高、实时性强、与控制系统紧密相关的特殊环境的计算机局域网络。与普通的计算机局域网相比，它具有如下特点：

微课：列车通信网络特点（一）

（1）实时性要求高（时间的准确性、传递的快速性）。由于列车是高安全要求的运动型服务设备，因此首要的就是通信的实时性。特别是高速列车，由于速度很高，环境条件变化十分快速，对实时性要求十分高。

微课：列车通信网络特点（二）

（2）高速通信。由于列车中的设备日益增多，功能日益强大，需要通信的数据量越来越多，高速的网络通信不但可以满足通信数据量的要求，而且还可以保证网络的实时性。当然，列车通信网络除了传输实时性数据外，非实时性的信息数据也要通过同一网络传输。

（3）自动组网，即网络节点的自动配置。对于非固定编组列车，列车经常需要重组，列车的自动实时重组网络的功能是十分必要的。

（4）可靠性要求高。由于列车通信网络的工作环境恶劣，但它对列车上几乎所有的设备都进行了监视、控制和管理，如果网络设备一旦出现问题，将严重影响列车的运行，因此需要考虑冗余设计等可靠性设计的方法，以保证列车运行的安全。

任务二　国内外列车网络控制的发展现状

微课：列车通信网络的发展和趋势

一、国外列车网络控制技术的发展

随着计算机技术的发展，尤其是 20 世纪 70 年代后期微处理器技术的普及，计算机在轨道交通工具上的应用得到迅速发展。微处理器开始主要应用于车辆单个设备的控制，例如，20世纪80年代初，德国西门子公司（SIEMENS）和英国广播公司（British Broadcasting Corporation，BBC）合作开发出了车载微机的雏形，当时车载微机仅仅可以实现对传动装置的控制功能。

20世纪90年代，随着计算机技术的高速发展，列车仅有制动系统采用传动装置控制，其他子系统如牵引系统、辅助系统、乘客信息系统（Passenger Information System，PIS）、车门系统、空调系统及信号系统等都逐步采用了微机控制，但因为当时车载通信网络没有实现统一标准，大大制约了列车网络控制系统技术的向前发展。

随着通信技术与控制技术的不断发展与融合，车辆微机控制的服务对象逐渐增多，如牵引、供电、制动等系统都广泛使用到了计算机技术。因此列车控制引入了层次划分思想，产生了基于串行通信的、用于较为独立的控制设备或层次间信息交换的总线与企业标准，如BBC的连接机车控制层的串行控制总线，该总线后来发展成为用于连接机车内的所有智能设备的MVB车辆总线。

初期的列车通信网络与列车控制系统相对独立。列车通信网络的任务主要是收集全列车各部件的状态、数据，以便进行监视和诊断；列车控制系统主要通过硬连线把命令传送到各节车厢，从而实现全车的重联控制。列车控制的命令不经网络传送，因此在列车可靠性上远未达到可信赖的程度。此时的列车通信网络在列车控制系统中并不是必不可少的，属于锦上添花。日本300系电动车组就是如此，它装有车辆情报管理系统TIS，该系统所提供的情报用于帮助乘务员采取对策，便于维修；控制的级位和命令采用硬连线直接传送，因此贯通全列车的硬连线比较多。

随着列车通信网络技术的发展，其可靠程度不断提高，功能也在不断增强，它已不再局限于监视、诊断所需要的情报收集，同时还传递控制所必需的信息，如各种控制命令都可通过网络传送到各车的各个部件，执行的结果也通过网络返回给司机，采用列车网络控制技术不仅可以省去大量的重连线，而且可使全车各部件控制更加协调、精确和合理，从整体上提高了控制的技术水平。监控与监视、诊断合在一起，使信息更加丰富，也避免了重取信号，提高了监视和诊断的水平。

20世纪90年代初，产生了列车总线以满足机车和动车组重联控制的需要，如德国西门子的DIN43322列车总线，美国Echelon的LonWorks总线，法国WorldFIP组织的WorldFIP总线，日本的ARCNET网络等。至此，一些大的铁路电气设备公司以牵引控制系统为基础、以列车通信系统为纽带、以新器件和新工艺为载体，相继推出了广泛覆盖牵引、制动、辅助系统、旅客舒适设备控制和显示、诊断等方面的列车通信与控制系统，在欧洲一般简称为TCC。在北美，类似的系统被称为基于通信的列车控制系统，简称为CBTC。

如今，列车网络技术已经逐步走向成熟，西欧一些技术发展处于前列的公司，如瑞士的Adtranz公司、德国的SIEMENS公司、意大利的ANSALDO公司等，都在致力于将自己公司的企业标准推向国际标准，逐步形成列车网络控制系统标准化、模块化的硬件系列和全方位开发、调试、维护和管理的软件工具，如IEC TC9第22工作组制定的"列车通信网络（简称为TCN）"标准已于1999年成为正式的国际标准，IEC61375规定了TCN和78 kb/s数据传输速率的LonWorks。

但是，随着控制网络的应用范围不断扩大，用户对网络的开放性、性价比、开发和应用的多样性和灵活性等方面都提出了更高的要求。1999 年，国际上制定了两个车载通信标准：一是国际电工委员会（International Electrotechnical Commission，IEC）制定的列车通信网络标准 IEC 61375，二是美国电气与电子工程师协会（the Institute of Electrical and Electronics Engineers，IEEE）制定的列车网络通信协议 IEEE 1473。IEEE 1473 的内容范围包含了 IEC 61375，同时规定了两种类型的车载通信网络：T 型和 L 型，后续列车网络控制系统及车载通信网络逐步实现了标准化、模块化，并建立了开发、调试、维护、管理等全方位的软件工具。T 型为 TCN 网络（Train Communication Network），L 型为 LonWorks（Local Operating Networks）通信网络。

现阶段 TCN 正推行"一网到底，多网融合"的研究开发策略，即大规模采用更为通用化和透明化的列车通信以太网。所以，以工业级实时以太网作为网络基础模型的列车通信以太网，在逐步完善结构设计优化和车载运行实验的同时，于 2014 年正式纳入 TCN 国际标准协议。在国外，多家厂商也在地铁列车上进行了大规模的以太网控车技术测试应用。其中，加拿大庞巴迪所设计的 IPTCom 控制协议，尝试性替代了部分控制子系统的管理信息传输方式。而之后 IPTCom 协议逐渐修订和调整，进而成为 IEC61375-2-3 TRDP 的初级协议结构基础。同时，捷克 Unicontrols 公司、德国西门子公司和日本东日本旅客铁路公司都相继开发了基于以太网的列车通信控制协议和测试实验设备，如 PROFINET、EtherCAT 和 INTEROS 等。

二、我国列车网络控制系统发展现状

20 世纪 90 年代中期，我国铁路客运中动车组的占比越来越大，网络控制技术的国产化需求非常迫切。为解决此问题，当时的中国铁道部加紧开展列车网络控制系统的课题研究，国内多家单位及科研院所也积极开展自我开发、联合开发、技术引进吸收及理论研究工作。其中，中国中车株洲电力机车研究所较早从国外引进了较为完整的 TCN 网关技术，并在此基础上消化吸收，形成了基于传统 MVB 总线、电气中距离（Empirical Mode Decomposition，EMD）传输介质的分布式列车网络控制系统（Distribute Train Electric ControlSystem，DTECS），可以满足列车部分系统的信息在一定距离内的传输、监视与控制。

随着技术不断发展，现阶段国内外城市轨道交通行业主流的列车网络控制平台有：西门子的 SIBAS 系统、庞巴迪的 MITRACS 系统、阿尔斯通的 AGATE 系统、三菱的 TIS 系统和中国中车的 DTECS 系统等；而广泛使用的车载通信网络有：TCN、LonWorks、ARCNET（Auxiliary Resource Computer Network）等。

目前，国内城市轨道交通列车网络控制系统已基本实现国产化，中国中车的 DTECS 系统技术日趋变得成熟、稳定，已成为轨道交通车辆的标准配置。它采用的是 TCN 网络两层结构，大多采用的是 WTB/MVB 现场总线技术，数据传输的安全性和可靠性较好但是传输带宽不够。同时，列车网络控制系统的设备集成化、维护标准化程度需进一步提高。

2002 年，铁道部参照上述两大国际标准，同时结合国内铁路列车的运行现状，制定了行业标准《列车通信网络》（TB/T 3035—2002），该标准也规定了两种类型的车载通信网络：T 型和 L 型，采用统一标准保证不同产品之间的互联互通，而此时国内城轨列车的网络控制系统仍基本采用进口产品。

2004年，首套具有自主知识产权的国产地铁列车网络控制系统研制成功，采用的是国际先进的车载微机网络控制系统，实现了整车的控制、通信、显示和诊断等功能，但其车载通信网络的传输速率和系统设备的模块化、集成化程度不高。

2007年，同济大学对车载通信网络进行了性能测试的研究，经过长时间连续运行后得出绞线式列车总线（Wired Train Bus，WTB）和多功能车辆总线（Multifunction Vehicle Bus，MVB）两层总线结构的各项性能指标，结合列车网络控制系统的实际应用要求，得到了各个网络控制设备各项参数的最佳配置，为实际应用提供了很好的指导，很大程度上提高了车载通信网络的传输速率，但其传输带宽仍不能满足乘客和运营单位越来越多的数据传输需求。

随着城市轨道交通线网的不断扩张，运营客流和供车压力逐步增大，运营单位对城轨列车运行安全、应急指导及维护便捷的要求更高，传输的数据越来越多，人们对列车舒适性、娱乐性的要求也越来越高，列车通信网络中的数据流量随之增大，网络服务种类越来越多元化。传统列车网络实时性较好，但是在某些方面已不能满足现在列车信息传输的要求，如网络传输速率低，无法大量传输多媒体等业务流量。

列车运行监控功能和乘客在途服务的数据传输要求具有大带宽、传输速率快、服务质量高、可实现智能组网等特征。此外，列车控制指令的传输还必须具备很高的实时性、可靠性与安全性。传统的列车网络无法支持如此大的数据量，工业以太网因其具有较高的传输速率，最高可达到 10 Gb/s，因此将工业以太网引入列车网络通信中，被定义为新一代列车网络技术，国内外各大厂商都在研究基于工业以太网的新一代列车网络控制系统。德国 TR 系统高速磁悬浮列车已经将以太网技术与另一种现场总线技术结合，成功应用在车载通信网络中。庞巴迪公司则开发了基于以太网的新型网络控制系统，由以太网管理列车上的所有车载设备，该系统已在德国、荷兰运营的区域列车上成功应用，并且和原有的 WTB/MVB 网络同时存在。2014 年 IEC 推出了 IEC 61375-2-5 列车骨干以太网（Ethernet Train Backbone，ETB）和 IEC 61375-3-4 编组以太网（Ethernet Consist Network，ECN）。ETB 用于不同车厢之间的通信，ECN 用于同一车厢内不同车载设备的连接。此外，中国中车旗下的株洲时代电气股份有限公司和青岛四方车辆研究所有限公司在工业以太网方面也进行了大量的研究，并分别提出了基于电子通信网（Electronic Communication Network，ECN）标准的第 2 代分布式列车网络控制系统和基于 TCN 标准的列车网络控制系统。

国内的列车通信以太网的应用与发展处于世界前列。国家标准制定委员会于 2020 年对 IEC61375 中以太网部分进行归类整合后，形成了内容更适合国内研究开发环境的国家标准 GBT28029。同时，随着 GBT28029 中列车通信以太网应用规范的补充完善，国内已经在多个实验和运行线路进行了列车通信以太网的实车搭建测试和运行控制调试，并大范围推动列车通信以太网的应用，以取代传统的 TCN，使其成为承载列车控制系统通信管理的主体。

任务拓展

查阅文献，阐述城市轨道交通网络控制系统的发展历程。

项目二　列车网络基础知识

1. 知识目标

（1）了解计算机网络的产生和发展过程。

（2）掌握计算机网络相关的专业术语。

（3）掌握计算机网络的功能、特点和分类方式。

2. 能力目标

（1）具有勇于创新、敬业乐业、严谨务实的工作作风；具有安全意识，责任意识。

（2）具有团队协作精神。

3. 素质目标

（1）热爱祖国，积极进取，有奉献精神和创新精神。

（2）具有正确的世界观、人生观、价值观，遵纪守法，踏实做事。

（3）具有良好的职业道德和公共道德。

项目导入

2019年9月，中共中央、国务院印发《交通强国建设纲要》，强调以习近平新时代中国特色社会主义思想为指导，深入贯彻党的十九大精神，紧紧围绕统筹推进"五位一体"总体布局和协调推进"四个全面"战略布局，坚持稳中求进工作总基调，坚持新发展理念，坚持推动高质量发展，坚持以供给侧结构性改革为主线，坚持以人民为中心的发展思想，牢牢把握交通"先行官"定位，适度超前，进一步解放思想、开拓进取，推动交通发展由追求速度规模向更加注重质量效益转变，由各种交通方式相对独立发展向更加注重一体化融合发展转变，由依靠传统要素驱动向更加注重创新驱动转变，构建安全、便捷、高效、绿色、经济的现代化综合交通体系，打造一流设施、一流技术、一流管理、一流服务，建成人民满意、保障有力、世界前列的交通强国，为全面建成社会主义现代化强国、实现中华民族伟大复兴中国梦提供坚强支撑。

任务一　计算机网络概述

计算机网络是指将地理位置不同的具有独立功能的多台计算机及其外部设备，通过通信线路连接起来,在网络操作系统、网络管理软件及网络通信协议的协调和统一管理下,实现资源共享和信息传递的计算机系统。

计算机网络是计算机技术和通信技术紧密结合的产物,它涉及通信与计算机两个领域。计算机网络的诞生使计算机体系结构发生了巨大变化,在当今社会经济中起着非常重要的作用,它对人类社会的进步作出了巨大贡献。从某种意义上讲,计算机网络的发展水平不仅反映了一个国家的计算机科学和通信技术水平,而且已经成为衡量其国力及现代化程度的重要标志之一。

一、计算机及计算机网络的产生

1946年2月14日世界上第一台电子数字计算机ENIAC(Electronic Numerical Integrator And Computer,电子数字积分计算机,中文名:埃尼阿克)诞生,这台电子数字计算机重达30 t,每秒能运行5千次加法运算。随后,电子数字计算机快速发展,至2013年由我国国防科技大学开发的超级计算机——天河二号,其计算速度已经达到每秒3.386×10^{16}次。

对于计算机网络而言,在1946年世界上的第一台数字电子计算机刚问世时,计算机和通信系统是没有联系的。1954年相关学者用终端将穿孔卡片上的数据从电话线路上发送到远地的计算机,实现了网络通信。此后,又出现了电传打字机等其他设备。计算机与通信的结合就这样开始了。

最早的计算机网络(Internet)系统是由美国国防部高级研究计划局(Advanced Research Projects Agency,ARPA)在1969年建立的,当时的目的是对付来自苏联的核攻击威胁。那时,传统的电路交换的电信网虽然已经四通八达,但战争期间,一旦正在通信的电路有一个交换机或链路被炸,整个通信电路就会中断,如要立即改用其他备用电路,必须重新拨号建立连接,这将在时间上造成延误。

现代计算机网络的许多概念和方法,如分组交换技术都来自ARPAnet。ARPAnet不仅进行了租用无线互联的分组交换技术研究,而且还进行了无线、卫星网的分组交换技术的研究,最终使得TCP/IP问世。

1977—1979年,ARPAnet推出了TCP/IP体系结构和协议。1980年前后,ARPAnet上的所有计算机开始了TCP/IP协议的转换工作,以ARPAnet为主干网建立了初期的计算机网络。1983年,ARPAnet的全部计算机完成了向TCP/IP的转换,并在UNIX(BSD4.1)上实现了TCP/IP。ARPAnet在技术上最大的贡献就是TCP/IP协议的开发和应用。2个著名的科学教育网CSNET和BITNET先后建立。1984年,美国国家科学基金会NSF规划建立了13个国家超级计算中心及国家教育科技网,随后替代了ARPAnet的骨干地位。1988年Internet开始对外开放。1991年6月,在连通Internet的计算机中,商业用户首次超过了学术界用户,这是Internet发展史上的一个里程碑,从此Internet进入快速发展阶段。

二、计算机网络的发展阶段

计算机网络的演变过程大致可概括为四个阶段:① 面向终端的远程联机系统;② 共享资源的计算机网络;③ 标准化网络;④ 互联网与高速网络。

（一）面向终端的远程联机系统

面向终端的计算机网络是以单个计算机为中心的远程联机系统，实现了不同地理位置的大量终端与主机之间的连接和通信。早期的计算机价格十分昂贵，只有计算中心才可能拥有，但它具有的分时处理能力却可以为多个用户提供服务。因此，为了方便用户的使用和提高主机的利用率，将地理位置分散的多个终端通过通信线路与主机连接起来形成网络。在这里终端本身没有处理能力，人们在终端上传输指令和数据，指令和数据通过通信线路传递给主机；主机执行指令进行数据处理，将处理结果传递给终端，在终端上显示结果或将结果打印出来。这种远程联机系统就是"面向终端的计算机网络"，又称为终端-计算机网络，这也是早期计算机网络的主要形式，特点是用一台中央主计算机连接大量的在地理上位置比较分散的终端。

该系统典型代表就是美国军方在1954年推出的半自动地面防空系统（SAGE），该系统是将远程雷达和其他测量设施获得的信息通过通信线路与基地的一台IBM计算机连接，进行集中的防空信息处理与控制，从而首次实现了计算机技术与通信技术的结合。在该计算机网络和控制系统中，其终端无独立处理数据的功能，只能共享主机的资源（见图2-1）。从严格意义说，该阶段的计算机网络还不是真正的计算机网络。

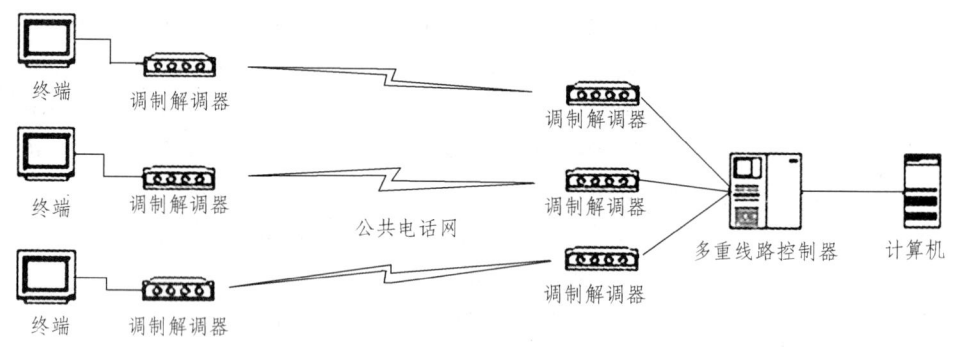

图2-1 单机系统的典型结构

为减轻主机的负担，可在通信线路和计算机之间设置一个前端处理机（FEP），FEP专门负责与终端之间的通信控制，而让主机进行数据处理。为提高通信效率，减少通信费用，在远程终端比较密集的地方可以增加一个集中器，集中器负责把若干个终端经低速通信线路集中起来，连接到高速线路上，再经高速线路与前端处理机连接。当时，前端处理机和集中器一般由小型计算机担当，因此，这种结构也称为具有通信功能的多机系统（见图2-2）。60年代初，美国航空订票系统（SABRE-1）就是这种计算机通信网络的典型应用。

第一代计算机网络系统虽然能够实现设备之间的连接与通信，但是其缺点也是十分明显，其主要包括：

（1）以主机为中心，联机系统上的终端没有独立数据处理能力。
（2）主机既要负责数据处理，又要管理与终端的通信，主机的负担很重。
（3）一个终端单独使用一根通信线路，造成通信线路利用率低。
（4）每增加一个终端，线路控制器的软硬件都需要做出很大的改动。
（5）采用集中控制方式，可靠性比较低。

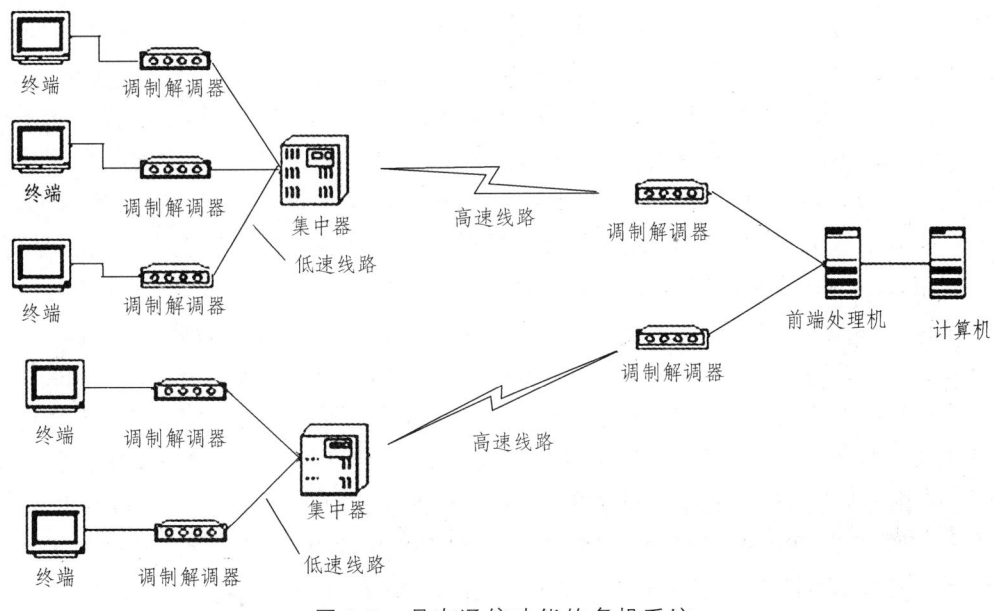

图 2-2 具有通信功能的多机系统

（二）共享资源的计算机网络

20 世纪 60 年代中期至 70 年代，第二代计算机网络产生，它将多个主机通过通信线路互联起来，为用户提供服务，典型代表是美国国防部高级研究计划局协助开发的 ARPANET。它们的主机之间不是用线路直接相连，而是由接口报文处理机（IMP）转接后互联。IMP 和它们之间互联的通信线路一起承担了主机间的通信任务，构成了通信子网。通信子网互联的主机负责运行程序，提供资源共享，组成资源子网。这个时期，网络概念为"以能够相互共享资源为目的互联起来的具有独立功能的计算机之集合体"，形成了计算机网络的基本概念。

第二代计算机网络逻辑上可以分为两大部分：资源子网和通信子网。资源子网由网络中的所有主机、终端、终端控制器、外设（如网络打印机、磁盘阵列等）和各种软件资源组成，负责全网的数据处理和向网络用户（工作站或终端）提供网络资源和服务。通信子网由各种通信设备和线路组成，承担资源子网的数据传输、转接和变换等通信处理工作。

网络用户对网络的访问可分为两类：本地访问和网络访问。本地访问是指对本地主机的访问，不经过通信子网，只在资源子网内部进行。网络访问是指通过通信子网访问远地主机上的资源。

第二代计算机网络系统相对于第一代计算机网络系统较为成熟，其主要特点如下：
（1）实现了分布式的资源共享。
（2）具有分组交换的数据交换方式。
（3）采用专门的通信控制处理机。
（4）使用分层的网络协议。

（三）标准化网络

以共享资源为目的的第二代计算机网络，大多是由研究部门、大学或计算机公司自行开发研制的,如 IBM 公司于 1974 年率先提出的计算机网络体系结构(Systems Network Architecture,SNA),DEC 公司 1975 年提出的面向分布式网络的数字网络体系结构(Digital Network Architecture,DNA),Univac 公司于 1976 年公布了分布式控制体系结构(Distributed Cumputer Architecture,DCA)等。这些网络技术标准容易实现同一体系结构的网络产品的互联,但是不同体系结构的产品互联很难实现,这种局面不仅妨碍了计算机网络的发展,令用户在投资方面无所适从,造成重大的投资损失,而且也不利于厂商之间的公平竞争。因此,制定统一的计算机网络技术标准成为必然。

计算机网络发展的第三阶段是加速体系结构与协议国际标准化的研究与应用。20 世纪 70 年代末,国际标准化组织(International Organization for Standardization,ISO)的计算机与信息处理标准化技术委员会成立了一个专门机构,研究和制定网络通信标准,以实现网络体系结构的国际标准化。1984 年 ISO 正式颁布了一个称为"开放系统互联基本参考模型"的国际标准 ISO7498,简称 OSIRM(Open System Interconnection Basic Reference Model),即著名的 OSI 七层模型。OSI 推动了网络的标准化进程,使人类进入了第三代计算机网络时代。遵循国际标准化协议的计算机网络具有统一的网络体系结构,厂商需按照共同认可的国际标准开发自己的网络产品,从而可保证不同厂商的产品可以在同一个网络中进行通信。这就是"开放"的含义。

目前存在的占主导地位的网络体系结构有以下两种:① 国际标准化组织 ISO 提出的 OSIRM(开放式系统互联参考模型);② Internet 所使用实际的工业标准 TCP/IPRM(TCP/IP 参考模型)。

(四)互联网与高速网络

从 20 世纪 80 年代末开始,计算机网络技术进入新的发展阶段,其特点是:互联、高速和智能化。其具体表现为:① 发展了以 Internet 为代表的互联网;② 发展高速网络。

1993 年美国政府公布了"国家信息基础设施"行动计划,即信息高速公路计划。这里的"信息高速公路"是指数字化大容量光纤通信网络,用以把政府机构、企业、大学、科研机构和家庭的计算机联网。美国政府又分别于 1996 年和 1997 年开始研究发展更加快速可靠的互联网 2(Internet2)和下一代互联网(Next Generation Internet)。可以说,网络互联和高速计算机网络正成为新一代计算机网络的发展方向。

随着网络规模的增大与网络服务功能的增多,各国正在开展智能网络 IN(Intelligent Network)的研究,以提高通信网络开发业务的能力,并更加合理地进行网络各种业务的管理,真正实现以分布和开放的形式向用户提供服务。而智能网的概念是美国于 1984 年提出的,其智能网的定义中并没有人们通常理解的"智能"含义,仅仅是一种"业务网",目的是提高通信网络开发业务的能力。

第四代计算机网络是一种比较成熟的计算机网络,其特点如下:

(1)广泛的资源共享。

(2)高速的数据传输。

(3)综合的业务服务。

（五）计算机网络的发展趋势

计算机网络技术的进步促进了网络应用的普及，而网络的需求不断扩大，又推动了计算机网络的进一步发展。

下一代网络（Next Generation Network），又称为次世代网络，其主要思想是在一个统一的网络平台上以统一管理的方式提供多媒体业务，整合现有的市内固定电话、移动电话的基础上（统称FMC），增加多媒体数据服务及其他增值型服务。其中话音的交换采用软交换技术，而平台的主要实现方式为IP技术，逐步实现统一通信，其中VoIP是下一代网络中的重点。

NGN是一个分组网络，它提供包括电信业务在内的多种业务，能够利用多种带宽和具有QOS能力的传送技术，实现业务功能与底层传送技术的分离；它允许用户对不同业务提供商网络的自由接入，并支持通用移动性，实现用户对业务使用的一致性和统一性。它是以软交换为核心的，能够提供包括语音、数据、视频和多媒体业务的基于分组技术的综合开放的网络架构，代表了通信网络发展的方向。NGN具有分组传送、控制功能从承载、呼叫/会话、应用/业务中分离、业务提供与网络分离、提供开放接口、利用各基本的业务组成模块、提供广泛的业务和应用、端到端QOS和透明的传输能力通过开放的接口规范与传统网络实现互通、通用移动性、允许用户自由地接入不同业务提供商、支持多样标志体系、融合固定与移动业务等特征。

支撑NGN的九大技术如下：① IPv6；② 光纤高速传输；③ 光交换与智能光网；④ 宽带接入；⑤ 城域网；⑥ 软交换；⑦ 3G和后3G移动通信系统；⑧ IP终端；⑨ 网络安全。

国际电信联盟远程通信标准化组织（ITU-T）下一代网络标准化小组提出：下一代网络应该是公共交换电话网（PSTN）和移动通信网络分组网（ATM/IP）的融合。未来的网络应该在统一分组网上支持各种业务，是一个真正实现宽带窄带一体化、有源无源一体化、传输接入一体化的综合业务网络。分组化的、开放的、分层的网络架构体系是下一代网络的显著特征。下一代网络基本上按业务层、控制层、传输层和接入层划分，这四层之间通过标准的开放接口互联。

业务层是由一系列的业务应用服务器组成，提供各种各样的业务控制逻辑，完成增值业务处理，同时提供开放的第三方接口，易于引入新型业务。

控制层主要指网络为完成端到端的数据传输进行的路由判决和数据转发功能，它是网络的交换核心，目的是在传输层的基础上构建端到端的通信过程。

传送层面向用户端，支持透明的TDM线路的接入，在网络核心提供大带宽的数据传输能力，并替代传统的配线架，构建灵活的长途传输网络，一般为基于密集波分复用DWDM技术的全光网。

下一代网络除了能向用户提供语音、高速数据传输、视频业务之外，还能向用户方便地提供视频会议、电话会议功能，而且能像广播网络一样，向有此项要求的用户提供统一的消息、时事新闻等。

任务二　局域网

一、局域网简介

局域网（Local Area Network，LAN）是在一个局部的地理范围内（如一个学校、工厂和机关内，一般为方圆几千米），将各种计算机，外部设备和数据库等互相连接起来组成的计算机通信网。局域网可以实现文件管理、应用软件共享、打印机共享、工作组内的日程安排、电子邮件和传真通信服务等功能。局域网是封闭型的，可以由办公室内的两台计算机组成，也可以由一个公司内的上千台计算机组成。决定局域网的主要技术要素为：网络拓扑、传输介质与介质访问控制方法。

为了完整地给出 LAN 的定义，必须使用两种方式：一种是功能性定义，另一种是技术性定义。前一种定义方式是将 LAN 定义为一组台式计算机和其他设备，它们是在物理地址上彼此相隔不远，为实现用户之间的相互通信和诸如打印机和存储设备之类的计算资源共享而互联在一起的系统。这种定义适用于办公环境下，工厂和研究机构中使用的 LAN。就 LAN 的技术性定义而言，它将 LAN 定义为由特定类型的传输媒体（如电缆、光缆和无线媒体）和网络适配器（又称为网卡）互联在一起的计算机，并受网络操作系统监控的网络系统。功能性和技术性定义之间的差别是很明显的，功能性定义强调的是外界行为和服务；技术性定义强调的则是构成 LAN 所需的物质基础和构成的方法。

局域网（LAN）的名字本身就隐含了这种网络地理范围的局域性。由于其只是在一个较小的地理范围内实现计算机的连接，LAN 通常要比广域网（WAN）具有高得多的传输速率。例如，LAN 的传输速率为 10 Mb/s，FDDI 的传输速率为 100 Mb/s，而 WAN 的主干线速率国内仅为 64 kb/s 或 2.048 Mb/s，最终用户的上线速率通常为 14.4 kb/s。LAN 的拓扑结构常用总线型和环形，这是由有限的地理范围所决定的，这两种结构很少在广域网环境下使用。LAN 还有诸如高可靠性、易扩缩、易于管理及安全性高等多种特性。

局域网产生于 20 世纪 60 年代末、70 年代初，70 年代中后期是局域网的一个重要发展阶段，80 年代局域网走向了大发展的时期。而 90 年代以后，随着信息高速公路的崛起，局域网进一步朝着高速、宽带、多媒体等高性能方向发展。

二、局域网体系结构与 IEEE802 标准

电气和电子工程师协会（Instituteof Electricaland Electronics Engineers，IEEE）规范了诸多通信行业的标准。其中，IEEE802 不仅规范定义了网卡如何访问传输介质（如光缆、双绞线、无线等），以及在传输介质上传输数据的方法，还定义了传输信息的网络设备之间连接建立、维护和拆除的途径。遵循 IEEE802 标准的产品包括网卡、桥接器、路由器以及其他一些用来建立局域网络的组件。

为了规范 LAN 的设计，IEEE802 委员会针对各种局域网的特点，并且参照 ISO/OSI 模型，制定了有关局域网的标准（称为 IEEE802 系列标准）。有关 LAN 的标准化主要集中在 OSI 体系结构的第二层，已制定了一系列的标准，具体包括：

（1）IEEE802.1 标准，定义了局域网体系结构、网络互联以及网络管理。
（2）IEEE802.2 标准，定义了逻辑链路控制 LLC。
（3）IEEE802.3 标准，定义了 CSMA/CD 总线介质访问控制方法与物理层规范。
（4）IEEE802.3 标准，定义了令牌总线（TokenBus）介质访问控制方法与物理层规范。
（5）IEEE802.5 标准，定义了令牌环（TokenRing）介质访问控。
（6）IEEE802.6 标准，定义了城域网介质访问控制方法与物理层规范。
（7）IEEE802.7 标准，定义了宽带技术。
（8）IEEE802.8 标准，定义了光纤技术。
（9）IEEE802.9 标准，定义了语音与数据综合局域网技术。
（10）IEEE802.10 标准，定义了局域网的安全机制。
（11）IEEE802.11 标准，定义了无线局域网技术。
（12）IEEE802.12 标准，定义了按需优先的介质访问方法，用于快速以太网。

IEEE802 系列标准间的关系可以用图 2-3 进行描述。

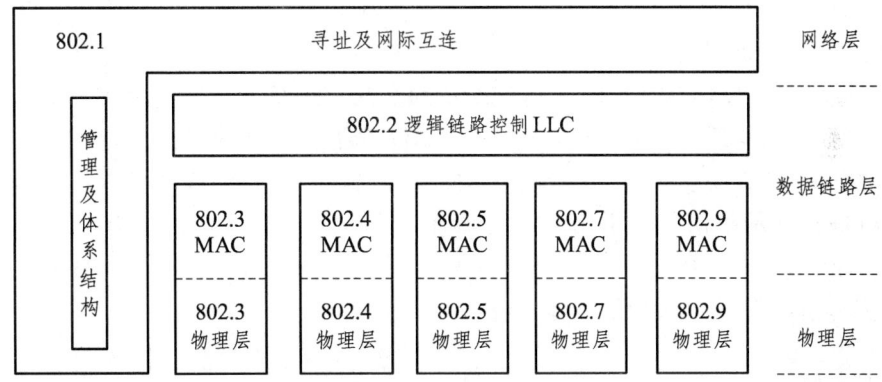

图 2-3　IEEE802 系列标准间的关系

IEEE802 标准定义了 ISO/OSI 的物理层和数据链路层，如图 2-4 所示。

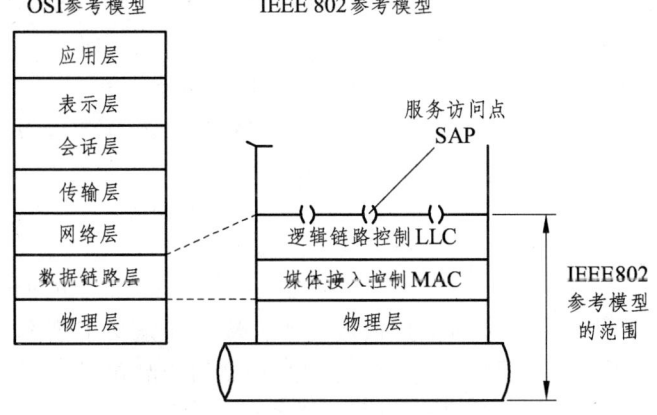

图 2-4　IEEE802 局域网参考模型

1. 物理层

物理层包括物理介质、物理介质连接设备（PMA）、连接单元（AUI）和物理收发信号格式（PS）。物理层主要功能：实现比特流的传输和接收；进行同步用的前同步码的产生和删除；信号的编码与译码；规定拓扑结构和传输速率。

2. 数据链路层

从图 2-4 中可以看出，LAN 的数据链路层实际上被划分为两个子层：逻辑链路控制子层（LLC）和媒体访问控制子层（MAC）；并且，LAN 之间的差别主要体现在物理层和 MAC 子层。

（1）逻辑链路控制 LLC 子层：该层集中了与媒体接入无关的功能。LLC 子层的主要功能：建立和释放数据链路层的逻辑连接；提供与上层的接口（即服务访问点）；给 LLC 增加序号；实现差错控制。

（2）媒体访问控制 MAC 子层：负责解决与媒体接入有关的问题和在物理层的基础上进行无差错的通信。MAC 子层的主要功能：发送时，将上层交下来的数据封装成帧进行发送；接收时，完成对帧的拆解，将数据交给上层，实现和维护 MAC 协议，进行比特差错检查与寻址。

LAN 物理层主要定义节点和传输媒体的接口特性，包括机械特性、电气特性等。LAN 的 MAC 子层则定义节点共享传输媒体时采用的访问控制技术，包括借助于物理层的无差错传输技术等；LAN 的 LLC 子层屏蔽不同的 MAC 子层之间的差异，以便提供统一的接口；LAN 的网络层功能被简化，在单个 LAN 设计时可以忽略，或者可以认为 OSI/RM 的更高层通过虚拟的网络层直接引用 LLC 子层的服务。

三、局域网的基本组成与分类特点

简单地说局域网由网络软件和网络硬件两部分组成。硬件部分主要包括服务器、工作站、网络接口卡、网络设备、传输介质、外围设备等，用于实现局域网的物理连接，为局域网中计算机之间的通信提供一条物理通道。网络软件部分主要包括：协议软件、网卡驱动程序、网络操作系统，用于控制并具体实现信息传送和网络资源的分配共享。

局域网的类型很多，若按网络使用的传输介质分类，可分为有线网和无线网；若按网络拓扑结构分类，可分为总线型、星形、环形、树形、混合型等；若按传输介质所使用的访问控制方法分类，又可分为以太网、令牌环网、FDDI 网和无线局域网等。其中，以太网是当前应用最普遍的局域网技术。

四、无线局域网及其特点

无线局域网（Wireless Local Area Network，WLAN）是把分布在数公里范围内的不同物理位置的计算机设备连在一起,在网络软件的支持下可以相互通信和资源共享的网络系统。通常计算机网络的传输媒介主要依赖铜缆或光缆，构成有线局域网。但有线网络由于其布线、改线工程量大，线路容易损坏，网中的各节点不可移动等特点，在某些场合的应用受到限制，特别是当要把相离较远的节点连接起来时，敷设专用通信线路布线施工难度之大，费用、耗时之多，将大量增加工程成本，这些问题都会对日益扩大的计算机网络系统发展造成阻碍。

WLAN 就是为了解决有线网络以上的问题而出现的。WLAN 利用电磁波在空气中发送和接收，不需要线缆介质。WLAN 的数据传输速率已经能够达到最高 1000 Mb/s，传输距离可远至 20 km 以上。无线联网方式是对有线联网方式的一种补充和扩展，使网上的计算机具有了可移动性。无线局域网现在已经广泛地应用在商务区、大学、机场及其他公共区域。无线局域网最通用的标准是由 IEEE 定义的 802.11 系列标准。此外，WLAN 具有很多优点：

（1）安装便捷。一般在网络建设中，施工周期最长、对周边环境影响最大的就是网络布线的施工。在施工过程时，往往需要破墙掘地、穿线架管。而 WLAN 最大的优势就是免去或减少了这部分繁杂的网络布线的工作量，一般只要再安放一个或多个接入（Access Point）设备就可建立覆盖整个建筑或地区的局域网络。

（2）使用灵活。在有线网络中，网络设备的安放位置受网络信息点位置的限制，而一旦 WLAN 建成，在无线网的信号覆盖区局域网域内任何一个位置都可以接入网络，进行通信。

（3）经济节约。由于有线网络缺少灵活性，这就要求网络的规划者尽可能地考虑未来发展的需要，这就往往导致需要预设大量利用率较低的信息点。而一旦网络的发展超出了设计规划时的预期，又要花费较多费用进行网络改造。WLAN 可以避免或减少以上情况的发生。

（4）易于扩展。WLAN 有多种配置方式，能够根据实际需要灵活选择。这样，WLAN 既能够胜任只有几个用户的小型局域网，也能胜任上千用户的大型网络，并且能够提供像"漫游（Roaming）"等有线网络无法提供的服务。

无线局域网一般为一个部门或单位所有，建网、维护以及扩展等较容易，系统灵活性高。其主要特点有：

（1）高数据传输率（10~1000 Mb/s）。
（2）网络覆盖范围小（0.1~10 km）。
（3）低出错率（10^{-11}~10^{-8}）。
（4）对象是微型计算机。
（5）无路由选择。
（6）共享方便。
（7）建立、扩展方便。

五、广域网

广域网（WAN）就是我们通常所说的 Internet，它是一个遍及全世界的网络。局域网相对于广域网而言，主要是实现在小范围内的计算机互联网络。这个"小范围"可以是一个家庭、一所学校、一家公司，或者是一个政府部门。日常生活中常常提到的公网、外网，即广域网（WAN）；常常提到的私网、内网，即局域网（LAN）。

六、城域网

城域网（Metropolitan Area Network，MAN）是在一个城市范围内所建立的计算机通信网，属宽带局域网。由于采用具有有源交换组件的局域网技术，传输时延较小。它的传输媒介主要采用光缆，传输速率在 100 Mb/s 以上。MAN 的一个重要用途是用作骨干网，通过它将位于同一城市内不同地点的主机、数据库以及 LAN 等互相联结起来，这与 WAN 的作用有相似之处，但两者在实现方法与性能上有很大差别。

任务三　网络的拓扑结构

微课：计算机网络
拓扑结构与功能

一、网络拓扑的概念

拓扑学最初是几何学的一个分支，它是由图论演变而来的。拓扑学首先把实体抽象成与其大小、形状无关的点，将连续实体的线路抽象成线，进而研究点线面之间的关系。

在网络中，将不同设备根据不同的工作方式进行连接称为拓扑（topology）。各种不同计算机网络系统的拓扑结构是不同的，不同拓扑结构的网络其功能、可靠性、组网成本等也是不同的。

局域网的拓扑结构是指连接网络设备的传输媒体的铺设形式。

二、局域网拓扑结构的类型

构成局域网的网络拓扑结构主要有：星形结构、总线结构、环形结构、树形结构、网状结构等。

（一）星形结构

星形拓扑结构（见图 2-5）是用一个节点作为中心节点，其他节点直接与中心节点相连构成网络。中心节点可以是文件服务器，也可以是连接设备。常见的中心节点为集线器。星形拓扑结构的网络属于集中控制型网络，整个网络由中心节点执行集中式通信控制管理，各节点间的通信都要通过中心节点。每一个要发送数据的节点都将要发送的数据发送中心节点，再由中心节点负责将数据送到目的节点。因此，中心节点相当复杂，而各个节点的通信处理负担都很小，只需要满足链路的简单通信要求。星形拓扑结构的优点与缺点可以归纳如下：

1. 优点

（1）控制简单。任何一站点只和中央节点相连接，因而介质访问控制方法简单，因而访问协议也十分简单。易于网络监控和管理。

（2）故障诊断和隔离容易。中央节点对连接线路可以逐一隔离进行故障检测和定位，单个连接点的故障只影响一个设备，不会影响全网。

(3)方便服务。中央节点可以方便地对各个站点提供服务和网络重新配置。

2．缺点

(1)需要耗费大量的电缆，安装、维护的工作量也骤增。
(2)中央节点负担重，形成"瓶颈"，一旦发生故障，则全网受影响。
(3)各站点的分布处理能力较低。

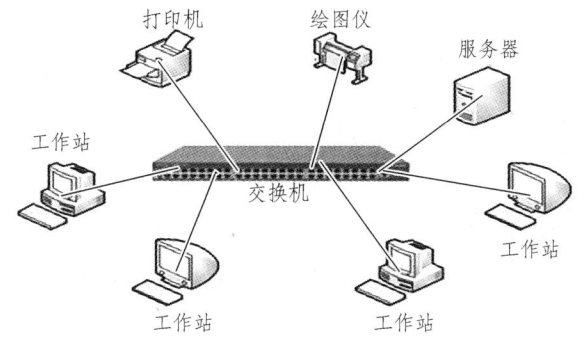

图 2-5　星形拓扑结构

(二)环形结构

环形结构由网络中若干节点通过点到点的链路首尾相连形成一个闭合的环，这种结构使公共传输电缆形成环形连接，数据在环路中沿着一个方向在各个节点间传输，信息从一个节点传到另一个节点（见图 2-6）。这种结构的网络形式主要应用于令牌网中。在这种网络结构中，各设备是直接通过电缆来串接的，最后形成一个闭环，整个网络发送的信息就是在这个环中传递，通常把这类网络称之为"令牌环网"。

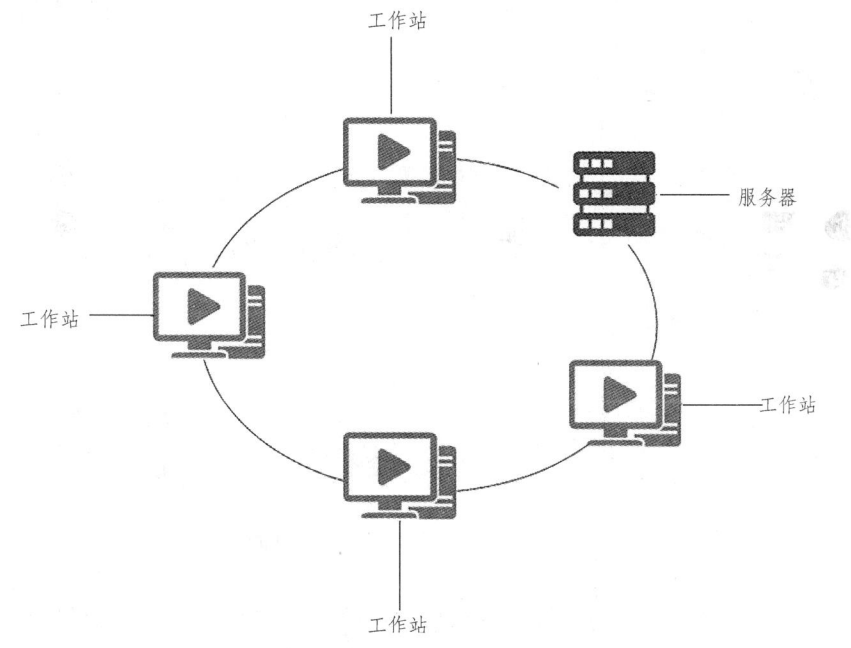

图 2-6　环形拓扑结构

这种拓扑结构的网络主要有如下几个特点：

（1）这种网络结构一般仅适用于IEEE802.5的令牌网（Token-ring network），在这种网络中，"令牌"是在环形连接中依次传递，所用的传输介质一般是同轴电缆。

（2）这种网络实现非常简单，投资最小。可以从其网络结构示意图中看出，组成这个网络除了各工作站就是传输介质——同轴电缆，以及其他一些连接器材，没有价格昂贵的节点集中设备，如集线器和交换机。但也正因为这样，这种网络所能实现的功能最为简单，仅能实现一般的文件服务模式。

（3）传输速度较快。在令牌网中允许有16 Mb/s的传输速度，它比普通的10 Mb/s以太网快许多。当然随着以太网的广泛应用和以太网技术的发展，以太网的速度也得到了极大提高，目前以太网普遍都能提供100 Mb/s的网速，远比16 Mb/s要高。

（4）维护困难。从其网络结构可以看到，整个网络各节点间是直接串联的，这样任何一个节点出了故障都会造成整个网络的中断、瘫痪，维护起来非常不便。另一方面，因为同轴电缆采用的是插针式的接触方式，所以非常容易造成接触不良，网络中断，而且这会导致查找起来非常困难，这一点相信维护过这种网络的人都会深有体会。

（5）扩展性能差。因为它的环形结构，决定了它的扩展性能远不如星形结构的好，如果要新添加或移动节点，就必须中断整个网络，在环的两端做好连接器才能连接。

（三）总线结构

这种网络拓扑结构（见图2-7）中，所有设备都直接与总线相连，它所采用的介质一般也是同轴电缆（包括粗缆和细缆），不过现在也有采用光缆作为总线传输介质的，如后面我们将要讲的ATM网和Cable Modem，它们所采用的网络都属于总线网络结构。

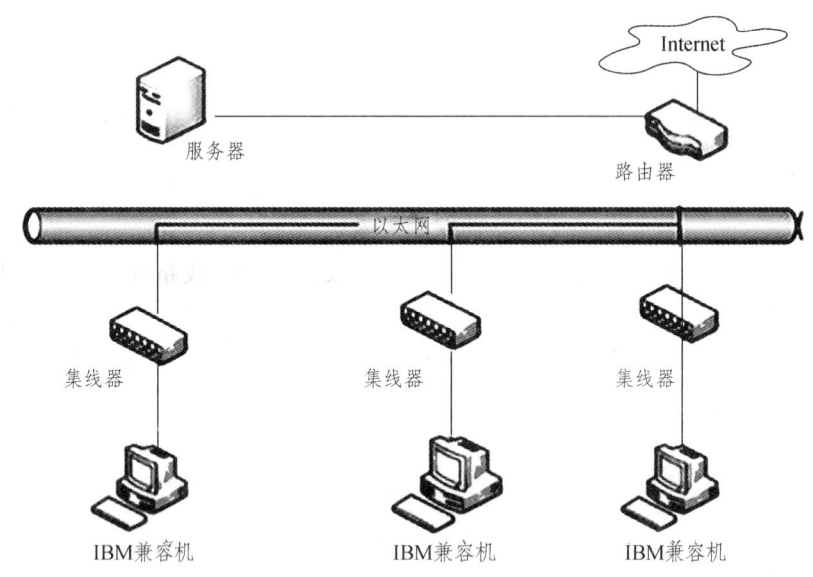

图2-7 总线拓扑结构

总线结构是指各工作站和服务器均挂在一条总线上，各工作站地位平等，无中心节点控制，公用总线上的信息多以基带形式串行传递，其传递方向总是从发送信息的节点开始向两端扩散，如同广播电台发射的信息一样，因此又称为广播式计算机网络。各节点在接收信息时都进行地址检查，看是否与自己的工作站地址相符，相符则接收网上的信息。

这种结构具有如下几个方面的特点：

（1）组网费用低。这样的结构根本不需要另外的互联设备，而是直接通过一条总线进行连接，所以组网费用较低。

（2）因为这种网络的各节点是共享总线带宽的，所以传输速度会随着接入网络的用户的增多而下降。

（3）网络用户扩展较灵活。需要扩展用户时只需要添加一个接线器即可，但所能连接的用户数量有限。

（4）维护较容易。单个节点失效，不影响整个网络的正常通信。但如果是总线断开，则整个网络或者相应主干网段就断开了。

（5）这种网络拓扑结构的缺点是一次仅允许一个端用户发送数据，其他端用户必须等待获得发送权。

（四）分布式结构

分布式结构的网络是将分布在不同地点的计算机通过线路互联起来的一种网络形式，分布式结构的网络具有如下特点：

（1）采用分散控制，即使整个网络中的某个局部出现故障，也不会影响全网的操作，因而该结构具有很高的可靠性。

（2）网中的路径选择最短路径算法，故网上延迟时间少，传输速率高，但控制复杂。

（3）各个节点间均可以直接建立数据链路，信息流程最短，便于全网范围内的资源共享。

（4）缺点是连接线路使用的电缆长，造价高；网络管理软件复杂；报文分组交换、路径选择、流向控制复杂，在一般局域网中不采用这种结构。

（五）树形结构

树形结构是分级的集中控制式网络，与星形相比，它的通信线路总长度短，成本较低，节点易于扩充，寻找路径比较方便，但除了叶节点及其相连的线路外，任一节点或其相连的线路故障都会使系统受到影响。

这种拓扑结构的优点：易于扩充。树形结构可以延伸出很多分支和子分支，这些新节点和新分支都能容易地加入网内；障隔离较容易。若某一分支的节点或线路发生故障，很容易将故障分支与整个系统隔离开来。

缺点：各个节点对根节点的依赖性极大，如果根节点发生故障，则全网不能正常工作。

（六）网状拓扑结构

网状拓扑结构有时也称为分布式结构。在这种拓扑结构中，网络的每台设备之间均有点到点的链路连接，这种连接不经济，只有每个站点都要频繁发送信息时才使用这种方法。它的安装也复杂，但系统可靠性高，容错能力强。

（七）蜂窝拓扑结构

蜂窝拓扑结构是无线局域网中常用的结构。它以无线传输介质（微波、卫星、红外线、无线发射台等）实现点到点和点到多点的传输，是一种无线网，适用于城市网、校园网、企业网，也适用于移动通信。

任务四　网络的传输介质

微课：计算机网络传输介质

一、传输介质简介

数据传输介质是指传送信息的载体，是通信网络中发送方和接收方之间的物理通路。因此，传输介质也称为传输媒体、传输媒介或传输线路。用于局域网的传输技术主要分为有线传输和无线传输两类。有线传输使用的传输介质包括双绞线、同轴电缆和光缆；无线传输使用的传输介质为大气层，使用的技术主要包括微波、红外线和激光（见图2-8）。

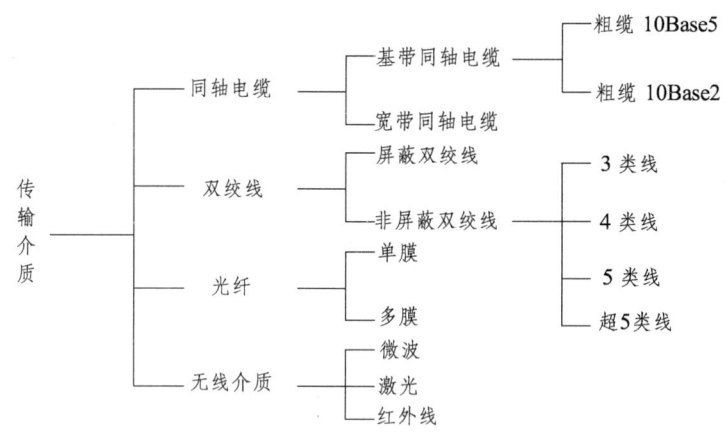

图 2-8　传输介质的分类

不同的传输介质，其特性也各不相同。这些特性对网络中数据通信质量和通信速度有较大影响，这些特性如下：

（1）物理特性：说明传播介质的特征。
（2）传输特性：包括信号形式、调制技术、传输速度及频带宽度等内容。
（3）连通性：采用点到点连接还是多点连接。
（4）地域范围：网上各点间的最大距离。
（5）抗干扰性：防止噪声、电磁干扰对数据传输影响的能力。
（6）相对价格：以组件、安装和维护的价格为基础。

二、有线传输介质

有线传输介质是指在两个通信设备之间实现传输的物理连接部分，它能将信号从一方传输到另一方。目前常用的有线传输介质主要有双绞线、同轴电缆和光纤。

（一）双绞线

双绞线（Twisted Pair）是由两条相互绝缘的导线按照一定的规格互相缠绕（一般以逆时针缠绕）在一起而制成的一种通用配线，属于信息通信网络传输介质。双绞线过去主要是用来传输模拟信号的，但现在同样适用于数字信号的传输。双绞线是综合布线工程中最常用的一种传输介质。

双绞线分为屏蔽双绞线（Shielded Twisted Pair，STP）与非屏蔽双绞线（Unshielded Twisted Pair，UTP）。屏蔽双绞线（见图 2-9）在双绞线与外层绝缘封套之间有一个金属屏蔽层。屏蔽层可减少辐射，防止信息被窃听，也可阻止外部电磁干扰的进入，使屏蔽双绞线比同类的非屏蔽双绞线具有更高的传输速率。非屏蔽双绞线（见图 2-10）是一种数据传输线，由四对不同颜色的传输线所组成，广泛用于以太网和电话线中。非屏蔽双绞线电缆最早在 1881 年被用于贝尔发明的电话系统中。双绞线按电气性能有多种不同的质量级别，最常用的是 3、5、6 类线（见表 2-1）。

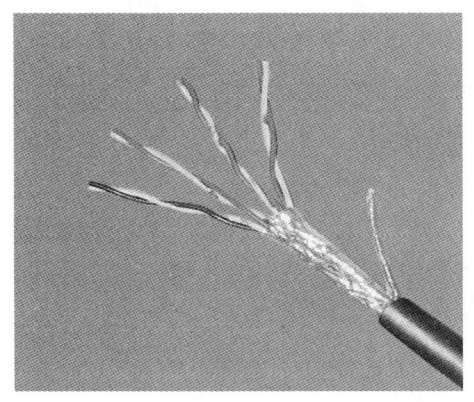

图 2-9　屏蔽双绞线

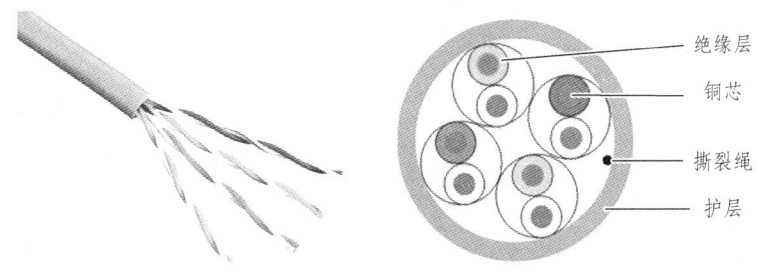

图 2-10　非屏蔽双绞线

表 2-1　双绞线的类别

类别	带宽	速率	应用
1 类	750 kHz		20 世纪 80 年代初之前的电话线缆，用于报警系统，或只适用于语音传输
2 类	1 MHz	4 Mb/s	使用 4 Mb/s 规范令牌传递协议的旧的令牌网。用于语音传输和最高传输速率 4 Mb/s 的数据传输

续表

类别	带宽	速率	应用
3 类	16 MHz	10 Mb/s	主要应用于语音、10 Mb/s 以太网和 4 Mb/s 令牌环,采用 RJ 形式的连接器,目前已淡出市场。
4 类	20 MHz		用于语音传输和最高传输速率 16 Mb/s(令牌环)的数据传输,基于令牌的局域网
5 类	100 MHz	100 Mb/s	用于语音传输和最高传输速率为 100 Mb/s 的数据传输,采用 RJ 形式的连接器。这是最常用的以太网介质
超 5 类			衰减小,串扰少,更小的时延误差,主要用于千兆位以太网(1000 Mb/s)
6 类	1~250 MHz		适用于传输速率高于 1 Gb/s 的应用
超 6 类	500 MHz		
7 类	600 MHz		可能用于今后的 10 Gb/s 以太网

(二)同轴电缆

同轴电缆从用途上可分为基带同轴电缆和宽带同轴电缆(即网络同轴电缆和视频同轴电缆)。基带电缆又分为细同轴电缆和粗同轴电缆。基带电缆仅仅用于数字传输,数据率可达 10 Mb/s。

同轴电缆的优点是可以在相对长的无中继器的线路上支持高带宽通信,而其缺点也比较明显:一是体积大,细缆的直径就有 3/8 inch 粗,要占用电缆管道的大量空间;二是不能承受缠结、压力和严重的弯曲,这些都会损坏电缆结构,阻止信号的传输;三是成本高。同轴电缆的这些缺点恰巧被双绞线克服,因此在目前的局域网中,同轴电缆基本已被基于双绞线的以太网物理层规范所取代。

同轴电缆由于中心铜线和网状导电层为同轴关系而得名,其结构如图 2-11 所示。可以看出,由内到外分为 4 层:中心铜线(单股的实心线或多股绞合线)、塑料绝缘体、网状导电层和电线外皮。中心铜线和网状导电层可以形成电流回路。

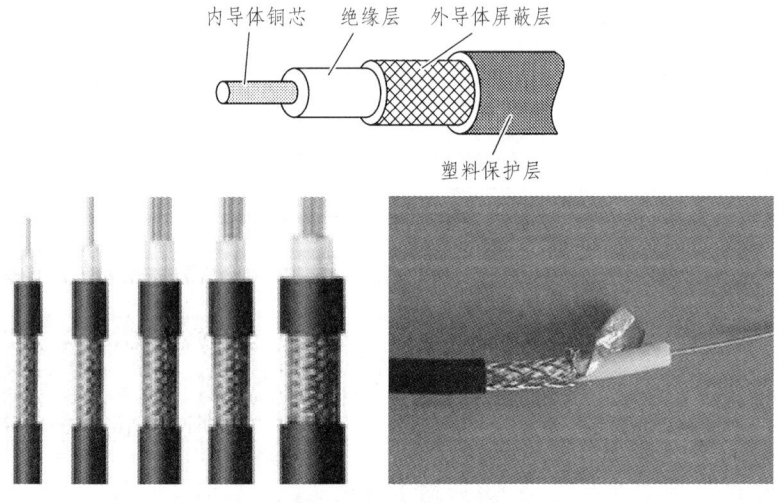

图 2-11 同轴电缆

同轴电缆的特性如下:
(1)物理特性:由同心导体和绝缘层、保护层组成。
(2)传输特性:可以达到较高的速度,信号衰减小于双绞线。
(3)连通性:支持点点连接、也可多点连接。
(4)传输距离范围:基带同轴电缆为几千米,宽带同轴电缆可达几十千米。
(5)抗干扰性:抗干扰能力较强。
(6)相对价格:价格高于双绞线。

(三)光纤

光纤是光导纤维的简称,它是一种利用光在玻璃或塑料制成的纤维中的全反射原理而达成的光传导工具。微细的光纤封装在塑料护套中,使得它能够弯曲而不至于断裂。通常,光纤一端的发射装置使用发光二极管(Light Emitting Diode,LED)或一束激光将光脉冲传送至光纤,光纤另一端的接收装置使用光敏组件检测脉冲。在日常生活中,由于光在光导纤维的传导损耗比电在电线传导的损耗低得多,光纤被用作长距离的信息传递。

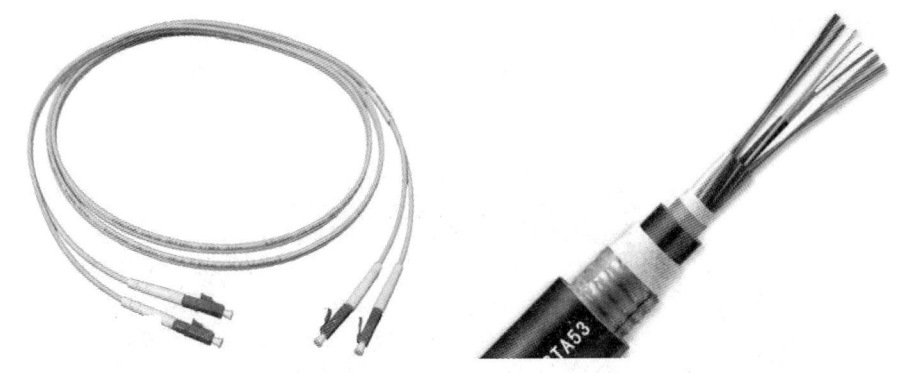

图 2-12 光纤光缆

按光在光纤中的传输模式划分,光纤可分为多模光纤和单模光纤两种。理论上讲,当光的传输媒体,即纤芯直径较大或远大于光波波长时,光将从不同的位置以各种不同的角度进入媒体,光在光纤中会以几十种乃至几百种传播模式进行传播。有些光线基本上沿着媒体的中线传播,有些光线则以不同的角度撞击边界面,结果是光将以有限的角度在边界面之间来回反弹沿着传输媒体向前传播。每一个角度都定义了一条路径或一种模式,以这种方式传输光波的光纤称为多模光纤(Multimode Fiber),如图 2-13 所示。

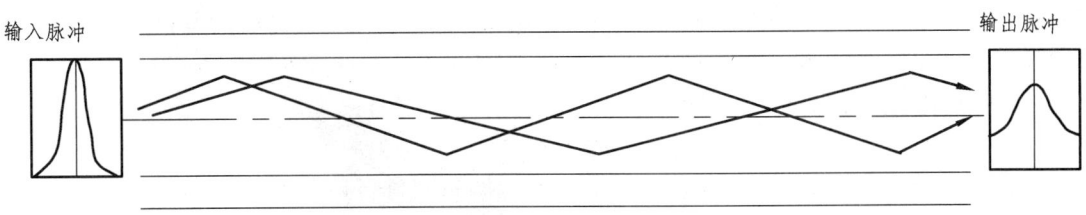

图 2-13 多模光纤

多模光纤的中心玻璃芯较粗,可传输多种模式的光。但其模间色散较大,这就限制了传输数字信号的频率,且随距离的增加色散会更加严重。因此,多模光纤传输的距离较近,一般只有几公里。在多模光纤中,光波以有限的模式向前传播,模式的具体数目是由纤芯所用媒体的直径和光的波长决定的。减少纤芯的直径可以降低光线撞击边界面的角度数目,即减少了模式数目。

当光纤的直径小到与光波长为同一数量级时,光以平行于光纤中的轴线的形式直线传播,这样的光纤称为单模光纤(Single Mode Fiber),如图 2-14 所示。

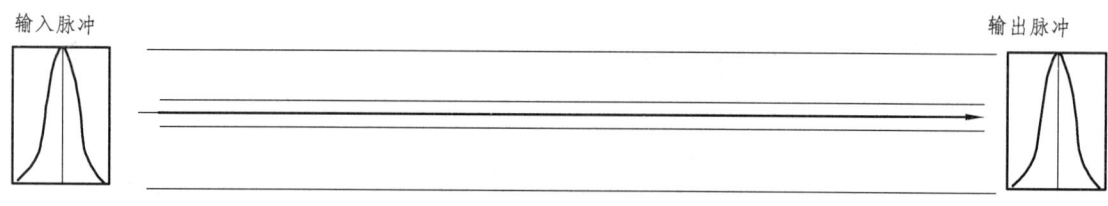

图 2-14　单模光纤

三、无线传输

无线传输是指通过电磁波在自由空间的传播进行通信(见图 2-15),常用于电(光)缆铺设不便的特殊地理环境,或者作为地面通信系统的备份和补充。

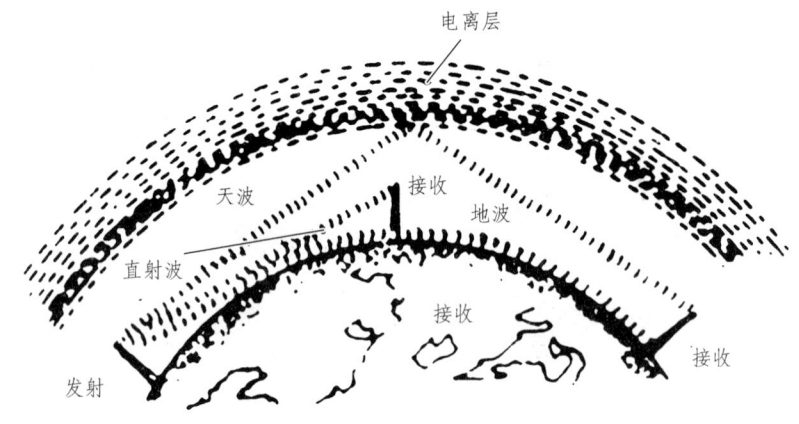

图 2-15　无线电波的传播途径

(一)无线电波

长波(包括超长波)是指频率为 300 kHz 以下的无线电波。中波是指频率为 300 kHz ~ 3 MHz 的无线电波。短波是指频率为 3 ~ 30 MHz 的无线电波。超短波是指频率为 30 ~ 300 MHz(波长为 1 ~ 10 m)的无线电波。微波是指频率为 300 MHz ~ 300 GHz 的电磁波,是无线电波中一个有限频带的简称,即波长在 1 m(不含 1 m)到 1 mm 之间的电磁波,是分米波、厘米波、毫米波和亚毫米波的统称。

微波频率比一般的无线电波频率高,通常也称为"超高频电磁波"。微波作为一种电磁波也具有波粒二象性,基本性质通常呈现为穿透、反射、吸收三个特性。对于玻璃、塑料和瓷器,微波几乎是穿越而不被吸收。对于水和食物等就会吸收微波而使自身发热。而对金属类物体则会反射微波。卫星通信(Satellite Communication)是典型的微波技术应用（见图 2-16）。利用同步卫星，可以进行更远距离的传输。收发双方都必须安装卫星接收及发射设备，且收发双方的天线都必须对准卫星，否则不能收发信息。

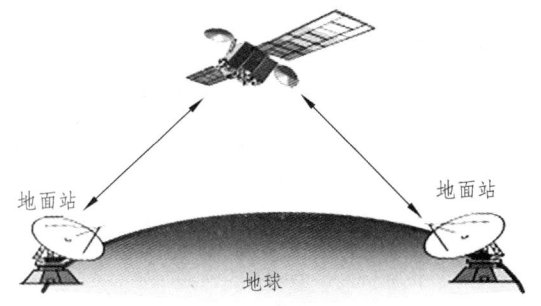
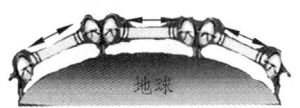

图 2-16　卫星通信

（二）红外线

红外线（Infrared）是波长介乎微波与可见光之间的电磁波，其波长为 760 nm～1 mm，是一种波长比红光长的非可见光。所有高于绝对零度（-273.15 ℃）的物质都可以产生红外线，现代物理学称之为热射线。

红外线的优点：制造工艺简单，价格便宜。

红外线的缺点：传输距离有限，一般只限于室内通信，而且不能穿透坚实的物体（如砖墙等）。

（三）激光

除光纤可以用光进行信息的传输外，激光束（laser）也可以用于在空中传输数据。和微波通信一样，它至少由两个激光站组成，每个站点都拥有发送信息和接收信息的能力。激光设备通常安装在固定位置上，例如，可以安装在高山上的铁塔上，并且它们的天线相互对应。由于激光束能在很长的距离上实现聚焦，因此其传输距离很远，能传输几十千米。和微波一样，激光束也是沿直线传播的。虽然激光束不能穿过建筑物和山脉，但是它能够穿透云层（见图 2-17）。

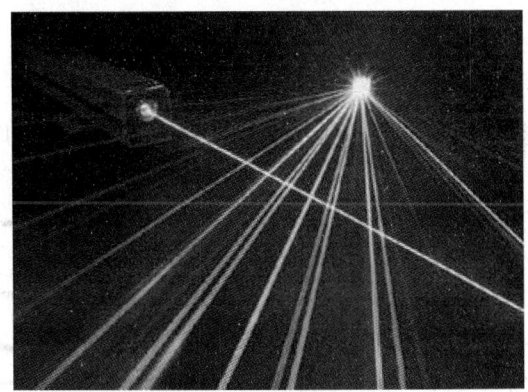

图 2-17　激光

任务五　介质访问控制方法

一、介质访问控制方法概述

介质访问控制方法就是传输介质的访问方法,也称为网络控制方法,是指网络中各节点之间的信息传输如何控制。局域网的拓扑结构对网络的控制方法有较大的影响。局部网络的访问控制方法很多,从控制方式来看,可分为集中式控制和分布式控制两类。

集中式控制:指网络中有一个单独的集中控制器或有一个具有控制整个网络的节点,由它控制各节点的通信。

分布式控制:指网络中没有专门的集中控制器,也没有具有控制整个网络的节点,网络中所的节点都处于均等地位。因此,分布式控制中,各节点之间的通信是由各节点自身控制的。

常用的分布式控制方法包括:带有冲突检测的载波侦听多路访问(CSMA/CD)法、令牌总线(Token Bus)、令牌环(Token Ring)。相对于集中式控制,分布式控制应用更加广泛。例如,目前在总线型和环形局域网中,基本上都采用分布式控制方法。

二、CSMA/CD

(一) CSMA/CD 简介

CSMA/CD 即载波监听多路访问/冲突检测,它是网络中各节点在竞争基础上访问传输介质的随机方法,是一种分布式控制方法。控制原则是各节点抢占传输介质,即彼此之间采用竞争方法取得发送信息的权利。

载波监听意味着站点能够监测到链路是忙还是空闲;多路访问即多个站点通过一个共享媒体来发送和接收帧;冲突检测是指站点在传输帧的同时监听链路,从而能够监测到站点所传输的帧与别的站点传输的帧之间发生冲突的情形。

CSMA/CD 可以和一个现实生活中的例子进行类比:假设很多人在一个大的房间内讨论,任何人都可以发言:载波监听表示如果别人在讲话,则先听别人讲;多路访问表示我听到的,别人也可以听到;冲突检测表示自己发言的同时发现另外一个也在讲,则停止讲话。

(二) CSMA/CD 工作原理

CSMA/CD 访问方式大多基于总线型局部网络,其工作过程可分为两个部分:监听总线和碰撞检测。

1. 监听总线

在总线型局部网中,连接到总线上的各个节点的地位都是均等的,整个网络系统中没有集中控制器,各个节点必须自行控制。因此,每个节点都必须设立一个"监听器"来监听总线,也就是测试总线上是否正在传输信息(也称为载波识别)。如果总线上正在传送信息，则各节点不能强占总线，以免破坏信息传输；如果测得总线是空闲的，则说明没有信息在传输，稍等一个时间片后，该节点就可以抢占总线发送信息。测得总线空闲后，之所以要稍等一个时间片，是因为信息包传输有时延。例如，在 A 节点监听到总线空闲之前有可能 F 节点已经发送信息，由于传输时延，在 A 节点测试总线时无法识别。所以，为了保证空闲之前发送的信息能可靠地传输到终点，必须稍等一个时间片。尽管"稍等一个时间片"可以保证空闲前发送的信息可靠传输到终点，但是，如果两个以上的节点同时监听总线空闲都要占用总线发送信息，就会出现多节点同时抢占总线的现象，称为冲突或碰撞。此时单靠监听总线是无法解决问题的，这正是 CSMA/CD 工作原理中碰撞检测部分所要处理的问题。

2. 碰撞检测

为了解决网络上出现的碰撞现象，各节点都要设立一个碰撞检测器，以便边发边听。发送信息的节点，一边发送，一边通过检测器监听总线上的传输信息，由碰撞检测器判别从总线上听到的信息是否与本节点发出的信息一致。如果一致，则表明本次抢占总线成功，可继续把要发送的信息发送完，如果不一致，则说明有碰撞，本次抢占总线不成功，要停止发送。

各节点检测到碰撞后，要停止发送并且各节点要延迟一个间隔时间，再去抢占总线，为了尽可能减少碰撞，各站延迟的间隔时间用"随机数"控制，只要随机数不同，各节点延迟的时间也不相同，延迟时间最小的那个节点先抢占总线，再次发送信息。其他节点按监听原则监听总线，发现总线已被占用，则等下次总线空闲之后再去抢占总线。如果第二次又发生碰撞，则重复照此办法处理，总有一次会发送成功。这种延迟竞争法称为延迟算法（或碰撞控制算法）。

（三）CSMA/CD 的工作过程

第 1 步：先侦听信道，如果信道空闲则发送信息。否则转到第 2 步。

第 2 步：如果媒体信道忙（有载波），则继续对信道进行侦听。一旦发现空闲，就进行发送。

第 3 步：发送信息后进行冲突检测，如发生冲突，立即停止发送，并向总线上发出一串干扰信号（连续几个字节全 1），通知总线上各站点冲突已发生，使各站点重新开始侦听与竞争。

第 4 步：已发出信息的各站点收到阻塞信号后，等待一段随机时间，重新进入侦听发送阶段。转到第 1 步。

CSMA/CD 操作的流程归结为 4 句话：先听后发、边发边听、冲突时退避、随机延时后重发（见图 2-18）。

（四）CSMA 的忙等待机制

当媒体忙时，站点有三种坚持策略：

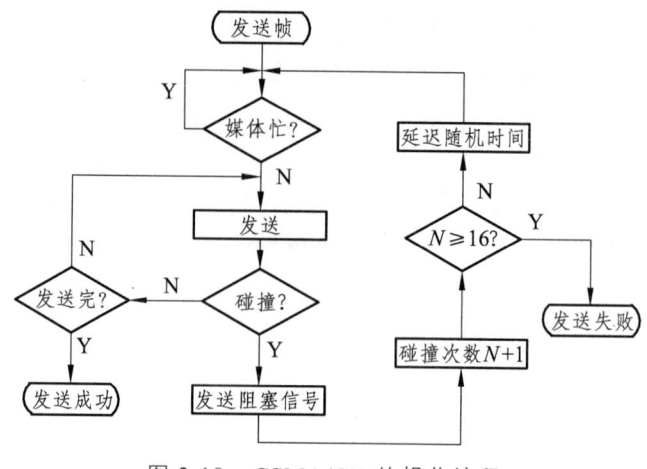

图 2-18 CSMA/CD 的操作流程

1. 不坚持 CSMA

若媒体空闲就传输；否则，转到上面所述的第 2 步。若媒体忙，等待一段随机的重传延迟时间，重复第 1 步。

2. 1－坚持 CSMA 协议

若媒体空闲就传输；否则，转到第 2 步。若媒体忙则继续监听，直到检测到信道空闲然后立即传输。如果有冲突，则等待一段随机的时间后重复第 1 步。

3. P－坚持协议

若媒体空闲，以概率 P 传输，以概率（1－P）延迟一个时间单位（该时间单位通常等于最大的传播延迟的两倍）。若媒体忙，继续监听直到信道空闲并重复第 1 步。若传输延迟了一个时间单位，则重复第 1 步。

P－坚持协议要避免的主要问题是在重负荷下的不稳定，总共有 N 个站点，如果这些站点都有帧要传输，为了避免冲突，显然应该满足 $NP<1$，即 $P<1/N$，但是这样的概率 P 在轻负荷下时会出现大部分信道时间被浪费的情况。

三、令牌环控制

（一）令牌环方式

令牌环控制技术最早于 1969 年在贝尔实验室研制的 Newhall 环上应用，令牌环访问控制法（Token Ring）是美国 IBM 公司 1995 年推出的局域网产品，已发展为 IEEE802.5 局域网标准。Token Ring 的网络拓扑为环形基带传输。环形网的主要特点是只有一条环路，信息单向沿环流动，无路径选择问题，令牌（Token）是隐式地（无寻址信息）传输到环上每一节点。令牌法又称为许可证法。它是一种分布式控制的访问方法，既可以用于环形结构的网络，也可以用于总线结构的网络。

令牌是一种特殊的控制帧，是一个非常小的、唯一的而且可以立即被识别的帧。令牌在网络中传送,只有获得令牌的节点才能启动帧的发送。点到点链路连接构成闭合环(见图 2-19)。令牌环网络接口之间通过点到点线路连接而成,帧沿着某一固定的方向绕环传递,每个站点从它的上游邻居接收帧,然后转发给下游邻居站点。令牌环是环形局域网采用的一种访问控制方式,令牌在网络环路上不断地传送,只有拥有此令牌的站点才有权向环路上发送报文,而其他站点仅允许接收报文。一个节点发送完毕后,便将令牌交给网上的下一个站点,下一个站点如果没有报文发送,便立即把令牌顺次传给他的下一个站点。因此表示发送权的令牌在环形信道上不断循环。环路上每个节点都可获得发送报文的机会,而任何时刻只有一个节点利用环路传送报文,因而在环路上保证不会发生访问冲突。

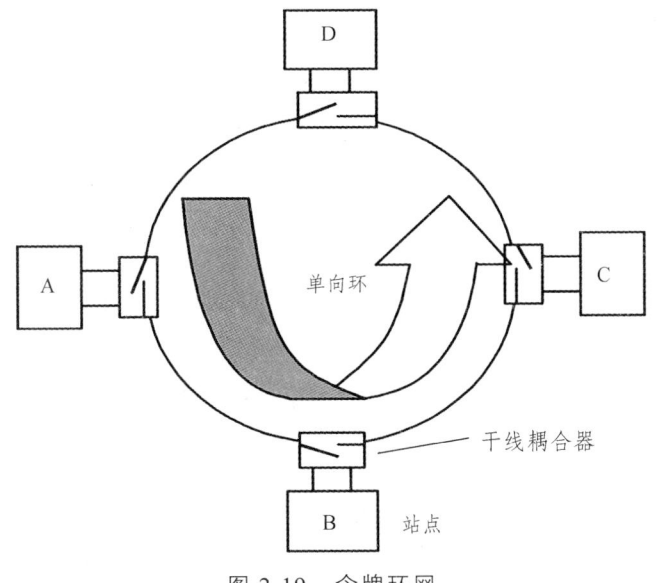

图 2-19 令牌环网

令牌环中令牌传递的工作原理如图 2-20 所示,图中每个网络节点都有一个入口和一个出口分别与环形信道相连。在通信接口中用缓冲器来存储转发数据。网上传输的帧格式由起始标志+目的地址+源地址+数据信息+帧校验+状态位+结束标志组成,用起始标志表示帧头;目的地址是该帧的接收站点地址;源地址是发送该帧的地址;报文即为帧中的数据;帧校验用来表示对帧进行差错检查的结果;状态位则用来指示此帧发出后是否为目的站所接收;结束标志用来表示该帧的结尾。

若 A 站要发送数据给 C 站,则 A 站把目的地址和要发送的数据交给本站的通信处理器组织成帧。一旦 A 站从环上得到令牌,就发出该帧。B 站从其入口接收此帧后,查看目的地址与本站地址不符,便将原帧依次转发给 C 站。C 站在查看目的地址时,得知此帧是给本站的,便进行校验和查错。若传输的帧无错误,便将帧中的数据收下,并修改状态位,表示此帧已被正确接收。然后 C 站再把修改了状态位的原帧沿 D 送回 A 站。A 站从返回的帧状态位得知发送成功,便从环上取消帧,再把令牌转交给 B 站。这样就完成了一次站点间的通信过程。

采用令牌环方式的局域网,网上每一个站点都知道信息的来去动向,保证了通信传输的正确性。由于能限制各节点的令牌持有时间,因此适用于实时系统,令牌环方式对轻、重负载不敏感,但单环环路出故障将使整个环路通信瘫痪,因而可靠性比较差。

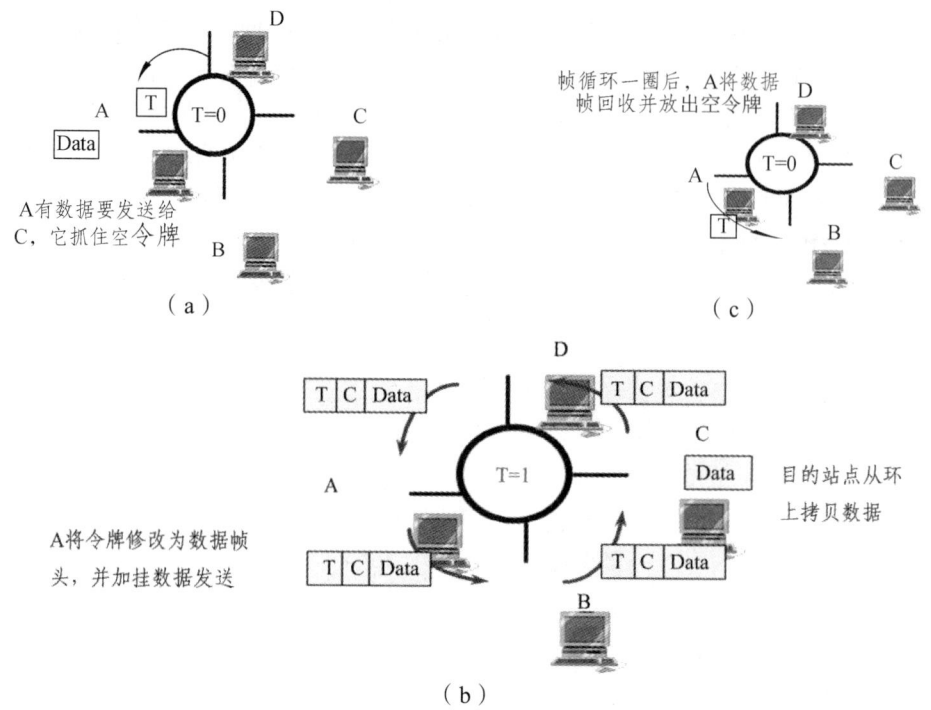

图 2-20 令牌环的工作原理

（二）令牌总线控制

令牌总线方式采用总线拓扑，网上各节点按预定顺序形成一个逻辑环。每个节点在逻辑环中均有一个指定的逻辑位置，末站的后站就是首站，即首尾相连上各站的物理位置跟逻辑位置无关。

像令牌环方式那样，令牌总线也采用称为令牌的控制帧来调整对总线的访问控制权。收到令牌的站点在一段规定时间内被授予对介质的控制权，可以发送一帧或多帧报文。当该节点完成发送或授权时间结束时，它就将令牌传递到逻辑环中的下一站，使下一站得到发送权。传输过程由交替进行的数据传输阶段和令牌传送阶段组成。令牌总线上的站点也可以推出逻辑环而成为非活动站点。

令牌总线的介质访问控制如图 2-21 所示。从物理上看，它是一种总线结构的局域网。总线是各站点共享的传输介质，如图 2-21（a）所示，但是从逻辑上看，它是一种环形局域网，由总线上的站点组成一个逻辑环，每个站点被规定一个逻辑位置。令牌在逻辑环上依次传递，站点只有取得令牌才能发送通信帧，如图 2-21（b）所示。

在正常运行时，当站点完成了它的发送，就将令牌送给下一站。从逻辑上看，令牌按地址顺序传送至下一个站点；从实现过程来看，当对总线上所有站点广播带有目的地址的令牌帧时，与帧中目的地址一致的站点识别出该帧与自己的地址符合，即接收令牌。

假如取得令牌的站点有报文要发送，则发送报文，随后，将令牌传送至下一个站；假如取得令牌的站没有报文要传送，则立即把令牌送到下一个站。由于站点接收到令牌的过程是顺序依次进行的，因此所有站点都有公平的访问权。为使站点等待取得令牌的时间是确定的，这就需要限定每个站发送帧的最大长度。如果所有站都有报文要发送，最坏情况下,等待取得令牌和发送报文的时间应该等于全部令牌传送时间和报文发送时间的总和;如果只有一个站点有报文要发送,则等待时间只是全部令牌传递时间的总和,而平均等待时间是他的一半,实际等待时间应在这个区间范围内。

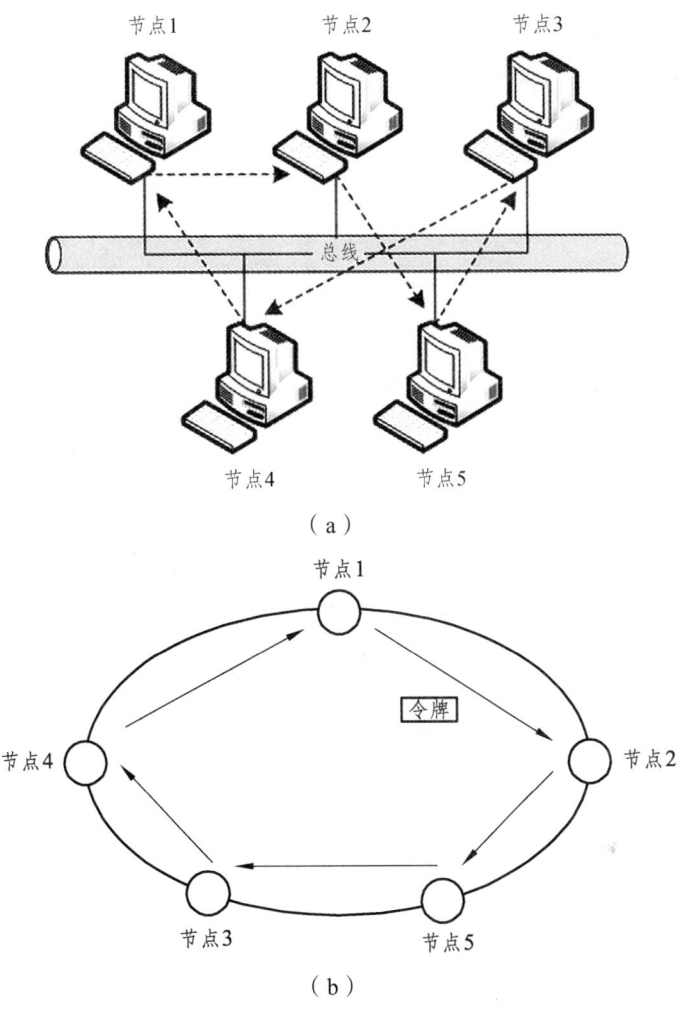

图 2-21 令牌总线介质访问控制

对控制网络来说,这个访问等待时间是一个重要参数,可以根据需求选定网中的站点数及最大的报文长度,从而保证在限定的时间内取得令牌。对令牌总线的访问控制还可提供不同的服务级别,即不同优先级。

令牌总线网络的正常运行十分简单。但网络必须有初始化功能,要生成一个访问次序。当网上令牌丢失,或产生多个令牌时,必须有故障恢复功能。还应该有取消不活动站点和加入新活动站点的功能。这些附加功能会大大增加令牌总线访问控制的复杂性。

因此,令牌总线的介质访问控制应具备以下各项功能:

1. 令牌传递算法

逻辑环按站点地址次序组成。刚发完帧的站点将令牌传给后继站。后继站应立即发送数据或令牌帧,原先释放令牌的站点监听到总线上的信号,便可以确认后继站获得了令牌。

2. 逻辑环的初始化

网络刚开始启动时,或由于某种原因,在运行中所有站点活动的时间如果超过规定的时间,需要进行逻辑环的初始化。初始化过程是一个争用的过程,争用的结果只有一个站点能获得令牌,其他站点采用站插入算法插入。

3. 站点插入算法

在逻辑环上应周期性地使新站点有机会插入环中。当同时有几个站点要插入时,可以采用带有影响窗口的争用处理算法。

4. 退出环路

一个工作站应将其自身从逻辑环中退出,并将其先行站和后继站连接起来。

5. 恢复

网络应能发现差错,丢失令牌应能恢复,在多重令牌情况下应能识别处理。

6. 实令牌和虚令牌

上面在讨论令牌总线与令牌环时涉及到令牌为实令牌,在网络传递数据的数据帧中有一种专门作为令牌的令牌帧。虚令牌是指将令牌隐含在普通数据帧中,没有专门的令牌帧存在。网络管理者给每个节点分配一个唯一的地址,每个站点监视收到的每个报文帧的源地址,并为接收到的源地址设置一个隐形令牌寄存器,让隐性令牌寄存器的值为收到的源地址设置一个隐性令牌寄存器,让隐形令牌寄存器的值为收到的源地址加1,这样所有站点的隐形令牌寄存器在任一时刻的值都相同。如果隐性令牌寄存器的值与某个站点自己的介质访问控制(MAC)地址相等,则该站点就可立即发送数据。采用虚令牌时,网络中并没有真正的令牌帧传递,但能起到像实令牌一样的作用,不会因介质访问引起冲突。

任务六 网络的体系结构

微课:网络体系结构

一、概述

若想让两台计算机进行通信,必须使它们采用相同的信息交换规则。我们把在计算机网络中用于规定信息的格式以及如何发送和接收信息的一套规则称为网络协议或通信协议。

为了降低网络协议设计的复杂性,网络设计者并不是设计一个单一、巨大的协议来为所有形式的通信规定完整的细节,而是采用把通信问题划分为许多个小问题,然后为每个小问题设计一个单独的协议的方法。这样使得每个协议的设计、分析、编码和测试都比较容易。分层模型是一种用于开发网络协议的设计方法。

网络的体系结构就是为了完成计算机间的通信,把计算机互联的功能层次化,并明确规定同层实体通信的协议及相邻层之间的接口服务。因此,网络的体系结构就是计算机网络分层、各层协议和功能、层间接口的集合。

要了解网络的体系结构就必须了解网络的协议和分层设计原则。

二、协议

在日常生活中,为了实现人与人之间的交流,通信规则是无处不在的。例如,在使用邮政系统发送信件时,信封必须按照一定的格式书写(如收信人和发信人的地址不能颠倒),否则,信件就不能到达目的地;同时,信件的内容也必须遵守一定的规则(如:使用何种语言书写),否则,收信人可能无法理解信件的内容。网络协议是指为了保证计算机网络中计算机之间正确地、有条不紊地收发数据所制定的一系列的通信协议。

网络协议的定义:为计算机网络中进行数据交换而建立的规则、标准或约定的集合。例如,网络中一个微机用户和一个大型主机的操作员进行通信,由于这两个数据终端所用字符集不同,因此操作员所输入的命令得不到识别。为了能进行通信,规定每个终端都要将各自字符集中的字符先变换为标准字符集的字符后,再进入网络传送,到达目的终端之后,再变换为该终端字符集的字符。当然,对于不兼容终端,除了需变换字符集字符外,其他特性,如显示格式、行长、行数、屏幕滚动方式等也需作相应的变换。

协议是用来描述进程之间信息交换数据时的规则术语。在计算机网络中,两个相互通信的实体处在不同的地理位置,其上的两个进程相互通信,需要通过交换信息来协调它们的动作和达到同步,而信息的交换必须按照预先共同约定好的过程进行。

网络协议是由三个要素组成。

1. 语义

语义是解释控制信息每个部分的意义。它规定了需要发出何种控制信息,以及完成的动作与做出什么样的响应。

2. 语法

语法是规定用户数据与控制信息的结构与格式,以及数据出现的顺序(见图2-22)。

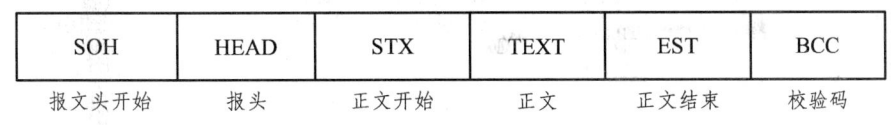

图 2-22 网络协议语法结构

3. 时序

时序是对事件发生顺序的详细说明(也可称为"同步")。例如,两个人的电话通信过程;首先是拨电话号码,电话号码包含区号和座机号,格式是区号在前,座机号在后,这就是语法;拨号后,用户将等待对方电话的响应(响应有接通、正忙或不存在等),根据对方电话的响应做出相应动作,如接通,则可以与对方通话,对方电话的响应就是语义;在进行通话时需要遵循的先后次序即为时序。对于电话通信,必须按照【拨号】→【等待接通信号指示】→【开始通话】→【通话完毕】→【挂断电话】的次序进行,事件的次序不能颠倒，否则通话将会失败。人们形象地把这三个要素描述为：语义表示要做什么，语法表示要怎么做，时序表示做的顺序。

三、网络的分层原则

计算机网络系统是一个十分复杂的系统，将一个复杂系统分解为若干个容易处理的子系统，然后"分而治之"，这种结构化设计方法是工程设计中常见的手段。层次结构提供了一种按层次来观察网络的方法，它描述了网络中任意两个节点间的逻辑连接和信息传输。

在计算机网络协议所示的一般分层结构中，N 层是 $N-1$ 层的用户，也是 $N+1$ 层的服务提供者，$N+1$ 层虽然只直接使用了 N 层提供的服务，实际上它通过 N 层还间接地使用了 $N-1$ 层以及以下所有各层的服务，其关系如图 2-23 所示。

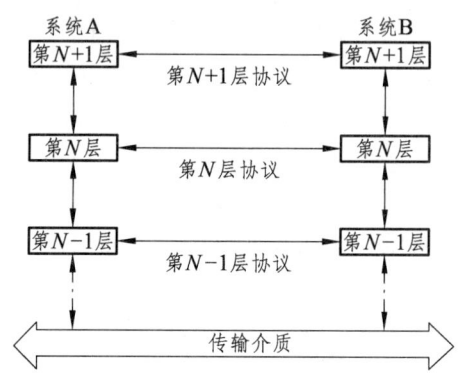

图 2-23 网络的分层结构

计算机网络体系结构的概念及内容比较抽象，为便于理解，先以两个公司之间进行通信的工作过程为例进行说明。有甲乙两个公司的两位总经理进行通信，一般大公司都会有一位经理助理，负责起草公函、与贸易伙伴进行沟通的事务性工作；由于公司较大，业务繁忙，经理助理下边又有秘书负责打字、传真、接听电话等一般性工作。这样，每个公司都形成了 3 个层次的机构。

甲方经理要与乙方经理进行通信，于是他让自己的经理助理起草一份文件，这位经理助理根据总经理的意图，按照业界的惯例写了一份正式公函，然后把它交给秘书让其发送出去。秘书拿到公函，按照公司通讯录查到乙公司的传真号码，整理好后发给了乙公司。乙公司的秘书接到传真后将有用的公函部分呈交给本公司的经理助理，而经理助理经过分析后，将关键内容汇报给经理，乙公司经理阅读信函的内容。当然乙公司经理只关心甲公司经理发来的信函的内容，而对信函的公文格式以及最初收到的信函是通过传真、电子邮件还是邮寄来的并不关心。这里，甲乙公司可以看作是网络节点，而经理、经理助理和秘书是一个个通信的实体。处于相同层次的不同节点的实体叫作对等实体，而协议实际上是对等实体之间的通信规则的约定。比如两个公司的秘书之间有收发传真和普通信函的协议，经理助理之间都遵照标准公函的协议，经理之间，必须采用双方都理解的语言、文体和格式，这样在对方收到信函后才能看懂内容。

层次化结构的优点：独立性强、适应性强、易于实现和维护。

层次化结构的通用原则：层次不能过多，真正需要时候才划分；层次不能过少，要在逻辑上将功能区分开来；每层定义明确，类似功能放在同一层；每一层功能尽量局部化，便于层次内部独立设计，但不影响相邻层次和接口服务关系；每层与上下层之间用接口名规定相应的业务，子层接口也适用这一原则；层次的划分有利于标准化工作。

四、相关概念

1. 实体与系统

系统中的各层次都存在一些实体，每层的具体功能由该层的实体完成。每一层中的活动元素通常称为实体（Entity）。实体可以是软件实体（如一个进程），也可以是硬件实体（如某种芯片）。不同系统上同一层的实体称为对等实体（PeerEntity）。层次间的关系，也可看成是层次实体间的关系。

2. 协议栈

协议栈（Protocol Stack）是指网络中各层协议的总和，其形象地反映了一个网络中文件传输的过程：由上层协议到底层协议，再由底层协议到上层协议。使用最广泛的是因特网协议栈，由上到下的协议分别是：应用层（HTTP、FTP、TFTP、TELNET、DNS、EMAIL等）、运输层（TCP、UDP）、网络层（IP）、链路层（Wi-Fi、以太网、令牌环、FDDI、MAC等）、物理层。

3. 接口、服务和服务访问点

接口是相邻两层之间的边界，是相邻两层之间交换信息的连接点。底层通过接口为上层服务，上层通过接口使用底层提供的功能。只要接口不变，底层的功能的具体实现方法与技术的变化就不会影响整个系统的工作。接口以一个或多个服务访问点（Service Access Point，SAP）的形式存在。服务就是网络中各层向其相邻上层提供的一组功能集合。服务的使用者和提供者通过服务访问点直接联系。服务访问点（简称SAP），实际就是逻辑接口，是一个层次系统的上下层之间进行通信的接口，N层的SAP就是$N+1$层可以访问N层服务的地方。

协议和服务的关系：协议的实现保证了能够向上一层提供服务，本层的服务用户只能看见服务而无法看见下面的协议，下面的协议对上面的服务用户是透明的。协议是"水平的"，即协议是控制对等实体之间通信的规则。而服务是"垂直的"，即服务是由下层向上层通过层间接口提供的，并非在一个层内完成的全部功能都称为服务，只有那些能够被高一层看得见的功能才能称之为服务。上层使用下层所提供的服务必须通过与下层交换一些命令，这些命令在OSI中称为服务原语。

4. 面向连接的服务

面向连接的服务就是通信双方在通信时，必须事先建立一条通信线路，其过程有建立连接、使用连接和释放连接三个过程。TCP协议就是一种面向连接服务的协议，电话系统是一个面向连接的模式。

面向连接服务和电话系统的工作模式相类似，其特点是：数据传输过程前必须经过建立连接、维护连接和释放连接的3个过程。在数据传输过程中，各分组不需要携带目的节点的地址。面向连接服务的传输连接类似于一个通信管道，发送者在一端放入数据，接收者从另一端取出数据。面向连接数据传输的收、发数据顺序不变，因此传输的可靠性好，但需通信开始前的链接开销，协议复杂，通信效率不高。

5. 无连接的服务

无连接的服务不要求发送方和接收方之间的会话连接。发送方只是简单地开始向目的地发送数据分组（称为数据报）。这与现在流行的手机短信非常相似：当你在发短信的时，只需要输入对方手机号就可以了。此业务不如面向连接的方法可靠，但对于周期性的突发传输很有用。系统不必为它们发送传输到其中和从其中接收传输的系统保留状态信息。

无连接网络提供最少的服务，仅仅是连接。无连接服务的优点是通信比较迅速，使用灵活方便，连接开销小；但可靠性低，不能防止报文的丢失，重复或失序，适合于传送少量零星的报文。UDP（用户数据报协议）就是无连接网络协议。

6. 服务原语

用户和协议实体间的接口，实际上是一段程序代码，但其具有不可分割性。通过服务原语能实现服务用户与服务提供者之间的交流，与协议不同的是，服务原语用于服务提供者与服务用户，而协议是用于服务用户之间的通信。

在同一开放系统中，（$N+1$）实体向 N 实体请求服务时，服务用户和服务提供者之间要进行交互，交互信息称为服务原语。服务原语由服务动作和原语类型两部分组成。

服务原语只有4种类型。

（1）请求（Request）：用户实体要求服务做某项工作源（$N+1$）实体→源（N）实体

（2）指示（Indication）：用户实体被告知某事件发生目的（N）实体→目的（$N+1$）实体

（3）响应（Response）：用户实体表示对某事件的响应目的（$N+1$）实体→目的（N）实体

（4）确认（Confirm）：用户实体收到关于它的请求的答复源（N）实体→源（$N+1$）实体

7. 协议数据单元

协议数据单元（Protocol Data Unit，PDU）是指对等层次之间传递的数据单位。物理层的PDU是数据位（bit），数据链路层的PDU是数据帧（frame），网络层的PDU是数据包（packet），传输层的PDU是数据段（segment），其他更高层次的PDU是数据（data）。

五、开放系统互联参考模型

（一）OSI参考模型的概念

在20世纪70年代，计算机网络发展很快，相继出现了十多种网络体系结构，而这些网络体系结构所构成的网络之间无法实现互联。为了在更大范围内共享网络资源和相互通信,人们迫切需要一个共同的可以参考的标准,使得不同厂家的软硬件资源和设备都能够互联。

国际标准化组织 ISO 是一个全球性的非政府组织,是国际标准化领域中一个十分重要的组织。ISO 成立于 1946 年,当时来自 25 个国家的代表在伦敦召开会议,决定成立一个新的国际组织,以促进国际的合作和工业标准的统一。于是,ISO 这一新组织于 1947 年 2 月 23 日正式成立,总部设在瑞士的日内瓦。ISO 于 1977 年成立了信息技术委员会,专门进行网络体系结构标准化的工作。1979 年,ISO 公布了 OSI/RM。OSI(Open System Interconnection,开放系统互联)七层网络模型称为开放式系统互联参考模型,是一个逻辑上的定义、一个规范,它把网络从逻辑上分为 7 层。OSI 七层模型是一种框架性的设计方法,建立七层模型的主要目的是为解决异种网络互联时所遇到的兼容性问题,其最主要的功能就是帮助不同类型的主机实现数据传输。

所谓的开放系统是指遵从国际标准化的、能够通过互联而相互作用的系统。显然系统之间的相互作用只涉及系统的外部行为,而与系统的内部结构和功能无关,因此关于互联系统的任何标准都只是关于系统外部特性的规定。

开放式系统互联参考模型将网络通信过程划分为 7 个相互独立的功能组(层次),并为每个层次制定一个标准框架。上面 3 层(应用层、表示层、会话层)与应用问题有关,而下面 4 层(传输层、网络层、数据链路层、物理层)则主要处理网络控制和数据传输/接收问题。OSI 参考模型如图 2-24 所示。

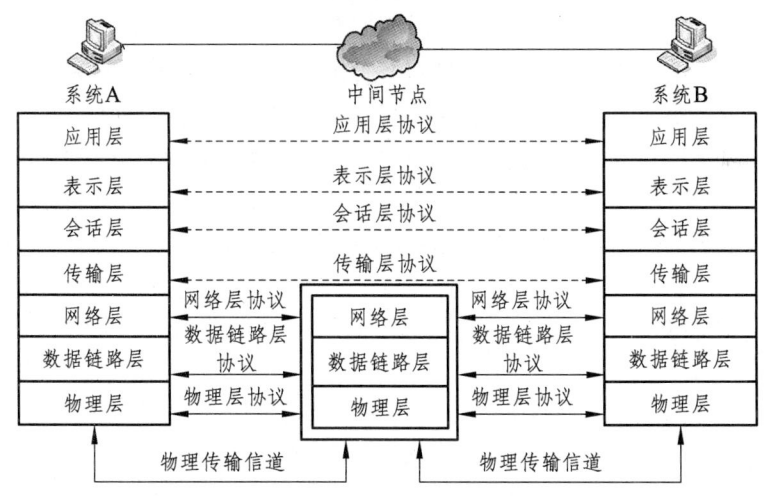

图 2-24 OSI 参考模型

开放系统互联参考模型的特点有以下几点:
(1)每层的对应实体之间都通过各自的协议进行通信。
(2)各个计算机系统都有相同的层次结构。
(3)不同系统的相应层次具有相同的功能。
(4)同一系统的各层次之间通过接口联系。
(5)相邻的两层之间,下层为上层提供服务,上层使用下层提供的服务。

开放系统互联模型的优点：减轻问题的复杂程度，一旦网络发生故障，可迅速定位故障所处层次，便于查找和纠错；在各层分别定义标准接口，使具备相同对等层的不同网络设备能实现互操作，各层之间则相对独立，一种高层协议可放在多种低层协议上运行；能有效刺激网络技术革新，因为每次更新都可以在小范围内进行，不需对整个网络动大手术；便于研究和教学。

（二）OSI 网络参考模型各层的主要功能

物理层：物理层是 OSI 模型的最底层，其任务是实现物理上互联系统间的信息传输。物理层的主要任务就是确定与传输媒体相连的接口的机械特性、电气特性、功能特性和规程特性，它们分别说明了 DTE 和 DCE 之间的物理连接接口的不同特点和特征。物理层的主要功能有物理连接的建立、维护和拆除，物理层实体间的位同步传输和实现物理层四大特性的匹配。

数据链路层：数据链路可以粗略地理解为数据信道。数据链路层的任务是以物理层为基础，为网络层提供透明、正确和有效的传输线路，通过数据链路协议，实施对二进制数据正确、可靠的传输，数据链路的建立、拆除，对数据的检错、纠错。数据链路层将本质上不可靠的传输媒介变成可靠的传输通路提供给网络层。帧是数据链路层的数据传输单位。差错控制和流量控制，差错控制是数据链路层的主要任务，使用的方法主要是 ARQ。数据链路层有两类通信控制规程：面向字符型和面向比特型，HDLC 是典型的面向比特型的协议。HDLC 有固定的帧格式，包括标志、地址、控制、信息和帧校验序列字段，各字段有不同的作用。

网络层：网络层用于控制两端点之间单个通信子网或多个互联子网的操作，为两端点之间的数据传输提供网络连接。网络层的主要功能是路由选择、流量控制、传输确认、中断、差错及故障的恢复等。当源端与目的端不处于同一网络中时，网络层将处理这些差异。路由选择根据一定的原则和算法在源端点和目的端点之间选择一条最佳路径，通常有动态和静态路由选择算法两大类。网络层的流量控制是对整个通信子网内的信息流量进行控制，保证通信子网内的信息畅通无阻，防止由于信息过量而造成的网络拥塞或网络死锁。OSI 参考模型规定，网络层中提供无连接和面向连接两种类型服务，也称为数据报服务和虚电路服务。

传输层：传输层是用户资源子网与通信子网的接口和桥梁。传输层下面 3 层（属于通信子网）面向数据通信，上面 3 层面向数据处理（属于用户资源子网）。因此，传输层位于高层和低层中间，起承上启下的作用，它屏蔽了通信子网中的细节，实现通信子网中端到端的透明传输，完成用户资源子网中两个节点之间的逻辑通信。传输层是负责数据传输的最高一层，也是整个七层协议中最重要和最复杂的一层。

会话层：会话层位于 OSI 参考模型面向信息处理的高三层中的最下层，它利用传输层提供的端到端数据服务，实施具体的服务请求者与服务提供者之间的通信。

表示层：它处理的是通信双方之间的数据表示问题，把发送方具有的内部格式编码为适于传输的比特流，接收方再将其译码为所需要的表示形式。

应用层：提供完成特定网络功能服务所需要的各种应用协议。应用层是面向 OSI 的最高层，直接面向用户，是计算机网络与最终用户的接口。

1. 物理层

物理层是 OSI 参考模型的最底层，也是最基础的一层，它并不是指连接计算机的具体的物理设备或具体的传输媒体，它向下是物理设备之间的接口，直接与传输介质相连接，使二进制数据流通过该接口从一台设备传给相邻的另一台设备，向上为数据链路层提供数据流传输服务。

物理层主要考虑的是怎样才能在连接各种计算机的传输媒体上传输数据的比特流。由于传输媒体又可以叫作物理媒体，因此容易使人误以为传输媒体就是物理层的东西。但实际上具体的传输媒体不在物理层内，而是在它的下面，如双绞线、同轴电缆、光缆等，不属于物理层，物理层直接面向实际承担数据传输任务的物理媒体。为什么物理层不包括具体的连接计算机的物理设备和传输媒体呢？这是因为现有计算机网络中的物理设备和传输媒体的种类繁多，而通信手段也有许多不同方式，物理层的作用正是要尽可能地屏蔽掉这些差异，使物理层上面的数据链路层感觉不到这些差异，这样就可使数据链路层只需要考虑如何完成本层的协议和服务，而不需要考虑具体的传输媒体是什么。

大家知道，计算机网络中传输的是由"0"和"1"构成的二进制数据，但是在实际的电路中，铜缆（指双绞线等铜质电缆）网线中传递的是脉冲电流，这就是物理层传输的东西。通俗地讲，这一层主要负责实际的信号传输。物理层的数据传输单位为比特（bit），即一个二进制位（"0"或"1"）。实际的比特传输必须依赖于传输设备和物理媒体，物理层是在物理媒体之上的、为数据链路层提供一个传输比特流的物理连接。

物理层上的协议有时也称为接口。物理层协议主要规定物理信道的建立、保持及释放的特性，这些特性包括机械的、电气的、功能的和规程的 4 个方面特性。这些特性保证物理层能通过物理信道在相邻网络节点之间正确接收、发送比特流，即保证能将比特流送上物理信道，并且能在另一端取下它。物理层只关心比特流如何传输，而不关心比特流中各比特具有什么含义，而且对传输差错也不做任何控制，就像投递员只管投递信件，但并不关心信件中是什么内容一样。

OSI 参考模型对物理层所作的定义为：在物理信道实体之间合理地通过中间系统，为比特传输所需的物理连接的建立、保持和释放提供机械的、电气的、功能的和规程的手段。比特流传输可以采用异步传输，也可以采用同步传输来完成。

在这里引入两个物理层设备名词：DTE（Data Terminal Equipment）和 DCE（Data Circuit-terminating Equipment）。DTE 叫作数据终端设备，是具有一定的数据处理能力以及发送和接收数据能力的设备，是数据的源或目的。DTE 具有根据协议控制数据通信的功能，但大多数的数据处理设备的数据传输能力是很有限的。直接将相隔很远的两个数据处理设备连接起来，是不现实的，必须在数据处理设备和传输线路之间加上一个中间设备，这个中间设备就是数据终端设备。DCE 的作用就是在 DTE 和传输线路之间提供信号变换和编码功能，并且负责建立、保持和释放物理信道的连接。DTE 与 DCE 之间的接口如图 2-25 所示。

DTE 可以是一台计算机或一个终端，而典型的 DCE 就是一个与模拟线路相连的调制解调器。DTE 与 DCE 之间的接口一般都有许多条并行线，包括多种信号线和控制线。DCE

将 DTE 传过来的数据，按比特流顺序逐个发往传输线路，或反过来从传输线路接收串行的数据比特流，然后再交给 DTE。所以这就需要高度协调的工作，就必须对 DTE 和 DCE 的接口进行标准化，这种接口标准就是物理层协议。网络中经常使用的集线器（HUB）和已经不使用的中继器（Repeater）就是典型的物理层设备。对于物理层设备来讲，它只认识电流，而不去管 MAC 地址、IP 地址是什么。

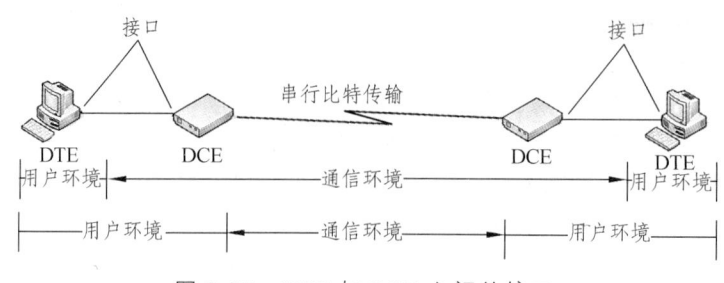

图 2-25　DTE 与 DCE 之间的接口

2. 数据链路层

数据链路层是 OSI 参考模型的第二层，它把物理层传来的"0""1"信号组成帧的格式，即把物理层传来的原始数据打包成帧，并负责帧在计算机之间进行无差错的传输。数据链路层的作用就是负责数据链路信息从源点传输到目的点的数据传输与控制，如连接的建立、维护和拆除，异常情况处理，差错控制与恢复等，检测和校正物理层可能出现的差错，使两个系统之间构成一条无差错的链路，在不太可靠的物理链路上，通过数据链路层协议实现可靠的数据传输。数据链路层传输的基本单位是帧。

1）什么是帧

人说话时引起空气振动，形成声波，这些声波被其他人的耳朵感知后，组合成一个个的单词，这些单词又组合成一个个的句子。网络上数据传输的原理与人们进行交谈的过程颇为相似。在以太网中，网络设备将"位"组成一个个的字节，然后将这些字节"封装"成"帧"，而交换机交换的就是这些"帧"。帧只对能够识别它的设备才有意义，就像汉字只对认识汉字的人来说才有意义。对于集线器来说，帧是没有意义的，因为它属于物理层设备，只认识脉冲电流。帧是数据链路层传输的基本单位，而交换机正是第二层设备，所以它能够识别帧。有许多人对帧所存在的层次不清楚，所以不能很好地理解交换机与集线器的区别。关于这里提到的集线器和交换机，现在不必过于深究，在以后的相关章节中会有比较详细的叙述。当一台主机发送的帧传至交换机后，交换机识别其中的地址信息，然后将帧转发给帧的目的地。对于交换机而言，虽然它也能（也必须）感知到电流，但是它的作用在于能够将电流组成帧，并识别帧头的信息。

2）帧是如何产生的

帧是当计算机发送数据时由发送数据的计算机产生的。具体来说，是由计算机上安装的网卡产生的。网卡把对用户有意义的信息（如文字）分割成网络上可以传输的大小，然后封装到帧里面，再按照一定的次序发送出去。为什么要把数据封装成帧呢？因为用户数据一般都比较大，比如 Word 文件可以达到十几兆字节，一下发送出去十分困难，于是就需要分成许多份，依次发送。就像邮寄大的包裹，没有合适的包装怎么办，把东西分成小份，分别装进一定规格的包裹中，并做上标记，这样问题就解决了。

3）帧的内容

如果把脉冲电流看成是轨道，那么帧就是运行在轨道上的火车。火车有车头和车尾，帧也有一个起点，称之为"帧头"，帧也有一个终点，称之为"帧尾"。帧头和帧尾之间的部分是这个帧负载的数据，相当于火车车头和车尾之间的车厢，但并不是有效数据。因为帧里面还有其他的各种信息，就像车厢本身也有重量一样。帧中还有其他各种复杂的信息，这里就不再一一叙述了。

以太网帧的大小总是在一定的范围内浮动，最大的帧大小是1518字节，最小的帧大小是64字节。在实际应用中，帧大小是由设备的MTU（最大传输单位）即设备每次能够传输的最大字节数自动来确定的。

4）帧的传输方式

帧在网络中传输的时候，具有3种传输方式：单播、多播和广播，这3个术语都是用来描述网络节点之间通信方式的术语，能否理解它们对掌握网络技术具有非常重要的意义。

5）数据链路层的主要功能

链路管理：链路管理就是进行数据链路的建立、维护和拆除。在链路两端的节点进行通信前，必须首先确认对方已处于就绪状态，并交换一些必要的信息以对帧序列进行初始化，然后再建立链路连接。在传输过程中，还要能维持这种连接，传输完毕后要拆除该连接。

帧同步：为了使传输中发生差错后只将有错的有限数据进行重发，数据链路层将比特流封装成帧进行传送。每个帧除了要传送的数据外，还包括校验码以使接收方能发现传输中的差错。帧的组织结构必须设计成使接收方能够明确地从物理层收到的比特流中对其进行识别，即能从比特流中区分出一帧的开始和结束在什么地方。

流量控制：为防止双方速度不匹配或接收方没有足够的接收缓存而导致数据拥塞或溢出，数据链路层必须采取一定的措施使通信网络中的链路或节点上的信息流量不超过某一限制值，即发送端发送的数据要能使接收端来得及接收。当接收方来不及接收时，必须及时控制发送方发送数据的速率，同时使帧的接收顺序与发送顺序一致。

差错控制：为了保证数据传输的正确性，在计算机通信中，通常采用的是检错反馈重发方式，即接收方每收到一帧便检查帧中是否有错，一旦有错，就让发送方重发该帧，直至接收方正确接收为止。

透明传输：当所传输的数据中的比特组合恰巧与某一个控制信息完全一样时，必须采取适当的措施，使接收方不会将这样的数据误认为是某种控制信息。

其中，差错控制和流量控制是数据链路层的两个重要功能。数据链路层常用于差错控制和流量控制的协议有停止等待协议（自动请求重传协议）、连续 ARQ 协议和选择重传 ARQ 协议等。

6）数据链路层协议

数据链路层的协议主要分为两类：面向字符型和面向比特型。面向字符是指在链路上所传送的数据及控制信息必须是由规定的字符集中的字符所组成。面向字符型的数据链路控制协议传输效率比较低。随着通信量的增加及计算机网络应用范围的不断扩大，面向字符的链路控制协议使用率越来越低。20世纪60年代末，人们提出了面向比特的数据链路控制协议，它具有更大的灵活性和更高的效率，逐渐成为数据链路层的主要协议。

3. 网络层

数据链路层协议是两个直接连接节点之间的通信协议，它不能解决数据经过通信子网中多个转接节点的通信问题。设置网络层的主要目的就是要为报文分组以最佳路径通过通信子网到达目的主机提供服务，而网络用户不必关心网络的拓扑结构与所使用的通信介质。

1）网络层的主要功能

网络层是 OSI 参考模型中的第三层，介于传输层和数据链路层之间。网络层也许是 OSI 参考模型中最复杂的一层，部分原因在于现有的各种通信子网事实上并不遵循 OSI 网络层服务定义。同时，网络互联问题也为网络层协议的制定增加了的难度。

通信子网的最高层就是网络层，因此网络层的主要作用是控制通信子网正常运行以及解决通信子网中的路由选择问题，它为整个网络中的计算机进行编址，并自动根据地址找出两台计算机之间进行数据传输的通路，也称为路由选择。网络层所传输信息的基本单位是分组或包。

OSI 参考模型规定网络层的功能主要有以下几点：

（1）建立、维护和拆除网络连接：两个终端用户之间的通路是由一个或多个通信子网的多条链路串接而成，在网络层的一种称为虚电路的服务中，涉及这种虚电路连接的建立、维护和拆除过程。

（2）组包/拆包：在网络层，数据的传输单位是分组（或包）。在网络发送方系统中，数据从高层向低层流动到达网络层时，传输层的报文要分为多个数据块，在这些数据块的头/尾部加上一些相关控制信息（即分组头/尾）后，就构成了分组，即组成了包。在接收方系统中，数据从低层向高层流动到达网络层时，要将各分组原来加上的分组头/尾等控制信息拆掉（即拆包），组合成报文，传送给传输层。

（3）路由选择：路由选择也叫路径选择，它是根据一定的原则和路由选择算法在多节点的通信子网中选择一条从源节点到目的节点的最佳路径。当然，最佳路径是相对于几条路径中较好的路径而言的，一般是选择时延小、路径短、中间节点少的路径作为最佳路径。通过路由选择，可使网络中的信息流量合理分配，减轻拥挤，提高传输效率。

（4）拥塞控制：数据链路层的流量控制是针对相邻两个节点之间的数据链路进行的，而网络层的拥塞控制是对整个通信子网内的流量进行控制的，是对进入分组交换网的流量进行控制。

2）网络层协议

网络层协议规定了网络节点和虚电路的一种标准接口，完成虚电路的建立，维护和拆除。网络层有代表性的协议有 ITU-T（国际电信联盟电信标准化部）的 X.25 协议、3X（X.28，X.3，X.29）协议和 X.75 协议（网络互联协议）等。X.25 协议适用于包交换（分组交换）通信，3X 协议适用于非分组终端入网及组包拆包器（PAD）。典型的网络层协议是 ITU-T 的 X.25 协议中的分组级协议。X.25 协议是 ITU-T 于 1976 年公布的国际标准，它是在公用数据网络上以分组形式进行操作的 DTE 与 ECE 之间的接口协议，以此协议构成的网络被称为 X.25 网或公用报文分组交换网。

4. 传输层

传输层是用户资源子网与通信子网的界面和桥梁，它是 OSI 参考模型七层中比较特殊的一层，同时也是整个网络体系结构中十分关键的一层。设置传输层的主要目的是在源主机和目的主机进程之间提供可靠的端-端通信。

在 OSI 参考模型的讨论中，人们经常将七层分为高层和低层。如果从面向通信与面向信息处理角度进行分类，传输层一般划在低层；如果从网络功能与用户功能角度进行分类，传输层又被划在高层，如图 2-26 所示，这种差异正好反映出传输层在 OSI 参考模型中的特殊地位。

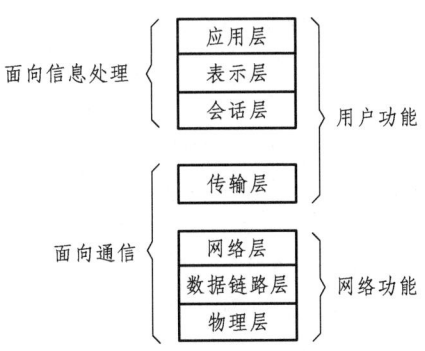

图 2-26 传输层在 OSI 模型中的地位

1）传输层的主要功能

传输层是为了可靠地把信息传送给对方而进行的搬运、输送，通常被解释成"补充各种通信子网的质量差异，保证在相互通信的两处终端进程之间进行透明数据传输的层"，是 OSI 的整个协议层次的核心。传输层在七层模型中起到了对高层屏蔽低层，对低层屏蔽高层的作用，其主要功能如下：

（1）连接管理：负责传输连接的建立、维护与释放。传输连接的建立过程称为"握手"。

（2）流量控制：传输层在发送本层数据分组时，还要确保数据的完整性，流量控制是完成这项任务的方法之一。流量控制避免了接收主机缓冲溢出的问题，溢出会造成数据丢失，这里的流量控制是指端到端的流量控制，即在一个主机没有收到确认之前最多能够向另一个主机发送多少信息量。在数据链路层也讨论过这个问题，只是数据链路层执行的是点到点的流量控制（两个节点之间），而传输层进行的是端到端的流量控制（两个用户主机之间），可用于网络拥塞的控制。

（3）差错检测与恢复：这个功能似乎与低层的功能重复，但这是必须的。有些错误能逃避较低层的差错检测，虽然分组的传输可以由数据链路层的 CRC 校验保证，但是无法确保中间节点（如路由器）处理分组时不出错。另外，如果一个中间节点在收完分组并确认后，在转发之前却将它丢失了，这时也只有通过端到端的差错检测来控制。

（4）提供用户要求的服务质量：一个用户在通信时会要求特定的网络服务质量，例如，高吞吐量、低延迟、低费用和高可靠性服务等。传输层可根据需要提供相应的网络服务。

提供端到端的可靠通信：面向连接的传输协议能够提供用户间的可靠通信，这对于用户来说是重要的功能。

2）传输控制协议

传输控制协议是实现端到端计算机之间的通信、网络系统资源共享所必不可少的协议。虽然物理层和数据链路层协议具有把数据从一台计算机系统送到另一台计算机系统的功能，但它们所实现的数据通信是不可靠的数据通信。对不同的计算机系统、不同的局域网络来说，物理层和数据链路层协议所具有的通信功能远远达不到通信的实际要求。

传输控制协议所实现的功能不仅仅是弥补物理层和数据链路层协议的通信功能的缺陷，保证相同计算机系统之间、相同计算机网络系统之间的信息的可靠传输，还可实现不同计算机系统之间、不同计算机网络系统之间信息的可靠传输。目前传输控制协议的种类很多，如国际标准化组织提出的 ISO8073 协议、Internet 的 TCP、UDP 协议等，但最典型的传输控制协议是 TCP 协议。这部分内容将在后面章节有详细的介绍。

5. OSI 模型中的高三层

在 OSI 七层模型中，会话层、表示层和应用层属于高层，它们与低层不同，低层涉及提供可靠的端到端的通信，而高层主要考虑的是面向用户的服务，高层协议中所涉及的许多内容，目前还正处在研究阶段，将来会形成一套完整的标准。

1）会话层

所谓会话，是指在两个会话用户之间为交换信息而按照某种规则建立的一次暂时联系。会话可以使一个远程终端登录到远地的计算机，进行文件传输或进行其他的应用。会话层位于 OSI 模型面向信息处理的高三层中的最下层，它利用传输层提供的端到端数据传输服务，实施具体的服务请求者与服务提供者之间的通信，属于进程间通信的范畴。会话层还为会话活动提供组织和同步所必需的手段，为数据传输提供控制和管理。会话层的功能主要包括以下几个方面：

（1）提供远程会话地址。会话地址是为用户或用户程序使用的。要传送信息，必须把会话地址转换为相应的传送站地址，以实现正确的传输连接。会话地址到传送地址的变换工作是由会话层完成的。

（2）会话建立后的管理。通常，建立一次会话需要有一个过程。首先，会话的双方都必须经过批准，以保证双方都有权参加会话；其次，会话双方要确定通信方式，即单工、半双工或全双工等。一旦建立连接，会话层的任务就是管理会话了。

（3）提供把报文分组重新组成报文的功能。只有当报文分组全部到达后，才能把整个报文传送给远方的用户。当传输层不对报文进行编号时，会话层应完成报文编号和排序任务，当子网发生硬件或软件故障时，会话层应保证正常的事务处理不会中途失效。

2）表示层

表示层为应用层提供服务，该服务层处理的是通信双方之间的数据表示问题。网络中，对通信双方的计算机来说，一般有其自己的内部数据表示方法，其数据形式常具有复杂的数据结构，它们可能采用不同的代码、不同的文件格式。为使通信的双方能相互理解所传送信息的含义，表示层就需要把发送方具有的内部格式编码为适于传输的位流，接收方再将其解码为所需要的表示形式。

数据传送包括语义和语法两个方面的问题。语义即与数据内容、意义有关的方面；语法则是与数据表示形式有关的方面，如文字、声音、图形的表示，数据格式的转换、数据的压缩、数据的加密等。在 OSI 参考模型中，有关语义的处理由应用层负责，表示层仅完成语法的处理。表示层的功能主要包括以下几个方面：

（1）语法转换。当用户要传送数据从发送方到接收方时，应用层实体就需将数据按一定的表示形式交给其表示层实体，这一定的表示形式为抽象语法。语法变换就是实现抽象语法与传送语法间的转换，如代码转换、字符集的转换及数据格式的转换等。

（2）传送语法的选择。应用层中存在多种应用协议，这样，表示层中就可能存在多种传送语法，即使是一种应用协议，也可能有多种传送语法与其对应。所以表示层需对传送语法进行选择，并提供选择和修改的手段。

（3）常规功能。指表示层内对等实体间的建立连接、传送、释放等。

3）应用层

应用层是 OSI 参考模型的最高层，它为用户的应用进程访问 OSI 环境提供服务。OSI 关心的主要是进程之间的通信行为，因而对应用进程所进行的抽象只保留了应用进程与应用进程间交互行为的有关部分，这种现象实际上是对应用进程某种程度上的简化。经过抽象后的应用进程就是应用实体（Application Entity，AE）。对等应用实体间的通信使用应用协议。应用协议的复杂性相关很大，有的仅涉及两个实体，有的涉及多个实体，而有的则涉及两个或多个系统。与其他 6 层不同，所有的应用协议都使用了一个或多个信息模型来描述信息结构的组织。低层协议实际上没有信息模型，因为低层没有涉及表示数据结构的数据流。应用层要提供许多低层不支持的功能，这就使得应用层变成 OSI 参考模型中最复杂的层次之一。

应用层是 OSI/RM 的最高层，它是计算机网络与最终用户间的接口，包含了系统管理员管理网络服务所涉及的所有的问题和基本功能。

常用的网络服务包括文件服务（FTP）、电子邮件（E-mail）服务、集成通信服务、目录服务、网络管理服务、安全服务、多协议路由与路由互联服务、分布式数据库服务以及虚拟终端服务等。

（三）TCP/IP 参考模型

TCP/IP 参考模型是 ARPANET 和其后继的因特网使用的参考模型。ARPANET 是由美国国防部赞助的研究网络，并逐渐通过租用的电话线联结了数百所大学和政府部门。

当无线网络和卫星出现以后，现有的协议在与之相连的时候都出现了问题，所以需要一种新的参考体系结构。这个体系结构在它的两个主要协议出现以后，被称为 TCP/IP 参考模型。TCP/IP 是一组用于实现网络互联的通信协议。Internet 网络体系结构以 TCP/IP 为核心。基于 TCP/IP 的参考模型将协议分成四个层次，它们分别是：网络访问层、网际互联层、传输层（主机到主机）和应用层。

1. 应用层

应用层对应于 OSI 参考模型的高层，为用户提供所需要的各种服务，如 FTP、Telnet、DNS、SMTP 等。

2. 传输层

传输层对应于 OSI 参考模型的传输层，为应用层实体提供端到端的通信功能，保证了数据包的顺序传送及数据的完整性。该层定义了两个主要的协议：传输控制协议（TCP）和用户数据报协议（UDP）。TCP 协议提供的是一种可靠的、面向连接的数据传输服务；

而 UDP 协议提供的则是不可靠的、无连接的数据传输服务。

TCP 协议和 UDP 协议的区别：TCP 协议面向连接，UDP 协议面向非连接；TCP 协议传输速度慢，UDP 协议传输速度快；TCP 协议保证数据顺序，UDP 协议不保证；TCP 协议保证数据正确性，UDP 协议可能丢包；TCP 协议对系统资源要求多，UDP 协议对系统资源要求少。

3. 网际互联层

网际互联层对应于 OSI 参考模型的网络层，主要解决主机到主机的通信问题。它所包含的协议设计数据包在整个网络上的逻辑传输，注重重新赋予主机一个 IP 地址来完成对主机的寻址，它还负责数据包在多种网络中的路由。该层有四个主要协议：网际协议（IP）、地址解析协议（ARP）、互联网组管理协议（IGMP）和互联网控制报文协议（ICMP）。IP 协议是网际互联层最重要的协议，它提供的是一个不可靠、无连接的数据包传递服务。

4. 网络接入层（即主机－网络层）

网络接入层与 OSI 参考模型中的物理层和数据链路层相对应。它负责监视数据在主机和网络之间的交换。事实上，TCP/IP 本身并未定义该层的协议，而由参与互联的各网络使用自己的物理层和数据链路层协议，然后与 TCP/IP 的网络接入层进行连接。

（四）OSI 参考模型和 TCP/IP 参考模型的比较

OSI 参考模型和 TCP/IP 参考模型的比较如图 2-27 所示。

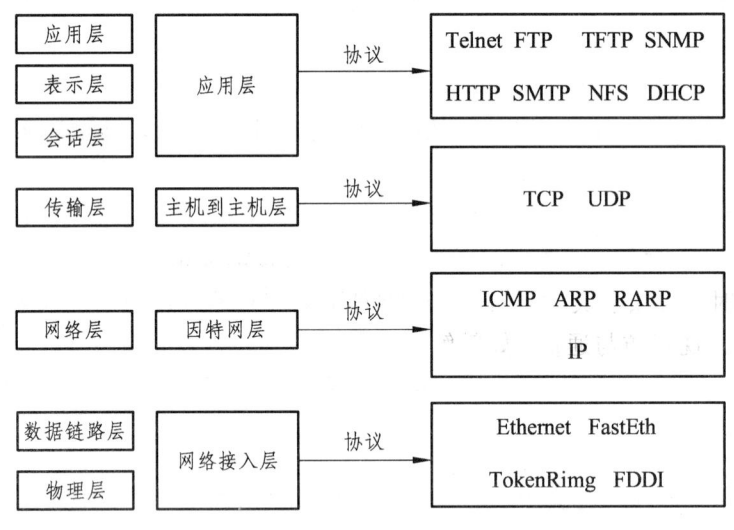

图 2-27　OSI 与 TCP/IP 模型比较

1. 共同点

（1）OSI 参考模型和 TCP/IP 参考模型都采用了层次结构的概念。
（2）都能够提供面向连接和无连接两种通信服务机制。

2. 不同点

（1）前者是七层模型，后者是四层结构。

（2）对可靠性要求不同（后者更高）。

（3）OSI 模型是在协议开发前设计的，具有通用性；TCP/IP 是先有协议集然后建立模型，不适用于非 TCP/IP 网络。

（4）实际市场应用不同（OSI 模型只是理论上的模型，并没有成熟的产品，而 TCP/IP 已经成为"实际上的国际标准"）。

3. 模型的评价

OSI 会话层很少用到，表示层几乎为空，主要因其模型复杂、实现困难。系统受通信的思想影响更多，不适合计算机与软件的工作方式，效率较低。TCP/IP 在服务、接口与协议上区别不明确，物理层和数据链路层没有区分开来。

任务七　网络互联设备

微课：网络互联设备

一、网络互联概述

为实现更广泛的资源共享和信息交流，需要将两个或多个计算机网络互联在一起。网络互联的核心是网络之间的硬件连接和网间互联协议。网络的物理连接是使用网络互联设备通过传输线路实现的，旨在为网络之间的互联提供一条用于传输数据的物理链路，网络互联设备直接影响着互联网的性能。

网络互联的主要目的就是扩大网络的覆盖范围，使更多的网络用户之间可以共享资源和实现数据通信，由此提高网络应用和管理效率。

网络互联分为：局域网与局域网互联、局域网与广域网互联、广域网与广域网互联、无线网络互联，这些网络的互联与互联设备都有直接的关系。

网络互联时，必须解决如下问题：在物理上如何把两种网络连接起来。一种网络如何与另一种网络实现互访与通信，如何解决它们之间协议方面的差别，如何处理速率与带宽的差别。而解决这些问题，协调、转换机制的部件就是中继器、网桥、路由器、网卡和网关等。

二、物理层互联设备

（一）调制解调器

调制解调器（Modem）是通过普通电话线，连接网络的小型设备，这是一种最便宜的网络之间的互联设备。它所连接的网络传输速度通常较慢、性能极低。调制解调器通常被用来连接局域网和它的远程工作站（见图 2-28）。

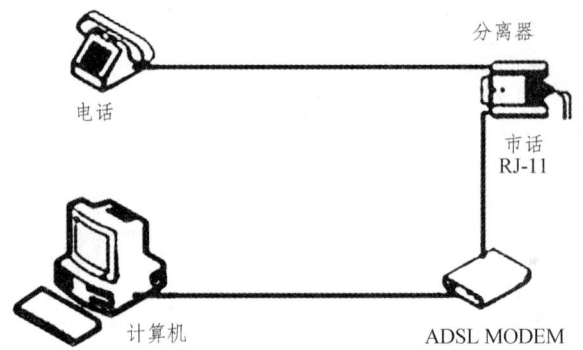

图 2-28　调制解调器的应用

为了利用电话交换网实现计算机之间的数字信号传输,必须将数字信号转换成模拟信号。为此,需要在发送端选取音频范围的某一频率的正(余)弦模拟信号作为载波,用它运载所要传输的数字信号,通过电话信道将其送至另一端;在接收端再将数字信号从载波上取出来,恢复为原来的信号波形。这种利用模拟信道实现数字信号传输的方法称为"频带传输",完成调制和解调功能的设备称为"调制解调器(Modem)"。

(二)中继器与集线器

中继器与集线器是 OSI 模型中物理层的设备,它可以将局域网的一个网段和另一个网段连接起来,主要用于局域网-局域网的互联,起到信号放大和延长信号传输距离的作用。

信号在网络传输介质中进行传输时有衰减并且会受到噪声的干扰,使得有用的信号随着传输距离的增加会变得越来越弱,在这种情况下,使用中继器可以增加信号传输的有效距离。中继器是放大模拟或数字信号的网络连接设备,它将接收到的信号进行放大并保持与原来的数据相同,然后转发经过放大的信号,但中继器在放大信号的同时也将噪声放大了。中继器没有信号纠错的功能,它仅作用于物理层,仅具有简单的放大和再生物理信号的功能。所以中继器只能连接完全相同的局域网,目的是延长网络的长度。中继器可以连接相同传输介质的同类局域网,也可以连接不同传输介质的同类局域网,在物理层实现互联,支持数据链路层及以上的各层的任何协议(见图 2-29)。

集线器(HUB)是一种特殊的中继器,是一种多端口中继器,用于连接双绞线介质或光纤介质的以太网系统,是组成 10Base-T100Base-T10Base-F100Base-F 以太网的核心设备。

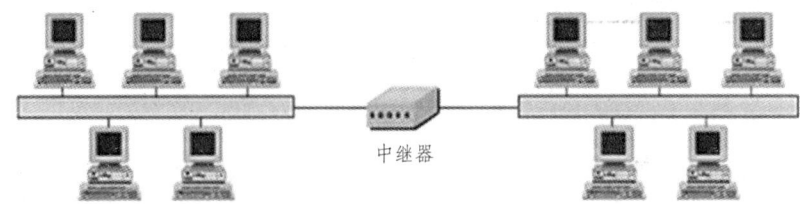

图 2-29　中继器应用

(三)数据链路层互联设备

1. 网桥

网桥(bridge)又称桥接器,是一种存储转发设备,在网络互联中它起到数据接收、地址过滤与数据转发的作用，用来实现多个网络系统之间的数据交换，主要用于局域网－局域网的互联，它是工作在 OSI 模型中数据链路层 MAC 子层的连接设备。网桥的每个端口连接一个局域网网段，常用于将共享带宽的计算机节点数较多的局域网分为两个局域网网段，以便减少计算机在网络中传输数据时可能发生的冲突。网桥可以将两个独立的物理网络连接在一起，构成一个单个的逻辑局域网（见图 2-30）。

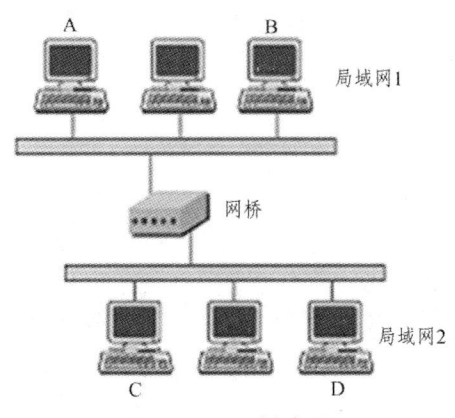

图 2-30　网桥应用

网桥的工作原理：网桥接收一个整帧，然后分析进入的帧，并基于包含在帧中的信息，根据帧的目的地址（MAC 地址）段，来决定是删除这个帧还是转发这个帧。如果目的站点和发送站点在同一个局域网，网桥则将帧删除，如果不在同一个局域网，网桥则进行路径选择，并按指定的路径将帧转发给目的局域网。

网桥的基本特征：在数据链路层上实现局域网互联；能够互联两个采用不同数据链路层协议、不同传输介质与不同传输速率的网络；以接收、存储、地址过滤与转发的方式实现互联的网络之间的通信；需要互联的网络在数据链路层以上采用相同的协议；可以分隔两个网络之间的通信量，有利于改善互联网络的性能与安全性。

2. 交换机

交换机（switch，意为"开关"）是一种用于电信号转发的网络设备。它可以为接入交换机的任意两个网络节点提供独享的电信号通路。最常见的交换机是以太网交换机，其他常见的还有电话语音交换机、光纤交换机等。

交换（switching）是按照通信两端传输信息的需要，用人工或设备自动完成的方法，把要传输的信息送到符合要求的相应路由上的技术的统称。交换机根据工作位置的不同，可以分为广域网交换机和局域网交换机。广域网交换机（switch）是一种在通信系统中完成信息交换功能的设备，应用在数据链路层。交换机有多个端口，每个端口都具有桥接功能，可以连接一个局域网或一台高性能服务器或工作站。实际上，交换机有时被称为多端口网桥。

在计算机网络系统中，交换概念的提出改进了共享工作模式。HUB 集线器就是一种共享设备，它本身不能识别目的地址，而当同一局域网内的 A 主机给 B 主机传输数据时，数据包在以 HUB 为架构的网络上是以广播的方式传输的，由每一台终端通过验证数据包头的地址信息来确定是否接收。也就是说，在这种工作方式下，同一时刻网络上只能传输一组数据帧的通信，如果发生碰撞还得重试。这种方式就是共享网络带宽。通俗地说，普通交换机是不带管理功能的。

交换机工作在数据链路层，拥有一条很高带宽的背部总线和内部交换矩阵。交换机的所有的端口都挂接在这条背部总线上，控制电路收到数据包以后，处理端口会查找内存中的地址对照表以确定目的 MAC（网卡的硬件地址）的 NIC（网卡）挂接在哪个端口上，通过内部交换矩阵迅速将数据包传送到目的端口，目的 MAC 若不存在，则广播到所有的端口，接收端口回应后交换机会"学习"新的 MAC 地址，并把它添加到内部 MAC 地址表中。使用交换机也可以把网络"分段"，通过对照 IP 地址表，交换机只允许必要的网络流量通过交换机。通过交换机的过滤和转发，可以有效地减少冲突域，但它不能划分网络层广播，即广播域。交换机在同一时刻可进行多个端口对之间的数据传输。每一端口都可视为独立的物理网段（注：非 IP 网段），连接在其上的网络设备独自享有全部的带宽，无须同其他设备竞争使用。

在图 2-30 中，当节点 A 向节点 D 发送数据时，节点 B 可同时向节点 C 发送数据，而且这两个传输都享有网络的全部带宽，都有着自己的虚拟连接。假使这里使用的是 10 Mb/s 的以太网交换机，那么该交换机这时的总流通量就等于 2×10 Mb/s=20 Mb/s，而使用 10 Mb/s 的共享式 HUB 时，一个 HUB 的总流通量也不会超出 10 Mb/s。总之，交换机是一种基于 MAC 地址识别、能完成封装转发数据帧功能的网络设备。交换机可以"学习" MAC 地址，并把其存放在内部地址表中，通过在数据帧的始发者和目标接收者之间建立临时的交换路径，使数据帧直接由源地址到达目的地址。

3. 网卡

计算机与外界局域网的连接是通过主机箱内的一块网络接口板（或者是在笔记本电脑中插入一块 PCMCIA 卡）。网络接口板又称为通信适配器或网络适配器（Network Adapter）或网络接口卡（Network Interface Card，NIC），现在更多的人称其为简单的名称"网卡"（见图 2-31）。

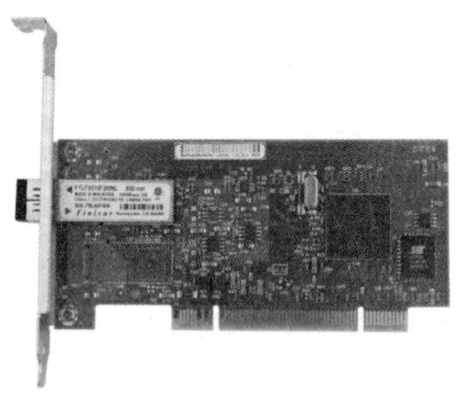

图 2-31　Intel82545 网卡

网卡是工作在链路层的网络组件，是局域网中连接计算机和传输介质的接口，不仅能实现与局域网传输介质之间的物理连接和电信号匹配，还涉及帧的发送与接收、帧的封装与拆封、介质访问控制、数据的编码与解码以及数据缓存的功能等。

无线网卡是终端无线网络的设备,是无线局域网的无线覆盖下通过无线连接网络进行上网使用的无线终端设备,如图 2-32 所示。具体来说无线网卡就是让计算机可以利用无线信号来上网的一个装置。但是有了无线网卡也还需要一个可以连接的无线网络,在有无线路由器或者无线 AP(AccessPoint,无线接入点)覆盖的地方,就可以通过无线网卡以无线的方式连接无线网络上网。

图 2-32　无线网卡

三、网络层互联设备

　　路由器是局域网与广域网互联的设备。路由器工作在 OSI 模型的第三层(网络层)。由于它比网桥工作在更高一层,因此,路由器的功能比网桥更强。它除了具有网桥的全部功能外,还具有路径选择功能。

　　当要求通信的工作站分别处于两个以上的局域网,且两个工作站之间存在多条通路时,路由器可根据当时网络上的信息拥挤程度自动地选择传输效率比较高的路径。因此,如果某条通信通路不能工作时,路由器可以自行选择其他可用通道传递信息。

　　路由器的工作原理:路由器在网络层实现网络互联,主要完成网络层的功能。路由器负责将数据分组从源端主机经最佳路径传送到目的端主机。为此,路由器具有路由选择和数据转发的功能(见图 2-33)。

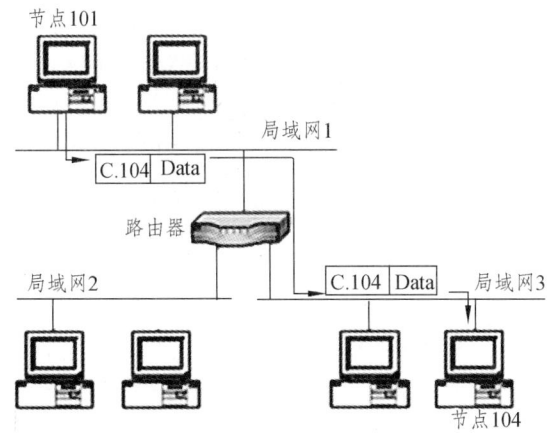

图 2-33　路由器的应用

路由选择也称为路径选择，当两台连接在不同子网上的计算机需要通信时，必须经过路由器的转发，由路由器将信息分组通过互联网沿着一条路径从源端传送到目的端。路由器通过确定到达目的端下一跳路由器的地址，来确定通过互联网到达目的端的最佳路径。

四、应用层互联设备

网关一般是指用以连接异构网（通常指异种网络操作系统）的软件，而不是指它的物理设备。一般 PC 机、工作站或小型机都可以作为网关的硬件平台。

中继器，网桥，路由器都是属于通信子网的网间互联设备，与应用系统无关。而在实际的网络应用中并不是像人们所希望的那样，现在的应用系统并不都是基于同一个 TCP/IP，许多很好的应用系统是基于专用网络系统协议的。当使用不同协议的系统之间要进行通信时（如 SMTP 协议的电子邮件和 X400 协议的电子邮件应用系统之间传送邮件时），就必须进行协议转换，网关可以解决这个转换问题。

当两个完全不同的网络（不仅硬件不同，整体结构、数据类型和通信协议也可以完全不同）连接时，通常使用网关。

网关的基本工作原理：

（1）网关工作在 OSI 七层模型的高三层，即会话层、表示层和应用层；或者说，网关使用了 OSI 模型的所有层，但主要应用是在会话层、表示层和应用层。

（2）用中继器、网桥、交换机或者路由器连接网络时，对连接双方的高层协议都有所规定，相同时才能连接，而网关则容许使用不同的高层协议，它为互联网络双方的高层提供了协议的转换功能，所以网关又称为"协议转换器"，其作用像一个"翻译"。

（3）网关是实现应用系统级网络互联的设备，可以用于广域网—广域网，局域网—广域网，局域网主机互联。

任务拓展

1. 阐述局域网的应用。
2. 通过查阅资料、团队合作，组建一个局域网。
3. 简述计算机网络体系结构。

项目三　数据通信基础 ▶▶▶

1. 知识目标

(1) 掌握数据通信系统相关的专业术语。

(2) 掌握数据通信系统的组成和作用。

(3) 建立通信系统的整体概念。

2. 能力目标

(1) 掌握数据通信必需的基础知识。

(2) 具有团队协作精神。

(3) 培养严谨的工作态度。

3. 素质目标

(1) 拥护党的基本路线，积极进取，有奉献精神和创新精神。

(2) 具有正确的世界观、人生观、价值观，遵纪守法，诚信做人。

(3) 具有良好的职业道德和公共道德。

项目导入

《中国城市轨道交通智慧城轨发展纲要》提出通过"两步走"实现智慧城轨建设的战略目标。第一步：2025年，中国式智慧城轨特色基本形成，跻身世界先进智慧城轨国家行列。实现的总体目标是：中国城轨行业的信息化、智能化、智慧化水平进入世界先进行列，重点智能化关键核心技术得到应用，智能化产业初具规模。其中就包括自主化列车全自动运行系统成熟完善并大面积推广应用，互联互通取得重大突破，具有自主知识产权的全自动运行系统开始进入国际市场；自主化的技术装备研发制造能力大幅提升，部分关键核心技术进入世界先进行列，LTE-M综合承载广泛应用，5G+取得实质性的推广应用，通信技术进入世界领先行列；建立完善的全生命周期智能运维体系，车辆、能源装备及信号等专业系统实现普遍应用，运营维护和安全保障水平跻身世界先进行列；中国标准的城轨云和大数据平台建设初具规模，和世界新兴信息技术同步应用。第二步：2035年，进入世界先进智慧城轨国家前列，中国式智慧城轨乘势领跑发展潮流。实现的总体目标是：中国城轨行业的智能化水平世界领先，自主创新能力全面形成，建成全球领先的智慧城轨技术体系和产业链。

任务一　通信系统简介

微课：数据通信系统概述

数据通信是通信技术和计算机技术相结合而产生的一种新的通信方式。要在两地间传输信息必须有传输信道，根据传输媒体的不同，主要分为两种类型：有线数据通信与无线数据通信。它们都是通过传输信道将数据终端与计算机连接起来，而使不同地点的数据终端实现软、硬件和信息资源的共享。

一、数据通信的概念与性能指标

数据通信是指通过通信系统将数据以某种信号形式从一处安全、可靠地传输到另一处，包括数据的传输及传输前后的处理。

通信的目的是通过某种信号传递数据中所包含的信息。

数据（data）是传输信息的实体，通信的目的是传送信息，传送之前必须先将信息用数据表示出来。例如，话音、文字、音乐、数据表、图片或活动图像等都是数据。数据可以分为模拟数据和数字数据

信号（signal）是为了传送消息而对消息进行变换后在通信系统中传输的某种物理量。由不同载体承载的同一信息，相互称为信号，如光信号、电信号、电磁波信号、声音信号。

码元（symbol）是对数字信号中每一位的统称。例如，二进制中数字 1010011 是由 7 个码元组成的序列，通常称为"码字"。在 7 位的 ASCII 码中，这个码字就是字符。

二、通信系统的一般模型

在我们的生活中，当人们提到通信时，自然会想到传递消息最常用、最方便和最快捷的电话、E-mail、手机等通信方式。在这些通信方式中用电信号来传递消息，因而称之为电信。这些产生、传输电信号和在接收端把它恢复为原来的消息的设备的总体，就构成了一个通信系统。

通信的目的是传输信息，通信系统的作用就是将信息从信源发送到一个或多个目的地。对于电通信来说，首先要把消息转变成电信号，然后经过发送设备，将信号送入信道，在接收端利用接收设备对接收信号作相应的处理后，送给信宿再转换为原来的消息。这一过程可用图 3-1 所示的通信系统基本模型来描述。

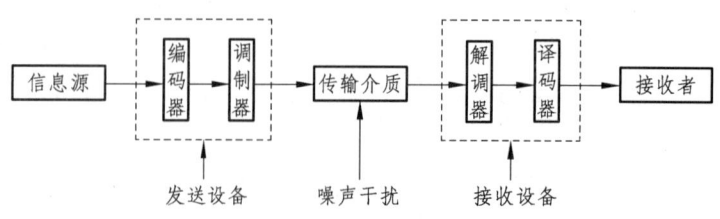

图 3-1　通信系统的基本模型

（1）信息源（简称信源）：信源的作用是把各种消息转换成原始电信号。信号由信源产生，根据消息种类的不同，信源可分为模拟信源和数字信源。

电话线上传送的按照声音的强弱幅度连续变化的电信号称为模拟信号（analog signal）；计算机所产生的电信号是用两种不同的电平去表示 0、1 比特序列的电压脉冲信号，这种电信号称为数字信号（digital signal）。模拟信源输出连续的模拟信号，如话筒（声音—音频信号）、摄像机（图像—视频信号）；数字信源则输出离散的数字信号，如电传机（键盘字符/数字信号）、计算机等各种数字终端。

（2）发送设备：发送设备的作用是产生适合于在信道中传输的信号，具有足够的功率以满足远距离传输的需要。因此，发送设备涵盖的内容包含变换、放大、滤波、编码、调制等过程。对多路传输系统，发送设备中还包括多路复用器。

（3）信道：信道是一种物理媒介，用来将来自发送设备的信号传送到接收端。信道是用来表示向某一个方向传送信息的媒体。信道传送的信号有基带信号、频带信号和宽带信号之分。基带信号就是将数字信号"1"或"0"直接用两种不同的电压表示。频带信号是将基带信号进行调制后形成的模拟信号。宽带传输是将多路基带信号、音频信号和视频信号的频谱分别移到一条电缆的不同频段进行传输。

（4）接收设备：接收设备的功能是将信号放大和反变换（如译码、解调等），其目的是从受到减损的接收信号中正确恢复出原始电信号。

（5）信宿：受信者（简称信宿）是传送消息的目的地，其功能与信源相反，即把原始电信号还原成相应的消息，如扬声器等。

（6）噪声：一个通信系统在客观上不可避免地存在着噪声干扰，噪声源是信道中的噪声以及分散在通信系统其他各处噪声的表示。信号在传输的过程中受到的干扰称为噪声，干扰可能来自外部，也可能来自信号传输过程本身产生。

三、模拟通信与数据通信

在实际的通信中，由于通信业务的多样性，消息的来源也是多种多样的，但基本可以分为两大类：连续的和离散的。连续的消息如话音，其声波振动的幅度是随时间连续变化的。若把它转换为随时间连续变化的电压信号，信号幅度是时间的连续函数，这样的信号称作模拟信号。而离散消息，如打字机产生的消息，其输出的消息符号个数是有限的。如信号的参数与离散消息对应而离散取值，这就是数字信号。所以根据信号方式的不同，通信可分为模拟通信和数字通信。

模拟通信系统是利用连续的模拟信号来传递信息的通信系统；数字通信系统是利用离散的数字信号来传递信息的通信系统（见图3-2）。

数字通信与模拟通信相比，具有明显的优点：

（1）抗干扰、抗噪声能力强。模拟信号在传输过程中和叠加的噪声很难分离，噪声会随着信号被传输、放大、严重影响通信质量。比如说1用高电平来表示，0用低电平来表示。一个模拟信号如果信号衰减20%的话，那就严重失真了。而一个高电平的信号衰减20%时，它还是代表1。因为数字通信是采用再生中继方式，能够消除噪声，再生的数字信号和原来的数字信号一样，可继续传输下去，这样通信质量便不受距离的影响，可高质量地进行远距离通信。另外，数字通信中的信息是包含在脉冲的有无之中的，只要噪声绝对值不超过某一门限值，接收端便可判别脉冲的有无，以保证通信的可靠性。

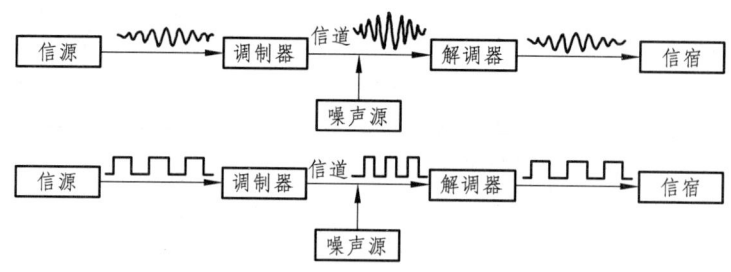

图 3-2　模拟通信系统与数字通信系统

（2）易于加密，信息传输比较安全。由于数字信号的特殊形式，使得信息加密变得十分容易。例如，把信息比特率按一定的长度分组，用相同长度的一个比特率（称为密钥）与这些分组进行模二加，便完成了信息的加密。在接收端，用相同的密钥与接收到的序列模二加，就恢复为原来的信息序列。数字移动通信 GSM 系统就是采用这种方法对信息加密的。模拟信号虽然也可以加密，但操作起来要复杂得多。

（3）数字通信设备的产品重复性好，有利于生产以及通信的发展和普及。

即使这样，与数字通信系统相比，模拟通信系统也有自己比较好的一面，设计较简单，电路的功率消耗一般比较低。

因此，数字通信与模拟通信的区别具体说就是调制方式不同。模拟通信就是将模拟信号与载波进行调制，使其带有一定载波特性，又不失模拟信号的独特性，接收端通过低通滤波器还原初始模拟信号。而数字信号，首先进行采样，对于采样幅值进行编码（0，1编码），然后进行调制、相移键控等，接收端还原即可，信号传输率高。相对而言，数字通信优于模拟通信。模拟通信用模拟信号，就是连续起伏的波形来传递信号。数字通信采用和计算机一样的数字信号（1 和 0）组成信号。模拟信号可以平滑地实现，数字信号就算再怎么接近平滑状态都是阶梯状的。

从宏观看，目前的通信方式仍以电话为主，在电话通信中，则以程控交换和移动电话发展最快。目前模拟通信系统还在使用，但由于人们对各种通信业务的需求迅速增加，数字通信正向着小型化、智能化、高速大容量的方向迅速发展，最终必将取代模拟通信。

四、总线的基本术语

（1）总线与总线段：从广义来说，总线就是传递信号或信息的公共路径，是遵循统一技术规范的连接与操作方式。一组设备通过总线连接在一起称为"总线段"，还可以通过总线段相互连接，把多个总线段连接成一个系统。

（2）总线主设备：能在总线上发起信息传输的设备称为"总线主设备"。也就是说主设备具备在总线上发起通信的能力，又称为命令者。

（3）总线从设备：不能在总线上主动发起通信，只能挂接在总线上，对总线信息进行接收查询的设备称为"总线从设备"，也称基本设备。在总线上可能有多个主设备，这些主设备都可以主动发起信息传输。某一设备既可以是主设备也可以是从设备，但不能既是主设备又是从设备。被总线主设备连上的从设备称为"响应者",它参与命令者发起的数据传送。

（4）控制信号：总线上的控制信号通常有三种类型。一类是控制连接在总线上的设备,让它进行规定的操作,如设备清零、初始化、启动和停止等；第二类是用于改变总线操作的方式,如改变数据流的方向、选择数据字段的宽度和字节等；第三类控制信号表明地址和数据的含义,如对于地址,可用于指定某一地址空间,或表示出现了广播操作；对于数据,可用于指定它能否转译成辅助地址或命令。

（5）总线协议：管理主从设备使用总线的一套规则称为"总线协议"。这是一套事先规定的、必须共同遵守的规定。

五、总线操作的基本内容

1. 总线操作

总线上命令者与响应者之间的连接——传输数据与脱开,这一操作序列称为一次总线交易,或者叫作一次总线操作。脱开是指完成数据传送操作以后,命令者断开与响应者的连接。命令者可以在做完一次或多次总线操作后放弃总线占有权。

微机系统各部件之间的信息交换是通过总线操作周期完成的,一个总线周期通常分为以下4个阶段：

（1）总线请求和仲裁阶段：当有多个模块提出总线请求时,必须由仲裁机构仲裁,确定将总线的使用权分配给哪个模块。

（2）寻址阶段：取得总线使用权的模块,经总线发出本次要访问的存储器或 I/O 端口的地址和有关命令。

（3）传送数据阶段：主模块（指取得总线控制权的模块）与其他模块之间进行数据的传送。

（4）结束阶段：主模块将有关信息从总线上撤除,主模块交出对总线的控制权。

2. 总线传送

一旦命令者与一个或多个响应者连接上以后,就可以开始数据的读写操作。读数据操作时读来自响应者的数据,写数据操作时向响应者写数据。读写操作都需要在命令者和响应者之间传递数据。为了提高数据传送操作的速度,有些总线系统采用了块传送和管线方式,加快了长距离传送数据的速度。

3. 通信请求

通信请求是由总线上某一设备向另一设备发出的请求信号,要求后者给予注意并进行某种服务。它们有可能要求传送数据,也有可能要求完成某种操作。

4. 寻址

寻址过程是命令者与一个或多个从设备建立起联系的一种总线操作。通常有以下 3 种寻址方式。

（1）物理寻址：用于选择某一总线段上某一特定位置的从设备作为响应者。由于大多数从设备都包含多个寄存器，因此物理寻址常常有辅助寻址，以选择响应者的特定寄存器或某一功能。

（2）逻辑寻址：用于指定存储单元的某一通用区，而并不顾及这些存储单位在设备中的物理分布。某一设备检测到总线上的地址信号，看其是否与分配给它的逻辑地址相符，如果相符，它就成为响应者。物理寻址与逻辑寻址的区别在于前者是选择与位置有关的设备，而后者是选择与位置无关的设备。

（3）广播寻址：广播寻址用于选择多个响应者，命令者把地址信息放在总线上，从设备将总线上的地址信息与其内部的有效地址进行比较，如果相符，则该从设备被连上。能使多个从设备连上的地址称为广播地址。命令者为了确保所选的全部设备都能响应，系统需要有适应这种操作的定时机构。

每一种寻址方法都有其优点和适用范围。逻辑寻址一般用于系统总线，而现场总线则较多地采用物理寻址和广播寻址。不过，现在一些主流的系统总线常常具备上述两种，甚至三种寻址方式。

5. 总线仲裁

总线在传送信息的操作过程中可能会发生"冲突"。为了解决这种冲突，就需进行总线占有权的仲裁。总线仲裁用于确定下一个占有总线的设备。某一时刻只允许某一主设备占有总线，等到它完成总线操作，释放总线占有权后才允许其他总线主设备使用总线。当前的总线主设备叫作"命令者"。总线主设备为获得总线占有权而等待仲裁的时间叫作"访问等待时间"，而命令占有总线的时间叫作"总线占有期"。命令者发起的数据传送操作，可以在叫作听者和说者的设备之间进行，而更常见的是在命令者和一个或多个从设备之间进行。

系统中多个设备或模块同时申请总线的使用权时，为避免产生总线冲突，需由总线仲裁机构合理地控制和管理系统中需要占用总线的申请者，在多个申请者同时提出总线请求时，以一定的优先算法仲裁哪个应获得对总线的使用权。总线判优控制按照仲裁控制机构的设置可分为集中控制和分散控制两种。集中式总线仲裁的控制逻辑基本集中在一处，需要中央仲裁器决定总线的使用权。分布式仲裁不需要中央仲裁器，每个潜在的主方功能模块都有自己的仲裁号和仲裁器。当它们有总线请求时，把它们唯一的仲裁号发送到共享的仲裁总线上，每个仲裁器将仲裁总线上得到的号与自己的号进行比较。如果仲裁总线上的号大，则其总线请求不予响应，并撤销其仲裁号。最后，获胜者的仲裁号保留在仲裁总线上。显然，分布式仲裁是以优先级仲裁策略为基础。

6. 总线定时

总线操作用"定时"信号同步。定时信号用于指明总线上的数据和地址在什么时候是有效的。大多数总线标准都规定命令者可设置控制信号，用来指定操作的类型，还规定响应者要回送从设备状态响应信号。主设备获得总线控制权以后，就进入总线操作，即进行命令者和响应者之间的信息交换，这种信息可以是地址或数据。定时信号用于指明这些信息何时有效。定时信号有同步和异步两种。

7. 出错检测

在总线上传送信息时会因噪声和串扰而出错,因此在高性能的总线中一般设有出错码产生和校验机构,以实现传送过程的出错检测。传送地址时奇偶出错会使要连接的设备连接不上;传送数据时如果有奇偶出错,通常要再发一次。也有一些总线由于出错率很低而不设检错机构。

8. 容错

设备在总线上传送信息出错时,如何减少故障对系统的影响,提高系统的重配置能力是十分重要的,故障对分布式仲裁的影响就比菊花链式仲裁小。后者在设备出故障时,会直接影响后面设备的工作。总线系统应能支持软件利用一些新技术,如动态重新分配地址、把故障隔离开来、关闭或更换故障单元。

有几种新的总线在其标准中规定了串行总线出故障时如何利用备用路径来代替的条款。这种备用总线在主串行总线正常工作时,可用于传递通信请求信号,并监测主串行总线的工作状态,在主串行总线出现故障时就代替它。

9. 多段总线操作

在一些总线标准中,允许多个段互联,组成段互联总线系统。在这种系统能实现多段并行操作,提高系统的性能。利用这种段总线互联技术,可以组成网络式复杂系统。

六、数据通信的主要性能指标

通信系统的任务是快速、准确地传递信息,因而信息传输的有效性和可靠性是通信系统最主要的性能指标。有效性指通信系统传输消息的"速率"问题,即快慢问题。可靠性指通信系统传输消息的"质量"问题,即好坏问题。

数字通信系统的有效性可用传输速率来衡量,可靠性可用差错率来衡量。

(一) 有效性指标

1. 数据的传输速率

码元传输速率 R_B 简称"传码率",又称符号速率等。它表示单位时间内传输码元的数目,单位是波特(Baud),记为 B。例如,若 1 s 内传 2400 个码元,则传码率为 2400B。数字信号有多进制和二进制之分,但码元速率与进制数无关,只与传输的码元长度有关。

信息传输速率 R_b 简称"传信率",又称比特率等。它表示单位时间内传递的平均信息量或比特数,单位是比特/秒,可记为 bit/s、b/s 或 bps。

在讨论信道特性,特别是传输频带宽度时通常采用波特率;在涉及系统实际的数据传送能力时,则使用比特率。

每个码元或符号通常都含有一定比特数的信息量,因此码元速率和信息速率有确定的关系,只是表示了两个不同的概念而已,是通信时两个不同的特征。码元的传输速度并不能表示信息的传输速度;二进制的码元传信率和传码率在数值上相等的;而四进制的码元有四个电平,一个四进制码元的信息量可以抵二进制码元两个的信息量;同样一个八进制

的码元含有的信息量可以抵三个二进制码元的信息量。即：传信率=传码率×每个码元的信息量

2. 频带利用率

频带利用率 η 是指单位频带内的传输速度。比较不同通信系统的有效性时，单看它们的传输速率是不够的，还应看在这样的传输速率下所占的信道的频带宽度。所以，真正衡量数字通信系统传输效率的应当是单位频带内的码元传输速率。数字信号的传输带宽 B 取决于码元速率，而码元速率和信息速率 R_b 有着确定的关系。为了比较不同系统的传输效率，可定义频带利用率为

$$\eta = \frac{R_b}{B} \text{ b/(s·Hz)}$$

3. 协议效率

协议效率是衡量通信系统软件有效性的指标之一，协议效率是指所传输的数据包中有效数据占据整个数据包长度的比值。

4. 通信效率

通信效率为数据帧的传输时间与用于发送报文的所有时间（包括等待令牌竞用总线的时间）之比。

（二）可靠性指标

衡量数字通信系统可靠性的指标是差错率，常用误码率和误信率表示。在二进制中两者是相等的。误码率（码元差错率）P_e 是指发生差错的码元数在传输总码元数中所占的比例，更确切地说，误码率是码元在传输系统中被传错的概率，即

$$P_e = \frac{\text{错误码元数}}{\text{传输总码元数}}$$

一般要求计算机通信的误码率小于 10^{-6}。

任务二 数据编码技术

微课：数据编码技术

一、数据通信的标准代码

通信系统在传送数据的时候，不能直接传送数据的十进制数值、字符或控制字符，而是将这些数据或字符信息用适合传输的代码来传输。通过编码把一种组合与一种确定的内容联系起来。例如，两位二进制的四种不同组合 00、01、10、11 可以分别用来表示断开、闭合、出错、不可用等四种不同的状态。

常见的代码有 BCD 码和 ASCII 码。BCD 码（Binary-Coded Decimal）亦称二进码十进数或二-十进制代码，它是用 4 位二进制数来表示 1 位十进制数中的 0~9 这 10 个数码，

是一种二进制的数字编码形式,通常是指 8421 码,就是将十进制的数以 8421 的形式展开成二进制。

在计算机中,所有的数据在存储和运算时都要使用二进制数表示(因为计算机用高电平和低电平分别表示 1 和 0)。编码方式可以有很多种,ASCII 码是其中最常见的一种。ASCII 码是目前计算机中用得最广泛的字符集,是由美国国家标准局(ANSI)制定的 ASCII 码(American Standard Codefor Information Interchange,美国标准信息交换码),它已被国际标准化组织(ISO)定为国际标准,称为 ISO646 标准。ASCII 码使用指定的 7 位或 8 位二进制数组合来表示 128 或 256 种可能的字符。标准 ASCII 码也叫基础 ASCII 码,使用 7 位二进制数来表示所有的大写和小写字母,数字 0 到 9、标点符号,以及在美式英语中使用的特殊控制字符。

ASCII 码用来在计算机中表示各种字符和字母,而 BCD 码则用来方便地表示十进制数。

二、数据编码的分类

数据编码分为两大类:模拟数据编码和数字数据编码。模拟数据和数字数据都可以编码成模拟信号或数字信号,编码方案取决于具体的要求和所用的传输媒体及通信设备。根据承载数据时的信号不同,分为 4 种具体的编码方式,即模拟数据的模拟信号编码、数字数据的模拟信号编码、模拟数据的数字信号编码、数字数据的数字信号编码。其编码过程的示意图如图 3-3 所示。

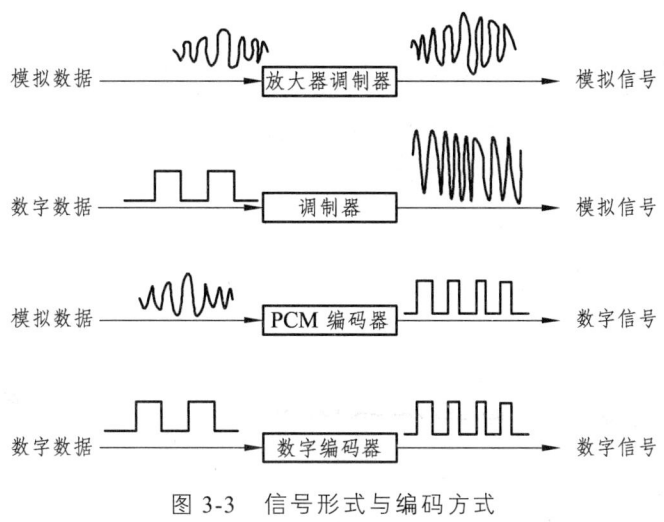

图 3-3　信号形式与编码方式

若模拟数据或数字数据采用模拟信号传输,需要采用调制解调技术。

1. 模拟数据的模拟信号编码

利用这种编码方式的通信设备有很多,例如,电话机和本地局交换机之间所传输的信号采用的就是这种编码方式,模拟声音数据需要加载到模拟的载波信号中进行传输。无线语音广播是模拟信号传递模拟数据的另一个例子。有效的传输需要比较高的频率。采用信号进行模拟调制,高频可以获得更高的传输效率,可使用"频分复用技术"。

模拟数据编码采用模拟信号来表示数据的 0、1 状态。幅值、频率和相位又是描述模拟信号的参数,在调制过程中可以通过改变这 3 个参数实现对模拟信号的编码,经过调制后的典型波形如图 3-4 所示。从振幅、频率、相位 3 个方面调制。

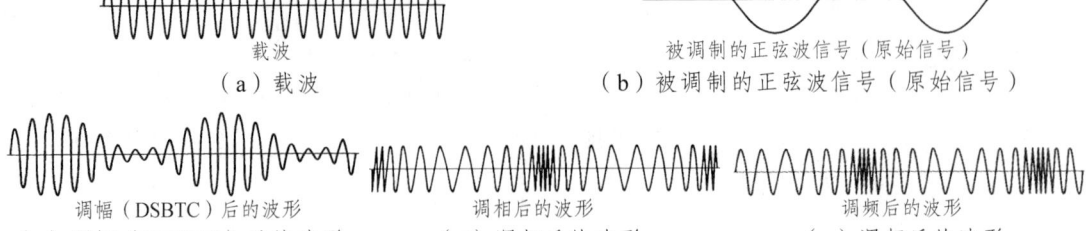

图 3-4　模拟信号调制

2. 数字数据的模拟信号编码

传统的电话通信信道是为传输语音信号设计的,用于传输 300～3400 Hz 的音频模拟信号,不能直接传输数字数据。为了利用模拟语音通信的传统电话网实现计算机之间的远程通信,必须将发送端的数字信号转换成能够在公用电话网上传输的模拟信号,这个过程称为调制;经传输后在接收端将话音信号逆转换成对应的数字信号,这个过程称为解调。实现数字信号与模拟信号互换的设备称为调制解调器(Modem)(见图 3-5)。

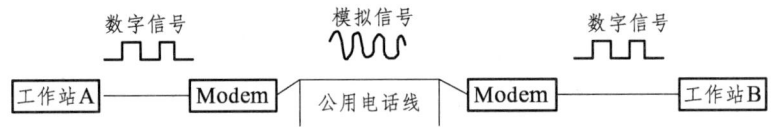

图 3-5　数字信号通过模拟通信系统的传输情况

模拟数据编码采用模拟信号来表达数据的 0、1 状态。振幅、频率和相位是描述模拟信号的参数,可以通过调整这 3 个参数来实现模拟数据编码。振幅键控、频移键控、相移键控是模拟数据的 3 种编码方法(见图 3-6)。

振幅键控(Amplitude Shift Keying,ASK)是载波的振幅随着数字基带信号幅度而变化的数字调制,比较简单,但是抗干扰弱。

频移键控(Frequency-shift Keying,FSK)是利用两个不同频率(f_1、f_2)的振荡源来代表信号 1 和 0。用数字信号的 1 和 0 去控制两个独立的振荡源交替输出。所以二进制频移键控的信号带宽比较大,频带利用率小。

相移键控(Phase-shift Keying,PSK)一种用载波相位表示输入信号信息的调制技术。移相键控分为绝对移相和相对移相两种。以载波的不同相位直接去表达相应二进制数字信号的调制方式,称为绝对相移调制,以二进制调相为例,取码元为 "1" 时,调制后载波与未调载波同相;取码元为 "0" 时,调制后载波与未调载波反相;"1" 和 "0" 时调制后载波相位差 180°。利用前后相邻码元的载波相对相位变化传递二进制数字信号的调制方式,称为相对相移调制。它们都是利用载波的相位变化来传递数字信号的调制方式,不同的是绝对相移是以未调制的载波的相位作为参考基准的,而相对相移是以相邻码元的载波相位作为参考基准的。

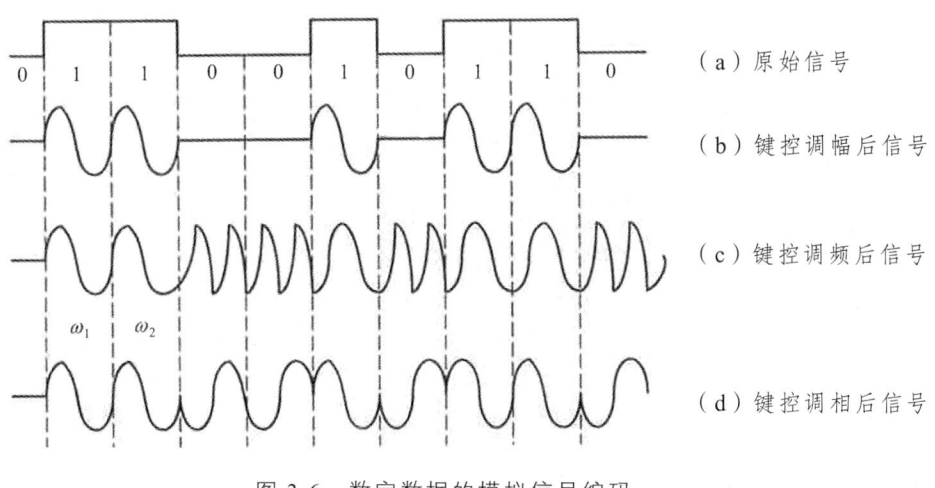

图 3-6 数字数据的模拟信号编码

若模拟数据或数字数据采用数字信号传输，须采用编码和解码技术。

3. 模拟数据的数字信号编码

在数字通信系统中，通常需要将模拟语音数据编码成数字信号后再进行传输。常用的一种方法称为脉冲编码调制（Pulse Code Modulation，PCM）技术。脉冲编码调制技术以采样定理为基础，对连续变化的模拟信号进行周期性采样，根据香农采样定理，需要以有效信号最高频率的两倍或两倍以上的速率对该信号进行采样，通过低通滤波器可不失真地从这些采样值中重新构造出有效信号。通俗地说，就是要把连续信号分割成若干个离散信号，再将这些离散信号定量化，用数字信号表示。

采用脉冲编码调制把模拟信号数字化的 3 个步骤（见图 3-7）：

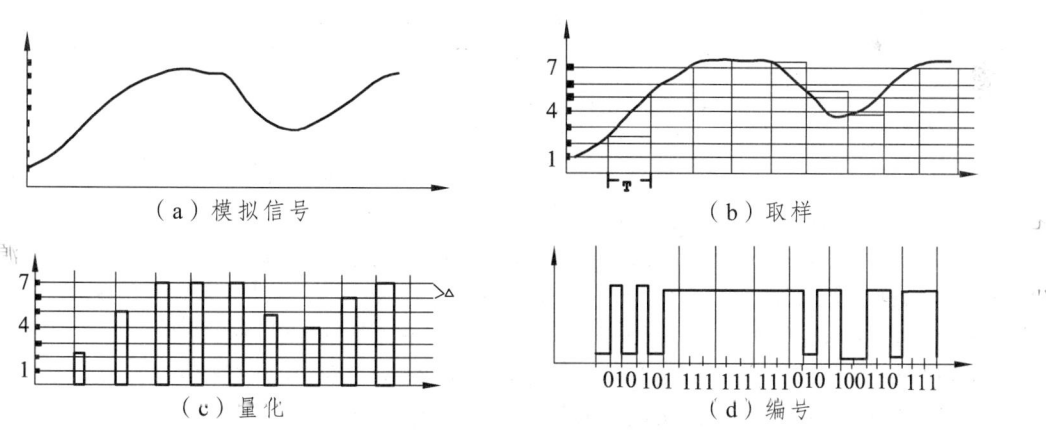

图 3-7 模拟数据的脉冲调制

（1）采样，就是对模拟信号进行周期性扫描，把时间上连续的信号变成时间上离散的信号。该模拟信号经过抽样后还应当包含原信号中所有信息，也就是说能无失真地恢复原模拟信号。它的抽样速率的下限是由抽样定理确定的。

（2）量化，对经过抽样得到的瞬时值进行量化，将其幅度离散，即用一组规定的电平，把瞬时抽样值用最接近的电平值来表示。一个模拟信号经过抽样量化后，得到已量化的脉冲幅度调制信号,它仅为有限个数值。

(3)编码,就是用一组二进制码组来表示每一个有固定电平的量化值。然而,实际上量化是在编码过程中同时完成的,故编码过程也称为模/数变换,可记作 A/D。

4. 数字数据的数字信号编码

计算机网络中使用最普遍的还是数字数据的数字传输(即基带传输)。在传输时,必须将数字数据进行线路编码再进行传输,到了接收端再解码,还原原有的数据。

数字信号可以直接采用基带传输,基带传输就是在线路中直接传送数字信号的电脉冲,是一种最简单的传输方式,近距离通信的局域网都采用基带传输。基带传输需要解决的问题是数字数据的数字信号表示及收发两端之间的信号同步两个方面。

数字信号是离散的矩形脉冲序列,每一个脉冲代表一个信号单元,称为码元。对数字数据进行编码,就是用不同电压极性或电平值代表数字信号的"0"和"1",即用不同的码元形式表示数字信号的"0"和"1",这样就产生了下面几种基本的数字数据的数字信号脉冲编码方法,主要有 3 种:不归零码(Non-Return to Zero,NRZ)、曼彻斯特编码(Manchester)和差分曼特斯特编码(Difference Manchester),其编码形式如图 3-8 所示。

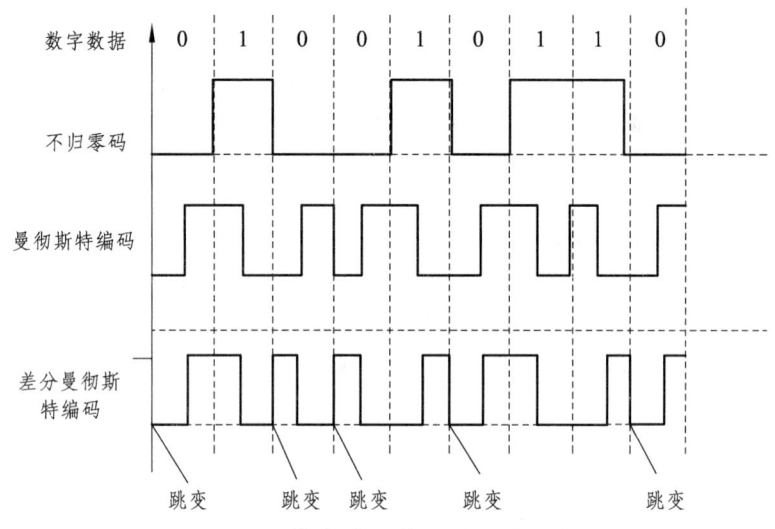

图 3-8 数字信号编码的三种形式

不归零码可以用负电平表示逻辑"0",用正电平表示逻辑"1",反之亦然。不归零码的缺点是发送方和接收方不能保持同步,需采用其他方法保持收发同步。

曼彻斯特编码每一位的中间有一跳变,位中间的跳变既作为时钟信号,又作为数据信号;从高到低跳变表示"1",从低到高跳变表示"0"。

差分曼特斯特编码每位中间的跳变仅提供时钟定时,用每位开始时有无跳变来表示数据信号,有跳变为"0",无跳变为"1"。

两种曼彻斯特编码是将时钟和数据包含在数据流中,在传输信息的同时,也将时钟同步信号一起传输给对方,每位编码中有一跳变,不存在直流分量,因此具有自同步能力和良好的抗干扰性能。但每一个码元都被调成两个电平,所以数据传输速率只有调制速率(码元速率)的一半。

任务三　数据的传输方式

数据的传输方式根据不同的分类标准可以做不同的分类。

微课：数据传输技术

一、并行传输与串行传输

在数字通信中，按每次传送的数据位数，传输方式可分为：串行通信和并行通信两种（见图 3-9）。

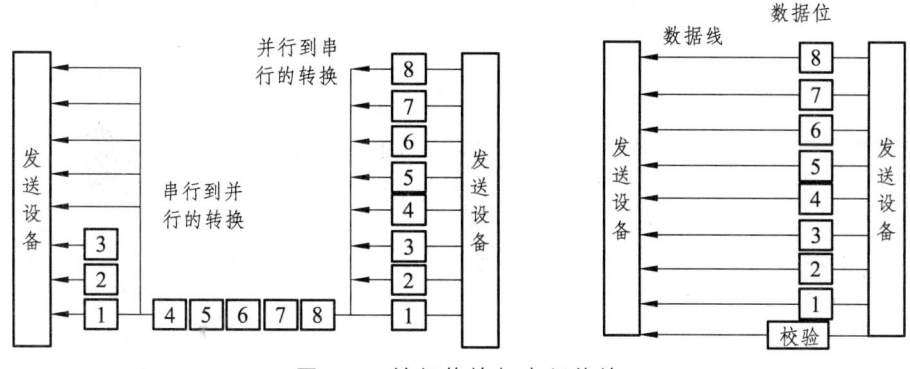

图 3-9　并行传输与串行传输

（一）并行传输

并行传输是在传输中有多个数据位同时在设备之间进行的传输。一个编了码的字符通常是由若干位二进制数表示，如用 ASCII 码编码的符号是由 8 位二进制数表示的，则并行传输 ASCII 编码符号就需要 8 个传输信道，使表示一个符号的所有数据位能同时沿着各自的信道并排地传输。并行传输时，一次可以传一个字符，收发双方不存在同步的问题，而且速度快、控制方式简单。但是，并行传输需要多个物理通道。从原理上看似乎适合于短距离、要求传输速度快的场合。传输时，发送器同时将 8 位信号电平加在信号线上，电信号虽然是以光速传输的，但仍有延迟，因此 8 位信号不是严格同时到达接收端的。速率小时，由于每一字节在信号线上的持续时间较长，这种到达时间上的不同步并不严重；随着传输速率的增加，与 8 位信号到达时间的差异相比，每一字节的持续时间显得越来越短，最终导致前一字节的某几位与后一字节的几位同时到达接收端，这就造成了传输失败，而且随着信号线的加长这种现象还会越发严重，直至无法使用。这是并口传输的致命缺点。

（二）串行传输

串行传输是指数据的二进制代码在一条物理信道上以位为单位按时间顺序逐位传输的方式。串行传输时，发送端逐位发送，接收端逐位接收，同时，还要对所接收的字符进行确认，所以收发双方要采取同步措施。

早期的计算机中，串行传输相对并行传输而言，传输速度慢，但只需一条物理信道，线路投资小，易于实现，特别适合远距离传输。随着技术的发展，串行通信的优势逐渐强于并行通信。计算机上的串行接口也越来越多，USB 接口就是典型的串行接口。

二、同步传输与异步传输

在网络通信过程中，通信双方交换数据需要高度协同工作。为了正确地解释信号，接收方必须确切地知道信号应当何时接收和处理，因此，定时是至关重要的。在计算机网络中，定时又称为位同步。同步是要接收方按照发送方发送的每个位的起止时刻和速率来接收数据，数据的发送和接收均需要时钟脉冲的控制。发送端通过发送时钟确定数据位的起始和结束，而接收端为了正确识别数据，则需要以适当的时间间隔在适当的时刻对数据流进行采样。即接收端和发送端必须保持步调一致，否则会出现漂移现象，最终导致数据传输出现错误。然而，要严格保证每个独立的时钟同步并不容易。目前，经常采用两种方法来解决这个问题：同步传输和异步传输。

（一）异步传输

异步传输模式（Asynchronous Transfer Mode，ATM）一般以字符为单位。起始位：先发出一个逻辑"0"信号，表示传输字符的开始。空闲位：处于逻辑"1"状态，表示当前线路上没有资料传送。这是在计算机通信中常用的同步方式，目前广泛应用于低速通信系统中。

异步方式中，并不要求收发双端在传送代码的每一比特（位）都同步。例如，字符同步的异步方式传输中，在一串数字符前，设置一个启动用的起始位，预告字符的信息代码即将开始，在信息代码和校验信号（一般为 8 位）结束后，也设置 1~2 位的终止位，表示该字符已结束。当从不传输信息状态转到起始位状态时，在接收端将检测出极性状态的改变，利用这种改变，就可启动定时机构，实现同步。接收端收到终止位，就将定时机构复位，准备接收下一个字符代码。

综上所述，采用异步传输时，传输的数据包括起始位、数据位、校验位和终止位，其具体格式如图 3-10 所示。

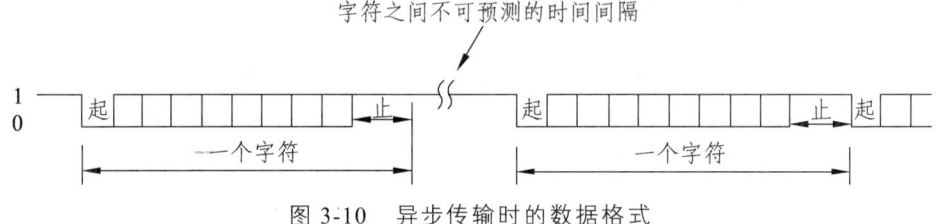

图 3-10　异步传输时的数据格式

字符长度=数据（信息位和校验位）+起始位+终止位（终止位有 1 bit、1.5 bit、2 bit，共 3 种形式）。

在异步方式中，一般采用偶校验方式。异步方式实现起来简单容易，频率的漂移不会积累，每个字符都为该字符的位同步提供了时间基准，对线路和收发器要求较低。但缺点是线路效率低，因为每个字符需多传输 2~3 位非数据位。

（二）同步传输

同步传输方式中，各字符没有起始位和停止位，采用位同步的同步技术。位同步就是接收端接收的每一位数据信息都要和发送端准确地保持同步,实现位同步的方法包括外同步和自同步两种方式。

外同步法是在发送数据之前,发送端向接收端发送一串同步字符 SYN 或者一个同步字节。自同步法是数据信号波形本身提取同步信号的方法,时钟信号和传输信息同时传输到接收端。如数字信号采用曼彻斯特编码或差分编码,这两种编码本身都是自同步编码。

由于同步方式比异步方式传输效率高,更适用于高速传输要求,一般在高速传输数据的系统中采用同步方式。采用同步传输方式时,其数据格式如图 3-11 所示。

图 3-11 异步传输与同步传输

同步与异步传输的区别:
(1)异步传输是面向字符的传输,而同步传输是面向比特的传输。
(2)异步传输的单位是字符,而同步传输的单位是帧。
(3)异步传输通过字符起止的开始和停止码抓住再同步的机会,而同步传输则是从数据中抽取同步信息。
(4)异步传输对时序的要求较低,同步传输往往通过特定的时钟线路协调时序。
(5)异步传输相对于同步传输效率较低。

以上内容讨论了数据传输的基本方式。实际上,通信信号的传输都必须借助通信线路。根据数据在通信线路上的传输方向与时间的关系,常见的通信线路的工作方式有 3 种,分别是单工方式、半双工方式和全双工方式。此外,不同的通信的频率是不同的,为了实现各种频率的通信信号都能在线路中传输,要求通信线路能够传输的信号的频率范围也是不同。根据通信线路能够传输的信号的频率来分,通信信号的传输方式可以分为基带传输、频带传输和宽带传输。

三、信道通信的工作方式

按照信号传送方向与时间的关系,数据通信可以分为 3 种类型:单工通信、半双工通信与全双工通信(见图 3-12)。

图 3-12 单工通信、半双工通信与全双工通信

（1）单工通信是指消息只能单方向传输的工作方式。例如，遥控、遥测就是单工通信方式。单工通信信道是单向信道，发送端和接收端的身份是固定的，发送端只能发送信息，不能接收信息；接收端只能接收信息，不能发送信息，数据信号仅从一端传送到另一端，即信息流是单方向的。

（2）半双工通信可以实现双向的通信，但不能在两个方向上同时进行，必须轮流交替地进行。也就是说，通信信道的每一段都可以是发送端，也可以是接收端。但同一时刻里，信息只能有一个传输方向。日常生活中的例子有步话机通信、对讲机等。

（3）全双工通信允许数据在两个方向上同时传输，它在能力上相当于两个单工通信方式的结合。全双工是在微处理器与外围设备之间采用发送线和接收线各自独立的方法，可以使数据在两个方向上同时进行传送操作。指在发送数据的同时也能够接收数据，两者同步进行，这好像我们平时打电话一样，说话的同时也能够听到对方的声音。目前的网卡一般都支持全双工通信。

四、基带传输、频带传输与宽带传输

（一）基带传输

在数据通信中，表示计算机二进制的比特序列的数字数据信号是典型的矩形脉冲信号。矩形脉冲信号的固有频带称为基本频带，简称为基带，矩形脉冲信号就称为基带信号。在数字通信信道上，直接传送基带信号的方法称为基带传输。在发送端，基带传输的数据经过编码器变换变为直接传输的基带信号，如曼彻斯特编码或差分曼彻斯特编码信号。在接收端，由解码器恢复成与发送端相同的矩形脉冲信号。基带传输是一种最基本的数据传输方式。

（二）频带传输

频带传输是一种采用调制、解调技术的传输形式。在发送端，采用调制手段对数字信号进行某种变换，将代表数据的二进制"1"和"0"，变换成具有一定频带范围的模拟信号，以适应在模拟信道上传输。在接收端，通过解调手段进行相反变换，把模拟的调制信号复原为"1"或"0"。常用的调制方法有：频率调制、振幅调制和相位调制。具有调制、解调功能的装置称为调制解调器，即 Modem。电信号也称为信号，信号每秒钟变化的次数叫作频率，单位为赫兹（Hz）。信号的频率有高有低，就像声音有高有低一样，低频到高频的范围叫频带，不同的信号有不同的频带。

（三）宽带传输

宽带（Broadband）传输是将信道分成多个子信道，分别传送音频、视频和数字信号。宽带是比音频带宽更宽的频带，包括大部分电磁波频谱。使用这种宽频带传输的系统称为宽带传输系统，其借助频带传输，可以将链路容量分解成两个或更多的信道，每个信道可以携带不同的信号。宽带的数据传输速率为 0~400 Mb/s，而通常使用的传输速率是 5~10 Mb/s，它可以容纳全部广播，并可进行高速数据传输。宽带传输系统多是模拟信号传输系统。

（四）异步传输模式

异步传输模式（Asynchronous Transfer Mode，ATM）是一种新的传输与交换数字信息的技术，也是实现高速网络的主要技术，被规定为宽带业务综合业务数字网（B-ISDN）的传输模式。支持多媒体通信，包括数据、语音和视频信号，按需分配频带，具有低延迟特性，速度可达 155 Mb/s ~ 2.4 Gb/s，也有 25 Mb/s 和 50 Mb/s 的异步传输模式技术。ATM 是以信元为基础的一种分组交换和复用技术，它是一种为了多种业务设计的通用的面向连接的传输模式，适用于局域网和广域网。

任务四　多路复用技术

微课：多路复用技术

一、多路复用

我们在收听无线电广播、收看无线电视的时候，多个电台或电视台的信号可以在同一无线空间中传播而互不影响，这是怎么实现的呢？其中用到了什么技术？为什么要这样做呢？

多路复用是把多个低信道组合成一个高速信道的技术，它可以有效地提高数据链路的利用率，从而使一条高速的主干链路同时为多条低速的接入链路提供服务，也就是使网络干线可以同时运载大量的语音和数据传输（见图 3-13）。

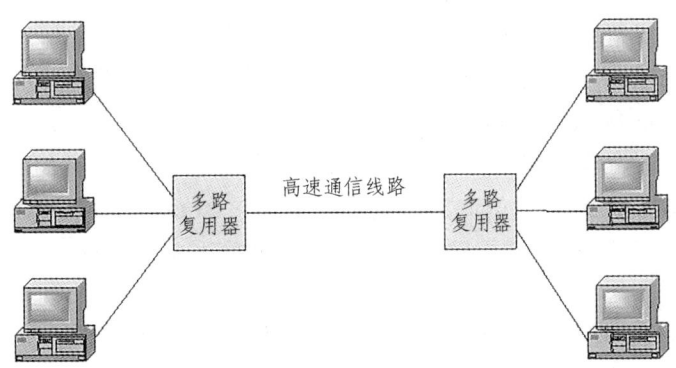

图 3-13　信道的多路复用

为什么要采用多路复用技术？一是通信工程中用于通信线路架设的费用相当高，需要充分利用通信线路的容量；二是网络中传输介质的传输容量都会超过单一信道传输的通信量，为了充分利用传输介质的带宽，需要在一条物理线路上建立多条通信信道。

实现多路复用的设备称为复用器。多路复用可以分为以下几类：

（1）频分复用（Frequency Division Multiplexing，FDM）。

（2）时分复用（Time Division Multiplexing，TDM）。

（3）波分复用（Wave length Division Multiplexing，WDM）。

（4）码分多址复用（Code Division Multiple Access，CDM）。

(一)频分多路复用

在物理信道的可用带宽超过单个原始信号所需带宽情况下,可将该物理信道的总带宽分割成若干个与传输单个信号带宽相同(或略宽)的子信道,每个子信道传输一路信号,这就是频分多路复用(FDM)。

频分多路复用就是在一条通信线路设计多路通信信道,每路信道的信号以不同的载波频率进行调制,各个载波频率是不重叠的,一条通信线路就可以同时独立地传输多路信号(见图3-14)。

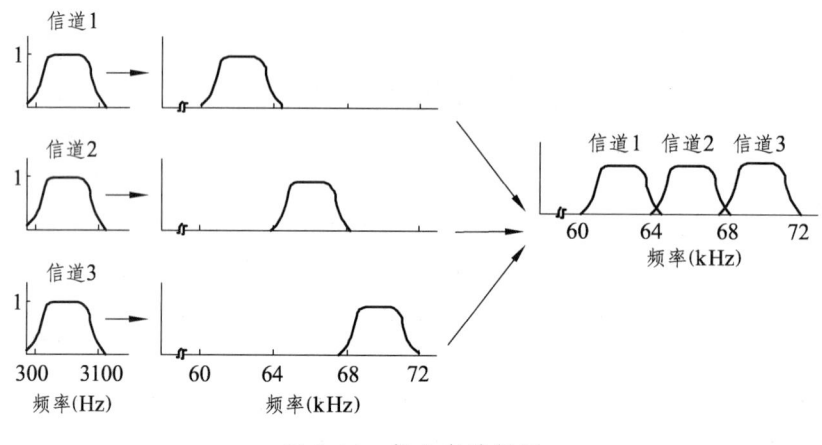

图3-14 频分多路复用

(二)时分多路复用

若传输介质能达到的位传输速率超过传输数据所需的数据传输速率,可采用时分多路复用(Time Division Multiplexing,TDM)技术,即将一条物理信道按时间分成若干个时隙,轮流地分配给多个信号使用,每一时隙由一路信号占用。这样,利用每路信号在时间上的交叉,就可以在一条物理信道上传输多路信号。因数字信号是有限个离散值,所以TDM技术广泛应用于包括计算机网络在内的数字通信系统,而模拟通信系统的传输一般采用FDM。

时分多路复用是将信道用于传输的时间划分为若干个时间片,每个用户分得一个时间片,在每个用户占有的时间片内,用户使用通信信道的全部带宽。

1. 同步时分多路复用(STDM)

同步时分多路复用(STDM)是按传输信号的时间进行分割的,它使不同的信号在不同的时间内传送,将整个传输时间分为许多固定时间间隔,又称为时隙(Time Slot,TS),把每个时间片固定地分配给需要通信的每台设备,这样利用设备在时间上的交叉,就可以在一条传输媒体上传输多路数据信号。

如图3-15所示,通道被分割为3个时间片1、2、3,计算机1、2、3只能在分配给它们的时间片上发送数据,若没有数据或没有准备好数据发送,那么分配给它的时间片上就没有任何数据,即时间片是空的,时间片是预先按次序分配给每一台设备的,而且固定不变。

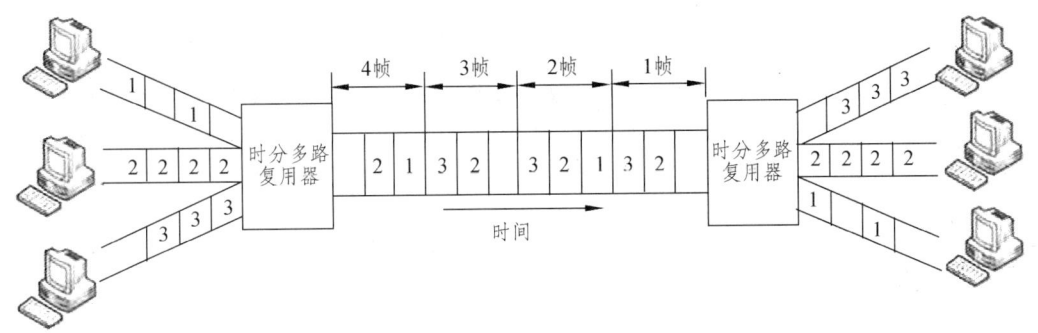

图 3-15　同步时分多路复用的原理

2. 异步时分多路复用（ATDM）

异步时分复用（ATDM）技术又被称为统计时分复用技术（Statistical Time Division Multiplexing），采用智能分配时间的方法，即根据发送方的要求动态地分配时隙，以避免每个时间段中出现空闲时隙，是同步时分多路复用的改进形式。只有当某一路用户有数据要发送时才把时隙分配给它，当用户暂停发送数据时，则不给它分配时隙。电路的空闲时隙可用于其他用户的数据传输。

图 3-16 中的 3 个设备并不是每时每刻都在发送数据。统计时分多路复用器根据需求动态地分配时间片。复用器扫描各条输入线路，当且仅当有数据需要传送时才分配时间片，没有数据传送则继续扫描下一线路而不分配时间片，循环往复直到扫描完所有的输入线路。

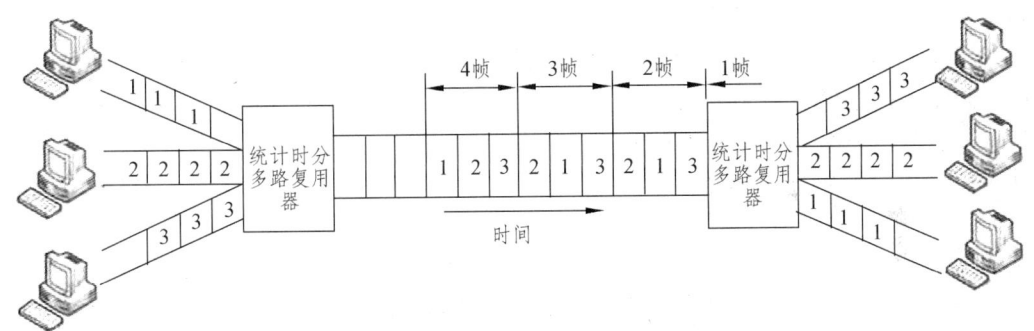

图 3-16　统计时分多路复用的原理

（三）波分多路复用

在同一根光纤中同时让两个或两个以上的光波长信号通过不同光信道各自传输信息，这种方式称为波分多路复用（Wave Division Multiplexing，WDM）。在一根光纤上复用 80 路或更多路的光载波信号称为密集波分复用（DWDM）。目前单模光纤的数据传输速率最高可以达到 20 Gb/s。

图 3-17 所示为波分多路复用的原理。在发送端，通过光栅将来自光纤 1 和光纤 2 的两个波长不同的光信号叠加起来并在共享光纤上传输。到达接收端之后，用光栅将光信号分离并复原出来，传递给光纤 3 和光纤 4。

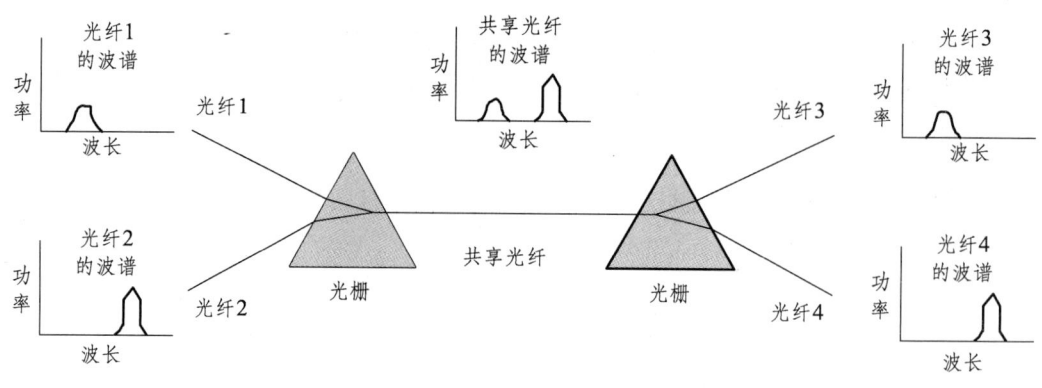

图 3-17 波分多路复用

(四) 码分多址复用

码分多址 (Code Division Multiple Access, CDMA) 是在数字技术的分支——扩频通信技术上发展起来的一种崭新而成熟的无线通信技术。

在 CDMA 系统中,发送端用互不相干、相互正交 (准正交) 的地址去调制所需发送的信号,接收端则利用码型的正交性,通过地址从混合的信号中选出响应信号。码分多址复用最初是用于军用通信,因为这种系统发送的信号有很强的抗干扰能力,其频谱类似于白噪声,不易被发现。CDMA 技术主要用在无线电通信系统 (如移动通信) 中。它不仅可以提高通信的语音质量和传输的可靠性,减少干扰对通信的影响,而且增加了通信系统的容量。

码分多路复用也是一种共享信道的方法,每个用户可在同一时间使用同样的频带进行通信,但使用的是基于码型的分割信道的方法,即每个用户分配一个地址码,各个码型互不重叠,通信各方之间不会相互干扰,抗干扰能力强。码分多路复用技术主要用于无线通信系统,特别是移动通信系统。

任务五 数据交换技术

在数据通信系统中,当终端与计算机之间,或者计算机与计算机之间不是直通专线连接,而是要经过通信网的接续过程来建立连接的时候,那么两端系统之间的传输通路就是通过通信网络中若干节点转接而成的所谓 "交换线路"。在一种任意拓扑的数据通信网络中,通过网络节点的某种转接方式来实现从任一端系统到另一端系统之间接通数据通路的技术,称为数据交换技术。

数据交换技术分为电路交换、报文交换、报文分组交换等。

一、电路交换

数据通信中的电路交换方式是指两台计算机或终端在相互通信之前,需预先建立起一条实际的物理链路,在通信中自始至终使用该链路进行数据信息传输,并且不允许其他计算机或终端同时共享该链路，通信结束后再拆除这条物理链路。

采用电路交换方式，数据通信需经历 3 个阶段：建立电路（即建立一条实际的物理链路）、数据传输、电路拆除。

1．电路交换的优点

（1）由于通信线路为通信双方用户专用，数据直达，所以传输数据的时延非常小。通信双方之间的物理通路一旦建立，双方可以随时通信，实时性强。

（2）信息的编码方法和信息格式由通信双方协调，不受网络的限制。电路交换既适用于传输模拟信号，也适用于传输数字信号。

（3）双方通信时按发送顺序传送数据，不存在失序问题。

（4）交换机对用户的数据信息不存储，分析和处理传用户数据信息时不必附加许多控制信息，交换机在处理方面的开销比较小信息传输效率比较高。

2．电路交换的缺点

（1）电路交换的平均连接建立时间对计算机通信来说太长。

（2）电路交换连接建立后，物理通路被通信双方独占，即使通信线路空闲，也不能供其他用户使用，因而信道利用率低。

（3）电路交换时，数据直达，不同类型、不同规格、不同速率的终端很难相互进行通信，也难以在通信过程中进行差错控制。

综上，电路交换适合于传输信息量较大，通信对象比较确定的用户。

二、存储转发交换方式

存储和转发交换（Store and Forward Switching）是一种交换技术，数据帧在被转发到适当的端口之前被完全处理。这个处理包括计算循环冗余码校验（CRC）和检测目的地地址。另外，帧必须暂时存储直到网络资源可用来转发这条信息。存储转发方式可以分为报文交换和报文分组交换。

存储转发的优、缺点如下。

优点：可靠性很好，因为它把输入端口的数据帧先存储在交换机缓存中，然后进行 CRC 检查。若检测到该帧出现差错，则丢弃该帧，否则取出该帧的目的地址，通过查找 MAC 地址表获得输出端口，再转发出数据帧；并且存储转发交换方式还支持不同速度的端口间的转换，方便高速端口和低速端口之间的协议工作；通信控制器有路选功能，可以提高系统效率；可以实现信道的分时共享。

缺点：存储转发交换方式的数据处理延时较大，主要原因是输入、输出端都要经过串并转换，结果还要存到高速缓存中，整个过程耗时较多。

（一）报文交换

1．报文交换原理

报文交换方式的数据传输单位是报文，报文就是站点一次性要发送的数据块，其长度不限且可变，携带有目标地址、源地址等信息。在交换过程中，交换设备将接收到的报文先进行存储，待信道空闲时再转发给下一节点，一级一级中转，直到目的地。这种数据传输技术称为"存储—转发"。报文交换方式是以报文为单位接收、存储和转发信息，为了准确地实现转发报文，一份报文应包括3个部分：报头或标题，包括发信站地址、终点收信地址和其他辅助控制信息等；报文正文，用于传输用户信息；报尾，表示报文的结束标志，若报文长度有规定，则可省去此标志。

2. 报文交换的特点

（1）在传送报文时，一个时刻仅占用一段通道，大大提高了线路利用率。
（2）报文交换系统可以把一个报文发送到多个目的地。
（3）可以建立报文的优先权，优先级高的报文在节点可优先转发。
（4）报文大小不一，因此存储管理较为复杂。
（5）大报文造成存储转发的延时过长，对存储容量要求较高。
（6）出错后整个报文必须全部重发。
（7）报文交换只适用于传输数字信号。

综上，报文交换不利于实时通信，它适用于公众电报和电子信箱业务。

（二）报文分组交换

1. 分组交换原理

分组交换吸取了报文交换的优点，仍然采用"存储—转发"的方式，但不像报文交换那样以报文为单位交换，而是把报文截成若干比较短的、规格化的"分组"（或称为包）进行交换和传输。由于分组长度较短，具有统一的格式，便于在交换机中存储和处理。"分组"进入交换机后只在主存储器中停留很短的时间进行排队和处理，一旦确定了新的路由，就很快输出到下一个交换机或用户终端。分组交换的工作原理如图3-18所示。

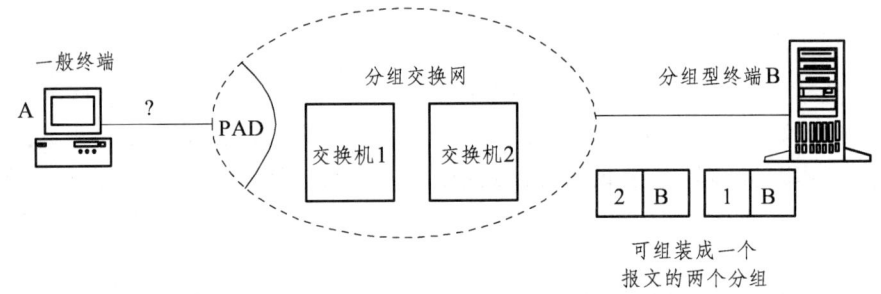

非分组型终端：只能发送报文；分组型终端：可以自己将报文拆分成分组；PAD分组拆分装置：输入报文→输出分组，输入分组→输出报文。

图 3-18 分组交换网

2. 分组的结构

分组由分组头和其后的用户数据部分组成。分组头包含接收地址和控制信息，其长度为 3~10 个字节（1 个字节为 8 比特；用户数据部分长度一般是固定的，平均为 128 字节，最大不超过 256 字节）。

（三）电路交换、报文交换、报文分组 3 种交换方式的比较

电路交换、报文交换、报文分组交换 3 种交换方式的原理比较如图 3-19 所示。

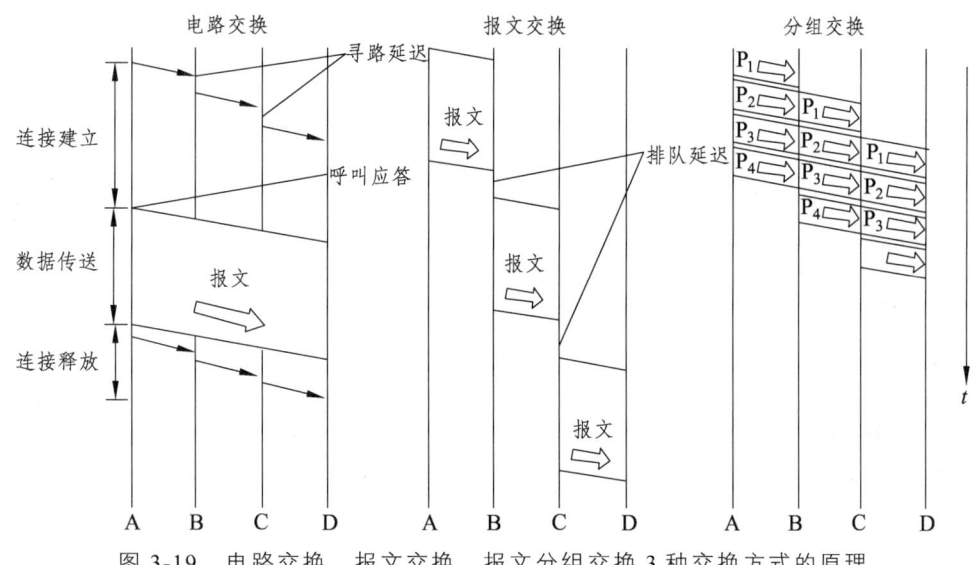

图 3-19　电路交换、报文交换、报文分组交换 3 种交换方式的原理

不同的交换方式适用于不同的应用场合：电路交换方式适用于高负荷的持续通信要求，尤其是会话式通信与语音、图像通信，不适合突发性通信；报文交换方式适用于长报文、无实时通信要求的通信，不适合会话式通信；数据报方式适用于灵活的突发性短报文通信，不适合会话式和有实时通信要求的通信；虚电路方式既适合定时、定对象、长报文通信，也适合会话式通信和语音、动态图像和图形通信。

三、高速交换技术

高速交换技术包括 ATM 技术和光交换技术。

ATM 技术（Asynchronous Transfer Mode），顾名思义就是异步传输模式，是一种新的传输与交换技术。异步转移模式的特征是信息的传输、复用和交换都以信元为基本单位。

光交换也是一种光纤通信技术，是指不经过任何光/电转换，将输入端光信号直接交换到任意的光输出端。光交换是全光网络的关键技术之一。光交换技术的最终发展趋势将是光控制下的全光交换，并与光传输技术完美结合，即数据从源节点到目的节点的传输过程都在光域内进行。全光网可以克服电子交换在容量上的瓶颈限制；可以大量节省建网成本；可以大大提高网络的灵活性和可靠性。光交换技术也可以分为光路交换和分组交换。由于技术上的原因，目前还主要是开发光路交换，但今后发展方向将是分组光交换。目前市场上看到的光交换，多数是基于光电和光机械的。而基于热学、液晶、声学、微光机电技术等光交换机将逐步被研发出来。其中，微光机电技术（MEMS）是目前最有前途的一项技术。

任务六　差错控制技术

微课：差错控制技术

一、差错控制概述

在数据通信系统中，如果接收端接收到的数据与发送端实际发出的数据不一致，那么我们把这种现象称为差错。

（一）产生差错的原因

差错的产生是由噪声引起的，根据产生差错的原因不同，可把噪声分为两类：热噪声和冲击噪声。

1. 热噪声

热噪声又称为白噪声，它是由传输介质的电子热运动产生的，存在于所有电子器件和传输介质中。热噪声是温度变化的结果，不受频率变化的影响。热噪声在所有频谱中是以相同的形态分布的，它是不能够消除的，由此对通信系统性能构成了上限。例如，线路本身电气特性随机产生的信号幅度、频率与相位的畸变和衰减，电气信号在线路上产生反射造成的回音效应，相邻线路之间的串扰等都是属于热噪声。

2. 冲击噪声

冲击噪声呈突发状，常由外界因素引起，其噪声幅度可能相当大，是传输中的主要差错。例如，大气中的闪电、电源开关的跳火、自然界磁场的变化以及电源的波动等外界因素所引起的噪声都属于冲击噪声。

图 3-20 所示为数据传输系统产生差错的过程，因受到噪声的影响，接收端收到的数据和发送端发出的数据并不是完全相同的，而是在个别位产生了误码。

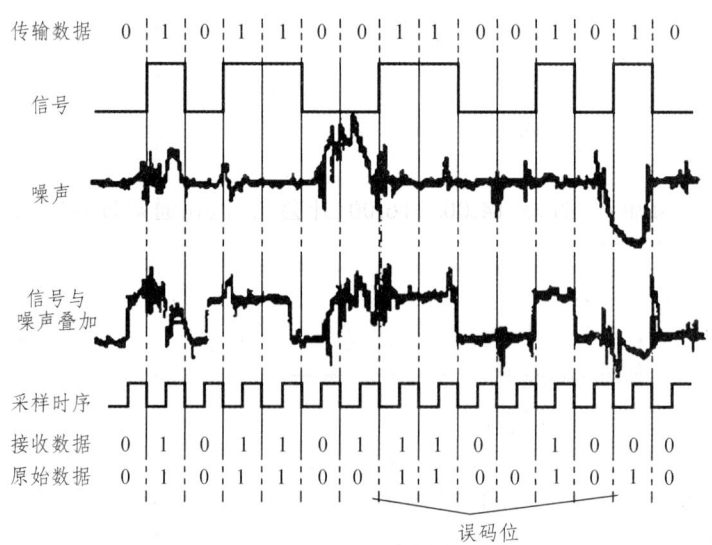

图 3-20　差错产生的过程

信号在物理信道传输过程中，由于各种因素会引起信号的失真，使得接收的信息与发送的不一致。这种影响因素主要分为内部因素和外部因素。

内部因素：信号在物理信道中传送时，由于线路本身的电气特性造成的信号衰减，延迟和波形失真，串扰等。

外部因素：来自外界的干扰。

（二）差错控制的思想

在数字通信中，根据不同的目的，编码可分为信源编码和信道编码。信源编码是为了提高数字通信的有效性以及使模拟信号数字化而采取的编码技术。信道编码是为了降低误码率，提高数字通信的可靠性而采取的编码。

信源编码：主要是利用信源的统计特性，解决信源的相关性，去掉信源冗余信息，从而达到压缩信源输出的信息率、提高系统有效性的目的。第三代移动通信中的信源编码包括语音压缩编码、各类图像压缩编码及多媒体数据压缩编码。

信道编码：为了保证通信系统的传输可靠性，克服信道中的噪声和干扰，根据一定的（监督）规律在待发送的信息码元中（人为地）加入一些必要的（监督）码元，在接收端利用这些监督码元与信息码元之间的监督规律，发现和纠正差错，以提高信息码元传输的可靠性。信道编码的目的是试图以最少的监督码元为代价，最大限度地提高码元传输的可靠性。

差错控制的核心是抗干扰编码，也就是信道编码。在发送端被传送的信息码序列的基础上，按照一定的规则加入若干"监督码元"后进行传输，这些加入的码元与原来的信息码序列之间存在着某种确定的约束关系。在接收数据时，检验信息码元与监督码元之间的既定的约束关系，如该关系遭到破坏，则在接收端可以发现传输中的错误，从而纠正错误。

（三）差错控制编码分类

差错控制编码可分为检错码和纠错码两类。

（1）检错码。检错码是能够自动发现错误的编码，如奇偶校验码、循环冗余校验码。

（2）纠错码。纠错码是能够发现错误且又能自动纠正错误的编码，如汉明码、卷积码。

检错码比较简单，但是不能自动纠正错误，实时性不强；纠错码实时性强，但是比较复杂。

如果发出一个通知："明天 14:00—16:00 开会"，但在通知过程中由于某种原因产生了错误，变成"明天 10:00—16:00 开会"。别人收到这个错误通知后由于无法判断其正确与否，就会按这个错误时间去行动。为了使接收者能判断正误，可以在所发通知的内容中增加"下午"两个字，即改为："明天下午 14:00—16:00 开会"，这时，如果仍错为："明天下午 10:00—16:00 开会"，则收到此通知后根据"下午"两字即可判断出其中"10:00"发生了错误。但仍不能纠正其错误，因为无法判断"10:00"错在何处，即无法判断原来到底是几点钟。这时接收者可以告诉发送端再发一次通知，这就是检错重发。为了实现不但能判断正误（检错），同时还能改正错误（纠错）的目的，可以在通知中再增加"两个小时"四个字，即改为："明天下午 14:00—16:00 开两个小时会"。这样，如果其中"14:00"

错为"10:00",不但能判断出错误,还能纠正错误,因为其中增加的"两个小时"四个字可以判断出正确的时间为"14:00—16:00"。

二、常用的差错控制编码方法

(一) 奇偶校验码

奇偶校验(Parity Check)又称为奇偶监督码,也叫作垂直冗余校验。它是一种校验代码传输正确性的最常用方法,具有构成简单、插入的冗余量少等特点。

奇偶校验可以分为奇校验和偶校验两种类型,采用何种校验是事先规定好的。如果后加的校验位使得要传输的一组二进制编码的数位中"1"的个数是奇数,那么这种方法被称为奇校验。如果后加的校验位使得要传输的一组二进制编码的数位中"1"的个数是偶数,那么这种方法被称为偶校验。当然,不同的校验方法加入的校验码通常是不同的。在这种编码中,无论信息位有多少,监督位都只有一位。若采用奇校验的方法,则当接收端收到这组代码时,可校验其中的"1"的个数是否为奇数,从而确定传输代码的正确性。若采用偶校验的方法,则当接收端收到这组代码时,可校验其中的"1"的个数是否为偶数,从而确定传输代码的正确性。

为了更好地说明奇偶校验的过程,假设要传送的数据是1000110,并且采用奇校验的方法。根据要传输的数据可以看出,其数位中"1"的个数是3个,那么此时校验码是0(加入校验码之后,"1"的个数是奇数个)。传送到接收端之后,接收端需要校验接收到的数据中"1"的个数。如果接收端接收到的"1"的个数是奇数个,那么基本可以确定数据传输是准确的。值得注意的是,奇偶校验只能发现奇数个错误,并不能发现偶数个错误。这也是奇偶校验方式的一个缺点。

奇偶校验方法非常简单,但并不十分可靠,一般只用于通信要求较低的环境。通常偶校验用于异步传输或低速传输,奇校验用于同步传输。

1. 水平奇偶校验

水平奇偶校验是指在信息字段后加校验位使得该串信息位中 1 的总数为奇数(奇校验)或为偶数(偶校验)的方法。

信息字段	奇校验码	偶校验码
0110001	01100010	01100011

将经过奇偶校验编码的码元序列按行排成方阵,每行为一组奇偶校验码,但发送时则按列的顺序传输,接收端仍将码元排成发送时方阵形式,然后按行进行奇偶校验。在一列中不管出现几个误码,对应在每行都是一个误码位,就可以被检测出来。但对于每行,仍只能检测出序列含有奇数个错误。

【例】数据序列 1101 1010 1110 1001…(设每 4 位码元为一组)

```
1 1 0 1
1 0 1 0
1 1 1 0
1 0 0 1
```

偶校验：
发送的数据序列为：11111010011010011010⋯
水平奇偶校验的特点：
（1）校验字段在信息字段后，仅占 1 比特。
（2）可发现某一行上所有奇数个错误。
（3）能检测出所有长度不大于方阵中行数的突发错误。
（4）仅能测出奇数个错，但无法指出错误位。
通常在异步方式中用偶校验，同步方式中用奇校验。
编码效率=$Q/(Q+1)$　　　Q：信息位数
垂直奇偶校验的校验码在每一列的最后一位，原理和水平奇偶校验码是一样的。

2. 二维奇偶校验

二维奇偶校验指在水平校验的基础上实施垂直校验，也可以称为方阵校验或矩阵码校验。编码效率=$PQ/[(1+P)(1+Q)]$。

【例】数据序列 1100 1010 1110 1001⋯⋯（设每 4 位码元为一组）

```
1  1  0  0  0    （以偶校验为例）
1  0  1  0  0
1  1  1  0  1
1  0  0  1  0
0  0  0  1  1    校验码
      校验码
```

发送的数据序列为（按列的顺序传输）：
11110101000110000011000101⋯⋯

二维奇偶校验的检错纠错能力：可发现某行或某列上奇数个错误；能检测出所有长度不大于方阵中行数（或列数）的突发错误；能检测出偶数个错误，但若偶数个错误恰好分布在矩阵的 4 个顶点上时，这样的偶数个错误是检测不出来的；可以纠正一些错误，当某行某列均不满足监督关系而判定该行该列交叉位置的码元有错，从而纠正这一位上的错误。

（二）循环冗余校验码

循环冗余校验码 CRC（Cyclic Redundancy Check），是一种应用广泛的检错码，又称为多项式编码。在串行数据传输中，广泛采用循环冗余校验码（CRC）。CRC 就是给信息码加上几位校验码，以增加整个编码系统的码距和查错纠错能力。

1. CRC 的相关概念

循环冗余校验码（CRC）的基本方法：在 K 位信息码后再拼接 R 位的校验码，整个编码长度为 N 位，因此这种编码又叫作（N,K）码。对于一个给定的（N,K）码，可以证明存在一个最高次幂为 $N-K=R$ 的多项式 $G(x)$，根据它可以生成 R 位的校验码，称 $G(x)$ 为 CRC 码的生成多项式。

2. 多项式与二进制数码

多项式和二进制码有直接对应的关系：x 的最高幂次对应二进制码的最高位，以下各位对应多项式的各幂次，有此幂次项对应 1，无此幂次项对应 0。可以看出：x 的最高幂次为 R，转换成对应的二进制数有 $R+1$ 位。如生成多项式为 $G(x)=x^4+x^3+x+1$，可转换为二进制数码 11011。同理，信息码也可以表示为信息多项式 $C(x)$。例如，发送信息位 1111，可转换为数据多项式为 $C(x)=x^3+x^2+x+1$。生成多项式是接受方和发送方事先约定好的，也是一个二进制数，在整个传输过程中，这个数始终保持不变。在发送方，利用生成多项式对信息多项式做模 2 除生成校验码。在接收方利用生成多项式对收到的编码多项式做模 2 除检测和确定错误位置。

3. 生成的多项式应满足的条件

生成多项式的最高位和最低位必须为 1。当被传送信息（CRC 码）任何一位发生错误时，被生成多项式做模 2 除后余数必不为 0。不同位发生错误时，余数必不同。对余数继续做模 2 除，余数应循环（见表 3-1）。

表 3-1 常用的生成多项式

N	K	码距 d	生成多项式 $G(x)$	$G(x)$ 码
7	4	3	x^3+x+1	1011
7	4	3	x^3+x^2+1	1101
7	3	4	$x^4+x^3+x^2+1$	11101
7	3	4	x^4+x^2+x+1	10111
15	11	3	x^4+x+1	10011
15	7	5	$x^8+x^7+x^6+x^4+1$	111010001
31	26	3	x^5+x^2+1	100101
31	21	5	$x^{10}+x^9+x^8+x^6+x^5+x^3+1$	11101101001
63	57	3	x^6+x+1	1000011
63	51	5	$x^{12}+x^{10}+x^5+x^4+x^2+1$	1010000110101
1041	1024		$x^{16}+x^{15}+x^2+1$	11000000000000101

4. 模 2 运算

模 2 运算简单地说就是取余数，二进制代码除以 2 后取余数，余数就只有 0 或 1。

模 2 加：0+0=0；0+1=1；1+0=1；1+1=0（无进位和借位）。相当于数字电路中的异或运算。

模 2 减：0-0=0；0-1=1；1-0=1；1-1=0（无进位，借位）。

模 2 乘：模 2 乘和 10 进制一样，只是相加时用模 2 加而已。

例如，1011×101：

```
          1011
      ×    101
      ———————
          1011
         0000
        1011
      ———————
        100111
```

模 2 除：模 2 除做法与算术除法类似，但每一位除（减）的结果不影响其他位，即不向上一位借位，所以实际上就是异或。然后再移位做下一位的模 2 减。步骤如下：① 用除数对被除数最高几位做模 2 减，没有借位。② 除数右移一位，若余数最高位为 1，商为 1，则对余数做模 2 减。若余数最高位为 0，商为 0，除数继续右移一位。③ 一直做到余数的位数小于除数时，该余数就是最终余数。

5. CRC 码的生成步骤

将 x 的最高幂次为 R 的生成多项式 $G(x)$ 转换成对应的 $R+1$ 位二进制数；将信息码左移 R 位；用生成多项式（二进制数）对信息码做模 2 除，得到 R 位的余数；将余数拼到信息码左移后空出的位置，得到完整的 CRC 码。

6. CRC 校验码的检错能力

CRC 校验码能检出：全部单个错；全部离散的 2 位错；全部奇数个错；全部长度小于或等于 K 位的突发错；$[1-2^{-(r-1)}]$ 的突发长度为 $r+1$ 的突发错；$(1-2^{-r})$ 的突发长度大于 $r+1$ 的突发错。例如，CRC16 能检测出所有突发长度小于等于 16 的突发错、99.997% 的突发长度为 17 的突发错，以及 99.998% 的突发长度大于 17 的突发错。

7. CRC 码生成举例

【例】假设要传送的原始报文是 110011，且其生成多项式为 $G(x)=x^4+x^3+1$，求编码后的报文。

解：将生成多项式 $G(x)=x^4+x^3+1$ 转换成对应的二进制除数 11001。

将原始报文左移 4 位（因为生成多项式最高幂次为 4）变成 1100110000。

将生成多项式对应的二进制数对左移 4 位后的原始报文进行模 2 除运算，可得如下结果：

```
                100001  → 商
        ┌─────────────
  11001 │ 1100110000
          11001
          —————
           10000
           11000
           —————
            1001  → 余数
```

因此，传送的报文是：1100111001。

8. CRC 纠错

在接收端收到了 CRC 码后用生成多项式为 $G(x)$ 去做模 2 除，若得到余数为 0，则码字无误。若有一位出错，则余数不为 0，而且不同位出错，其余数也不同。可以证明，余数与出错位的对应关系只与码制及生成多项式有关，而与待测码组（信息位）无关。

如表 3-2 所示，其给出了 $G(x)=1011$，$C(x)=1010$ 的出错模式，改变 $C(x)$（码字），只会改变表中码字内容，不改变余数与出错位的对应关系。

表 3-2 CRC 纠错举例

码位	收到的 CRC 码字							余数	出错位
	A_7	A_6	A_5	A_4	A_3	A_2	A_1		
正确	1	0	1	0	0	1	1	000	无
错误	1	0	1	0	0	1	0	001	1
	1	0	1	0	0	0	1	010	2
	1	0	1	0	1	1	1	100	3
	1	0	1	1	0	1	1	011	4
	1	0	0	0	0	1	1	110	5
	1	1	1	0	0	1	1	111	6
	0	0	1	0	0	1	1	101	7

9. 通信与网络中常用的 CRC

在数据通信与网络中，通常传输的信息位 K 的值相当大，由一千甚至数千数据位构成一帧，而后采用 CRC 码产生 r 位的校验位。它只能检测出错误，而不能纠正错误。一般取 $r=16$，标准的 16 位生成多项式有

CRC-16：$x^{16}+x^{15}+x^2+1$

CRC-CCITT：$x^{16}+x^{12}+x^5+1$

（四）方正校验编码

方正校验码也称为行列监督码或纵向冗余校验码（Longitudinal Redundancy Check，LRC），它的码元受到行和列两种监督，行列监督码是二维的奇偶监督码。这种码可以克服奇偶监督码不能发现偶数个差错的缺点，并且是一种用以纠正突发差错的简单纠错编码，其基本原理与简单的奇偶监督码相似，不同的是每个码元要受到纵向和横向两次监督。

其具体编码如下：将若干个要传送的码组编成一个矩阵，矩阵中每一行为一个码组，每行的最后加上一个监督码元，进行奇偶监督；矩阵中的每一列是由不同码组的相同位置的码元组成，在每列最后也加上一个监督码元，进行奇偶监督。

如果用 X 表示信息位，⊗表示监督位，则矩阵码的结构如图 3-21 所示。这样，它的一组监督关系按照行和列组成，每一行每一列都有一个奇偶监督码。当某一行（或某一列）出现偶数个差错时，该行（列）虽不能发现，但是只要差错所在列（行）没有同时出现偶数个差错，则这种差错仍然可以被发现。

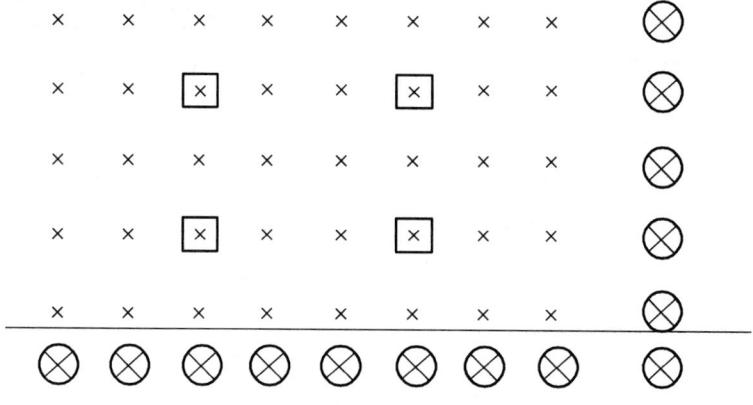

图 3-21 矩阵码的结构

矩阵码只有一种情况不能发现差错，即差错数正好是 4 的倍数，且差错位正好构成矩形的 4 个角。由此可见，矩阵码发现差错的能力是十分强的，但它的编码效率比奇偶监督码要低。

方阵监督码的特点总结如下：
（1）可以克服奇偶监督码不能发现偶数个差错的缺点。
（2）常用于纠正突发性出错，但长度有限。
（3）可使误码率降到原来的 0.01% ~ 1%。
（4）不能纠正差错数正好是 4 的倍数且位置在矩形的 4 个角的差错。

三、差错控制方式

利用差错控制编码来控制传输系统传输差错的方法称为差错控制。按照差错编码结构的不同和利用差错编码控制差错的方法不同形成了不同的差错控制方式。

常用的差错控制方式有：自动请求重发（Automatic Repeat Request，ARQ）、前向纠错（Forward Error Correction，FEC）、混合纠错（Hybrid Error Correction，HEC）、信息反馈（Information Repeat Request，IRQ）。

（一）自动请求重发（ARQ）

发方将检错码与数据一起发送，收方依据检错码进行差错检测，有错则重发，直到接收方正确接收到信息为止，这种体制称为 ARQ（Automatic Repeat Request）。这种方式下，接收方能发现出了错，但不知错在何处。其工作过程如图 3-22 所示。

ARQ 的主要优点：监督码元较少即能使误码率降到很低，码率较高；检错的计算复杂度较低；检错用的编码方法和加性干扰的统计特性基本无关，能适应不同特性的信道。

ARQ 的主要缺点：需要双向信道来重发，不能用于单向信道；不能用于一点到多点的通信系统，因为重发而使 ARQ 系统的传输效率降低；在信道干扰严重时，可能发生因不断反复重发而造成事实上的通信中断；在要求实时通信的场合（如电话通信），往往不允许使用 ARQ 法。

ARQ 又可以分为停等 ARQ、连续 ARQ、选择重发 ARQ。

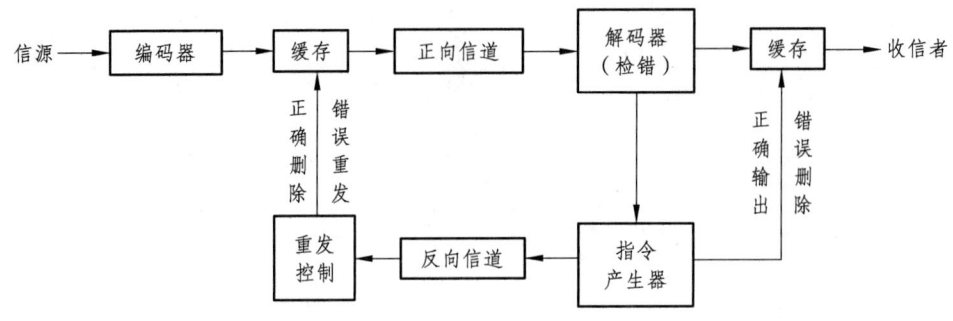

图 3-22　ARQ 的工作过程

1. 停等 ARQ

该方式下,数据按分组发送。每发送一组数据后发送端等待接收端的确认(ACK)答复,然后再发送下一组数据。如图 3-23 所示的第 3 组接收数据有误,接收端发回一个否认(NAK)答复。这时,发送端将重发第 3 组数据。系统是工作在半双工状态,时间没有得到充分利用,传输效率较低。

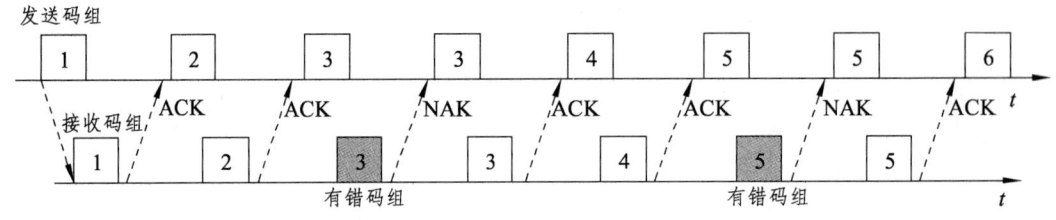

图 3-23　停等 ARQ

2. 连续 ARQ

该方式下,发送端连续发送数据组,接收端对于每个接收到的数据组都发回确认(ACK)或否认(NAK)答复。例如,如图 3-24 所示的第 5 组接收数据有误,则在发送端收到第 5 组接收的否认答复后,从第 5 组开始重发数据组。在这种系统中需要对发送的数据组和答复进行编号,以便识别。显然,这种系统需要双工信道。

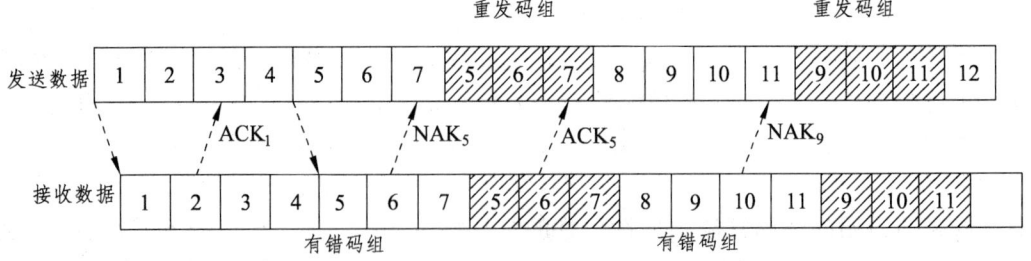

图 3-24　连续 ARQ

3. 选择重发 ARQ

选择重发 ARQ 只重发出错的数据组,因此进一步提高了传输效率,如图 3-25 所示。

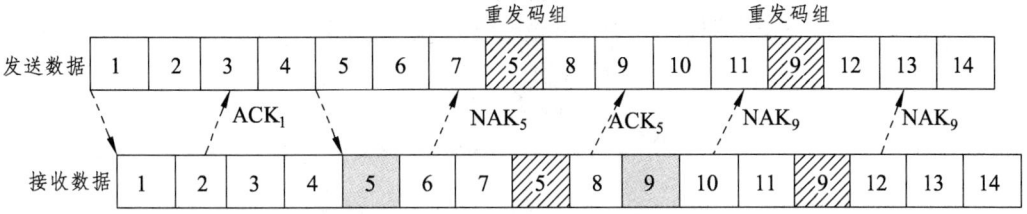

图 3-25 选择重发 ARQ

（二）前向纠错（FEC）

前向纠错：发方将纠错码随数据一起发送，收方依据纠错码检验并纠正错误。发送端将信息序列编码成能够纠正错误的码，接收端根据编码规则进行检查，如果有错自动纠正，如图 3-26 所示。

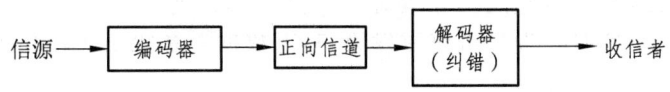

图 3-26 前向纠错（FEC）的工作过程

前向纠错（FEC）的优点：不要反向信道，实时性好，适用于随机信道，可用于单工和广播通信中，如移动蜂窝电话系统。

前向纠错（FEC）的缺点：纠错码需要较大的冗余度，降低了传输效率，编码难度大；控制规程简单，译码设备复杂；纠错码应与信道特性相配合，对信道的适应性差。

（三）混合纠错（HEC）

将 ARQ 与 FEC 结合起来，发方发送同时具有检错和纠错能力的编码，收方收到后，检查错误情况，如果错误小于自己的纠错能力就纠正；如果错误超出自己的纠错能力，就经反向信道要求发方重发，如图 3-27 所示。

HEC 的特点：降低了 FEC 的复杂性；改善了 ARQ 信息连贯性差，通信效率低等特点；可以极大地降低误码率，广泛应用于卫星通信。

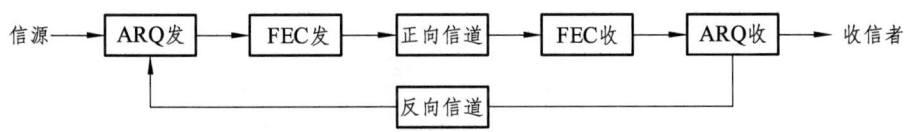

图 3-27 混合纠错（HEC）的工作过程

（四）信息反馈（IRQ）

这是一种全回执式最简单的差错控制方式，接收端将收到的信码原样转发回发送端，并与原发送信码相比较，若发现错误，则发送端再进行重发。该方式只适于低速非实时数据通信，是一种较原始的做法，不用差错控制编码，但效率较低，如图 3-28 所示。

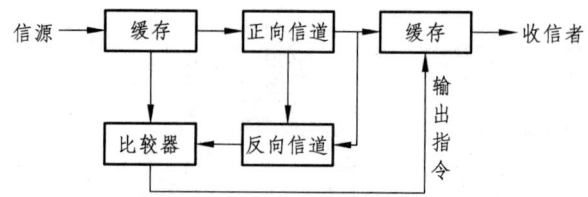

图 3-28 信息反馈 IRQ 的工作过程

任务拓展

1. 简述什么是数据通信系统。
2. 数据的编码技术都有哪些？分别有什么特点？
3. 什么是多路复用技术？解决的主要问题是什么？
4. 查阅资料，陈述最新的数据交换技术有哪些。
5. 计算机通信为什么要进行差错处理？常见的差错处理方法有哪几种？

项目四　现场总线系统

1. 知识目标

（1）掌握总线及现场总线的概念。

（2）掌握现场总线数据通信系统。

（3）了解串行通信系统的相关技术。

2. 能力目标

（1）具有现场总线必需的基础知识。

（2）善于沟通交流及团队协作。

（3）培养精益求精的工作态度。

3. 素质目标

（1）拥护党的基本路线，积极进取，有奉献精神和创新精神。

（2）具有正确的世界观、人生观、价值观，遵纪守法，诚信做人。

（3）具有良好的职业道德和公共道德。

项目导入

党的二十大报告指出，建设现代化产业体系，坚持把发展经济的着力点放在实体经济上，推进新型工业化，加快建设制造强国、质量强国、航天强国、交通强国、网络强国、数字中国。没有信息化就没有现代化。当前，由人工智能、大数据为代表的新兴科技所推动的第四次工业革命的发展愈发深入，大国试图在这一变革期实现技术突破，抢占先机，国家间的科技竞争愈发激烈，国际合作的机遇也在增多，因而网络强国建设在这一时期凸显其重要意义。

一方面，数字时代网络强国建设与经济社会发展联系紧密。伴随互联网、大数据、云计算、人工智能、区块链等技术加速演进，日益融入经济社会发展的各领域全过程，网络数字技术已与经济、贸易、运输、医疗、农业、语言处理等多个行业发展紧密融合，成为社会发展难以离开的支撑性力量。一个国家迈向现代化，实现国家的富强、民族的复兴，迫切需要推进网络信息产业的发展。我国不仅拥有世界上最广泛的互联网用户群体，在5G等前沿技术领域取得先发优势，同时也在大力培育人工智能、物联网、下一代通信网络、量子技术等新技术新应用，推动经济社会各领域从数字化、网络化向智能化加速跃升，进入创新型国家行列，这都为网络强国建设提供了重要保证。

另一方面，当前大国科技竞争愈发激烈。中兴、华为事件表明，网络数字技术领域中的大国竞争愈发显著。从特朗普任内美国开启对华贸易战始,以网络数字技术为代表的高科技领域成为中美战略竞争的突出体现。美国及其他一些西方国家以意识形态和政治制度差异为抓手,试图通过建立一系列排华性的小多边体系,遏制中国前沿科技发展。拜登政府还推出包括《战略竞争法案》《芯片和科学法案》等多个法案,尝试通过法律手段在芯片等关键技术领域对华封锁。面对技术遏制,我国迫切需要推进科技创新,培育前沿技术市场,拓展科技合作伙伴,使得自身在科技竞争中增强抗压能力,这也是实现网络强国的重要保证。广大青年要肩负历史使命,坚定前进信心,立大志、明大德、成大才、担大任,努力成为堪当民族复兴重任的时代新人。

任务一　现场总线系统简介

现场总线(fieldbus)技术是用于测量控制领域的通信、网络与控制技术。

一、现场总线

现场总线原本是指生产现场多个测量控制设备之间共用的信号传输线,也曾被称为设备电话线,是在生产现场多个测量控制设备之间实现双向串行数字通信的传输介质。随着近年来信息技术的不断发展和更新,现场总线已经成为控制设备之间数据通信、控制网络等技术的代名词,成为生产过程自动化领域中数据通信、网络与控制技术的总称。

二、现场总线技术

现场总线技术从20世纪80年代起开始得到快速发展。当时,计算机、通信以及互联网技术的迅速发展,使构建信息社会、信息高速公路的需求日渐高涨。而处于企业生产过程底层的测控自动化系统,由于控制设备之间采用传统的一对一连线,采用电压、电流等模拟信号传输信息,难以实现设备之间以及系统与外界之间的信息交换,使自动化系统成为信息孤岛。为实现企业的信息集成,实施综合自动化,就要构建运行在生产现场、性能可靠、造价低廉的设备层网络,实现底层现场设备之间的信息交换,以及现场控制层与生产管理、调度,经营层的信息交换。现场总线技术正是在这种实际需求的驱动下应运而生的,它为彻底打破自动化系统信息孤岛的处境创造了条件。

今天这种以数字通信为基础的现场总线技术已经在离散制造业、流程工业、交通、楼宇、国防、环境保护以及农林牧等行业的自动化领域得到了广泛应用。

三、现场总线系统

现场总线系统是指以测量控制设备作为网络节点,以双绞线、屏蔽电缆、光纤、无线网等传输介质为纽带,连接位于生产现场、具备数字计算和数字通信能力的测量控制设备而组成的开放式网络系统与控制系统。它在多个测量控制设备之间,以及现场设备与远程监控计算机之间,按公开、规范的通信协议,实现数据传输与信息交换,为企业信息系统提供生产过程的运行信息。现场总线系统把挂接在总线上的控制设备连接成可完成各种测量控制功能的自动化系统,实现 PD 控制、补偿计算、参数修改、报警、显示、监控、优化及控管一体化的综合自动化功能,形成适应各种应用需要的自动控制系统。因此,现场总线系统是以现场总线为联系纽带组成的、基于现场总线技术的网络系统与控制系统。

现场总线系统是继基地式气动仪表控制系统、电动单元组合式模拟仪表控制系统、集中式数字控制系统、集散控制系统 DCS 后的新一代控制系统。现场总线系统中的现场总线仪表是具有数字通信能力的新型测量控制仪表。

20 世纪 50 年代以前,由于当时的生产规模较小,检测控制仪表尚处于发展初期,测控设备是直接安装在生产设备上、只具备简单测控功能的基地式仪表,其信号仅在本仪表内起作用,一般不能传送给别的仪表或系统,各测控点独立封闭,无法与外界沟通信息,操作人员只能通过对生产设备的现场巡视,了解生产过程的状况。

随着生产规模的扩大,操作人员需要综合掌握多点的运行参数与信息,需要同时按多点的信息实行操作控制,于是出现了气动、电动系列的单元组合式模拟仪表,出现了集中控制室。生产现场各处的参数通过统一的模拟信号(如 0.02~0.1 MPa 的气压信号,0~10 mA、4~20 mA 的直流电流信号,1~5 V 的直流电压信号等)送往集中控制室,在控制盘上连接成系统。操作人员可以坐在控制室综观生产流程各处的状况,可以把各单元仪表的信号按需要组合成复杂控制系统。

由于模拟信号的传递需要一对一的物理连接,信号变化缓慢,提高计算速度与精度的开销、难度都较大,信号传输的抗干扰能力较差,人们开始寻求用数字信号取代模拟信号,出现了直接数字控制。当时的数字计算机技术尚不发达,价格昂贵,人们企图用一台计算机取代控制室的几乎所有仪表盘,出现了集中式数字控制系统。且由于当时数字计算机的可靠性较差,一旦计算机出现某种故障,就会造成所有控制回路瘫痪、生产停产的严重局面,这种危险集中的系统结构很难被生产过程所接受。

随着计算机可靠性的提高、价格的大幅度下降,出现了数字调节器、可编程控制器(PLC)等数字式仪表,以及由多个计算机、控制器递阶构成的集中分散相结合的集散控制系统(DCS)。在 DCS 系统中,测量变送仪表一般为模拟仪表,因而它是一种模拟数字混合系统。这种系统在功能、性能上较模拟仪表系统、集中式数字控制系统有了很大的进步,可在此基础上实现装置级、车间级的优化控制。但是,在 DCS 系统形成的过程中,由于各厂家的产品自成系统,不同厂家的设备难以实现设备间的互换与互操作,给大范围系统信息共享带来很多困难。

具有数字通信能力的现场总线仪表,在设备间采用数字通信与网络式连接,以替代传统测控系统中(一对一物理连接)的模拟信号传递。它采用开放式、标准化的连接解决方案,把不同厂商提供的遵守同一协议规范的自动化设备,借助现场总线连接成网络系统,以实现综合自动化的各种功能,实现设备间的互换与互操作。因而现场总线技术的出现,使 DCS 的模拟数字混合结构变成了全数字、全分布式的网络系统结构。

现场总线仪表一般具有较强的数字计算和数字通信能力,有利于提高信号的测量、控制和传输精度;一对总线传输介质能满足多个设备、多种参数的数据传输需求,能提供传统仪表所不能提供的阀门开关动作次数、设备资源、仪表调校、故障诊断等信息,丰富了控制信息的内容,便于操作管理人员更好、更深入地了解生产现场和自控设备的运行状态;还可在现场进行多种复杂的控制计算,便于把控制功能彻底下放到现场设备,形成真正分散在现场的全分布式控制系统,以提高控制系统运行的可靠性。现场总线系统通过与信息网络、Internet 的连接,还可拓展自动化系统的跨越地域,实现远程自动化,操作远在千里之外的电气开关、阀门等。

任务二　现场总线数据通信系统

一、现场总线数据通信系统

传统的测量控制系统中,从参数测量设备、控制器到执行器,各设备间均采用一对一的连线,即点到点布线,通过电压、电流等模拟信号在两个模拟仪表之间传送单一参数值。

现场总线系统不必为每对通信节点一一建立直达线路,而是采用总线式网络连接,通过串行数据通信方式构建数据信道,实现众多节点之间的数据通信。基于现场总线的数据通信系统在一对屏蔽双绞线上挂接多个传感器、执行器,具有安装简便的优点。这两根实现串行数据通信的导线就称为总线。总线上除了传输测量控制的状态与数值信息外,还可提供模拟仪表接线所不能提供的参数调整、故障诊断、阀门开关的动作次数等信息,即一对总线可在多个现场设备之间承担多种通信数据的传输任务。

图 4-1 所示为现场总线数据通信系统的一个简单示例。该系统中,可编程控制器(PLC)、温度、压力、流量变送器,阀门、开关等现场设备作为通信终端或网络节点,相互之间采用现场总线连接,构成现场自控设备之间的数据通信系统。图中各现场设备既可作为数据通信的发送者,也可作为数据通信的接收者。例如,在某次数据通信中,作为发送者的 PLC 在另一次通信中也许会充当数据通信的接收者。屏蔽双绞线则作为承载通信信号的传输介质,在各个节点之间按规定的通信协议传输通信报文。

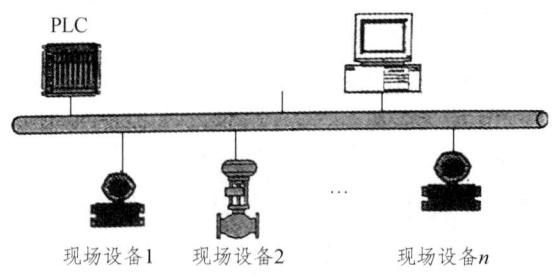

图 4-1　现场总线数据通信系统示例

以总线为连接纽带的现场总线数据通信系统,为生产过程的测量控制提供丰富信息。

这里所传输的数据大都是与生产过程密切相关的运行参数的数值、状态、指令等,如表示温度、压力、流量、液位等的数值,控制系统的给定值,PD 参数,管道中阀门的开启或关闭状态,生产过程的某个参数是否处于报警状态等。

现场总线系统中,人们通常按通信帧的长短把数据传输总线分为传感器总线、设备总线和现场总线。传感器总线通信帧的长度一般只有几个或十几个数据位,属于位级数据总线,IEC62026 国际标准的 ASI(Actuator Sensor Interface)总线就属于传感器总线。设备总线的通信帧长度一般为几个到几十个字节,属于字节级总线。ISO11898 国际标准中的 CAN(Control Area Network)总线就属于设备总线。现场总线一般指数据块级的总线。其通信帧的数据长度为几百到上千个字节。当需要传输的数据包更长时,可支持分包传送。IEC61158 国际标准的 Foundation Fieldbus、Controlnet、PROFIBUS 等都是典型的现场总线。不过,在许多应用场合,人们还是习惯于把工作在现场设备层的这几种总线统称为现场总线。

二、现场总线控制网络

现场总线控制网络是指由多个分散在生产现场、具有数字通信能力的测量控制仪表作为网络节点,以现场总线作为网络传输介质,多个网络节点借助网络连接共同完成控制任务的网络系统。数据通信系统的任务是数据传输,而控制网络的任务则是要在数据传输的基础上进一步把各节点的控制功能组织成为能完成各种控制任务的自动化系统。它不同于普通的计算机网络,也不同于传统的控制系统。

控制网络属于一种特殊类型的计算机网络,是位于生产现场的网络系统。该网络系统的基本任务是完成各种自动化功能。现场总线控制网络可以由两三个现场设备节点组成,也可达到成千上万台现场设备的网络规模。一个汽车组装生产线可能有多达 25 万个 I/O 节点,石油炼制过程中的一个普通装置也会有上千台测量控制设备。这些控制网络的总体规模相当可观,但一个总线段上的节点数目会受到规范的严格限制。实际应用中的现场总线网段往往只允许挂接几个、十几个、几十个节点。现场总线控制网络的网络管理、系统管理等都是现场总线技术不可缺少的组成部分。

相对普通计算机网络系统而言,控制网络的组成成员种类比较复杂。除了作为普通计算机网络系统节点的各类计算机、工作站、打印机、显示终端之外,大量的网络节点是各种可编程控制器、开关、马达、变送器、阀门、按钮等,其中大部分节点的智能程度远不及普通计算机。有的现场控制设备只是内嵌有简单的 CPU、单片机或其他专用通信芯片,有的只是功能相当单一的非智能设备。

控制网络的出现,打破了自动化系统原有的信息孤岛的僵局,为工业数据的集中管理与远程传送,为自动化系统与其他信息系统的沟通创造了条件。控制网络与由计算机组成的信息网络的连通,控制网络与 Internet 的结合,拓宽了控制系统的视野与作用范围,为实现企业的管理控制一体化,实现远程监视与操作,为在某些特殊条件下建立无人值守机站等提供了基础条件。

任务三 现场总线网络化控制系统

一、现场总线网络化控制系统

随着现场总线技术的不断发展和内容不断丰富，现场总线不只局限于数据通信的范畴，其技术范围已经扩展到各种控制应用功能。用于实现自动化系统的输入、输出、控制计算、比较、选择等功能块被嵌入到相应的现场总线设备中。这些存在于不同现场设备之中的功能块，借助作为设备连线的现场总线相互传递信号，组成完整的控制系统，完成各种自动化功能，如实现 PID 控制、串级控制、参数超限报警、趋势报警等。

图 4-2 所示为一个简单的单回路控制系统框图。在传统模拟控制系统中，位于现场的测量变送器与位于控制室的控制器之间，控制器与位于现场的执行器、开关、马达之间均为一对一的物理连接，而且每对连线中一般只传输一个参数值。对传统模拟控制系统而言，图 4-2 中各组成环节之间的箭头只是表示信号的传递方向，在控制系统分析中一般无须关注信号传输过程对控制系统性能的影响。

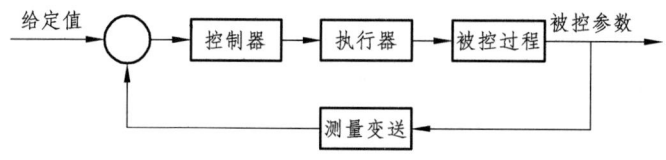

图 4-2 单回路控制系统框图

在基于现场总线的网络中，总线作为网络传输介质，在传感器、控制器、执行器各环节之间传递信号，通过现场总线在各环节之间的信息传输形成控制系统。这种以网络作为控制系统各组成环节之间信号传输通道的系统，称为网络化控制系统（Networked Control System，NCS）。

从组成控制系统的角度来看，可以把基于现场总线的网络化控制系统看成一种随着近年信息技术的发展而出现的新型控制系统。作为信息传输通道的现场总线网络本身，成为这种控制系统各组成部分之间信息传递的命脉，也成为系统中不可缺少的环节之一。图 4-3 表示控制系统组成环节之间的网络连接，从图中可以看到，现场总线网络改变了传统控制系统的结构。

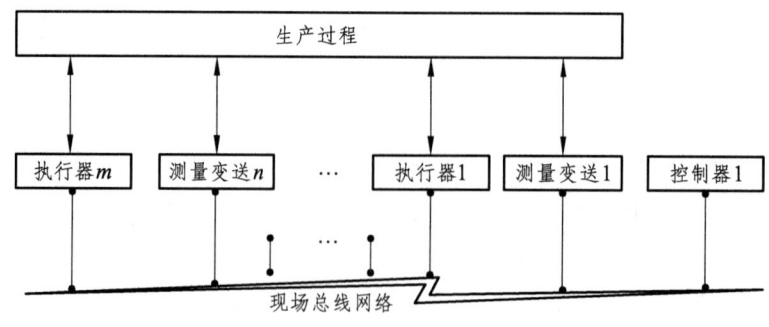

图 4-3 控制系统组成环节之间的网络

在基于现场总线的网络化控制系统中，现场总线网络是控制系统必不可少的组成部分，是传感测量、控制计算、执行器等各功能模块之间信息传输的必经之路。现场总线的网络连接具备节点间资源共享、连接简便等许多优势，可以为系统设计、安装、维护带来很多方便。但网络的引入也不可避免地会在控制系统中引发传输延迟、数据包发送与到达的次序不一致、传输错误和数据包丢失等问题，破坏了传统控制系统原本具有的确定性，有可能对控制系统的性能造成负面影响。例如，信号延迟在网络传输中属于常见甚至是不可避免的问题，如果在测量变送与控制器之间存在信号传输延迟，就相当于因信号传输在控制系统中引入了一个延迟环节。其延迟时间的长短会直接威胁到控制系统的稳定性，或影响控制系统的性能指标，使得控制系统的分析和综合变得更复杂。在信号传输丢包严重的情况下，甚至可能危及控制系统的闭环状态，需要研究针对网络传输引发的此类问题的解决措施。

二、全分布式控制系统

图 4-4 显示了现场总线的网络式连接给控制系统结构带来的变化。从图中可以看到，其变化主要有两点：一是现场总线把现场设备之间的一对一连线改变为网络连接方式，这得益于数字通信技术；二是把原来位于控制室的 DCS 或工控机中的 PID、AI、AO 功能块下放到了现场设备之中，这得益于现场设备的数字智能技术，使现场设备具备了控制计算等能力，具备了把功能块下放到现场的条件，使位于现场的测量变送仪表与阀门执行机构等可装载控制计算等功能块。通过现场总线在不同现场设备的功能块之间传送信号，直接在现场完成控制系统功能，即将控制功能彻底分散到现场，实现全分布式控制。而不像 DCS 系统那样依赖于控制室的计算机或控制仪表，需要在控制室与生产现场之间往返传输信号。

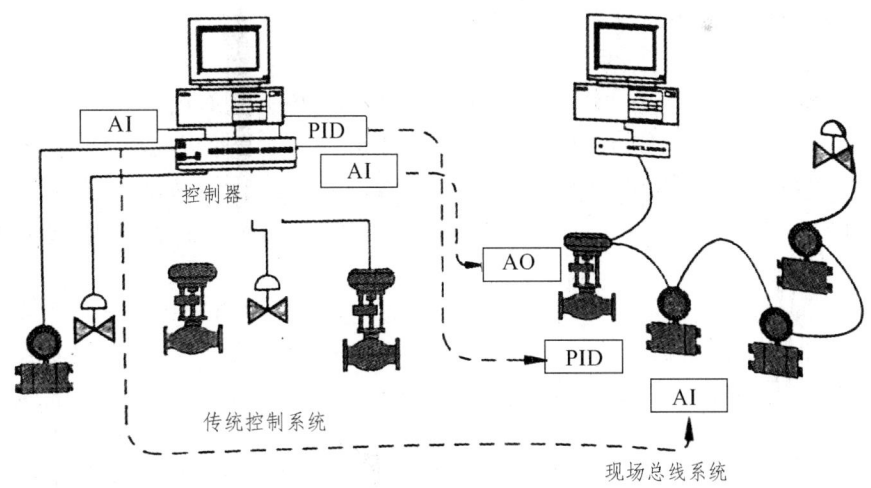

图 4-4　现场仪表的网络式连接与功能块下放

全分布式控制系统是指这种将控制系统功能彻底分散在现场，依靠现场仪表之间的信号传递完成控制功能的系统，它从根本上提高了控制系统运行的可靠性。

任务四 总线与总线操作

一、总线及相关术语名称

总线（bus）：指公用的信号传输线。现场总线指在多个现场测量控制设备之间传递信号的共享传输介质。

总线段（bus segment）：指总线和通过总线连接在一起的多个设备的组合，被看作现场总线系统的一个网段。属于同一总线段的设备，其连接与操作方式遵循同一种通信协议的规范。一个总线段上传输的报文信号能为该总线段所有节点接收。通过网络设备的相互连接，可以把多个总线段连接成现场总线网络系统。

干线（trunk）：指为其他分支线路提供信号的通信主干道。

分支（spur）：指连接在干线某一点上的支线电路，用于将现场设备连接到主干上。

图 4-5 所示为一个典型现场总线网段的示意图。图中所有部分的组合即为一个总线段，线段 AB 为该总线段的主干，S1、S2 等为分支。

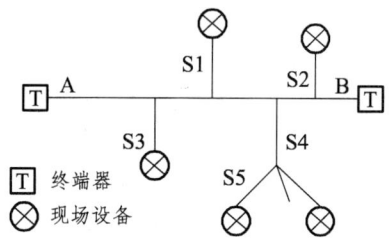

图 4-5 现场总线网段示意图

总线操作（bus operation）：指总线上数据发送者与接收者之间从连接→数据传送→脱开过程中的一系列动作。

连接（connection）：指在相同或不同设备内通信对象之间的逻辑绑定（binding）。

脱开（disconnect）：指完成一次或多次总线操作后，发送者与接收者之间断开连接关系，放弃对总线占有权的过程。

数据传送（data transmission）：指通信连接及随后的报文发送与接收过程，或跨越总线的数据读写操作过程。

冲突（contention）：指在多个设备信号传输的公共路径上有一个以上设备企图同时占用总线时引发的矛盾与问题。

总线仲裁（bus arbitration）：指对总线冲突的处理过程。总线仲裁用于根据某种规定的裁决规则来确定下一个时刻具有总线占有权的设备。某一时刻只允许一个设备占用总线，等到它完成总线操作，释放总线占有权后，才允许其他设备占用总线。总线仲裁有集中仲裁与分布式仲裁两种。

集中仲裁（centralized arbitration）：指仲裁过程由某个特定单元完成。如果有两个以上主设备同时请求使用总线，由该特定仲裁单元根据规定的仲裁方案实行仲裁。

分布式仲裁（distributed arbitration）：指仲裁过程在各个设备中自主完成。例如，当某一设备在总线上请求使用总线时,可对总线置入它的优先级代码,开始一个仲裁周期。如果遇到有多个设备同时在总线上请求使用总线的情况,待仲裁周期结束时,在总线上只存在有最高优先级的代码。某一设备检测到总线上的代码和它自己的优先级代码相同时,就知道下一时刻占用总线的设备是它自己,也就是该设备获得了下一时刻的总线占有权。其他设备检测到总线上的代码和它自己的优先级代码不相同,便退出总线竞争。

有多种可供选用的仲裁方案。有的方案允许某一设备长时间地占有总线,而另一些方案则规定好各设备平均占用总线的时间。

访问等待时间(access latency):指总线设备为获得总线占有权而等待仲裁的时间。

总线持有时间(bus holding time):指从占有总线获得发起通信权到该设备脱开总线的时间间隔,或称为总线占有期。

二、通信设备

发送器(transmitter):指数据通信过程中将通信信号发送到传输介质(总线)上的发送电路与装置。

接收器(receiver):指数据通信过程中从作为传输介质的总线上接收通信信号的接收电路与装置。

收发器(transceiver):指将接收器、发送器组合在一起,借助公用的电路组件进行发送和接收的电子装置。

数据终端设备(Data Terminal Equipment,DTE):指产生数据的数据源设备或接收数据的数据用户设备,它一般与通信信号的调制、编码无关,也不直接连接在传输介质上。

数据通信设备(Data Communication Equipment,DCE):指将数据转换为对应的通信信号并发送到传输介质上的电路设备,以及把从传输介质上接收到的通信信号转换为数据的电路设备,如调制解调器、电缆驱动器、多路复用输出器等。

图 4-6 描述了 DCE 与 DTE 的典型连接。从图中可以看到,数据通信设备 DCE 比数据终端设备 DTE 更接近作为传输介质的通信电缆。

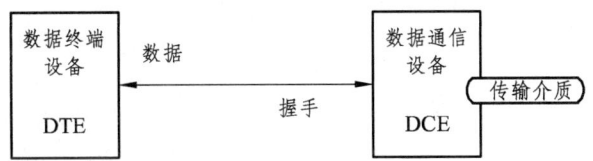

图 4-6 DCE 与 DTE 的典型连接

通常,由 DCE 连接 DTE 共同构成完整的数据站点或网络节点。

现场设备(fieldbus device):泛指作为网络节点连接在现场总线上的物理实体。现场设备一般具备某种测量控制功能并具有数据通信能力。

可以说,现场设备一般是数据通信设备 DCE 和数据终端设备 DTE 的结合体。具有总线通信收发能力的传感器、变送器、电子控制单元、执行器等都是典型的现场设备。

总线主设备(bus master):指有能力在总线上发起通信的设备。或者说,总线主设备有能力掌管总线通信的调度权。在一条总线段上可能连接有多个主设备,这些主设备都有能力主动发起通信。但某一时刻，一条总线段上只能有一个主设备掌管其总线的通信调度权，即只能有一个主设备执行其主设备的功能。

总线从设备（bus slaver）：指没有能力对总线主动发起通信，只能挂接在总线上，接收总线信号，对查询等作出相应响应的设备。从设备有时也称为基本设备。

终端器（terminator）：指在网段两端连接成对线缆导体的终点，用以防止发生信号反射的电子器件。不同类型现场总线终端器的结构和参数有所区别。有的终端器只由一个电阻组成，有的终端器是电阻电容组合电路。为了更好地削弱甚至消除信号反射，终端器的阻值一般根据连接电缆的特征阻抗而定。

中继器（repeater）：指将输入端口接收到的通信信号进行整形放大，并转发到输出端口下游节点的有源网络连接设备。在总线段上使用中继器可以增加总线的传输距离和总线上挂接现场设备的节点数量。

图 4-7 表示终端器与中继器在总线段上的位置。

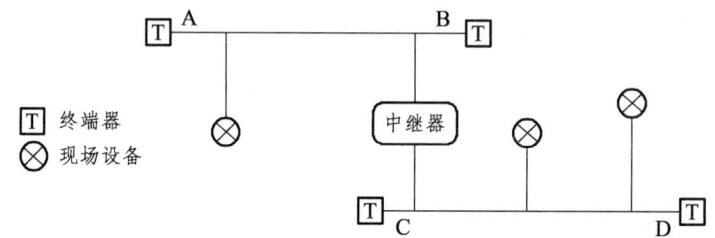

图 4-7 总线段上的终端器与中继器

安全栅（barrier）：指为满足本质安全的要求，对总线进入易燃易爆危险区的电流和电压加以限制的物理设备。这里的本质安全（intrinsic safety）是指一个或一组电路在正常工作状态或特定的故障状态下，可能产生的任何电火花的能量都不足以点燃某种特定的易爆物。

任务五　串行通信接口技术

微课：串行通信接口技术

从网络协议的层次结构上来看，本节讨论的串行通信接口技术属于 OSI 参考模型的物理层。正如前所述，物理层提供用于建立、保持和断开物理连接的机械、电气、功能和规程条件。物理层的特性主要包括以下几个方面。

一、物理层的 4 个特性

物理层有 4 个重要特性：

（1）机械特性：规定了物理连接时所使用的可接插连接器的形状尺寸、连接器中引脚的数量与排列情况等。

（2）电气特性：规定了在物理连接器上传输二进制比特流时线路上信号电平的高低、阻抗及阻抗匹配、传输速率与距离限制。早期的标准定义了物理连接边界点上的电气特性，而较新的标准定义了发送器和接收器的电气特性，同时给出互联电缆的有关规定。**新的标准更利于发送和接收电路的集成化工作。**

（3）功能特性：规定了物理接口上各条信号线的功能分配和确切定义。**物理接口信号线一般分为数据线、控制线、定时线和地线等几类。**

（4）规程特性：定义了利用信号线进行二进制比特流传输的一组操作过程，**包括各信号线的工作规则和时序。**

二、RS-232 接口标准

不同物理接口标准在以上 4 个重要特性方面不尽相同。下面将以实际网络中广泛使用的物理接口标准 EIA-232-D 为例介绍其特性。EIA-232-D 是美国电子工业协会（Electronic Industries Association，EIA）制定的物理接口标准，也是目前数据通信与网络中应用**最广泛的一种标准**。它的前身是 EIA 在 1969 年制定的 RS-232-C 标准。RS 为 Recommended Standard（推荐标准）的缩写，232 是标准号。RS-232-C 是 RS-232 标准的第三版。

RS-232-C 是一种应用十分广泛的物理接口标准，经 1987 年 1 月修改后，定名为 EIA-232-D。由于两者相差不大，因此 EIA-232-D 与 RS-232-C 在物理接口标准中基本成为等同的标准，人们经常简称它们为"RS-232 标准"。

RS-232 主要用来定义计算机系统的一些数据终端设备（DTE）和数据通信设备（DCE）之间接口的电气特性。例如，CRT、打印机与 CPU 的通信大都采用 RS-232 总线。**因此，在大多数微型机系统中，都带有 RS-232 接口。**

（一）RS-232 的机械特性

在机械特性方面，RS-232 规定使用一个 25 针（DB-25）的标准连接器，其结构及信号说明如图 4-8 所示。

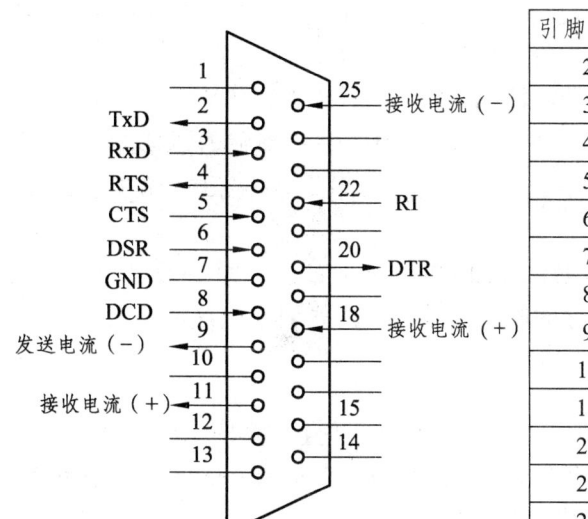

引脚序号	名称	信号方向	功能说明
2	TxD	DTE→DCE	发送数据
3	RxD	DTE←DCE	接收数据
4	RTS	DTE→DCE	请求发送
5	CTS	DTE←DCE	消除发送
6	DSR	DTE←DCE	数据设备就绪
7	GND		信号地
8	DCD	DTE←DCE	载波检测
9		DTE→DCE	发送电流（-）
11		DTE→DCE	发送电流（+）
18		DTE←DCE	接收电流（+）
20	DTR	DTE→DCE	数据终端就绪
22	RI	DTE←DCE	振铃指示
25		DTE←DCE	接收电流（-）

图 4-8　DB-25 型连接器结构及信号说明

此外，PC 机常使用一个 9 针（DB-9）的连接器，其结构及信号说明如图 4-9 所示。

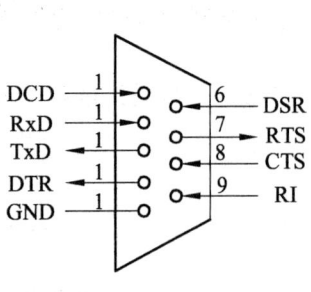

引脚序号	名称	信号方向	功能说明
1	DCD	DTE←DCE	载波检测
2	RxD	DTE←DCE	接收数据
3	TxD	DTE→DCE	发送数据
4	DTR	DTE→DCE	数据终端就绪
5	GND		信号地
6	DSR	DTE←DCE	数据设备就绪
7	RTS	DTE→DCE	请求发送
8	CTS	DTE←DCE	消除发送
9	RI	DTE←DCE	振铃指示

图 4-9　DB-9 型连接器结构及信号说明

（二）RS-232 的电气特性

RS-232 的电气线路采用非平衡信号线路，每个非平衡型信号用一根导线，所有信号回路共享一根地线。信号速率限于 20 kb/s 之内，电缆长度限于 15 m 之内。由于是单线，线间干扰较大。

在数据线上，mark（传号）为 -5～-15 V，逻辑"1"电平；space（空号）为 +5～+15 V，逻辑"0"电平。

在控制线上，on（通）为 +5～+15 V，逻辑"0"电平；off（断）为 -5～-15 V，逻辑"1"电平。

由于 RS-232 是在 TTL 电路出现之前研制的，所以它的电平是对称的，它规定高电平为 +3～+15 V，低电平为 -3～-15 V。特别指出，RS-232 数据线 TXD、RXD 使用负逻辑，其低电平表示逻辑"1"，高电平表示逻辑"0"，其他控制线均为正逻辑。其最高能承受 ±30 V 的信号电平。因此，RS-232 不能直接与 TTL 电平连接，使用时必须加上适当的电平转换接口电路，否则将使 TTL 电路烧毁。这一点在使用时要特别注意。现在已经研制出专门的集成电路，以便进行电平转换。现有成品组件 SN75188 驱动器和 SN75189 接收器即 RS-232 通用的集成电路转换器件。电路电容不大于 2500 pF，接收器输入阻抗为 3～7 Ω。

（三）RS-232 的功能特性

RS-232 连接器信号分为两类，一类是 DTE 与 DCE 交换的信息，即 TxD 和 RxD；另一类是为了正确无误地传输上述信息而设计的联络信号。下面详细介绍这两类信号。

1. 传送信息信号

发送数据 TxD（Transmitting Data）：由发送终端（DTE）向接收端（DCE）发送的信息，按串行数据格式及先低位后高位的顺序发出。正信号是一个空号（space，二进制 0），负信号是一个传号（mark，二进制 1）。当没有数据发送时，DTE 应将此线路置为传号状态，包括字符或文字之间的间隔也是这样。

接收数据 RxD（Receive Data）：用来接收 DTE 发送端（或调制解调器）输出的数据。

2. 联络信号

这类信号共有 6 个：

（1）请求传送信号 RTS（Request To Send）：DTE 向 DCE 发出的联络信号。当 RTS=1 时，表示 DTE 请求向 DCE 发送数据。

（2）清除发送 CTS（Clear To Send）：DCE 向 DTE 发出的联络信号。当 CTS=1 时，表示本地 DCE 响应 DTE 向 DCE 发出的 RTS 信号，且本地 DCE 准备向远程 DCE 发送数据。

（3）数据准备就绪 DSR（Data Set Ready）：DCE 向 DTE 发出的联络信号。DSR 将指出本地 DCE 的工作状态。当 DSR=1 时，表示 DCE 没有处于测试通话状态，这时 DCE 可以与远程 DCE 建立通道。

（4）数据终端就绪信号 DTR（Data Terminal Ready）：DTE 向 DCE 发送的联络信号。当 DTR=1 时，表示 DTE 处于就绪状态，本地 DCE 和远程 DCE 之间建立通信通道；当 DTR=0 时，将迫使 DCE 终止通信工作。

（5）数据载波检测信号 DCD（Data Carrier Detect）：DCE 向 DTE 发出的状态信息。当 DCD=1 时，表示本地 DCE 接到远程 DCE 发来的载波信号。

（6）振铃指示信号 RI（Ring Indication）：DCE 向 DTE 发出的状态信息。当 RI=1 时，表示本地 DCE 收到远程 DCE 振铃信号。

（四）RS-232 的规程特性

RS-232 的规程特性规定了 DTE 与 DCE 之间控制信号与数据信号的发送时序、应答关系与操作过程。图 4-10 给出了典型的 DTE（计算机）与 DCE（modem）之间按照 RS-232 规程进行数据交换的信号时序与操作过程。

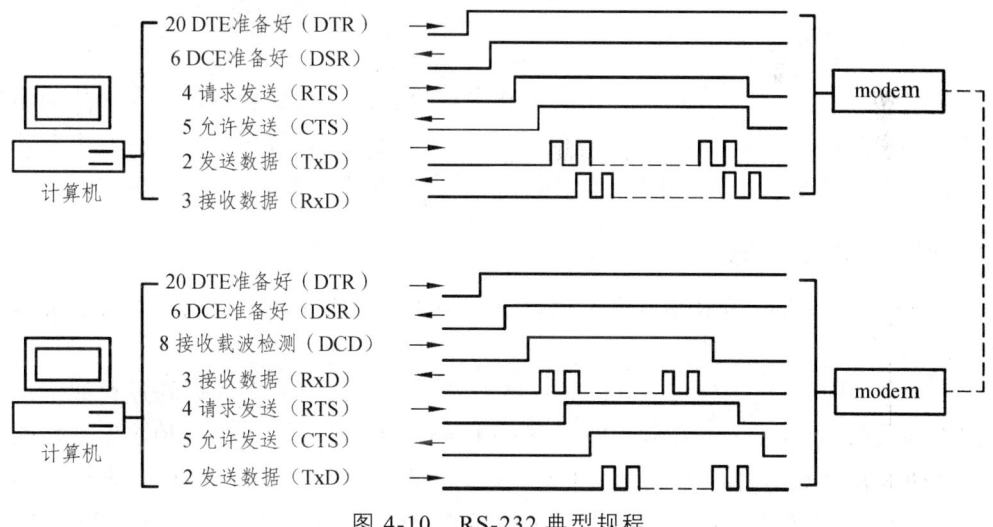

图 4-10　RS-232 典型规程

1. 物理连接建立

如果主机 A 发起一次物理连接，它首先通过 RS-232 的第 20 号连接线（以下简称 20 线）向 DCE 发送数据终端准备好 DTR 信号，拨号呼叫对方主机 B，建立物理连接。

主机 A 连接的 modem 在拨号之后，执行 modem 内部协议。双方通过 modem 发送用于检测通信线路状态和通信质量的载波检测信号。在确定通信线路接通并可以正常工作后，modem A 通过 6 号线，向主机 A 发送设备准备好 DSR 信号。

主机 B 在接到主机 A 拨号请求建立物理连接指示后，如同意建立物理连接，应向与其连接的 modem 发送 DTR 信号。在接收到主机 B 的 modem 的 DSR 信号后，进入数据传输准备状态。至此，双方 DTE 通过 DCE 与通信线路建立起物理连接，完成数据传输准备工作。

2. 数据传输

如果主机 A 准备发送比特流，它将通过 4 号线向其 modem 传送请求发送信号 RTS。modem A 在接收到 RTS 信号后，做好发送准备，通过 5 号线向主机 A 发出允许发送信号 CTS。

主机 A 通过 2 号线向 modem A 传送准备发送数据的信号 TxD。modem A 将数字数据信号调制后，变成模拟数据信号，经通信线路传送到对方 modem B。modem B 经过解调后，还原成数字数据信号，通过 3 号线向主机 B 传送接收数据 RxD。

如果主机 B 也要向主机 A 发送数据，应采用与主机 A 相同的 RTS、CTS 控制信号交互过程。

3. 物理连接释放

当主机 A 一次通信结束，通过释放 DTR 信号来通知 modem A，通过 modem 的内部协议，结束一次物理连接。

（五）RS-232 的应用

RS-232 接口中包括两个信道：主信道和次信道。此信道比较少用。在一般的串行通信接口中，即使是主信道，也不是所有信号线都一定要用，最常用的也就是其中的几条最基本的信号线。根据具体的应用场合不同，有下面几种连接方式：

1. 使用 modem 连接

计算机通过 modem 或其他数据通信设备（DCE）使用一条电话线进行通信的示意图如图 4-11 所示。

在图 4-11 中，计算机终端（DTE）向远程终端（DTE）发送数据的过程如下：首先 DTE 向本地 DCE（modem）发出 DTR=1 和 RTS=1 的信号，表示 DTE 请求发送数据，同时为本地和远程 DCE 之间建立通道开了绿灯，一旦通道建立好了，DCE 发回应答信号 DSR=1。当 DCE 做好发送数据准备后，又向 DTE 发回信号 CTS=1。只有当 DTE 收到从本地 DCE 发回肯定的 DSR 和 CTS 信号后，DTE 才能由 TxD 线向 DCE 发送数据。因此，RTS、DTR、DSR 和 CTS 这 4 个信号同时为 1 是 TxD 发送数据的条件。当接收数据时，DTE 先向本地 DCE 发出 DTR=1 信号，表示本地和远程 DCE 之间可以建立通道。一旦通道建立好了，DCE 向 DTE 发出 DSR=1 信号。这时，数据就可以通过 RxD 线传到 DTE。

因此，RxD 信号产生的条件是 DTR 和 DSR 两个信号同时为 1。这只是 RxD 信号的产生条件，至于 RxD 线上是否有信号，取决于远程 DCE 是否发送数据。

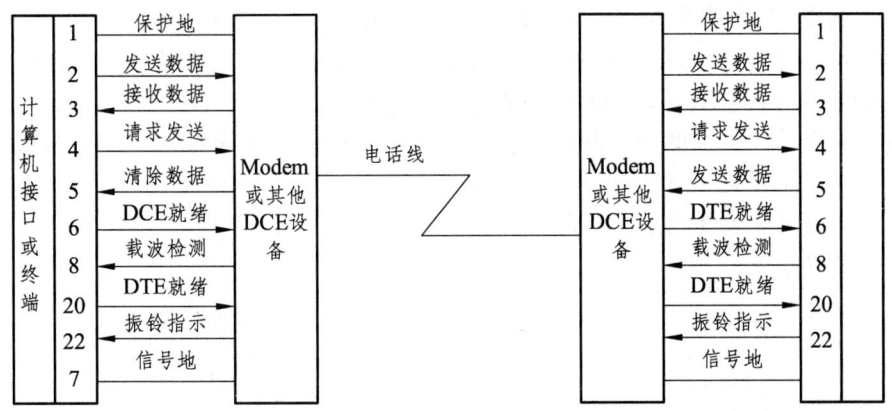

图 4-11　使用 modem 时 RS-232 引脚的连线

2. 直接连接

当计算机和终端之间不使用 modem 或其他通信设备（DCE）而直接通过 RS-232 接口连接时，一般只需要 5 根线（不包括保护地线以及本地 4、5 之间的连线），但其中多数应采用反馈与交叉相结合的连接法，如图 4-12 所示。

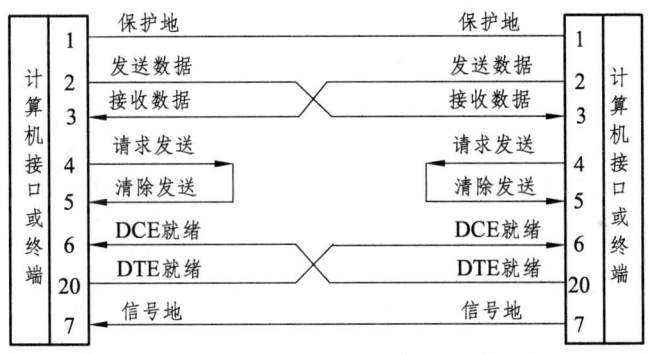

图 4-12　使用 RS-232 的直接连接法

在图 4-12 中，2、3 线交叉为最基本的连线，以保证直接连接的数据终端间能正常地进行全双工通信。20、6 也是交叉线，用于两端的通信联络，使两端能相互检测出对方"数据已就绪"的状态。4、5 为反馈线，使传送请求总是被允许的。由于是全双工通信，这根反馈线意味着任何时候都可以双向传送数据，用不着再去发"请求发送"（RTS）信号。这种没有 modem 的串行通信方式，一般只用于近程通信（不超过 15 m）。

3. 三线连接

三线连接是一种最简单的 RS-232 连线方式，只需 2、3 交叉连接线以及信号地线，而将各自的 RTS 和 DTR 分别接到自己的 CTS 和 DSR 端，如图 4-13 所示。

在图 4-13（a）中，只要一方使自己的 RTS 和 DTR 为 1，那么它的 CTS、DSR 也就为 1，从而进入发送和接收的就绪状态。这种接法常用于一方为主动设备，而另一方为被动设备的通信中，如计算机与打印机或绘图仪之间的通信。这样，被动的一方 RTS 与 DTR 常置 1，因而 CTS、DSR 也常置 1，因此，使其长期处于接收就绪状态，只要发送方令线路就绪（DTR=1），并发出发送请求（RST=1），即可立即向接收方传送信息。

图 4-13（b）所示为更简单的连接方法。图 4-13（a）所示的连接方法在软件设计上还需要检测"清除发送"（CTS）和"数据设备就绪"（DSR），而图 4-13（b）所示的连接方法则完全不需要检测上述信号，随时都可以发送和接收。这种连接方法无论在软件和硬件上，都是最简单的一种方法。

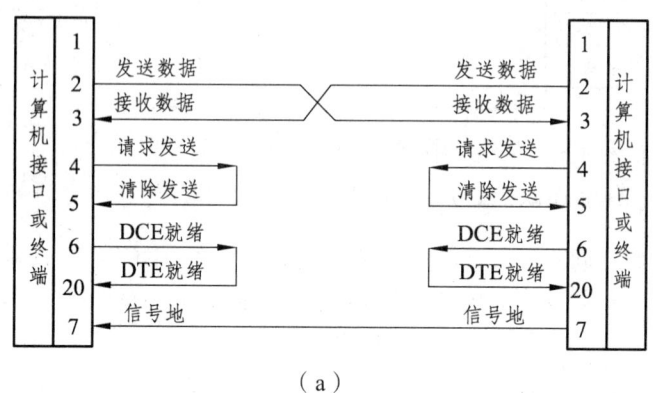

（a）

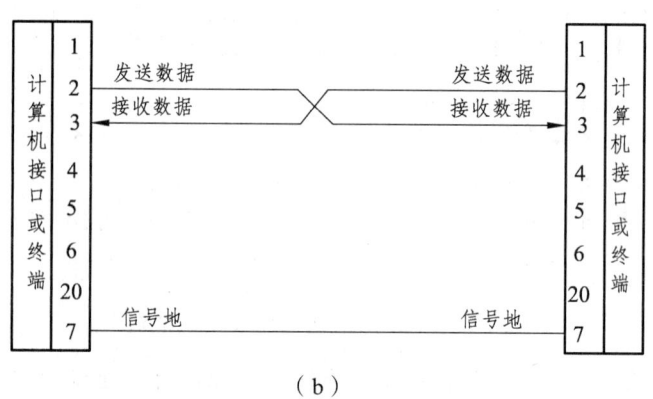

（b）

图 4-13 最简单的 RS-232 连接方式

值得说明的是，以上讲的只是 RS-232 作为接口标准总线的连接方法，当然不限于这几种方式。至于计算机内部与串行接口之间并/串转换，还需视各种不同的微型机而采用不同的接口适配器（Interface Adapter）。如 Intel8088/8086～80586 等各种 CPU，其内均没有串行接口，因此它们在进行串行通信时，都需配备适当的接口适配器，如 Intel8250 及 Intel8251。但对于大多数单片机来讲，本身带有串行接口，因此可直接与 RS-232 串行接口总线相连。但由于 RS-232 电平与微型机内部电平（TTL 或 CMOS）不同，所以电平转换电路是必不可少的。

三、RS-485/RS-422 接口标准

RS-232 虽然使用很广,但由于推出时间比较早,所以在现代通信网络中已暴露出明显的缺点,主要表现在:

(1)传送速率不够快。RS-232 规定最高速率为 20 kb/s,虽然这种传输速率与异步通信可以很好地匹配(通常异步通信最高速率限制为 19.2 kb/s 或更低),但对于某些同步系统,其传送速率却不能得到满足。

(2)传送距离不够远。根据 RS-232 标准,各装置之间电缆长度不超过 15 m,即使在较好的信号通信中,电缆长度也不超过 60 m,因此不能满足现代工业控制的要求。

(3)RS-232 未明确规定连接器,因而出现了互不兼容的 25 芯连接器。

(4)接口使用非平衡发送器和接收器,两个传输方向只有一个信号地,所以电气性能不佳。

(5)接口处各信号间容易产生串扰。

正因为 RS-232 有上述缺点,所以 EIA 对其做了部分改进,于 1977 年制定了新标准 RS-449,并于 1980 年成为美国标准。在制定新标准时,除了保留与 RS-232 兼容外,还在提高传输速率、增加传输距离、改进电气特性等方面做了很多努力。它增加了 RS-232 没有的环境测试功能,明确规定了连接器,解决了机械接口问题。

与 RS-449 一起推出的还有 RS-423-A 和 RS-422-A。实际上,它们都是 RS-449 标准的子集。下边主要介绍 RS-423-A 和 RS-422-A。

1. RS-423-A/RS-422-A

与 RS-232 类似,RS-423-A 也是一个单端的、双极性电源的电路标准,但它提高了传送设备的数据传输速率。在速率为 1 kb/s 时,传输距离可达 1200 m;在速率为 100 kb/s 时,传输距离可达 90 m。

RS-423-A/RS-422-A 的数据线也是负逻辑且参考电平为地,不同的是 RS-232-C 规定为 -15 ~ +15 V,而这两个标准规定为 -6 ~ +6 V。

RS-422-A 规定了平衡驱动、差分接收的电气接口,它能够在较长距离上明显地提高数据传输速率:它能够在 1200 m 的距离内把速率提高到 100 kb/s,或在较近距离(12 m)内提高到 10 Mb/s。这种性能的改善是由于平衡传输的优点而产生的,这种平衡驱动、差分接收结构能从地线的干扰中分离出有效信号。实际上,差分接收器可以区分 0.2 V 以上的电位差,因此可不受参考电平波动及共模电磁干扰的影响。

图 4-14(a)所示为 RS-232-C 所采用的单端驱动非差分接收电路。该电路的特点是传送信号只用一根导线,对于多路信号线,其地线是公共的。因此,它是最简单的连接结构。它的缺点是驱动电路无法区分有用信号及干扰信号。而 RS-423-A 由于采用了差分电路接收器,接收器的另一端接发送端的信号地[见图 4-14(b)],因而大大减少了地线的干扰。RS-422-A 则更进一步采用了平衡驱动和差分接收方法[见图 4-14(c)],从根本上消除了地线干扰。这种驱动器相当于两个单端驱动器,它们的输入是同一个信号,而一个驱动器的输出正好与另一个反相。当干扰信号作为共模信号出现时,接收器则接收差分输

入电压。只要接收端具有足够的抗共模干扰模电压工作范围，它就能识别这两种信号并正**确接收传送信号**。

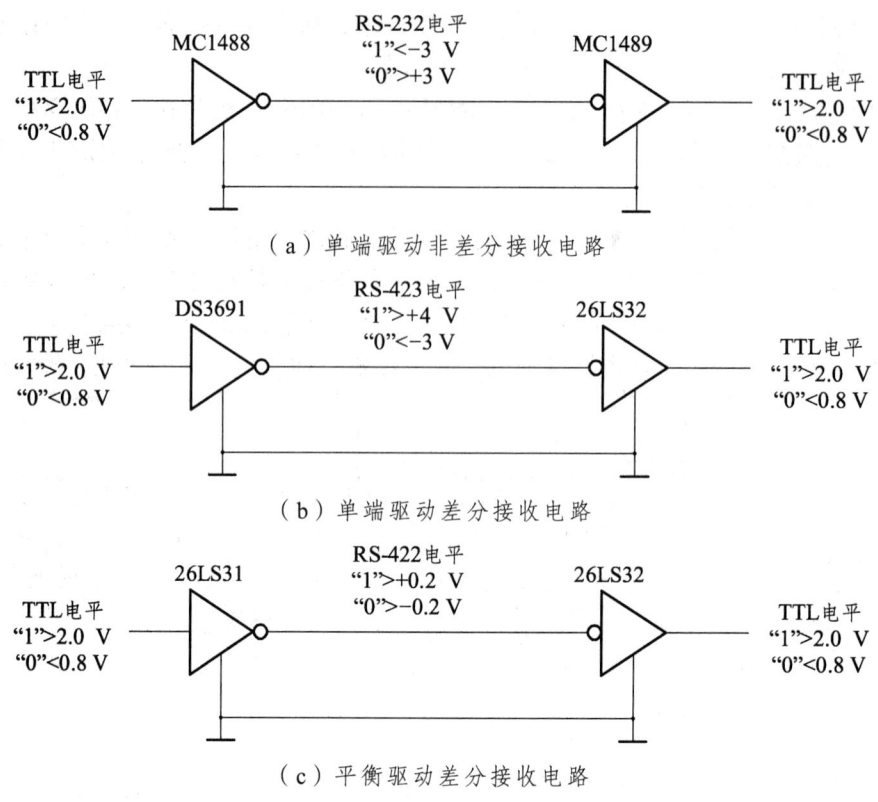

图 4-14　RS-232-C/RS-423-A/RS-422-A 接口电路

RS-423-A/RS-422-A 的另一个优点是允许传送线上连接多个接收器。虽然在 RS-232-C **系统**中可以使用多个接收器循环工作，但它每一时刻只允许一个接收器工作，**RS-423-A/RS-422-A** 可允许 10 个以上接收器同时工作。关于多站连接方法将在下面 **RS-485** 部分介绍。

2. RS-485

在许多任务业过程控制中，往往要求用最少的信号线来完成通信任务。目前广泛应用的 RS-485 串行接口总线就是为了适应这种需要而产生的。它实际上就是 RS-422 总线的变形，二者不同之处在于：

（1）RS-422 为全双工，而 RS-485 为半双工。

（2）RS-422 采用两对平衡传输信号线，RS-485 只需其中的一对。RS-485 更适合于多**站互联**，一个发送驱动器最多可连接 32 个负载设备。负载设备可以是被动发送器、接收**器和收发器**。传输电缆两端有终端电阻，在平衡电缆上挂接发送器、接收器或组合收发器。**两种总线的连接方法如图 4-15 所示**。

图 4-15（a）所示为 RS-485 连接电路。在此电路中，某一时刻只能有一个站可以发**送数据**，而另一个站只能接收。因此，其发送电路必须由使能端加以控制。而图 4-15（b）

所示电路由于是全双工连接方式，故任一时刻两站都可以同时发送和接收。和 RS-232-C 标准总线一样，RS-422 和 RS-485 两种总线也需要专用的接口芯片完成电平转换。

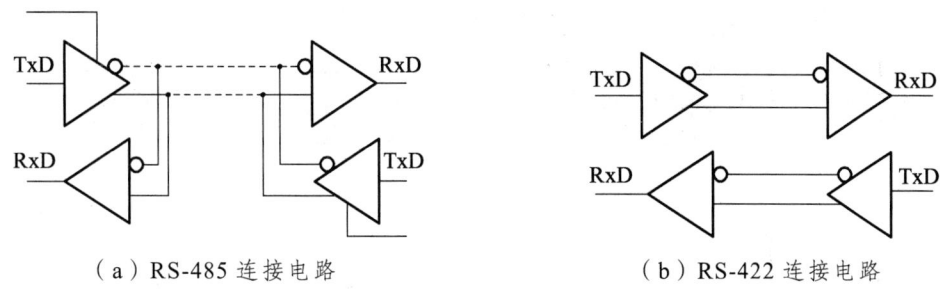

（a）RS-485 连接电路　　　　　　　（b）RS-422 连接电路

图 4-15　RS-485/RS-422 连接电路

MAX481E/MAX488E 是低电源（只有+5 V）RS-485/RS-422 收发器。每一个芯片内都含有一个驱动器和一个接收器，采用 8 脚 DIP/SO 封装。除了上述两种芯片外，和 MAX481E 相同系列芯片还有 MAX483E/485E/487E/1487E 等，和 MAX488E 相同系列的有 MAX490E。这两种芯片的主要区别是前者为半双工，后者为全双工。

MAX481E/483E/485E/487E/491E 和 MAX1487E 是为多点双向总线数据通信而设计的，也可以把它们作为线路中继站，其传送距离可超过 1200 m。对于一个通信子站来讲，RS-422 和 RS-485 的驱动/接收电路没有多大差别。

四、20 mA 电流环接口标准

这是一种电流控制的串行接口标准，它的推出主要是为了满足早期的直通电报机、电传打字机等机械式外设的控制需要。这些外设的接收部分是一个电流激励线圈或驱动线圈的电流放大器，相当于一个电流检测器，工作电流一般被设计为 20 mA，所以，规定有 20 mA 电流时为逻辑"1"，无电流时为逻辑"0"。当这些"0""1"序列被接收后，电传机便打印出相应的字符。这就是 20 mA 电流环名称的由来。尽管 20 mA 电流环接口至今未成为正式颁布的标准，但由于它在抗干扰能力和传输距离等许多方面比 RS-232 接口优越，所以在串行通信，特别是远距离通信中应用非常广泛。许多微机系统（如 PC/XT）中，大多同时提供了 RS-232 和 20 mA 电流环这样两种串行通信标准的接口电路和连接器供用户选用。

20 mA 电流环是一个全双工的 20 mA 电流环接口。实际上 20 mA 电流源并不一定要在发送端，放在接收端也同样可以，只要环路中有一个电流源即可，当然也只能有一个电流源。一般把能提供 20 mA 电流源的一端叫作有源端，而把另一端称为无源端。因此，20 mA 电流环接口的结构形式可以是有源发送器/无源接收器或无源发送器/有源接收器两种。但绝对要避免收发两端都无源或都有源（特别是两端的电源电压极性相反）的无效连接。

在 20 mA 电流环中，发送方的开关 K 是受发送数据控制的，数据为"1"时，K 合上，回路中有 20 mA 电路，数据为"0"时，K 打开，回路中没有电流。

图 4-16 给出的是 20 mA 电流环接口的基本原理。实际中的 20 mA 电流一般是由一个电压源同一定阻值的电阻串联形成的。显然，为了取得 20 mA 电流，可以使用许多不同

的电压值和电阻值。加上组成开关 K 的组件和电路也很多，所以 20 mA 电流环接口的实际电路形式是多种多样的。

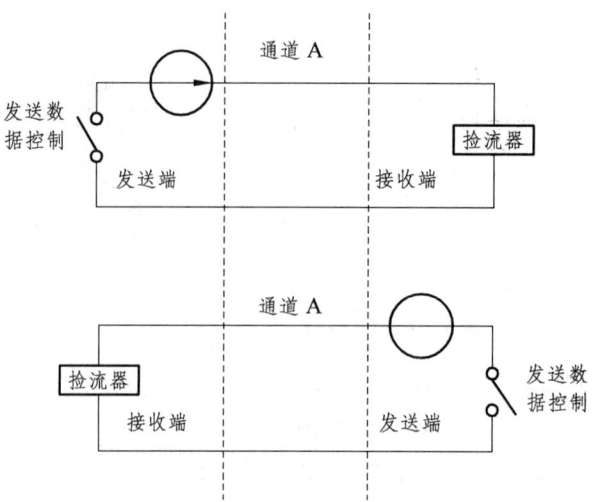

图 4-16　全双工 20 mA 电流环接口的基本原理

对于直通式电流环接口电路，尽管其抗干扰能力比 RS-232 接口强，但由于其两端之间是共地的，仍难免产生干扰信号。所以，在通信距离较远时，特别是在干扰源较多、干扰信号较强的工业现场应用情况下，大都在收发两端之间采用光电隔离技术。可用的光电隔离器（也叫作光电耦合器）芯片种类很多，如国外的 4N33、ON3111、NJL5122A、PC507 系列、TLP521 系列/621 系列和国产的 CD 型、MG01 型系列等。各种光电隔离器基本上都是由发光二极管和光敏器件（光敏三极管、光敏二极管、光敏电阻等）两部分组成，其中以发光二极管和光敏三极管组成的隔离器件应用最多。图 4-17 给出的是一个实际的带光电隔离的 20 mA 电流环接口电路。它通过收发两端的光电隔离器，将串行传输回路中的 20 mA 电流信号转换为接收端的 TTL 电平信号和将发送端的 TTL 信号转换为 20 mA 电流信号。从图中可看出，收发之间和收发两端与 20 mA 电流环之间没有直接的电气连接关系，而是通过光电耦合，完成信号的传送，显然这样就极大地提高了系统的防噪声干扰能力。一方面，光电隔离器中发光二极管和光敏晶体管之间的间隙，使之能经受数千伏的电压，能有这样高的隔离保护电压，串行传输距离达到几千米远将不成问题。另一方面，接收端光电隔离器中的发光二极管接收器具有天然的共模抑制能力，该发光二极管响应的是接在它两端的差值电压，共模噪声将使它两端的电位提高或降低相同的值，从而使这种噪声通过二极管自行抵消。当然，为了确保上述隔离功能和共模抑制能力不失效，必须使接收器的本地信号地与远方发送器的地和 20 mA 电流源地相互独立，之间不能有任何形式的直接电气连接。实际中，也只有在接收端使用光电隔离器，而发送端直接将 TT 电平转换为 20 mA 电流信号的，如 PC/XT 异步通信适配器中就是这样。

最后要说明的是，RS-232、RS-422A/423A 和 20 mA 电流环这三种接口只是在总线连接和逻辑表示上不一样，在数据传输格式这一级上却并无区别，都取决于串行接口内部的通信规程，所以在同一系统中它们可共享 I/O 端口，然后通过跳线器选用不同的总线标准连接器来达到选用不同标准接口的目的。

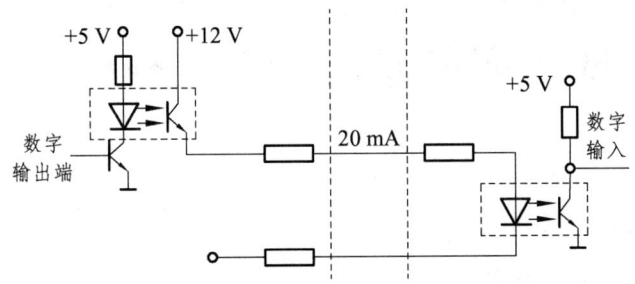

图 4-17　采用光电隔离的 20 mA 电流环接口电路

　　20 mA 电流环接口是一个非标准接口,无控制信号。在每次发送数据时必须以无电流的起始作为每一个字符的起始位,接收端检测到起始位时便开始接收字符数据。但是由于它的突出优点是传输距离比较远,所以不仅用于具有电流环的接口设备(如电传打字机等),而且在微机的点对点通信和速率低的数据传输中应用很广。

任务拓展

1. 简述现场总线的概念。
2. 查阅资料,说明现场总线在企业网络中的应用。
3. 简述串行通信的工作原理。

项目五　城轨列车通信网络

1. 知识目标
（1）掌握列车通信网络概念。
（2）掌握各通信网络的组成和原理。
（3）了解工业以太网的工作原理。

2. 能力目标
（1）具有列车网络通信的基础知识。
（2）具备敬业精神及合作的态度。
（3）具有严格执行工作程序、工作规范、工作标准、安全操作的意识。

3. 素质目标
（1）拥护党的基本路线，积极进取，有奉献精神和创新精神。
（2）具有正确的世界观、人生观、价值观，遵纪守法，诚信做人。
（3）具有良好的职业道德和公共道德。

项目导入

城市轨道交通是全面开启建设社会主义现代化强国的重要支撑，是建设现代化经济体系的先行领域，也是建设交通强国和智慧城市的重要组成部分。城轨交通行业要把握当前发展的重大机遇，以推进城轨信息化，发展智能系统，建设智能城轨为载体，开创交通强国建设新局面。习近平总书记指出："城市轨道交通是现代大城市交通的发展方向。发展轨道交通是解决大城市病的有效途径，也是建设绿色城市、智能城市的有效途径。"

任务一　城轨交通网络控制概述

一、城市轨道交通车辆概述

城市轨道交通（Urban Rail Transit）是采用轨道结构进行承重和导向的车辆运输系统，是城市公共交通的骨干，具有节能、省地、运量大、全天候、无污染、安全等特点，属绿色环保交通体系，特别适用于大中城市。中国城市轨道交通（China Urban Rail Transit）是指中华人民共和国境内采用专用轨道导向运行的城市公共客运交通系统，包括地铁系统、轻轨系统、单轨系统、现代有轨电车、磁浮系统、自动导向轨道系统和市域快速轨道系统。轨道交通作为国际公认的绿色交通，具有经济、环保、高效等独特优势，对于提高交通运输能力、提高群众的出行效率有着积极作用,地铁网络的覆盖面积越来越广泛,极大地方便了人民群众的出行。

随着城市轨道交通的快速发展,城轨列车的需求也不断增长,网络控制系统作为城轨列车的"指挥控制中心",不仅实时采集列车运营期间的各种操作指令、状态显示等信号,同时还对采集的数据进行运算处理和故障诊断,给出操作列车各系统运行的控制指令,并通过人机界面进行信息反馈,因此在车辆的安全运营中起着关键作用。同时,列车网络控制系统的安全、可靠运行也离不开车载通信网络的支持。

二、列车网络控制系统

列车网络控制系统是列车的核心部件,用于列车这一流动性大、环境复杂、可靠性要求高、实时性强、与控制系统紧密相关的特殊环境的计算机局域网络,承担着列车层面的控制、监视及诊断功能,通过列车网络控制系统能够控制和管理列车的牵引、制动、辅助供电、空调、乘客信息、照明等所有子系统。通过对列车运行数据及其他子系统设备动作的相关信息进行集中管理,可以保障列车的安全高速运行,并通过人机界面与司机、检修人员交互信息,从而提高列车运行舒适度与检修维护的效率、质量。

相对于不同类型的车辆,网络控制系统需要传输的信息与实现的功能有所区别。例如,对于铁路电力机车而言,它的牵引、制动及速度控制等指令都是通过网络系统来传输的,同时它的关键部件的工作状态也要通过网络系统传输到人机界面,从而实现对列车的运行监视与故障诊断;对于动车组而言,网络系统不仅控制多个车辆的牵引、制动系统协调工作,同时控制车门、空调、乘客信息等系统同步工作,所有子系统的运行状态全部传输到网络系统中实现运行监视与故障诊断,网络系统可根据各子系统的运行状态,在确保车辆运行安全与乘坐舒适的情况下切换多种模式;对于城轨列车而言,与动车组相近,网络系统不仅协调多个牵引与制动单元统一工作,同时还监视其他子系统的工作状态,并根据车辆实时故障情况,可切换成紧急牵引模式,最大程度地保障乘客人身安全。

列车网络控制系统包括以实现各种控制功能为目标的单元控制器、实现车辆控制的车辆控制器和实现信息交换的通信网络,其结构如图 5-1 所示。

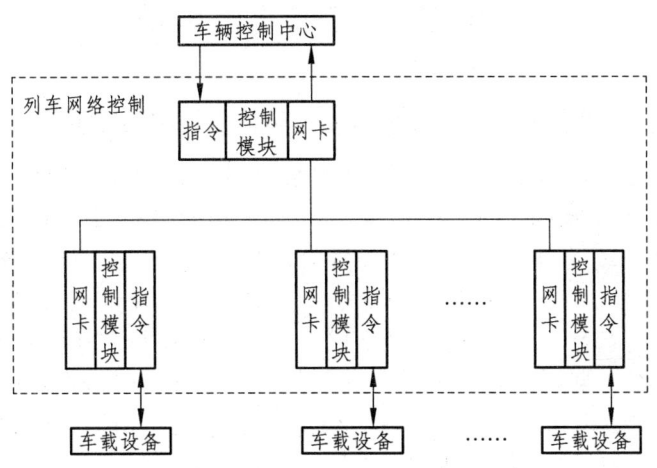

图 5-1 列车网络控制系统结构示意图

（一）列车网络控制的功能

（1）列车运行状态的控制。实现牵引控制，即牵引特性曲线的实现和牵引功能的优化；实现列车牵引的黏着控制，即列车在各种运用条件下，都能保持轮轨间的牵引力，并尽可能地使机车运用在轮轨间的牵引力实现最大化；实现列车运用过程中各种可能需要的功能关联和电路连接，即逻辑控制功能。

（2）监视列车的运行状态。列车上所有的设备状态信息可通过列车通信网络传递到驾驶室的人机接口单元上显示。

（3）列车故障诊断及维护。传输全列车的自检及故障诊断信息，实现列车运用过程中的故障信息处理，即进行故障信息的采集、处理、传输、显示和记录，并为列车乘务员提供故障的现场处理和排除的信息提示。

（4）旅客的信息及服务。主要为旅客信息系统提供当前温度、运行时速、列车信息等。

（二）列车网络控制系统的特点

（1）高实时性。对于给定的业务流，在一定时间的范围内传输到另一端，传输的时间在每个周期一定范围内都是一致的。

（2）高确定性。数据传输的最大端到端时延是可以预知且确定的小于标准要求的规定值。

（3）高可用性。在一个网络系统中，由于某一个设备因故障而掉线，或者某一段网络中断，都不会导致控制系统的崩溃，这是列车通信网络的可用性。发生这种故障后，该网络能够将故障部分隔离或者切除，保证其余部分的健康。列车通信网络具有网络冗余结构和协议，具备抗干扰和容错修正能力，保证列车通信网络即使在恶劣环境工作，承受大量的振动、电磁干扰，以及设备的过热、低温或高湿度而不受影响。

（4）兼容性。列车通信网络中拥有很多种不同功能、不同业务的设备。随着列车在未来会对智能化的要求越来越高，更多的、更智能的设备会在同一个网络中进行数据交互与处理。

任务二　列车通信网络

列车通信网络（TCN）是一种基于网络的分布式控制系统，在轨道交通列车上的应用与列车控制系统的运用紧密相关。由于在轨道交通列车上得到广泛运用的 SIBAS 列车控制系统和 MITRAC 列车控制系统，都是基于 TCN 通信网络的列车控制系统，因此在欧洲许多国家的铁路机车或动车组及城市地铁列车、各类轻轨列车乃至有轨电车上都应用了 TCN 通信网络；并且由于欧洲的铁路机车、地铁列车，以及其他轨道交通列车在世界许多国家和城市都获得运用，TCN 通信网络成为世界上应用最广泛的一种列车通信网络。其主要作用是实现各车厢内大量的可编程设备的有效连接，并使这些设备所产生的各种信息（如状态、控制、故障诊断、旅客服务等信息）转换为统一的数字信息，实现这些信息安全、可靠、快速、准确的网上交换。

TCN通信网络在我国轨道交通列车上也有广泛的运用,其中主要的内在原因是TCN通信网络标准已经成为我国的国家标准和行业标准,而直接的因素是在我国轨道交通列车上运用比较广泛的SIBAS-32控制系统、MITRAC CC控制与通信系统和DTECS列车控制系统都是基于TCN通信网络的列车控制系统。这些列车控制系统在电力机车、高速动车组、城市地铁和轻轨列车上的广泛运用,带动和推进了TCN通信网络的运用。经过十多年的运用实践,TCN通信网络在我国轨道交通列车上的应用已经稳定并开始走向成熟,特别是国内的有关行业组织已经制定了一个MVB总线,运用在城市轨道交通列车上的应用层协议——城轨车辆车载控制网络数据传送规范,该规范的推广运用可以认为是TCN通信网络应用走向成熟的一个标志。

一、列车通信网络的层次结构

1999年,国际电工委员会(IEC)颁布了IEC 61375标准,即TCN(列车通信网络)国际标准,该标准对列车通信网络的总体结构、连接各车辆的列车总线、连接车辆内部各智能设备的车辆总线及过程数据等内容进行了详细的规定。

微课:TCN列车通信网络(一)

列车通信网络将车载网络分为两级总线的层次结构,即用于连接各节可动态编组的车辆间的绞线式列车总线(Wire Train Bus,WTB)和用于连接车辆(或固定编组的车辆单元)内部各种设备的多功能车辆总线(Multifunction Vehicle Bus,MVB),它们之间的列车总线节点起着网关的作用。图5-2所示为列车通信网络层次结构示意图。

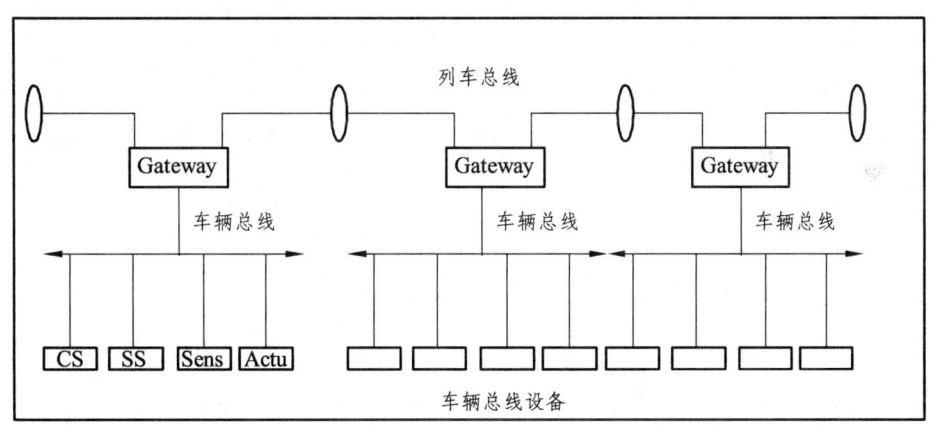

Gateway—列车、车辆总线网关;CS—主站;SS—从站;Sens—智能传感器;Actu—智能执行器。

图 5-2 三节车厢的网络结构

在图5-2中,列车通信网络(TCN)采用两条总线组成的三层结构,列车总线和车辆总线是两个独立的通信子网,可采用不同的网络和协议。网络的三层结构为:

(1)绞线式列车总线(Wire Train Bus,WTB):连接列车各车厢,可自动配置,在双绞线上传输速率可达1 Mb/s。

(2)多功能车厢总线(Multifunction Vehicle Bus,MVB):连接车厢内部设备,能加快响应速度,通过双绞线或光纤传输速率可达1.5 Mb/s。

（3）设备级控制网：列车总线和车厢总线之间还需要通过一个列车总线节点相连，在运用层不同的总线之间通信时由此节点充当网关。有时也在车厢总线下设第三级总线，如连接传感器的总线或连接执行单元的控制总线，可把这些总线认为是车厢总线的一部分。

二、列车通信网络的特征

列车通信网络的特征如表 5-1 所示。

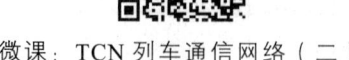

微课：TCN 列车通信网络（二）

表 5-1 列车通信网络特征汇总表

特征	绞线式列车总线（WTB）	多功能车厢总线（MVB）
结构	结构可变，构成改变时，具有自适应性	结构及设备的地址固定不变
介质	屏蔽双绞线（860 m，32 个节点，相当于 22 个 UIC 车厢）	双绞线，RS-485（20 m，32 个设备）；变压器隔离屏蔽双绞线（200 m，32 个设备）；星形光纤网（2000 m，2 个设备）；
物理冗余	双份物理介质	双份物理介质
信号	带 16~32 位前同步码的曼彻斯特编码	带定界符的曼彻斯特编码
信号速率	1 Mb/s	1.5 Mb/s
地址空间	8 bit 地址	12 bit 地址
物理地址	点对点及广播	点对点及广播
有效的帧长度	在 4~132 个字节之间可变	量化的：16，32，64，128 或者 256 bit
完整性	每帧 FCS-16，帧校验以及曼彻斯特编码	IEC60870 校验序列及帧尺寸校验
介质分配	由一台主设备完成	由一台主设备完成
主设备权传送	主设备，强主设备或弱主设备	总线管理器通过令牌传送成为主设备
主设备冗余	初运行后，主设备权传递给另一节点	令牌传递自动进行主设备权转换冗余校验
链路层服务		过程数据：循环、源寻址广播；消息数据：偶发、点对点或广播；监督数据：循环/偶发、管理数据
常用传输	变数	消息
链路层服务	源寻址广播数据（过程数据）	面向目标的，无连接的数据包（消息数据）
链路控制	带刷新监督的可重写端口	不可重写的数据包队列
网络层	应用任务将数据在总线间复制	数据报及路由器、目录中的源地址和宿地址
传输层	—	面向连接的，端对端流控及差错恢复
会话层		调用/应答消息
表示层	统一数据类型	统一数据类型
应用界面	存取过程变量的程序	处理呼叫/应答和多播消息的程序

三、多功能车辆总线（MVB）

MVB 是特定用于连接同一车厢或不同车厢（这些车厢在运行过程中是一个固定不变的编组）的设备到列车通信网络的总线。它既提供了可编程设备之间的互联，也提供了可编程设备与其传感器和执行机构之间的互联。

微课：多功能车辆总线 MVB

传输介质可以是双绞线，也可以是光纤。在后一种场合，其传输距离为 2000 m，最多可连接 256 个智能总线站。图 5-3 和图 5-4 分别为 MVB 应用于动力车和拖车的简图。

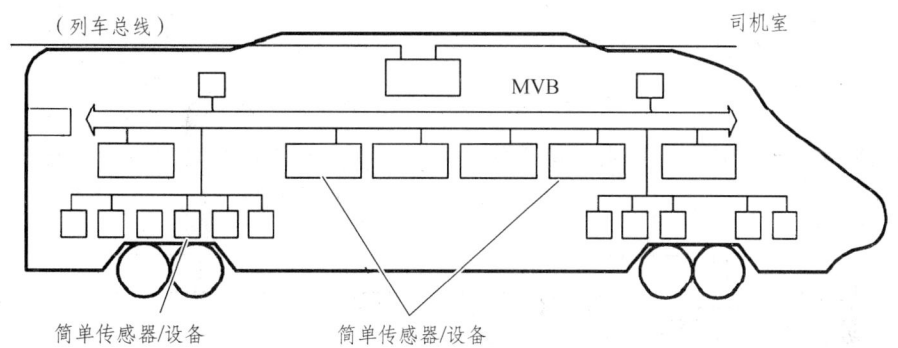

图 5-3　MVB 应用于动力车

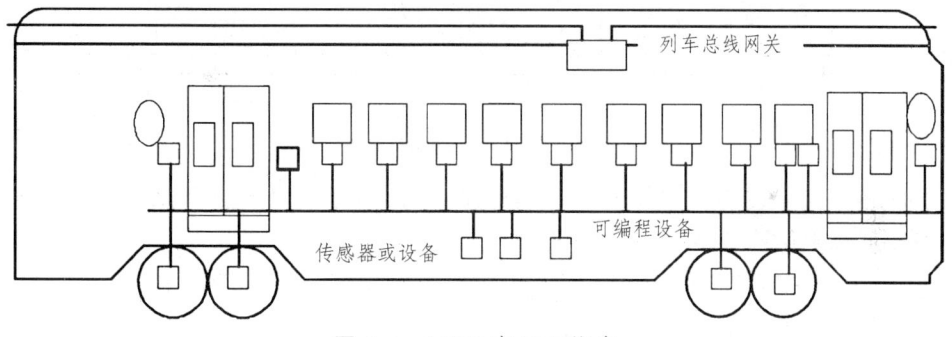

图 5-4　MVB 应用于拖车

MVB 传送三类数据：

（1）过程数据（Process_Data）：周期小于 1 ms 的源寻址数据的周期性广播。

（2）消息数据（Message_Data）：有请求时应答，带有目的地址的点对点或广播数据。

（3）监督数据（Supervisory_Data）：用于事件判决、主设备转换、设备状态发送的数据。

（一）MVB 物理层

MVB 允许采用电短距离、电中距离和光纤三种不同的物理通信介质，三种介质以相同速率运行。

（1）ESD：电气短距离介质。这种介质基于采用 RS-485 标准的差动收发器，在发送器和接收器之间无须电气隔离，因而它适用于封闭小室内，采用背板总线。电气短距离介质传输距离≤20 m，每段最多支持 32 个设备。图 5-5 所示为电气短距离介质连接示意图。

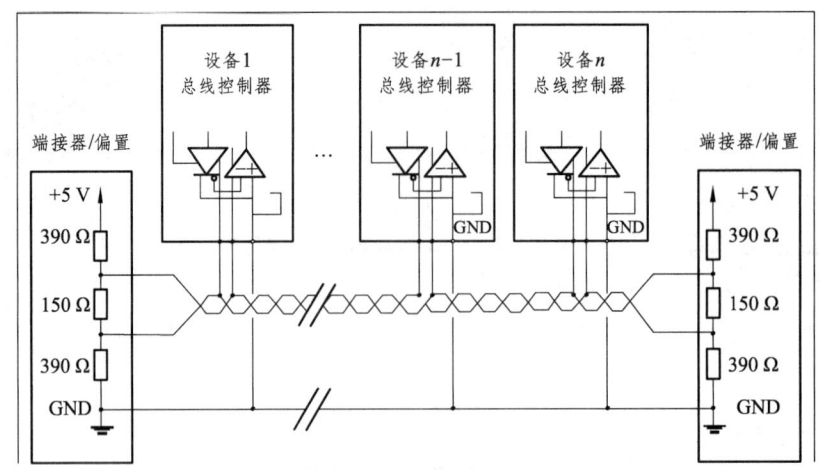

图 5-5 电气短距离介质

（2）EMD：电气中距离介质。传送距离≤200 m，每段最多支持 32 个设备，屏蔽双绞线，变压器隔离。图 5-6 所示为电气中距离介质连接示意图。

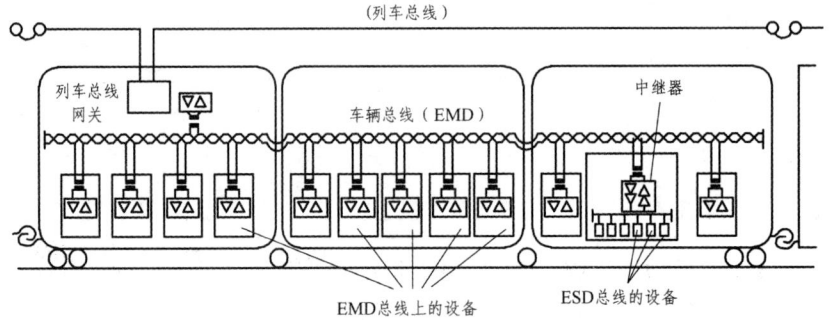

图 5-6 电气中距离介质

（3）OGF：光学玻璃纤维介质，星形连接或点到点方式下最大距离为 2000 m。光纤介质一般用于高电磁噪声的区域，如图 5-7 所示。

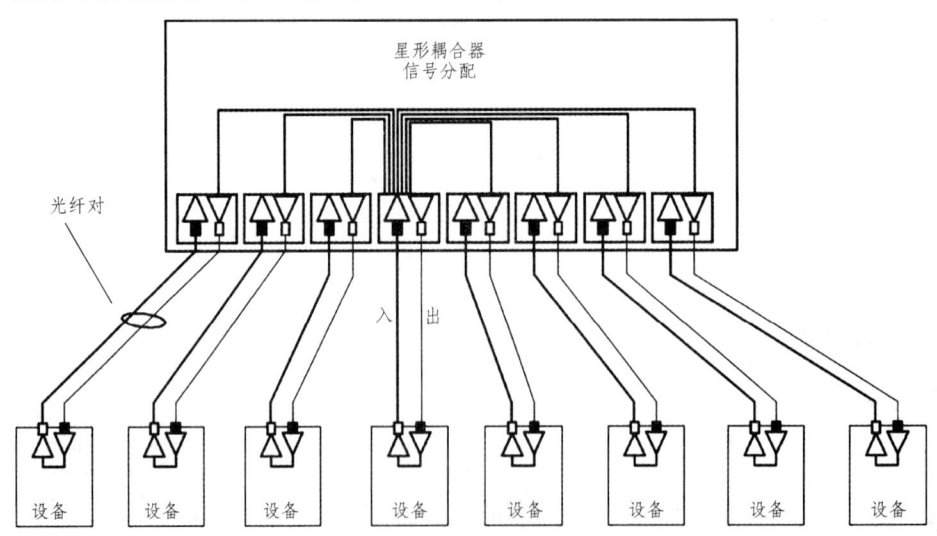

图 5-7 光纤介质车辆总线拓扑

（二）MVB 设备

1. 总线控制器（Bus-Controller）

总线访问每个设备时由专用的总线控制器控制，其工作原理如图 5-8 所示。总线控制器通过发送器和接收器附挂到两个冗余的线路上。MVB 总线控制器包含编码器和译码器，以及控制通信存储器（Traffic-Store）的控制逻辑。总线通信控制器对到达的帧进行译码并寻址相应的通信存储器，也能读设备状态寄存器。

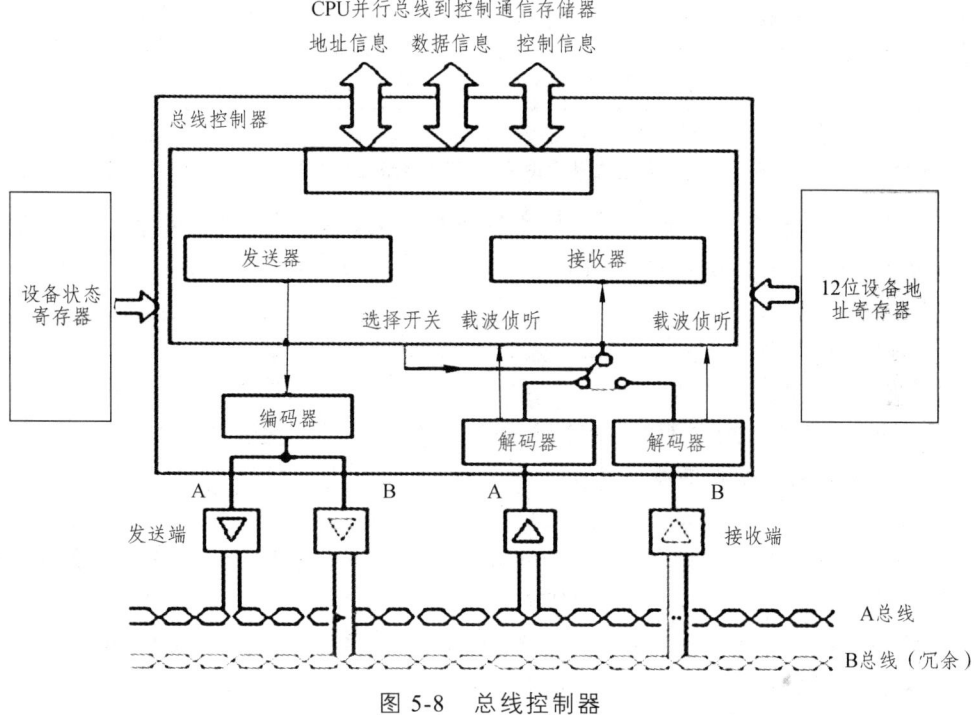

图 5-8　总线控制器

2. MVB 设备分类

MVB 总线上的设备，根据其控制与通信能力分为 5 类。

（1）0 类设备：不参与通信。中继器和星形光耦合器属于这类设备。

（2）1 类设备：连接简单的传感器或执行机构，不可远程配置，无应用处理器，不参与消息通信。

（3）2 类设备：自带应用处理器，可配置，能预处理信息，但处理程序固定，参与消息通信。

（4）3 类设备：是可编程逻辑控制器（PLC）的完全站。3 类设备有许多端口，典型的是 25 个。

（5）4 类设备：与 2、3 类设备相同，但提供更多服务，参与总线的管理与控制。典型的 4 类设备有：控制总线的总线管理器、网络管理器、连接车厢总线和列车总线的网关。

3. MVB 帧结构

MVB 帧是由 9 位起始位+数据+8 位校验位+结束位构成的。

MVB 帧有两种类型：

（1）主设备帧（Master_Frame），只由主设备[Bus_Administrator（总线管理器）之一]生成。

（2）从设备帧（Slave_Frame），由从设备在响应主设备帧时发送。

一个主设备帧及相应从设备帧共同形成一个报文，如图 5-9 所示。

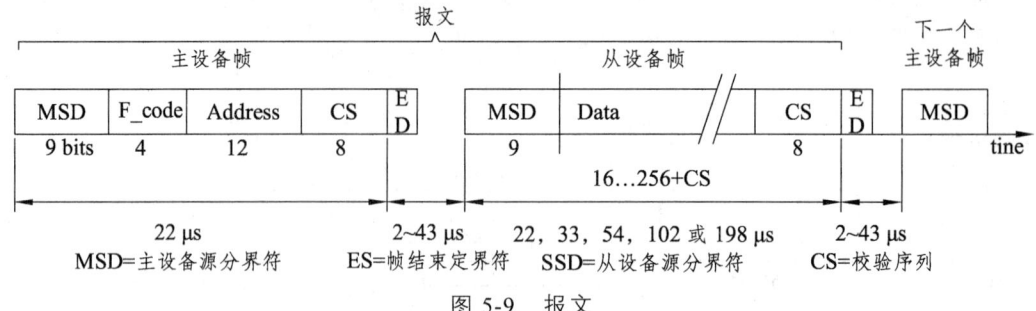

图 5-9　报文

主设备源分界符（Master_Start_Delimiter）和从设备源分界（Slave_Start_Delimiter）不同，以防止同步失败。

主设备帧的长度为固定的 33 bit，包括：

① 9 bit 的主设备源分界符。

② 4 bit 的 F_code，指明期望的从设备帧的类型和尺寸。

③ 12 bit 域用于地址或参数。

④ 8 bit 的校验序列（Check_Sequence）。

所有的设备都对主设备帧译码。被寻址源设备用其从设备帧回答，该从设备帧可被多个其他设备接收。

从设备帧可以有 5 种尺寸：33 bit、49 bit、81 bit、153 bit 或 297 bit，包括：

① 9 bit 的从设备源分界符。

② 16～256 bit 的数据。

③ 对应各 64 bit 序列的 8 bit 的校验序列。

主设备帧和从设备帧的格式如图 5-10 所示。

基于帧结构，MVB 共有 16 种报文，在主控帧中的 F_code 区分，如表 5-2 所列。

（三）MVB 介质访问控制

MVB 介质访问控制采用主从方式，由唯一的主控器以定时轮询的方式发送主控帧。总线上其他设备均为从属设备，需要根据收到的主控帧来回送从属帧。它们不能同时发送信息。MVB 由专用主设备——总线管理器进行管理。管理器是唯一的主设备。为增加可用性，可能有多个总线管理器，它们以令牌方式传递主设备控制权。

在列车运行时，通信网上传送的只有过程数据和消息数据，这两种数据用周期传送和非周期传送来区分。周期性和偶发性数据通信共享同一总线，但在各设备中被分别处理。周期性和偶发性数据发送由充当主节点的一个设备控制。总线主控设备可位于总线的任何部分，它按预定的顺序周期性地轮询各个端口，如图 5-11 所示。

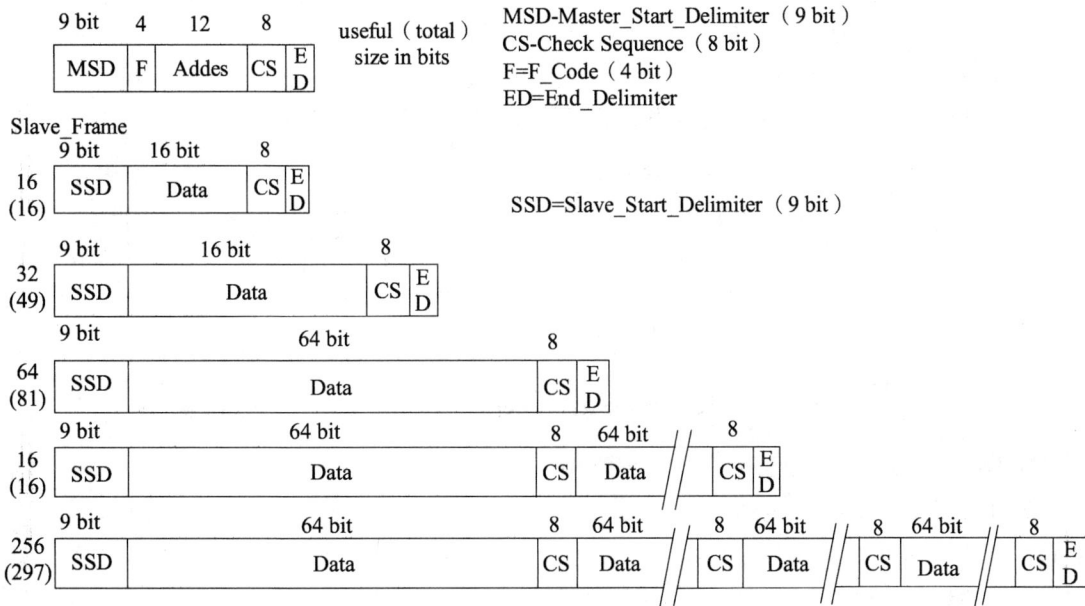

图 5-10 主设备帧和从设备帧格式

表 5-2 MVB 的报文类型

F_code	报文类型
0	16 bit Process_Data_Request（过程数据请求帧）
1	32 bit Process_Data_Request（过程数据请求帧）
2	64 bit Process_Data_Request（过程数据请求帧）
3	128 bit Process_Data_Request（过程数据请求帧）
4	256 bit Process_Data_Request（过程数据请求帧）
5	（保留）
6	（保留）
7	（保留）
8	Mastership_Transfer_Request（主设备权传送请求帧）
9	General_Event_Request（常规事件请求帧）
10	（保留）
11	（保留）
12	256 bit Message_Data_Request（消息数据请求帧）
13	Group_Event_Request（组事件请求帧）
14	Single_Event_Request（单事件请求帧）
15	Device_Status_Request（设备状态请求帧）

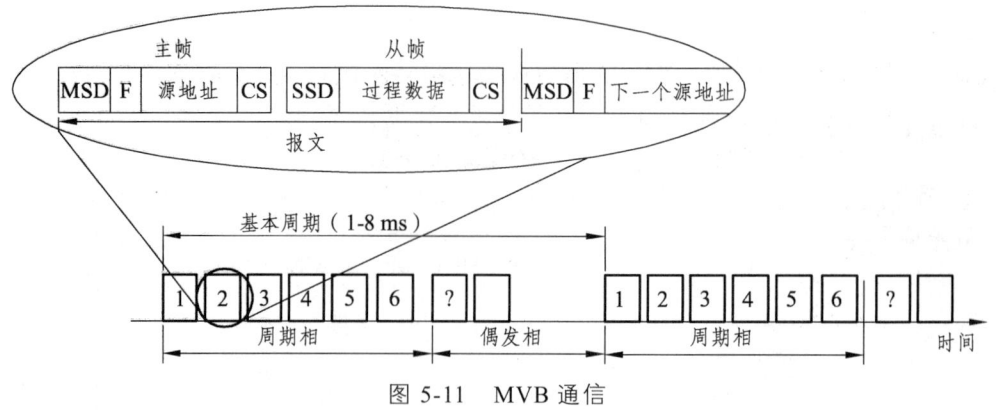

图 5-11 MVB 通信

在常规运行前,要建立主设备读端口的顺序。对每个端口,应用定义了特征轮询周期。特征轮询总周期是基本周期(Basic_Period)的 $2N$ 倍($N=1\sim10$)。具有相同特征周期(Individual_Period)的端口属于同一个循环。

周期 1 在每个基本周期中予以轮询,周期 2 是每 2 个周期轮询 1 次,周期 4 是每 4 个周期才轮询 1 次,以此类推。大的周期可以分为子周期,延伸到多个周期里,如图 5-12 所示。

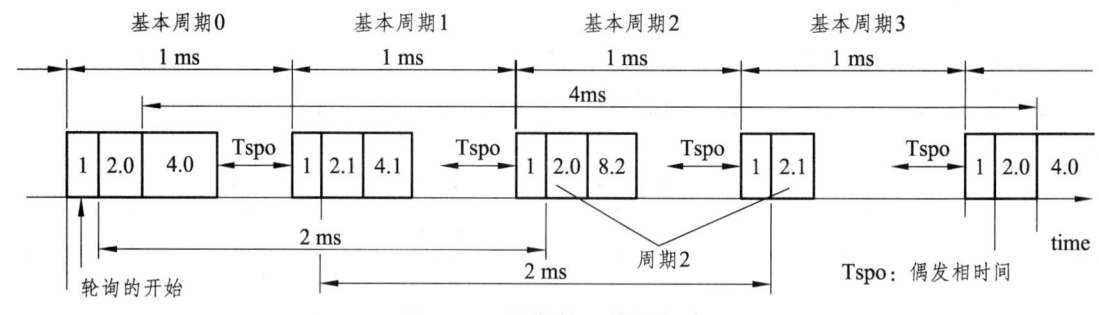

图 5-12 周期性通信的组态

四、绞线式列车总线(WTB)

WTB 总线主要用于列车级的通信,传输速率为 1 Mb/s,可以实现过程数据和消息数据的传输。其最大的特点就是具有列车初运行功能(列车初运行功能就是当列车车辆的配置

微课:WTB 总线分析

发生变化后,能够自动地对车辆进行编址,构成新的列车拓扑结构,而不需要人为参与)。

WTB 能够周期性地传输过程数据,其传输周期为基本周期(25 ms)的整数倍,传输数据的最大长度为 128 个字节。过程数据采取广播方式,总线上一个节点可以接收到其他节点的过程数据。对于非周期性数据的传输,可以采用消息数据方式,其传输速度较慢。消息数据需要相应的实时协议栈支持,用于实现网络层及以上各层协议。

WTB 使用专用屏蔽双绞线电缆。电线的布置采用冗余原则,在车辆的每一侧各有一根电缆。为适应频繁改变其组成的列车组,WTB 被设计成通过手插式跨接电缆或自动连接器来实现车辆之间的互联。考虑到严酷的环境、连接器的存在以及总线的非连接性,TCN 标准建议采用数字信号处理器对曼彻斯特信号进行译码。

（一）WTB 拓扑

WTB 采用总线拓扑，如图 5-13 所示。它采用屏蔽双绞线，要求有较高的机械连接性能。使用该种介质可以达到 1 Mb/s 的通信速率，长度为 860 m，对应 22 节 26 m 长的 UIC 列车。一般可连接至多 32 个节点，更长的距离和更多的节点（最多 62 个）也可以实现。

WTB 介质是由不同车辆上的电缆节连接而成。在总线主控制下，WTB 周期性地广播牵引和列车控制使用的过程数据。它也按需发送比较长但不太紧迫的消息数据，如旅客信息、诊断和维护信息。在列车组成发生改变或节点出现故障时总线主权可以转移。当列车组成改变时（如车辆连挂），WTB 自动重新组态，给各节点指定地址和取向、分发新的拓扑。

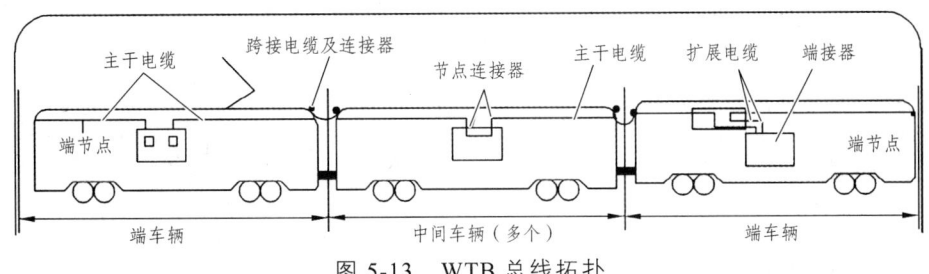

图 5-13　WTB 总线拓扑

（二）WTB 的介质连接装置

介质连接装置有两个收发器，每个方向上各一个。收发器与线路电气上用变压器实现与外部导线的电隔离，收发器与曼彻斯特编码/译码器相连。

每个收发器连在一个能发送和接收帧的信道上，连接的可能是主信（Main_Channel），也可能是辅助信道（Auxiliary_Channel）。在构成上，两个收发器是相同的。

图 5-14 显示了端节点（End_Node）的开关位置。总线开关（Bus_Switch）打开时，总线节间的连接断开。端接器开关（Terminator_Switches）关闭时，插入端接器。方向开关（Direction_switch）的一个方向连接主信道，另一个方向连接辅助信道。

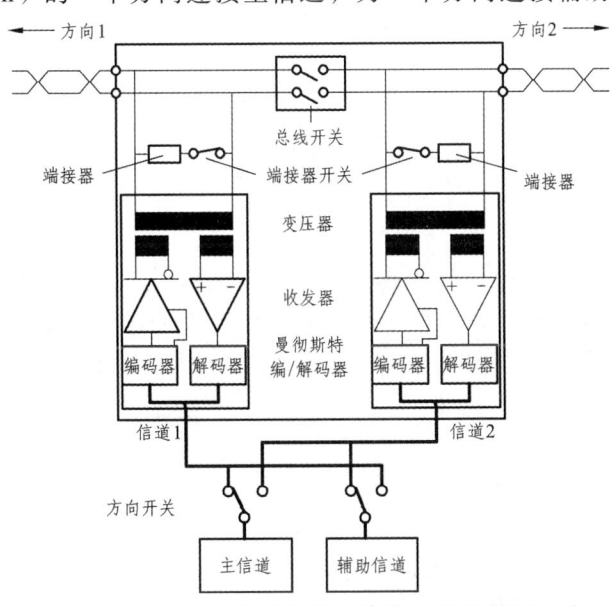

图 5-14　WTB 的介质连接（端节点的开关显示）

一个中间节点（Intermediate_Node）（列车中部）连接总线节，并去除端接器。该节点仅使用主信道而关闭了辅助信道。

为避免车厢间的连接器上的触点氧化和分叉，可选用加电清除电路。加电清除电路是在总线上附加一个大的脉冲直流电流，以此实现对连接器触点的清理功能。

（三）WTB 帧格式

所有的 WTB 帧都具有同样的编码，遵循 HDLC（ISO/IEC3309）规范，如图 5-15 所示。

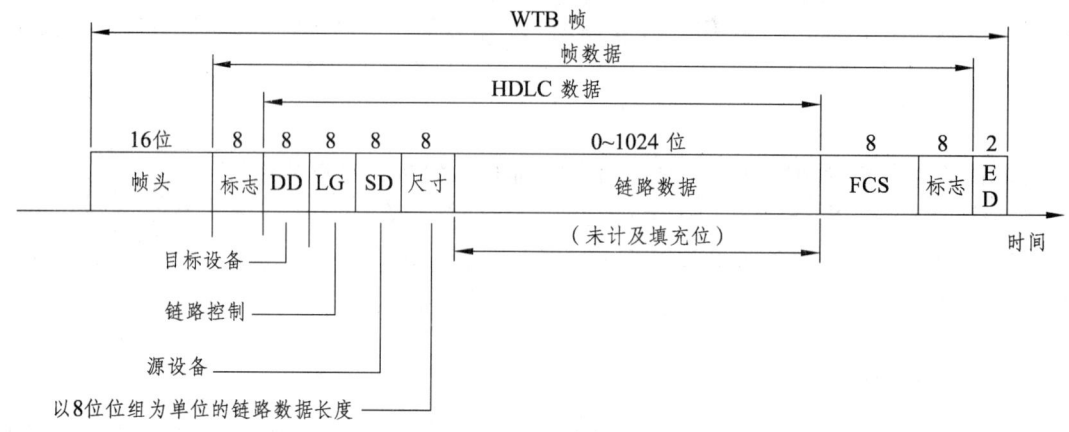

图 5-15　WTB 帧格式

每帧开始的帧头由曼彻斯特编码器产生，由曼彻斯特译码器去掉。它不属于帧数据的一部分，长度为 16~32 位，默认值为 16 位。帧数据用两个 8 位的标志（01111110）区分。

HDLC 数据以 8 位的目标设备地址开始，它是目标节点的节点地址（或广播地址），由 HDLC 控制器译码。接下来是 8 位链路控制字段，这是 WTB 特定的。再下来是 8 位源节点的设备地址。接下来的"尺寸"是以 8 位的链路数据长度。链路数据后接 16 位帧校验序列，它与 HDLC 一致，能检测几种类型的出错。8 位结束标志后是终止分界符，它由曼彻斯特编码器产生，可由曼彻斯特译码器去掉。

两个标志间的帧数据为 134 字节或 1072 位。由于 HDLC 的位填充机制，最坏情况下帧数据为 1289 位，加上帧头、标志及终止分界符的 34 位时间，总数为 1323 位时间。

（四）WTB 报文

总线主设备通过发出主设备帧在源从设备和一个或多个目的从设备之间建立通信。被选中的从设备发出从设备帧作为响应。主设备帧和从设备帧都进行广播，即被所有设备接收。图 5-16 显示了 WTB 报文的格式。该报文包括一个主设备帧以及用来响应该主设备帧的从设备帧。

WTB 报文分为三种：

（1）过程数据（Process_Data）报文。

（2）消息数据（Message_Data）报文。

（3）监督数据（Supervisory_Data）报文。

在收到主设备帧后，从设备总是答以同种类型的帧。

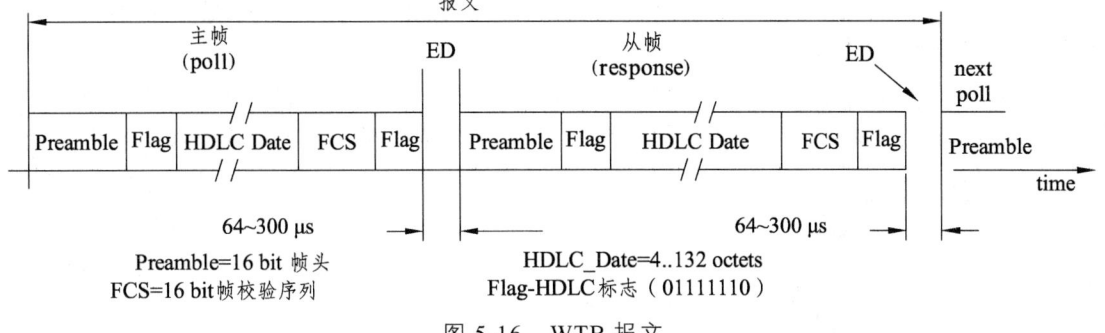

图 5-16　WTB 报文

(五) WTB 介质访问

主设备节点负责介质访问，其他所有节点都是从设备，只在被主设备轮询时响应。

常规操作中，主设备的操作循环进行。它把总线动作分配到若干基本周期（Basic_Periods）。基本周期由一个周期相（Periodic_Phase）和一个偶发相（Sporadic_Phase）组成，如图 5-17 所示。

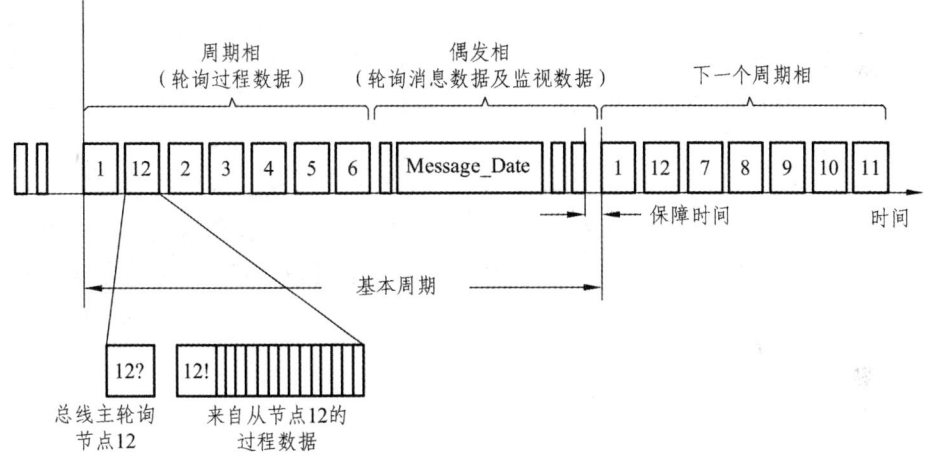

图 5-17　WTB 周期和偶发传输

为保证过程数据确定、及时地发送，主设备按事先定义的间隔（即节点的特征周期）轮询各节点以获取周期性数据（Periodic_Data）。在两个周期相之间的固定时间内，主设备轮询从设备以获取偶发性数据：消息数据和监督数据。

组成改变时，每个节点向主设备声明自己要求在哪个周期被轮询。主设备据此为节点建立轮询策略。

基本周期固定为 25 ms，带有紧急过程数据的节点可以请求每个基本周期被轮询一次（图 5-17 中给出了牵引车厢的节点 1 和节点 12），不带紧急过程数据的节点（如车厢）以特征周期被轮询。特征周期是基本周期的整数倍。

车厢数量增加时，周期相延长而偶发相缩短，这样做可以使周期性数据的发送时延与车厢的数目无关，消息数据则相反。

应用负责确保足够的时间用于偶发数据。例如，如果主设备每 25 ms 轮询 10 个节点，轮询一个设备的时间是 1 ms，剩余的 15 ms 用于偶发数据。如果节点的数量增加到 20 个，则仅剩下 5 ms 用于偶发数据，这可能就太短了。

对于偶发数据，主设备只能顺序轮询从设备。为缩短搜索时间，从设备在被轮询时发出有偶发数据要发送的信号。主设备接着在周期相后再次轮询该从设备，获取偶发数据。注：只要节点的数量少，WTB 轮询节点偶发数据的方法是可行的。在支持最多 4 个设备的 MVB 上，这种方法被仲裁机制替代。

在每个基本周期中，主设备为检测组成部分的完整性（列车缩短或失效）和附加节点（列车变长）轮询端节点之一。如果端节点本身就是主设备，主设备仍然轮询自己并响应自己，以便让其他节点检查到它的存在。

（六）WTB 初运行

列车总线主设备控制 WTB 的配置，当列车的组成改变时，特别是车厢被连挂或解挂时，主设备重新配置总线，这个过程被称为列车初运行。

微课：WTB 初运行

1. 列车内的初运行

在初运行时，所有节点接收到一个唯一的标识它们在列车中位置的地址，节点还必须能确定列车的运行方向，以便区分左右，如门控制。在初运行结束时，所有节点都知道新的构型，并且总线进入常规操作。

在初运行过程中，节点和电缆段从电气上连接起来，形成一条两端都有终端连接器的单一总线。初始时，如果一个节点未被命名，它的介质连接装置便通过打开总线开关，同时在与之相连的每段的末端插入一个终端连接器的方法把总线断开。介质连接装置的两个信道监听总线，每个信道监听一个方向。一个没命名的从设备不能发送帧。列车初运行的基本电路如图 5-18 所示。

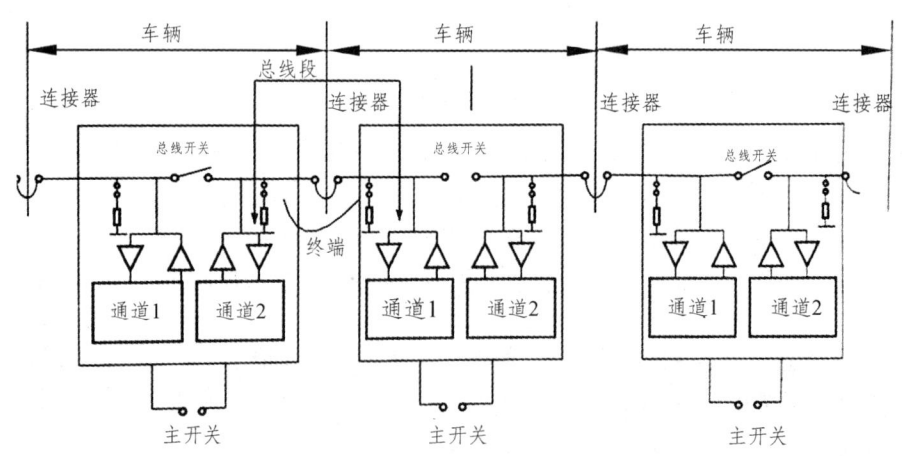

图 5-18 列车初运行的基本电路

列车总线主设备的选择取决于应用。通常，列车司机通过某种方法，比如插入一把钥匙，来选择司机室内的节点作为主设备，这个节点的编号为 01，并最终由它控制总线。

主设备通过交替地向每个方向发出检测请求帧来启动初运行,下一个从设备将会检测到主设备发出的帧,并用一个检测响应帧作为回答,指明自己是一个没被命名的从设备(见图 5-19)。

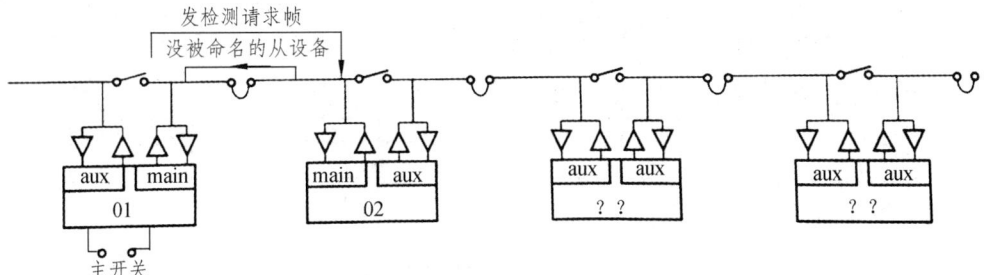

图 5-19　节点 01 检测另一点

当主设备检测到一个方向上的没命名的从设备的回答后,就把其他通道切换到列车这一端,发一个命名请求给这个没命名的设备,告诉它"你是 02 号节点"。收到这一命名请求的从节点(从设备)发一个响应给主设备,以确认它已接收地址 02,然后把自己的标志设置为 02,并打开主设备方向上的主通道(见图 5-20)。

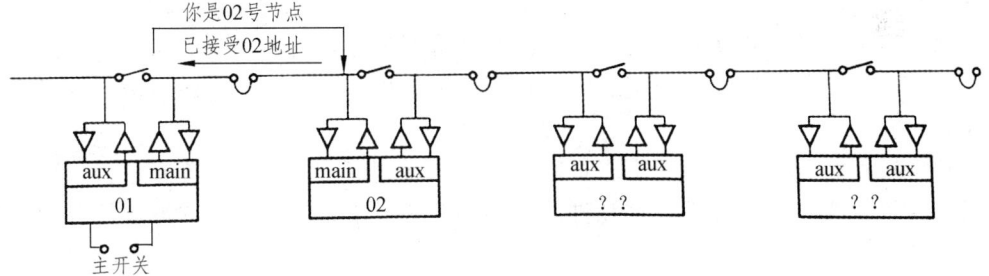

图 5-20　节点 01 给节点 02 命名

主设备不能直接询问第三个节点,因为如果第三个节点不存在,则会关闭总线开关,移走节点 02 的终端连接器,使总线不能正常工作。像主设备一样,第二个节点通过辅助通道发检测请求帧,第三个节点(如果存在)将发回一个检测响应给节点 02,然后由节点 02 向主设备报告检测到一个没命名的节点。为实现这一功能,主节点要定期轮询这一方向的端节点,读取它们的检测数据(见图 5-21)。

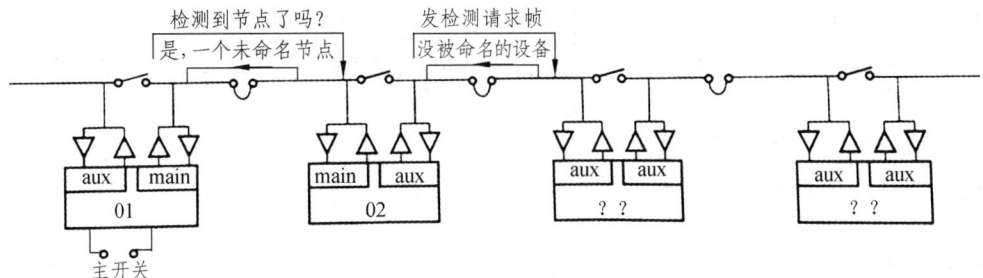

图 5-21　节点 02 检测另一节点,并向节点 01 报告

如果节点 02 报告检测到了一个没命名的节点,主设备就打开 02 作为中间节点(闭合

总线开关,移走终端连接器,并关闭辅助通道),这时主设备就可以直接访问节点 03,给它命名(见图 5-22)。

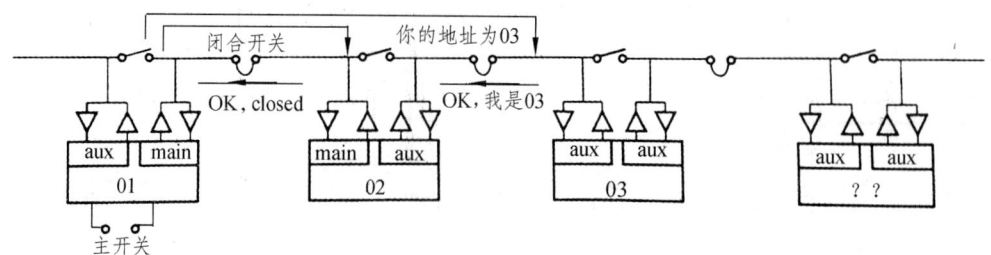

图 5-22 节点 02 拖延总线

持续这一过程,直到这一方向上的所有节点都被命名,尽管导向车厢可能是推式车厢,这种情况下,由于可能的节点都位于司机室的前方,初运行时接 63、62、……给节点命名。

当端节点在一定的时延之内不再向主设备报告检测到其他节点时,主设备认为检测到了列车的尾端,但是没有返回响应并不能安全地识别就是最后一节车厢。例如,下一节车厢可能没有可操作的列车总线设备。应用必须用其他方法(打开自动耦合开关、人工开关)来识别列车的末尾。另外,还需要司机对列车组成部分的完整性进行检查。

当两个方向的节点都被命名之后,主设备把构型发送给各从设备,构型中包括每个已命名的节点的描述符,在收到构型之前,节点不能参与常规操作,这是因为节点需要用构型对收到的帧解码。

在常规操作时,端节点周期性地向列车末端发检测请求来检测列车的长度。当端节点报告列车的组成改变时,如果条件允许(例如,车速<5 km/h),主设备将重新启动初运行过程。

2. 控制权的转移

应用可以指定仅一个节点为主设备,这个节点称为强节点(Strong_Node)。如果没有其他强节点,它将控制总线。在这种组成中,不应有其他强节点。

为允许 WTB 没有指定的主设备也能运行,应用也可以允许多个节点成为主设备,即弱节点(Weak_Node)。一个弱节点在一定时间内没有检测到总线活动后,就成为弱主设备(Weak_Master)并开始命名其相邻的节点。

在应用的控制下,作为主设备的节点可以改变。例如,在终点站可逆向(推-拉)列车改变运行方向时,司机从司机室中取下钥匙,走到列车的另一头,把钥匙插在反方向的司机室中。

在取下钥匙时,主设备还像以前一样控制列车,但这时作为弱主设备(Weak_Master)。它仅仅通知其他节点自己被降级。总线保持可运行状态,但是应用被告知强度改变,并采取行动,如禁止牵引。

在另一个节点插入钥匙后,这个设备便升为强节点。当弱主设备检测到有一个节点已经升级时,它取消它所控制的所有节点的命名,并回到从设备状态。然后新的主设备重新命名所有的节点。

3. 两列车的连接

当两列初运行过的车连接时，末端节点识别出列车被加长了，由于节点在收到检测帧时就已经被命名，它们只回答一个指明其组成部分个数的应答帧，下一步的工作取决于主设备的强度。

如果两列车都是在强主设备控制下，那么每一列车都发一个信号给应用，说明检测到了另一列它不能对其命名的列车。

如果一个主设备是强主设备而另一个是弱主设备，则弱主设备的端节点就发一个信号给其他弱主设备，从末端节点开始，逐个取消对各节点的命名。然后，再发一个信号给强端节点，告诉它自己是没命名的，强主设备就接管这些设备，并像单个列车那样进行初运行。

如果两个主设备都是弱主设备，则拥有较多的已命名节点的弱主设备成为主设备。如果两个弱主设备拥有同样数目的已命名的节点，由端节点决定哪方取胜。仲裁进程保证总是有一个赢家。

任务三　ARCNET 通信网络

微课：ARCNET 网络

ARCNET 是一种网络访问规程（协议），是一种基于令牌传递协议的现场总线，于 1977 年由美国的 Datapoint 公司制定。ARCNET 过去曾普遍用于办公室自动化，经过优化，逐渐演进成了一种嵌入式网络技术。由于其具有快速性、确定性、可扩展性和支持长距离传输等特点，非常适合过程实时控制。该技术广泛运用于工业控制、智能楼宇、交通运输、机器人及电子游戏等领域，在美国、欧洲特别是日本被广泛采用。

ARCNET 是典型的令牌总线网络，1999 年成为美国国家标准 ANSI/ATA-878.1。从 OSI/RM 来看，ARCNET 定义了 ISO/OSI 七层网络体系模型中的数据链路层和物理层，可开放底层接口，允许用户自行开发嵌入式设备。

一、令牌环（token-ring）网

环形网络的所有节点通过环接口设备（又称为环中继转发器 RPU）接入环路，整个环路由一系列的环段（传输介质，也称为链路）和 RPU 组成，如图 5-23 所示。

（一）令牌环网工作原理

（1）具有特定格式的令牌帧绕环形式，将访问介质的权利从一个节点传递到物理连接的另外一个节点（从一个 RPU 传递到物理链路另一端的 RPU）。

（2）希望发送信息的节点将数据组成 MAC 帧，并仅在获得令牌之后，才可进行发送动作。

（3）每个节点均执行环内数据的再生和转发。

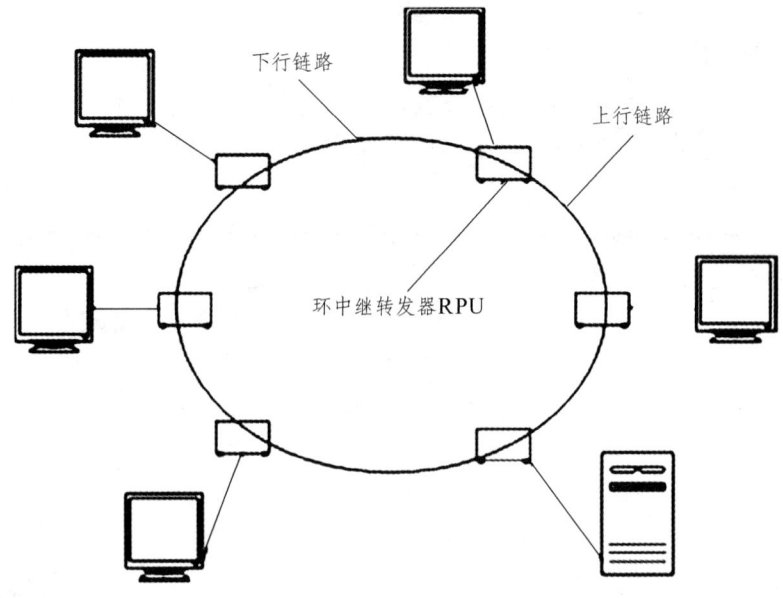

图 5-23　环形局域网一般结构示意图

（4）只有接收节点（帧中的目的地址为本节点地址）进行数据帧的复制和接收。
（5）发送数据的节点在收到绕环一周的帧后，撤出该帧并释放令牌。

（二）令牌环网的特点

（1）同一时刻，环上只有一个数据帧在传输（一个节点在传输数据）。
（2）网上所有节点共享网络带宽。
（3）有最小的传输延迟时间（令牌传输需要时间）。
（4）数据从一个节点传到另一个节点的时间是可计算的，可用于实时控制。
（5）符合 IEEE802.5 标准。

二、令牌总线网

IEEE802.4 标准是令牌总线介质访问方法和协议标准。它规定了令牌总线介质访问控制（MAC）子层、物理层的服务规范、帧结构形式、控制方式的功能及其形式描述。

（一）令牌总线网的工作原理

令牌总线网的原理是使用一个称为令牌的特殊比特组合，作为控制介质访问权力的唯一标志。当总线上所有的站点都处于空闲状态时，令牌沿着总线各个节点顺序传递。当某一站点想发送数据时必须等待，直至检测到该站点接收到令牌为止。这时，该站点可以用改变令牌中特定位的值的方式将令牌抓住，并将令牌转变成数据帧的一部分，同时，该站点将自己要发送的数据附带上去发送。由于网上只有一个令牌，因此一次只能有一个站点发送数据。

令牌总线网的物理拓扑为总线拓扑，如图 5-24 所示。

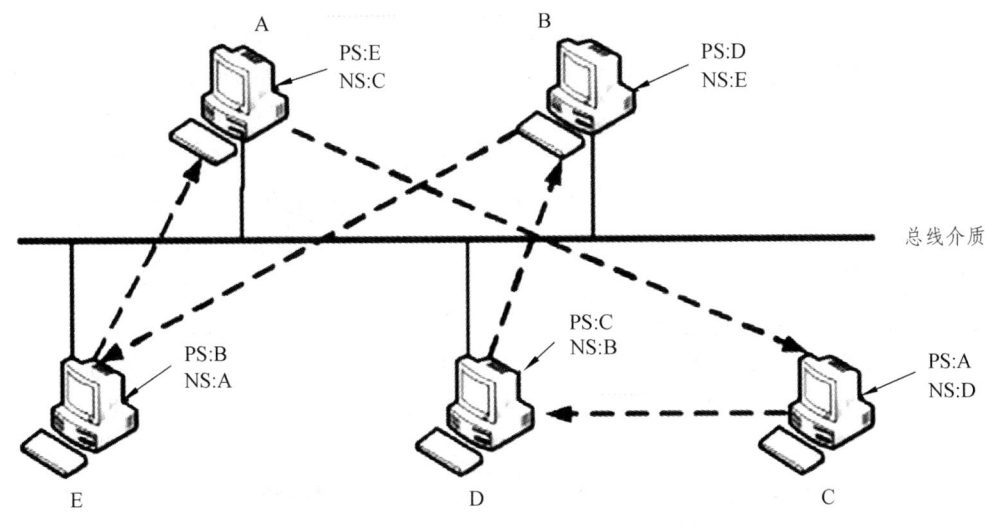

图 5-24 令牌总线物理和逻辑结构

令牌总线的基本原理是：用令牌控制对介质的访问，持令牌的站暂时控制了介质，并可以发送数据；令牌按一定的规则在网上的各站之间循环地传递，从而形成了一个逻辑环。图 5-24 中的逻辑环为 A→C→D→B→E→A→……。除总线拓扑网络外，树状网、星状网等其他拓扑的网也可组成逻辑环路。实际上，网络中令牌的传送按虚线逻辑环路进行，而数据帧的传送仍在两站点间直接进行，这种结构叫作逻辑环网。一个站点要发送数据，必须持有令牌。持有令牌的站点发完数据帧或发送的数据帧达到规定的个数，必须将发送控制权传送给逻辑环的下游站，这样，网上各站点都有平等的发送数据帧的机会。网上允许只有一个令牌，没有发送时的竞争现象。

逻辑环网与物理环网（IEEE802.5 标准）相对比，由于物理环网传送数据必须按环路进行，而逻辑环网传送数据有直接通路，所以逻辑环网延迟时间短。逻辑环网与一般争用总线网相比，在网络通信量增加的情况下，争用总线网冲突增加，系统开销随之增大，系统效率迅速下降，而逻辑环网传送令牌的时间为常数，不用解决冲突问题，效率依然很高。另外，争用总线网在访问竞争中各站平等，访问和响应具有随机性，属于概率性网，不具备时间确定性，不符合实时要求，而逻辑环网可实现有优先级的数据传送，且访问和响应时间有确定值，符合实时应用要求。因此，在列车通信网络中可以采用 ARCNET 这类令牌总线网络。

（二）令牌总线 MAC 帧格式

IEEE802.4 令牌总线 MAC 帧格式如图 5-25。

1	1	1	2 或 6	2 或 6	0~任意	4	1
PA	SD	FC	DA	SA	DATA-UNIT	FCS	ED
前导码	帧开始	帧控制	目标地址	源地址	数据	帧校验序列	帧结束定界符

图 5-25 MAC 帧格式

PA：前导码。它在每帧前面发送，用来使接收调制解调器根据前导码位模式得到电平信号，目的是使物理收发信号电路在接收时能达到稳态同步。前导码的最小持续时间为 2 ms，同时要求发送的位必须是 8 位组的倍数。

SD：帧开始定界符。它表示一个有效帧的开始，长度为一个字节。

FC：帧控制字段。FC 决定了本次发送的帧是 MAC 帧还是数据帧。帧控制字段的格式为：FFMMMPPP。其中：FF 是帧类型，如果 FF=00，该帧为 MAC 帧；如果 FF=01，该帧为 LLC 数据帧；FF=10，该帧为站管理数据帧；FF=11，该帧为特殊用途的数据帧。MMM 是 MAC 动作，如果 MMM=000 表示无响应请求。PPP 是优先级，如果 PPP=000，则优先级最低；PPP=111，则优先级最高。

DA：目标地址。

SA：源地址。SA 和 DA 必须等长。

DATA-UNIT：MAC 数据单元字段（LLCPDU）。依据 FC 定义的三种数据帧，数据单元可以是：用于 LLC 实体间交换的 LLCPDU，用于 MAC 管理实体间交换 MAC 管理信息的 MAC 管理数据，以及专门用于 MAC 控制帧的数据。

FCS：帧校验序列。它是基于 PA、SD、ED 和 FCS 以外的所有字段的一个 32 位循环冗余校验码（CRC）。

ED：帧结束定界符。ED 出现就结束该帧，并决定了 FCS 的位置。

由 SD、ED 联合组成异常终止序列，一个站发送终止序列可以停止已经开始的帧的发送。

三、ARCNET 工作原理

ARCNET 局域网采用了优化的令牌总线协议（IEEE802.4），除了具有令牌总线网的一般特点外，还具有如下特点：网络中每个节点保存有下一个节点的逻辑地址，可以生成一个网络活动节点地址表；为了避免目的节点没有空闲缓冲区而引起信息的丢失，设置了空闲缓冲区查询帧，通过查询可以减少不必要的数据重传，提高了网络运行效率。

（一）ARCNET 的节点及地址

每个 ARCNET 物理节点包括一个数据链路层的通信控制器芯片和一个物理层的收发器芯片。每个节点有一个网络地址，令牌以递增的节点地址序号，从一个节点传递到另一个节点，形成逻辑环路。节点使用唯一的 MAC 地址标识自己。单个 ARCNET 子网最多可有 255 个节点。ARCNET 支持点对点的定向消息和单点对多点的广播消息。在数据链路层，采用令牌环机制，各节点通过传递令牌来协调网络使用权。

（二）ARCNET 的物理层

在物理层，ARCNET 支持总线型、星形以及分布式星形拓扑结构。ARCNET 的传输速率为 2.5 Mb/s，传输的介质有同轴电缆、双绞线、光纤，可满足绝大多数自动控制应用对速度、抗干扰性和物理介质的要求。新型的 ARCNETplus 速率已从原来的 2.5 Mb/s 增加到 100 Mb/s（使用光纤时）。

（三）逻辑环的建立

在 ARCNET 网络中，每个节点的物理地址都是唯一的（MAC），取值范围为 0~255，其中 0 为网络广播地址。每个节点在系统初始化或重构的时候确定它在逻辑环中的下一个节点,并将下一个节点的 ID 保存在各自专门的寄存器中,同时按 MAC 地址的大小顺序构成一个逻辑环。图 5-26 所示是典型的四节点逻辑环。

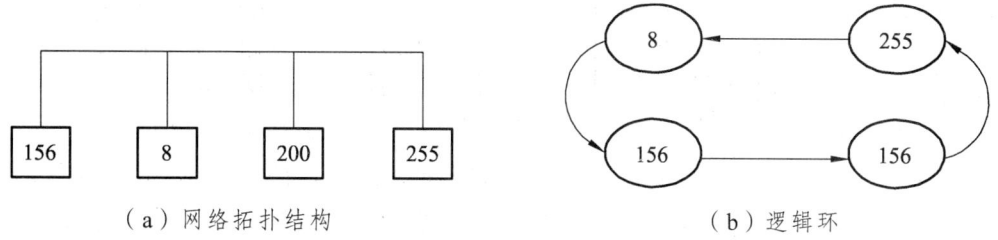

图 5-26 逻辑环的建立

(四) ARCNET 帧类型

虽然 ARCNET 遵从 IEEE802.4 的协议,但是在具体帧结构上还是存在着差异。ARCNET 有令牌帧、空闲缓冲区询问帧、确认帧、否认帧及数据传输帧等多种信息帧,其各帧结构如下:

(1) ITT 帧 (令牌帧):

ALERT	EOT	DID	DID

(2) FBE 帧 (空闲缓冲区询问帧):

ALERT	EOQ	DID	DID

(3) ACK 帧 (确认帧):

ALERT	ACK

(4) NAK 帧 (否认帧):

ALERT	NAK

(5) PAC 帧 (数据传输帧):

ALERT	SOH	SID	DID	DID	CP	DATA	CRC	CRC

ARCNET 帧中,不管是哪种帧,都由 ALERT 引导,它类似于 Ethernet 中使用的前导码。ALERT 由 6 比特间隔的传号(1)组成。传号(1)由正脉冲后跟负脉冲组成的双脉冲表示。空号(0)由无脉冲表示。

以上几种帧的含义如下:

(1) 令牌 (ITT) 帧总是传递给它的后继工作站。EOT 是 ASCII 码中的传输结束控制符 (04hex)。后跟的两个字节都是 DID (终点标识符),即后继工作站的地址。重复使用 DID 的目的是增加可靠性。

（2）空闲缓冲器询问（FBE）帧中，ENQ 是 ASCII 字符集中的询问字符（05hex）。它后面跟的两个字节 DID 是想通过询问了解空闲缓冲器状态的工作站标识。重复使用 DID 也是为了提高寻找终点工作站的可靠性。

（3）确认（ACK）帧由 ALERT 和 ACK 组成。ACK 是 ASCII 字符集中的确认字符（06hex）。当响应 FBE 帧而发送 ACK 时，表示接收工作站具有可供使用的缓冲器空间。ACK 帧之所以没有 DID 字段，是因为这种帧是作为广播方式发送的。

（4）NAK（否认）帧中，NAK 是 ASCII 字符集中的否认字符（15hex）。当响应 FBE 帧而发送 NAK 时，表示接收工作站不具有可供使用的缓冲空间。NAK 帧也没有 DID 字段，其原因与 ACK 帧相同。

（5）数据传输（PAC）帧中，SOH（标题开始）是 ASCII 字符集中的标题开始字符（01hex）。SID（源点 ID）和 DID（终点 ID）表示源点和终点工作站的地址。CP（连续指针）字段指示工作站在存储器中找到的传输数据的起点。数据字段 DATA 具有可变长度，处于 1 字节和 508 字节之间，用以携带用户数据。2 字节的 CRC 字段由发送站添加，用来保护 DATA 字段。

（五）帧的发送与接收

启动时，首先要构成逻辑次序，即逻辑环。每个站都不断跟踪保持其前驱工作站和后继工作站的站标识。每个工作站将其自身的后继者（NID）设置为自身站地址（ID）加 1，并按下述公式设置超时值（TimeOut）：

$$TimeOut = 146 \times (255-ID) \text{ s}$$

具有最大地址值的工作站首先超时，于是它创建 ITT 帧，并将该令牌帧发送给它的后继站。如果在 74 s 后没有响应，最大地址值的工作站便认为具有后继 NID 地址的站不存在，随后便将 NID 值增加 1，再次发送 DID 为新值的 ITT。这种过程重复直至该最大地址值的工作站找到自己的后继者为止。被找到的后继工作站像前驱工作站一样，重复此过程。

一旦找到所有活动工作站，正常的令牌传递操作便可开始。配置时间为 24～61 s，取决于活动站的数目和工作站地址的值。为使 TimeOut 初始值为 0 和将配置时间减至最小，建议将 ARCNET 一个工作站地址设置为 255。

在数据传送的过程中，一旦源节点 CPU 将待发的用户数据写入协议控制器的内部 RAM，在该节点持有令牌时，相当于接收到令牌传送（ITT）帧，首先向目的节点发送一个空闲缓存查询（FBE）帧，查询目的节点是否有足够的接收缓存。目的节点如有，则回答一个确认（ACK）帧，否则回答一个否认（NAK）帧。源节点只有收到来自目的节点的 ACK 帧后才向其发送一个含有用户数据的数据（PAC）帧。如果目的节点收到了数据，且通过 CRC 校验，则回送一个 ACK 帧，告诉源节点数据接收成功，否则目的节点不回发任何信息，导致源节点超时，源节点认为数据发送失败，等下一次收到令牌时重发该数据帧。至此，节点传输过程结束，令牌被传递给下一个节点。

ARCNET 支持广播消息。广播消息发出后无须回送确认帧，通过消息广播一次可以将消息传送给网络上的所有节点，可见广播速度很快。

数据传输过程的示例如图 5-27 所示。

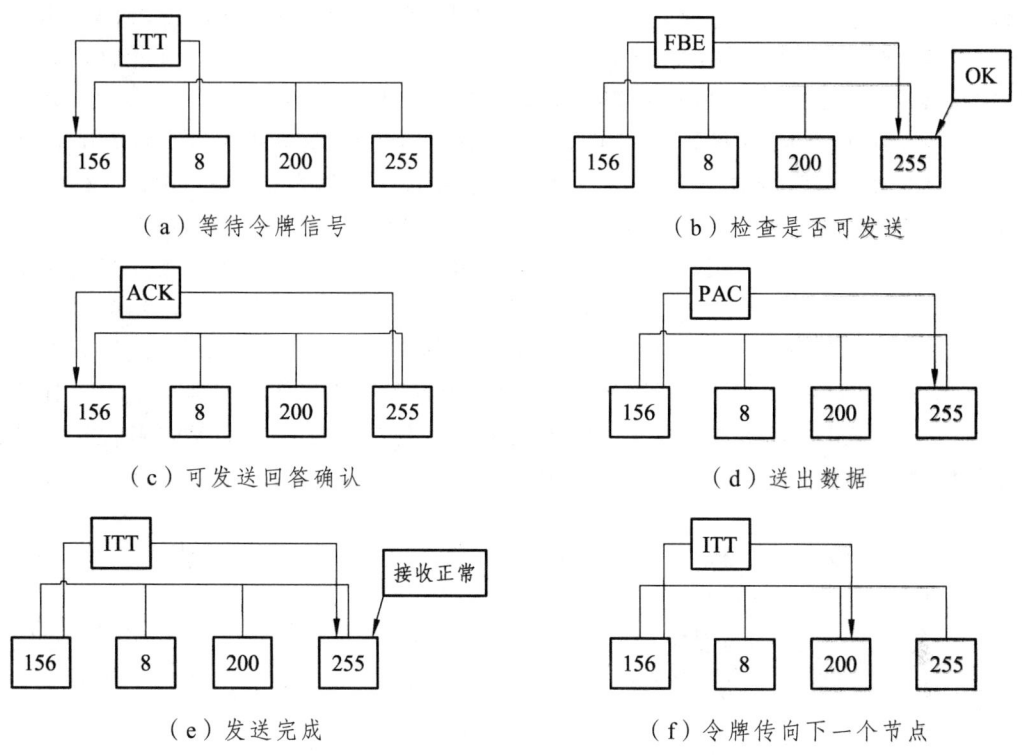

图 5-27 ARCNET 帧传递过程

任务四 CAN 总线通信网络

微课：CAN 总线

CAN（Controller Area Network）即控制器局域网络。由于其高性能、高可靠性及独特的设计，CAN 越来越受到人们的重视。

一、CAN 总线发展简介

CAN 最初是由德国的 Bosch 公司为汽车监测、控制系统而设计的。众所周知，现代汽车越来越多地采用电子装置控制，如发动机的定时、注油控制、加速、刹车控制（ASC）及制动防抱死系统（ABS）等。由于这些控制需检测及交换大量数据，采用硬接信号线的方式不但繁琐、昂贵，而且难以解决问题，为了满足汽车内部信息交换量急剧增加的要求，有必要使用一种实现多路传输方式的车载网络系统。这种网络系统采用串行总线结构，通过总线信道共享，减少线束的数量。

车载网络除了要求采用总线拓扑结构外，还必须具有极好的抗干扰能力，极强的差错检测和处理能力，满足信息传输实时性要求，同时具备故障的诊断和处理能力等。另外，考虑到成本因素，要求其控制接口结构简单，易于配置。CAN 总线使上述问题得到了很好的解决。据有关资料介绍，一些著名的汽车制造厂商，如 BENZ（奔驰）、BMW（宝马）、PORSCHE（保时捷）、ROLLS-ROYCE（劳斯莱斯）和 JAGUAR（美洲豹）等都已开始采用 CAN 总线来实现汽车内部控制系统与各检测和执行机构间的数据通信。

1993 年，CAN 成为国际标准 ISO11898（高速应用）和 ISO11519（低速应用）。CAN 的规范从 CAN1.2 规范（标准格式）发展为兼容 CAN1.2 规范的 CAN2.0 规范（CAN2.0A 为标准格式，CAN2.0B 为扩展格式）。目前应用的 CAN 器件大多符合 CAN2.0 规范。

基于 CAN 的应用层协议较通用的有两种：DeviceNet（适合于工厂底层自动化）和 CANopen（适合于机械控制的嵌入式应用）。任何组织或个人都可以从 DeviceNet 供货商协会（ODVA）获得 DeviceNet 规范。购买者将得到无限制的、真正免费的开发 DeviceNet 产品的授权。DviceNet 自 2002 年被确立为中国国家标准以来，已在冶金、电力、水处理、乳品饮料、烟草、水泥、石化、矿山等各个行业得到了成功应用，其低成本和高可靠性已经得到了广泛认同。

二、CAN 总线的技术特点

CAN 是分布式、实时控制的串行通信网络，由于其采用了许多新技术及独特的设计，与一般的通信总线相比，CAN 总线的数据通信具有突出的可靠性、实时性和灵活性。其特点可概括如下：

（1）CAN 为多主方式工作，网络上任一节点均可在任意时刻主动地向网络上其他节点发送信息，而不分主从，通信方式灵活，且无须站地址等节点信息。利用这一特点可方便地构成多机备份系统。

（2）CAN 网络上的节点信息分成不同的优先级，可满足不同的实时要求。高优先级的数据最多可在 134 s 内得到传输。

（3）CAN 采用非破坏性总线仲裁技术，当多个节点同时向总线发送信息时，优先级较低的节点会主动退出发送，而优先级最高的节点可不受影响地继续传输数据，从而大大节省了总线冲突仲裁时间，尤其是在网络负载很重的情况下也不会出现网络瘫痪情况（以太网则可能）。

（4）CAN 只需通过报文滤波即可实现点对点、一点对多点及全局广播等几种方式传送/接收数据，无须专门的"调度"。

（5）CAN 的直接通信距离最远可达 10 km（速率在 5 kb/s 以下），通信速率最高可达 1 Mb/s（此时通信距离最长为 40 m）。

（6）CAN 上的节点数主要取决于总线驱动电路，目前可达 110 个；报文标识符可达 2032 种（CAN2.0A），而扩展标准（CAN2.0B）的报文标识符几乎不受限制。

（7）采用短帧结构，传输时间短，受干扰概率低，具有极好的检错效果。

（8）CAN 的每帧信息都有 CRC 校验及其他检错措施，保证了数据出错率极低。

（9）CAN 的通信介质可为双绞线、同轴电缆或光纤，选择灵活。

（10）CAN 节点在错误严重的情况下具有自动关闭输出功能，以使总线上其他节点的操作不受影响。

三、CAN 总线技术规范

1991 年 9 月，Philips Semiconductors 发布了 CAN 技术规范（Version2.0）。该技术规范包括 A 和 B 两部分。A 部分给出了 CAN 报文的标准格式，B 部分给出了标准的和扩展的两种报文格式。CAN2.0B 完全兼容 CAN2.0A。

1993 年 11 月，ISO 正式颁布了道路交通工具－数据信息交换－高速通信控制器局域网标准（ISO11898）。

（一）CAN 的分层结构

为了实现设计透明和执行灵活，遵循 ISO/OSI 标准模型，CAN 分为数据链路层（包括逻辑链路层 LLC 和媒体访问控制层 MAC）和物理层。在 CAN 技术规范 2.0A 的版本中，数据链路层的 LLC 和 MAC 子层的服务和功能被描述为"目标层"和"传输层"。

LLC 子层的主要功能是报文滤波、超载通知和恢复管理。

MAC 子层的主要功能是定义传送规则，以及控制帧结构、执行仲裁、错误检测、出错标定和故障界定。CAN 的分层结构和功能如图 5-28 所示。

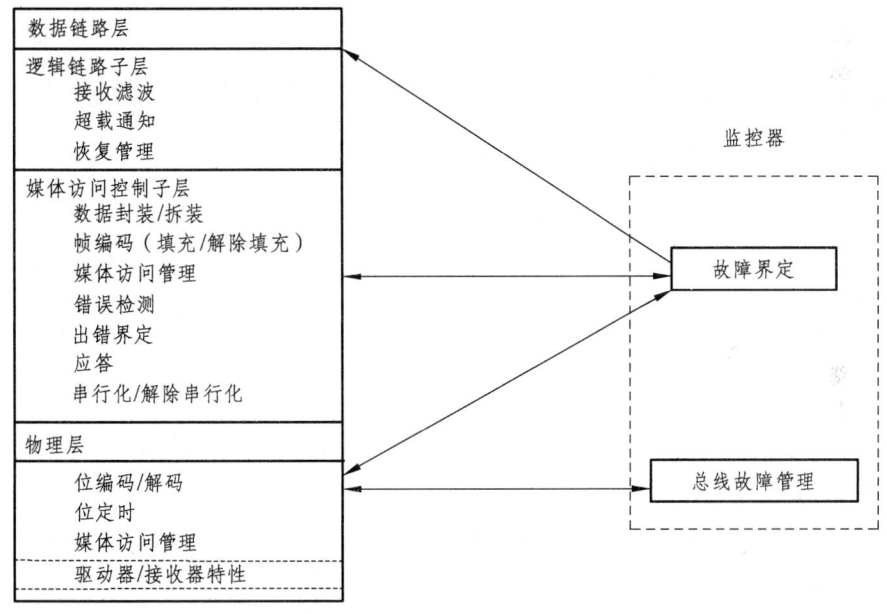

图 5-28 CAN 的分层结构和功能

（二）CAN 总线报文的帧结构

CAN 总线的报文传送由 4 种不同类型的帧表示和控制：

（1）数据帧：携带数据，由发送器发至接收器。
（2）远程帧：通过总线单元发送，以请求发送具有相同标识符的数据帧。
（3）出错帧：由检测出总线错误的任何单元发送。
（4）超载帧：用于提供当前的和后续的数据帧的附加延迟。

数据帧和远程帧借助帧间空间和当前帧分开。

1. 数据帧

数据帧由 7 个不同的位场组成，即帧起始、仲裁场、控制场、数据场、CRC 场、应答场和帧结束。数据长度可为 0。CAN2.0B 的数据帧结构如图 5-29 所示。

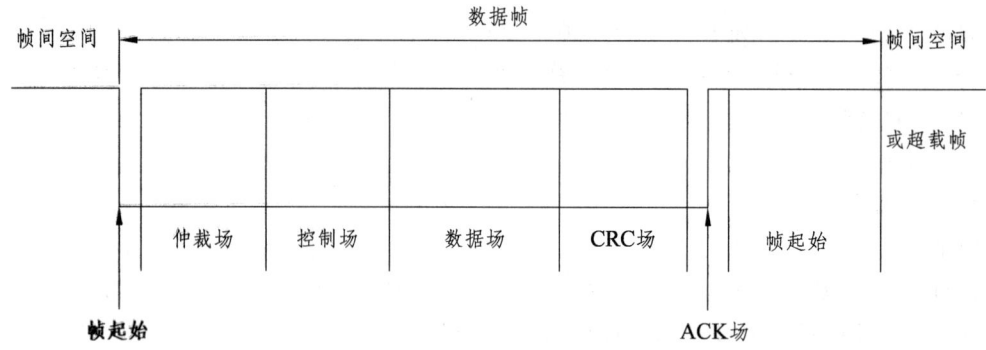

图 5-29 数据帧的结构

在 CAN2.0B 中存在两种不同的帧格式，其主要区别在于标识符的长度：具有 11 位标识符的帧称为标准帧，而包括 29 位标识符的帧称为扩展帧。标准格式和扩展格式的数据帧结构如图 5-30 所示。

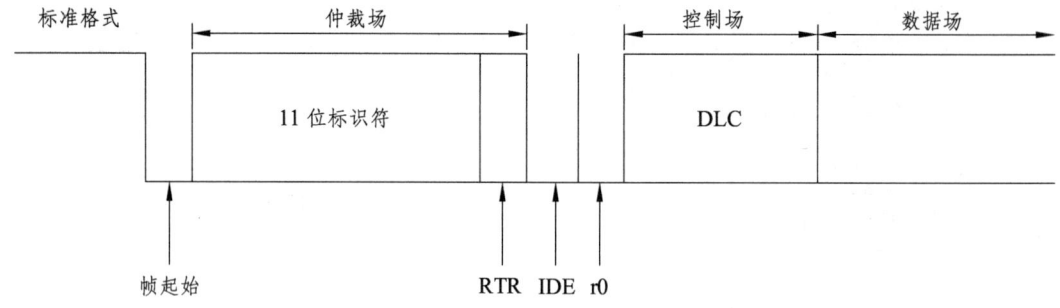

（a）标准格式的数据帧结构

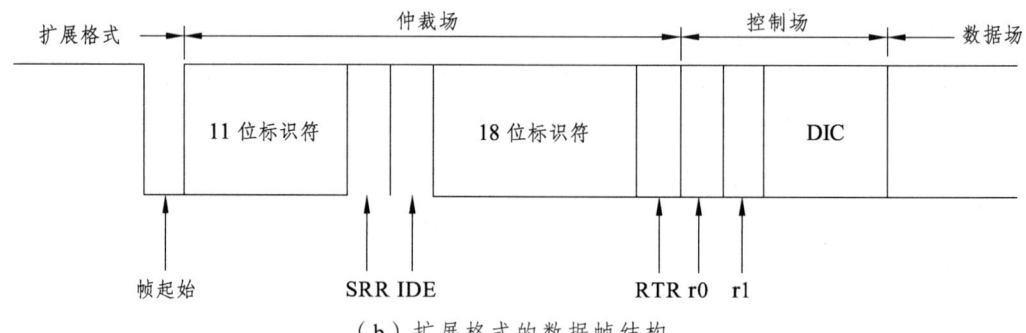

（b）扩展格式的数据帧结构

图 5-30 标准格式和扩展格式

（1）帧起始（SOF）标志数据帧和远程帧的起始，它仅由一个显性位构成，只有在总线处于空闲状态时，才允许单元开始发送。所有单元都必须同步于首先开始发送的那个单元的帧起始前沿。

(2)仲裁场由标识符和远程发送请求位(RTR)组成。

对于 CAN2.0A,标识符的长度为 11 位,这些位按从高位到低位的顺序发送,最低位为 ID.0,其中最高 7 位不能全为隐性。RTR 位在数据帧中必须为显性,而在远程帧中必须为隐性。

对于 CAN2.0B,标准格式和扩展格式的仲裁场不同。在标准格式中,仲裁场由 11 位标识符和远程发送请求位 RTR 组成,标识符为 ID.28~ID.18。RTR 位在数据帧中必须为显性,而在远程帧中必须为隐性。

对于 CAN2.0B,在扩展格式中,仲裁场由 29 位标识符 ID.28~ID.0、替代远程请求位 SRR(隐性位)、标识位扩展位 IDE(隐性位)、远程发送请求位 RTR 组成。

SRR 的全称是"替代远程请求位(Substitute Remote Request Bit)",是一种隐性位。它在扩展格式的标准帧 RTR 位上被发送,并代替标准帧的 RTR 位。因此,如果扩展帧的基本 ID 和标准帧的识别符相同,标准帧与扩展帧的冲突是通过标准帧优先于扩展帧这一途径得以解决的。

IDE 的全称是"识别符扩展位(Identifier Extension Bit)"。对于扩展格式,IDE 位属于仲裁场;对于标准格式,IDE 位属于控制场。标准格式里的 IDE 位为"显性",而扩展格式里的 IDE 位为"隐性"。通过判别 SRR 和 IDE 是否均为隐性识别为扩展格式,而不是标准格式的数据帧或远程帧。

CAN2.0B 的扩展帧和 CAN2.0A 和 CAN2.0B 的标准帧一样,在数据帧中 RTR 位必须为显性,而在远程帧中必须为隐性。

(3)控制场由 6 位组成。由图 5-31 可见,控制场包括数据长度码和两个保留位,这两个保留位必须发送显性位,但接收器认可显性和隐性的全部组合。数据长度码 DLC 指出数据场的字节数目。数据长度码为 4 位,在控制场中被发送,数据字节的允许使用数目为 0~8,不能使用其他数值。

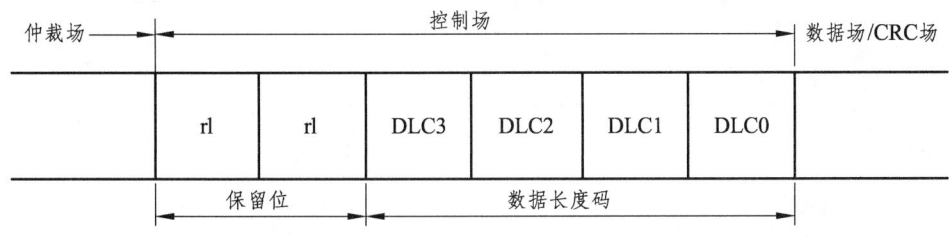

图 5-31 控制场结构

(4)数据场是由数据帧中被发送的数据组成,它可包括 0~8 个字节。每个字节 8 位,首先发送的是最高有效位。

(5)CRC 场包括 CRC 序列,后随 CRC 界定符。CRC 场结构如图 5-32 所示。CRC 序列由循环冗余码求得的帧检查序列组成,最适合位数小于 127(BCH 码)的帧。CRC 序列之后是 CRC 界定符,包含一个单独的"隐性位"。

(6)应答场(ACK)为两位,包括应答间隙和应答界定符,如图 5-33 所示。在应答场中,发送器送出两个隐性位。一个正确地接收到有效报文的接收器,在应答间隙将此信息通过发送一个显性位报告给发送器。所有接收到匹配 CRC 序列的站,通过在应答间隙内把显性位写入发送器的隐性位来报告。应答界定符是应答场的第二位,并且必须是隐性位。

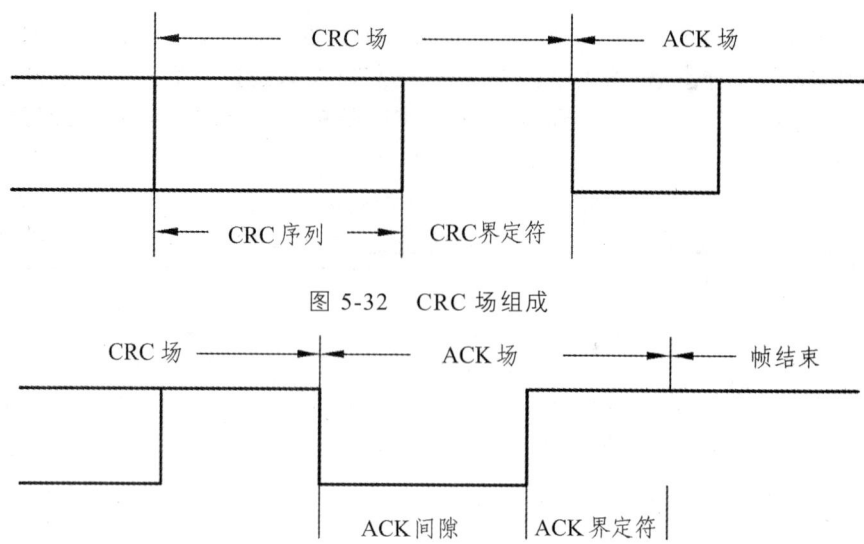

图 5-32 CRC 场组成

图 5-33 应答场结构

(7) 帧结束：每个数据帧和远程帧均由 7 个隐性位组成的标志序列界定。

2. 远程帧

激活为数据接收器的站可以借助于传送一个远程帧初始化各自源节点数据的发送。远程帧由 6 个不同位场组成：帧起始、仲裁场、控制场、CRC 场、应答场和帧结束。远程帧和数据帧的结构基本相同，其 RTR 位为隐性位，且不存在数据场。远程帧结构如图 5-34 所示。

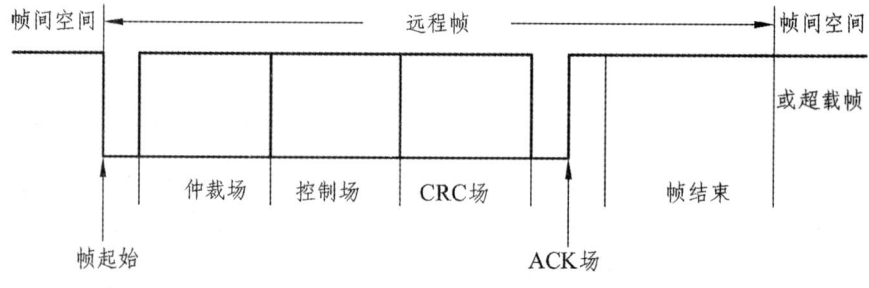

图 5-34 远程帧组成

3. 出错帧

出错帧由两个不同的位场组成，第一个由来自各站的错误标识叠加而得到，随后的第二个位场是出错界定符（包括 8 个隐性位），如图 5-35 所示。

错误标志具有两种形式：

(1) 激活错误标志（active error flag）：由 6 个连续的显性位组成。

(2) 认可错误标志（passive error flag）：由 6 个连续的隐性位组成，除非被来自其他节点的显性位冲掉。

检测到错误条件的"错误激活"站通过发送错误激活标志指示错误。错误标志的格式破坏了从帧起始到 CRC 界定符的位填充规则，也破坏了应答场或帧结束场的固定格式。因此，所有其他的站由此检测到错误条件并开始发送错误标志。因此，"显性"位序列的形成就是各个站发送的不同错误标志加叠在一起的结果。这个序列的总长度最小为 6 位，最大为 12 位。

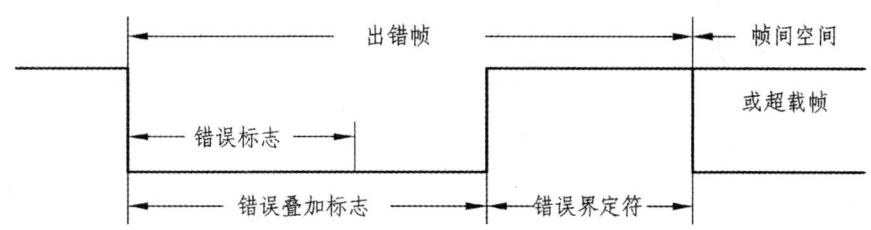

图 5-35 出错帧组成

检测到错误条件的"错误认可"的站试图通过发送错误认可标志指示错误。该"错误认可"站以错误认可标志为起点，等待 6 个相同极性的连续位。当这 6 个相同的位被检测到时，错误认可标志的发送就完成了。

出错界定符包括 8 个隐性位。错误标志发送后，每个站都发送出 1 个隐性位，并监视总线，直到检测到 1 个隐性位为止，然后开始发送剩余的 7 个隐性位。

4. 超载帧

超载帧包括两个位场：超载标志和超载界定符，如图 5-36 所示。存在两种导致发送超载标志的超载条件：一个是要求延迟下一个数据帧或远程帧的接收器的内部条件；另一个是在间隙场检测到显性位。超载标志由 6 个显性位组成，超载界定符由 8 个隐性位组成。

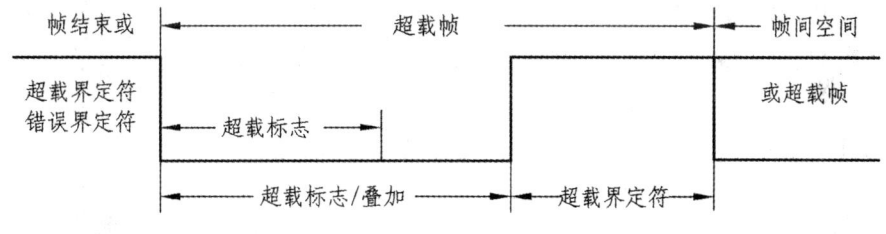

图 5-36 超载帧组成

5. 帧间空间

数据帧、远程帧均被称为帧间空间的位场分开。而在超载帧和出错帧前面没有帧间空间，并且多个超载帧前面也不被帧间空间分隔。帧间空间包括间歇场和总线空闲场，对于前面已经发送报文的"错误认可"站还有暂停发送场，如图 5-37 所示。

间歇场由 3 个隐性位组成，间歇期间不允许启动发送数据帧或远程帧，它仅起标注超载条件的作用。总线空闲场周期可为任意长度，此时总线是开放的，因此任何需要发送的站均可访问总线。

暂停发送场是指：错误认可站发送完一个报文后，在下一次报文发送认可总线空闲之前，它紧随间歇场后发送出的 8 个隐性位。

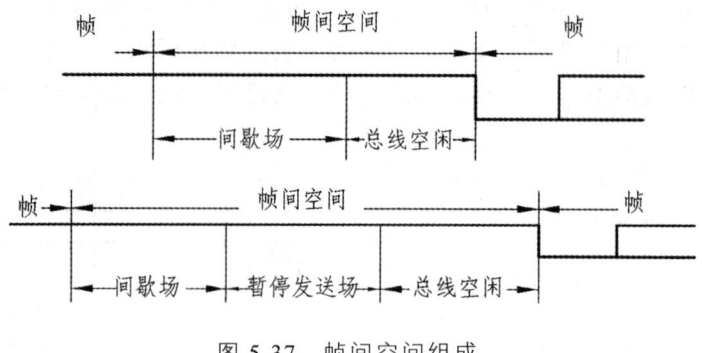

图 5-37　帧间空间组成

四、CAN 与其他通信方案的比较

在实践中，有两种重要的总线分配方法：按时间表分配和按需要分配。在第一种方法中，不管每个节点是否申请总线，都对每个节点按最大期间分配。由此，总线可被分配给每个站并且是唯一的站，而不论其是立即进行总线存取或在一特定时间进行总线存取。这将保证在总线存取时有明确的总线分配。在第二种方法中，总线按传送数据的基本要求分配给一个站，总线系统按站希望的传送分配（如 Ethernet CSMA/CD）。因此，当多个站同时请求总线存取时，总线将终止所有站的请求，这时将不会有任何一个站获得总线分配。为了分配总线，多于一个总线存取是必要的。

CAN 实现总线分配的方法，可保证当不同的站申请总线存取时，明确地进行总线分配。这种位仲裁的方法可以解决当两个站同时发送数据时产生的碰撞问题。不同于 Ethernet 网络的消息仲裁，CAN 的非破坏性解决总线存取冲突的方法，可确保在不传送有用消息时总线不被占用。甚至当总线在重负载情况下，以消息内容为优先的总线存取也被证明是一种有效的系统。CAN 总线的传输能力不足，所有未解决的传输请求都按重要性顺序来处理。在 CSMA/CD 这样的网络中，如 Ethernet，系统往往由于过载而崩溃，而这种情况在 CAN 总线中不会发生。

任务五　LonWorks 总线

微课：LonWorks 总线

一、LonWorks 概述

LonWorks 总线集计算机、网络、控制于一体，同时具有通信功能，被广泛应用于航天航空、智能楼宇、电力监控、铁道运输及工业自动化等领域。

LonWorks 网络控制技术在控制系统中引入了网络的概念，在该技术的基础上，可以方便地实现分布式的网络控制系统，并使得系统更高效、更灵活、更易于维护和扩展，具体有以下特点：

（1）开放性和互操作性。LonWorks 网络协议完全遵循 ISO（国际标准化组织）/OSI

的七层参考模型，而且是完全开放的，对任何用户都是对等的。其协议已被一些国际标准化组织确认为一些标准，如 EIA709 和 IEEE1473。网络协议完整到任何制造商的产品都可以实现互操作。LonWorks 也被我国的《列车通信网络》（TB/T3035-2002）所采纳。

（2）通信介质。可采用包括双绞线、电力线、无线、红外线、光缆等在内的多种介质进行通信，并且多种介质可以在同一网络中混合使用。这一特性使得不同工业现场的不同设备实现互联，增强了网络的兼容性。

（3）网络拓扑结构灵活多变，支持总线型、环型、自由拓扑等网络拓扑结构。可根据具体应用的结构特点采用不同的网络连接方式，能最大限度地降低网络布线的复杂性和工作量，提高系统的可靠性。

（4）分布式无主站控制。LonWorks 网络采用无主站点对点的对等结构，各节点地位均等，每个节点都能完成控制和通信功能，而不依赖于计算机、PLC 或其他形式的中央处理器。部分节点的故障不会造成系统瘫痪，提高了系统的稳定性，降低了维护难度。

（5）网络结构。能够使用所有现有的网络结构，如主从式、对等式以及客户机/服务器式（Client/Server）。

二、LonWorks 网络拓扑结构

LonWorks 网络是局部操作网络，它是底层设备网络，跨越传感器级、现场设备级和控制级，其网络规模类似于局域网，但可以比局域网大。LonWorks 网络采用分布式结构，为无主结构，实现网络上节点互相通信，即点对点方式或对等通信。从控制的角度看，为自治服务系统，适用于智能大厦、家庭自动化、交通运输系统、公共事业和众多的工业系统。

LonWorks 控制网络结构包括五大部分：网络协议（LonTalk 协议）、网络传输媒体、网络设备、执行机构和管理软件。其中，网络设备包括智能测控单元、路由器和网关等；执行机构包括互感器、变送器等；管理软件包括 LonTalk 开放式通信协议，并为设备之间交换控制状态信息建立了一个通用的标准。在 LonTalk 协议的协调下，以往那些孤立的设备融为一体，形成一个网络控制系统。典型的 LonWorks 网络构架如图 5-38 所示。

（一）节点

一个典型的节点包含一个 Neuron 芯片、一个电源、一个通过网络介质通信的收发器以及与被监控设备接口的应用电路。图 5-38 所示为典型节点的组成结构。通常，将每个能连接到网络上的 LonWorks 设备称为节点。节点包括一个神经元和收发器。根据节点功能，节点可以嵌入传感器、执行器、I/O 外围电路等。节点的应用程序不仅可以接收和发送网络上的信息，而且还可以进行传感信号的获取和数据处理，如 PMW 控制、数据采集和调度等。

（1）Neuron 芯片。它是节点的核心部分，通过 3 个 8 位处理器、一整套完整的 LonTalk 通信协议来确保节点间使用可靠的通信标准进行互操作。一个 Neuron 芯片可以传输传感器或控制器的状态、执行控制算法。

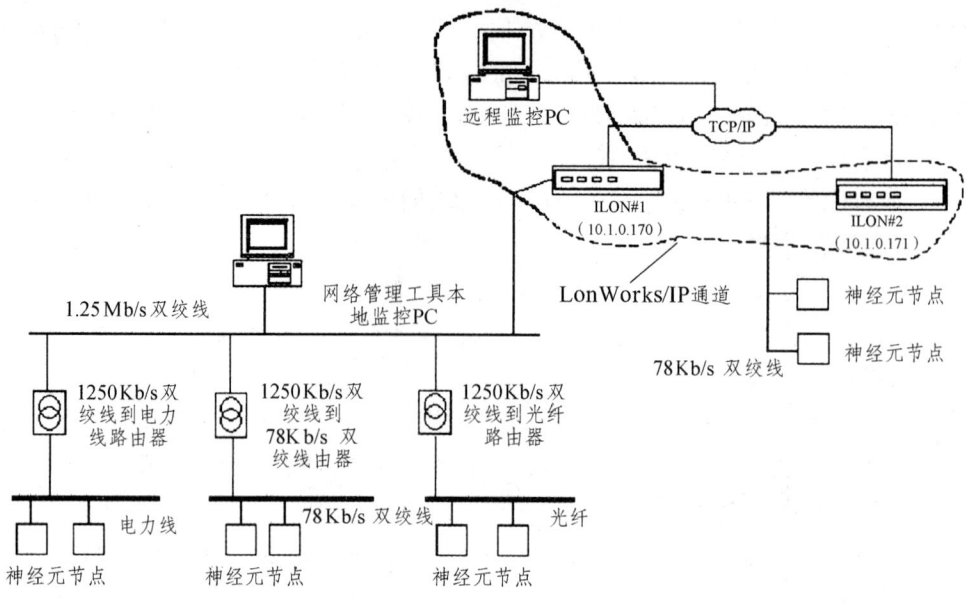

图 5-38 节点 LonWorks 网络构架

（2）收发器。该组件在节点内部，在物理上连接 Neuron 芯片和信道。收发器实现 LonTalk 协议的第一层，主要功能是提供智能节点与 LonWorks 网之间的接口，将节点的电路与网络信道连接起来。

（3）I/O 驱动器。它用来连接节点内部 Neuron 芯片、节点所检测的硬件（如传感器等）或控制的硬件（如执行器等）。

（4）电源。在特定电压下它为节点电路提供电流。

LonWorks 节点有如图 5-39 所示的两种类型。图 5-39（a）所示的节点中，Neuron 芯片是唯一的处理器。这种 LON 网节点适合于 I/O 设备较简单、处理任务不复杂的系统，称为基于 Neuron 芯片的节点。

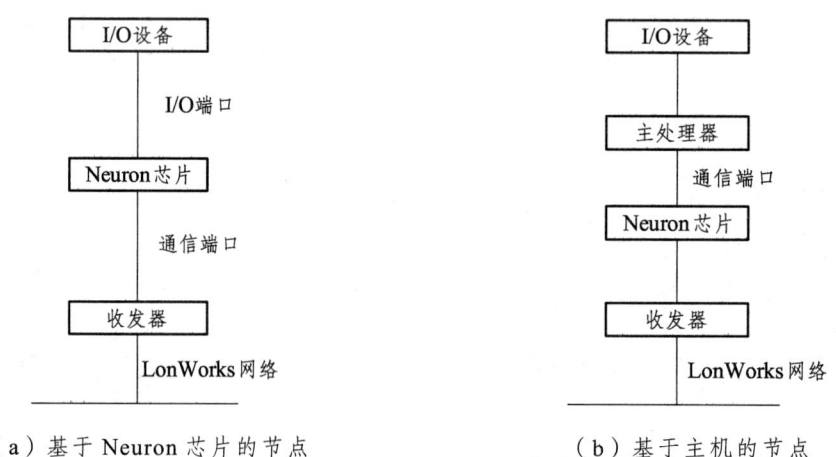

（a）基于 Neuron 芯片的节点　　　　（b）基于主机的节点

图 5-39 LonWorks 节点类型

LonWorks 节点基于 Neuron 芯片是 8 位总线，目前支持的最高主频是 10 MHz，因此，它所能完成的任务和实现的功能也十分有限。对于一些复杂的控制（如带有 PID 算法的单回路、多回路的控制）可能会力不从心。而采用基于主机的节点结构是解决这一矛盾的很好方法。在图 5-39（b）所示的节点中，Neuron 芯片只作为通信处理器，充当 LonWorks 网络的网络接口，节点应用程序由附加的主处理器来执行，这类节点适合于对处理能力、输入/输出能力要求较高的系统，称之为基于主机的节点，主处理器可以是微控制器、PC 机等。

（二）通信介质

LonWorks 可支持多种通信介质，如双绞线、无线、红外、光纤、同轴电缆等。所支持的网络拓扑也各有不同，如图 5-40 所示。

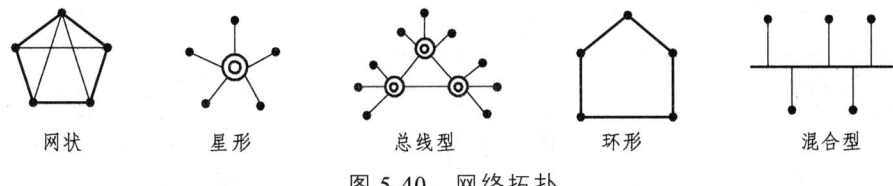

图 5-40 网络拓扑

三、Neuron 芯片

LonWorks 技术的核心是 Neuron 芯片或称为神经元芯片。它主要包括 3150 和 3120 两大系列，其中 3120 系列芯片中包括 E^2PROM、RAM、ROM，而 3150 系列芯片中则无内部 ROM，但拥有访问外部存储器的接口。Neuron 芯片内部固化了完整的 LonTalk 通信协议，确保节点间的可靠通信和互操作。

Neuron 芯片在大多数 LonWorks 节点中是一个独立的处理器。若需要使节点具备更强的信号处理能力或 I/O 通道，可采用其他处理器来处理并由 Neuron 芯片交换数据，此时 Neuron 芯片只完成通信功能。Neuron 芯片内部结构如图 5-41 所示。

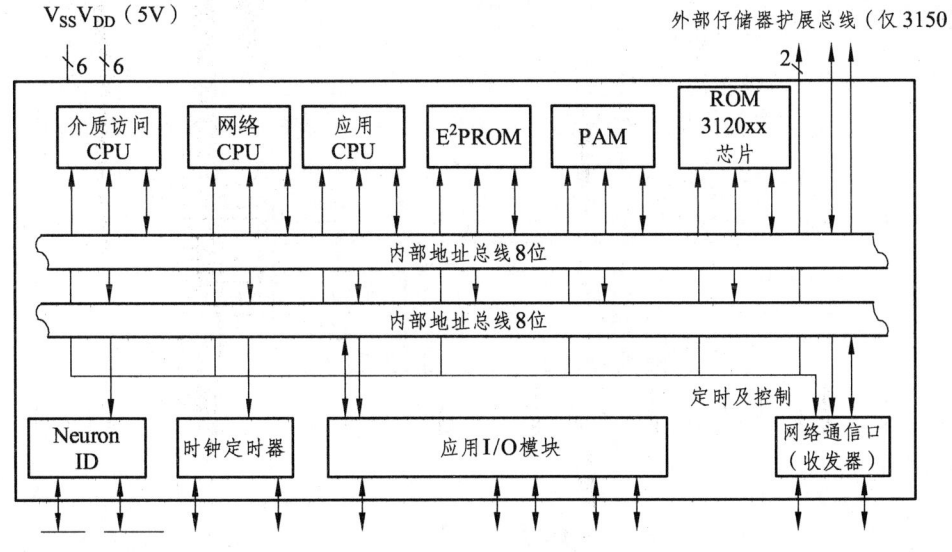

图 5-41 Neuron 芯片内部结构

（一）主要性能特点

Neuron 芯片的主要性能特点如下：

（1）高度集成，所需外部器件较少。

（2）3 个 8 位的 CPU，输入时钟可选择范围：625 kHz ~ 10 MHz。

（3）片上的存储器有：1 KB 静态 RAM（3120，3120E1）、2 KB 静态 RAM（3150，3120E2）、512 B E^2PROM（3120，3150）、1 KB E^2PROM（3120E1）、2 KB E^2PROM（3120E2）和 10 KB ROM（3120，3120E1，3120E2）。

（4）11 条可编程 I/O 引脚（有 34 种可选择的工作方式）：

I/O0 ~ I/O7 有可编程上拉电阻；

I/O0 ~ I/O3 具有高电流吸收能力。

（5）两个 16 位的定时器/计数器。

（6）15 个软定时器。

（7）休眠工作方式：这种工作方式能在维持操作的情况下降低电流损耗。

（8）网络通信端口：5 个管脚提供 3 种方式：单端方式、差分方式和专用方式。

（9）固件包括：LonTalk 协议、I/O 驱动器程序和事件驱动多任务调度程序。

（10）服务引脚：用于远程识别和诊断。

（11）48 位的内部 Neuron ID：用于唯一识别的 Neuron 芯片。

（12）内置低压保护以加强对片内 E^2PROM 的保护。

（二）芯片的 CPU 结构

Neuron 芯片内部有 3 个 CPU：介质访问控制（Media Access Control，MAC）CPU、网络 CPU 和应用 CPU，如图 5-42 所示。CPU-1 是 MAC CPU，完成介质访问控制，处理 LonTalk 协议的第 1 和第 2 层，包括驱动通信子系统硬件和执行算法。CPU-1 和 CPU-2 用共享存储区中的网络缓存进行通信，正确地对网上报文进行编解码。CPU-2 是网络 CPU，它实现 LonTalk 协议的第 3 ~ 6 层，处理网络变量、寻址、事务处理、权限证实、背景诊断、软件计时器、网络管理和路由等。同时，它还控制网络通信端口，发送和接收数据包。该处理器采用共享存储区中的网络缓存区与 CPU-1 通信，用应用缓存区与 CPU-3 通信。CPU-3 是应用 CPU，它完成用户的编程，其中包括用户程序对操作系统的服务调用。

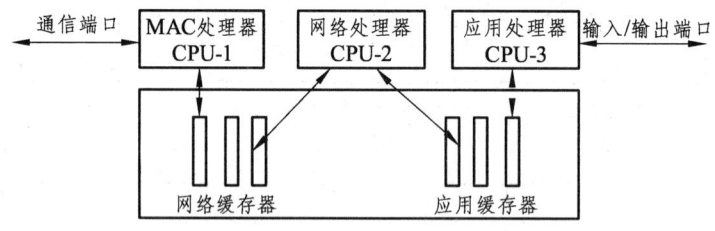

图 5-42 芯片的 CPU 结构

（三）引脚配置

Neuron 芯片的引脚配置如图 5-43 所示。各引脚的功能说明如表 5-3 所示。

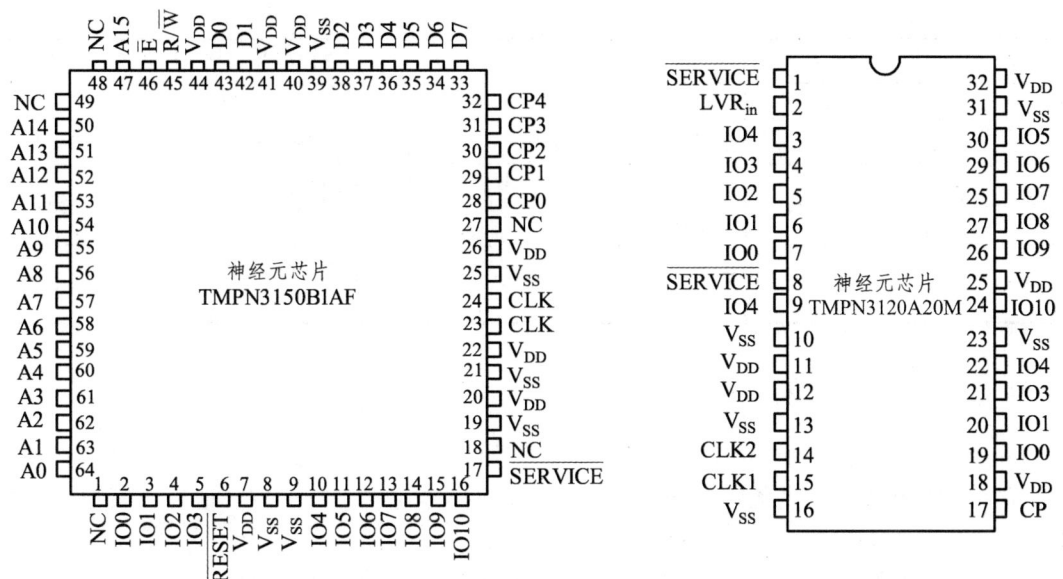

图 5-43 Neuron 芯片的引脚配置

表 5-3 Neuron 芯片引脚功能说明表

符号	I/O	功能	3150 引脚数	3120 引脚数
CLK1	输入	连接振荡器或外部时钟输入	24	15
CLK2	输出	连接振荡器		
$\overline{\text{RESET}}$	I/O,内有上拉电阻	复位引脚(低有效)	23	14
$\overline{\text{SERVICE}}$	I/O,内有可编程上拉电阻	服务引脚,工作期间指示灯输出	6	1
I/O0 ~ I/O3	I/O	普通 I/O 口,大电流吸收能力	2, 3, 4, 5	7, 6, 5, 4
I/O4 ~ I/O7	I/O,内有可编程上拉电阻	普通 I/O 口,IO4~IO7 可用作定时器、计数器 1 的输入(IO0 为输出),IO4 可用作定时器/计数器 2 的输入(IO0 的输出)	10, 11, 12, 13	3, 30, 29, 28
I/O8 ~ I/O10	I/O	普通 I/O 口,可与其他设备实现串口通信	14, 15, 16	27, 26, 24
D0 ~ D7	I/O	存储器数据总线	43, 42, 38, 37, 36, 35, 34, 33	—
R/$\overline{\text{W}}$	输出	外存读写控制输出端口	45	—
$\overline{\text{E}}$	输出	外存控制输出端口	46	—
A15 ~ A0	输出	地址输出端口	47, 50 ~ 64	—
V_{DD}	输入	电源输入(5 V),在外面所有的 Vdd 引脚必须连在一起	20, 22, 26, 40, 41, 44, 7	2, 11, 12, 18, 25, 32

续表

符号	I/O	功能	3150 引脚数	3120 引脚数
V_{SS}	输入	电源输入（0 V，接地），在外面所有的 Vss 必须连在一起	19，21，25，39，8，9	10，13，16，23，31，9
CP0～CP4	网络通信接口	双向端口，通过指定工作方式支持通信协议	28，29，30，31，32	19，20，17，21，22
NC	N/A	无内部连接，引脚悬空	1，18，27，48，49	—

四、LonTalk 协议

LonTalk 协议是 LonWorks 系统的核心。该协议提供一系列通信服务，使设备中的应用程序能在网上对其他设备收发报文而无须知道网络拓扑结构、名称、地址或其他设备的功能，已成为 ANSI/EIA709.1 控制联网标准。

LonTalk 协议遵循由国际标准化组织（ISO）定义的开放系统互联（OSI）模型。它提供了 OSI（开放系统互联）参考模型所定义的全部七层服务，支持灵活寻址。表 5-4 给出了对应七层 OSI 参考模型的 LonTalk 协议为每层提供的服务。

表 5-4 LonTalk 协议层

OSI 层		目的	提供的服务
7. 应用层		应用兼容性	LONMARK 对象，配置特性标准网络变量类型，文件传输
6. 表示层		数据翻译	网络变量，应用消息，外来帧传输，网络接口
5. 会话层		远程操作	请求/响应，鉴别，网络服务
4. 传输层		端端可靠传输	应答消息，非应答消息，双重检查，通用排序
3. 网络层		传输分组	点对点寻址，多点指向广播式寻址，路由消息
2. 链路层	LLC 子层	帧结构	帧结构，数据解码，CRC 错误检查
	MAC 子层	介质访问	P-坚持 CSMA，冲突避免，优先级，冲突检测
1. 物理层		物理连接	介质，电气接口

（一）物理信道

LonTalk 协议支持以不同通信介质分段的网络，它支持的介质包括双绞线、电力线、无线、红外线、同轴电缆和光纤。每个 LonWorks 节点都需要物理地连接到信道上，信道是数据包的物理传输介质；LonWorks 网络由一个或多个信道组成。

不同信道通过路由器相互连接，路由器是连接两个信道，并控制两个信道之间数据包传送的器件，路由器有四种不同的安装算法：配置路由器（Configured Router）、自学习路由器（Learning Router）、网桥（Bridge）和中继器（Repeater）。可以任选一种算法来安装路由器。

由网桥或重复器连接的信道的集合称为段（Segment）。节点可以看见相同段上的其他节点发送的包。而智能路由器（配置路由器和自学习路由器）则根据设置决定是否将数据包继续向前传送。故可用来分离段中的网络交通，从而增加整个相同的容量和可靠性。

（二）LonTalk 协议的网络地址结构

LonTalk 地址唯一地确定了 LonTalk 数据包的源节点和目的节点（可以是一个或几个节点），路由器也使用这些地址来选择如何在两个信道之间传送数据包。

网络地址可以有三层结构：域、子网和节点，其示意图如图 5-44 所示。

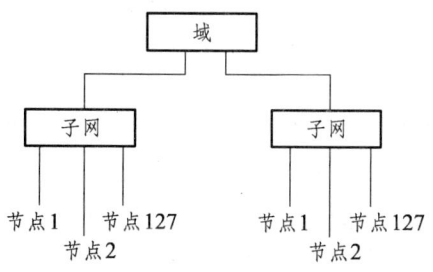

图 5-44　网络地址示意图

第一层结构是域。域的结构可以保证在不同的域中通信是彼此独立的。例如，不同的应用的节点共存在同一个通信介质中，那么，不同域的区分可以保证它们的应用完全独立，彼此不会受到干扰。Neuron 芯片可以配置为属于一个域或同时属于两个域。同时作为两个域的成员的一个节点可以用作两个域之间的网关。域 ID 可配置为 0、1、3 或 6 个字节。使用较短的域 ID 可以减少数据包的开销，这可由系统安装者根据实际需要来决定。

第二层结构是子网。每一个域最多有 255 个子网。一个子网是一个域内节点的逻辑集合。一个子网最多可以包括 127 个节点。一个子网可以是一个或多个通道的逻辑分组，有一种子网层的智能路由器产品可以实现子网之间的数据交换。在一个子网内的所有节点必须位于相同的段上。子网不能跨越智能路由器。若将一个节点同时配置为属于两个域，则它必须同时属于每个域上的一个子网。

除下列情况外，可将一个域中的所有节点都配置在一个子网内：

（1）节点位于由智能路由器分割的不同段内。

（2）网络的节点数目 > 127。这时若将所有节点配置为属于同一个子网就超过了一个子网的最大容量，此时可在一个段上配置多个子网以增加段的容量。

图 5-45 所示为子网配置的各种方式。

第三层结构是节点。子网内每一个节点被赋予一个在该子网内唯一的节点号。该节点号为 7 位，因此，一个域内最多有 255×127=32385 个节点。

节点也可以被分组，一个分组在一个域中可跨越几个子网，或几个信道。在一个域中最多有 256 个分组，每一个分组对于需要应答的服务最多有 64 个节点，而无应答服务的节点个数不限，一个节点可以分属 15 个分组去接收数据。分组结构可以使一个报文同时为多个节点接收。

另外，每个 Neuron 芯片有一个独一无二的 48 位 ID 地址，这个 ID 地址是在 Neuron 芯片出厂时由厂方规定的。一般只在网络安装和配置时使用，可作为产品的序列号。图 5-46 所示为报文地址结构。

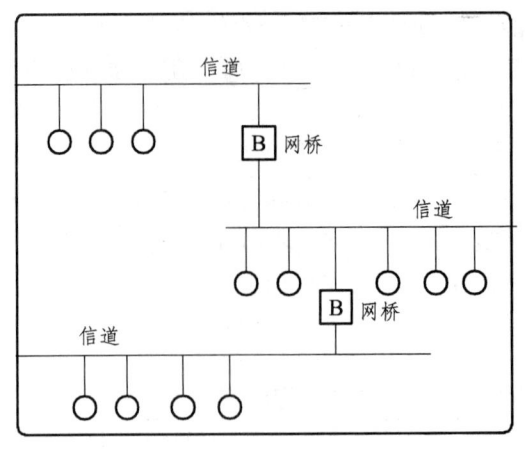

图 5-45　子网配置方式

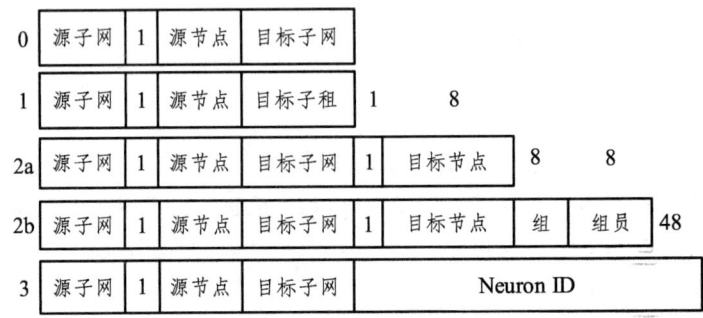

图 5-46　报文地址结构

(三) 通信服务

1. 报文服务

网络上的通信服务要同时实现高的有效性、快的响应时间、好的安全性以及高的可靠性是不可能的，实际网络提供的通信服务只能是在这几个方面折中的结果。LonTalk 协议提供了 4 种基本类型的报文服务：确认 (Acknowledged)、请求/响应 (Request/Response)、非确认重复 (Unacknowledged Repeated) 以及非确认 (Unacknowledged)。使用确认服务是最可靠的，但是对于较大的组来说，却比非确认或非确认重复服务需要使用更大的网络带宽，具有优先级的数据包能够被及时地传送，但是却损害了其他较大的组的传送。对一个对象增加证实服务虽然增加了安全性，但完成一个证实却比完成一个非证实事务所需的数据包数多了两倍。

请求/响应是最可靠的服务，即一个报文被发送给一个或一组节点，并等待来自每个接收节点的响应。输入报文由接收端的应用在响应生成之前处理。与确认服务一样，发送时间、重发次数和接收时间是可选项。响应中可以包括数据，从而使服务适用于远程调用或 Client/Server 方式。

确认是与请求/响应相等价的服务，即一个报文被发送给一个或一组节点，发送者将等待来自每个接收者的确认。若没有接收到来自所有目标的确认，并且发送者的时间已超出，发送者则重新发送。发送时间、重发次数和接收时间是可选项。确认由网络 CPU 来生成，与应用 CPU 无关。其 ID 号用于跟踪报文和确认，从而使应用不再接收重复的报文。

非确认重复的可靠性较前两者要低。非确认重复服务即是报文被多次发送给一个或多个节点，同时不期望得到响应。该服务一般用于向一大组节点广播，若在确认或请求/响应方式下，由所有响应产生的交通量可能使网络过载。

可靠性最低的是非确认服务。它是指一个报文被发送给一个或一组节点且只被发送一次，同时不期望得到响应。该服务一般用于要求有最好的性能，网络带宽受限制，同时网络对报文的丢失不敏感的情况。

2. 冲突

LonTalk 协议使用其独有的冲突避免算法，该算法具有在过载的情况下信道仍然能负载接近最大能力的通过量，而不是由于过多的冲突而使通过量降低。当使用支持硬件冲突检测的通信介质（如双绞线）时，只要收发器检测到冲突的发生，LonTalk 协议可以有选择地取消数据包的传输。它允许减少立刻重新发送被冲突破坏的包。若没有冲突检测，假定使用的服务为确认或请求/响应服务，节点将不得不等待到重试时间结束，才能知道节点没有接收到目的节点的确认，这时节点才重发该数据包。对于非确认服务，未检测到的冲突意味着包没有被接收到并且不作任何重试。

3. 优先级

LonTalk 协议通过提供优先服务机制以改善对重要消息包的响应时间。协议允许用户在信道上分配优先级时隙，它专门用于具有优先级的节点。信道上的每个优先级时隙对每个消息的发出额外附加有一定的时间（最小为 2 比特时间），从而换取一定的带宽供信道上实现无竞争的优先访问。附加的时间值大小与比特速率、振荡器的精度以及收发器的需求有关。例如，信道上所有节点使用 TP/XF-1250 双绞线收发器（速率为 1.25 Mb/s），振荡器的频率精度≤0.2%，每个优先级时隙宽为 30 比特时间。由于不存在竞争，配置优先级的节点相对于无优先级的节点的响应时间要小得多。优先级与冲突检测的结合将获得更优的响应时间。为每个节点分配优先级时隙的网络管理工具可以保证节点在信道上被赋予一个特定的优先级时隙。节点只能在分配给它的优先级时隙发送它的所有赋予优先级的消息包。就实质而言，优先级的使用极大地降低了网络冲突的概率。优先级时隙的数目（M）可以是 0~127，具体是多少取决于信道类型以及信道优先级时隙的配置数量。较小的优先级数代表较高的优先级。若某个节点被赋予的优先级时隙是"0"，该节点将无优先级时隙供发送消息。优先级时隙 1 预留给网络管理器，即其在网络上的优先级最高。

当节点内生成一个优先级包后，在挂起的所有的无优先级输出包被传输之前，该优先级包将在优先级队列被传送出节点。同样，当一个优先级包到达路由器时，它加入到路由器队列的前面（但在所有已排队的优先级包后），若已配置了路由器的优先级时隙，则它使用路由器的优先级时隙向前传送。

（四）小结

总而言之，LonTalk 协议提供的各种服务能提高系统的可靠性、安全性和有利于网络资源的优化。这些服务的特点和优点如下：

（1）支持广泛的通信介质，包括双绞线、电力线和 IP 网上的通信。
（2）支持以混合介质类型构建的网络及其通信速度。
（3）支持小报文的有效发送，优化网络的控制应用。
（4）支持可靠通信，包括防止非授权情况下对系统的使用。
（5）消除了单点故障，进一步提高了系统可靠性。
（6）不论网络大小，能够提供可预测的反应时间。
（7）支持低成本的设备、工具和应用程序的实施。
（8）使安装和维护成本最小化，达到较低的工作生命周期成本。
（9）支持成千上万的设备，但对只有少数设备的网络也同样有效。
（10）允许灵活和方便的设备间可重配置的连通性。
（11）允许对等通信，这样，使其既可用于集中化控制系统，也可用于分布式控制系统。
（12）为产品互可操作性提供有效机制，使得一个制造商能和其他制造商共享有关标准物理量的信息。

五、LonWorks 产品

1. 收发器

每一个网络设备都有一个收发器。收发器在一个 LonWorks 设备与 LonWorks 网络之间提供了一个物理通信接口，常用的 LonWorks 收发器类型如表 5-5 所示。

表 5-5　LonWorks 收发器类型

收发器类型	数据速率	收发器类型	数据速率
EIA-232 型	39 kb/s	射频型 300 MHz	1.2 kb/s
自由或总线拓扑的双绞线型	78 kb/s	射频型 300 MHz	4.8 kb/s
带变压器的双绞线型	78 kb/s	射频型 300 MHz	9.6 kb/s
带变压器的双绞线型	1.25 Mb/s	红外型	78 kb/s
电力线型	2 kb/s	光纤型	1.25 Mb/s
电力线型	5 kb/s	同轴电缆型	1.25 kb/s
电力线型	10 kb/s		

2. 路由器

LonWorks 是唯一支持多种传输介质的系统，它允许开发者选择那些最能满足他们要求的传输介质和通信方法。不同通信媒介之间用路由器相连。

路由器是一个特殊的节点，由两个 Neuron 芯片组成，用来连接不同通信媒介的 LonWorks 网络。路由器能够控制网络流量，增加网络的吞吐量和网络速度。

3. LonWorks 网络接口和网间接口

LonWorks 网络接口允许 LonWorks 应用程序在非 Neuron 芯片的主机上运行，从而实现任意微控制器、PC 机、工作站或计算机与 LonWorks 网络的其他节点通信。

4. 开发工具

开发工具通常包括一个可以在多个设备上开发及调试程序的环境、一个安装和配置这些设备的网络管理器，以及一个用来检查网络流量以保证有足够的网络容量的协议分析器，同时也包括检查错误。LonBuilder 和 NodeBuilder 用于开发基于 Neuron 芯片的应用，具有高度可配置性，是开发和调试应用程序、安装和配置节点以及分析网络通信的集成工具。

任务六　WorldFIP 总线

微课：WorldFIP 总线

WorldFIP 总线起源于 FIP 现场总线技术。20 世纪 80 年代中期，以法国几家大公司为主要成员发起成立了 FIP 组织，其成员包括 ALSTOM、HONEYWELL、CEGELEC、SCHNEIDER 等 120 多家公司，其目标是建立一种开放性的、相互兼容的现场总线。该组织开发了 FIP（Factory Instrumentation Protocol）总线，即 NFC46-600。FIP 总线是一种用于自动化系统的工业现场总线，提供现场设备和控制器及控制器之间的数字化连接，后成为法国标准 EIP-C46-601/C46-607。FIP 是一个非营利国际组织，不附属于任何工业集团，致力于推动 FIP 技术在世界范围的开发和应用。

WorldFIP 总线的发展经历了从 FIP 到 WorldFIP 又回到 FIP 的变化。1993 年 3 月，FIP 总线采纳了现场总线国际标准中的物理层国际标准 IEC61158-2，成为一种工厂仪表的世界协议称为 WorldFIP（Factory Instrumentation Protocol of World）。1996 年 6 月，WorldFIP 被采纳为欧洲现场总线标准（European Fieldbus Standard）EN50170 的第三卷。

2000 年 2 月，WorldFIP 组织宣布将 WorldFIP 发展为现场总线因特网协议 FIP（Fieldbus Internet Protocol）的计划，以集成专用因特网功能，并符合现有的 EN50170 和 IEC61158-2。新的 FIP 协议将适合所有对可预测性和同步数据管理及对多媒体有应用要求的领域，在这方面，新 FIP 协议是对基于以太网的方案和低速的用于过程控制的现场总线的一个补充。

2000 年，IEC-TC65 委员会（工业测量和控制的第 65 标准化技术委员会）将 WorldFIP 总线确立为 8 种现场总线之一，即新 IEC-61158 中的 type7。WorldFIP 总线协议是一个独立的、完整的通信协议。经过多年的努力，WorldFIP 总线已发展成为一项具有丰富软硬件产品的、成系统的、实际应用广泛的现场总线。

一、WorldFIP 总线概述

WorldFIP 总线是一种实时的工业控制网络，可用于连续或断续过程的自动化控制系统。在 WorldFIP 网络系统中，传感器、执行器、现场设备正常称为"0"级设备，可编程逻辑控制器 PLC 或控制器称为"1"级设备。"0"级设备与"1"级设备之间，以及"1"级设备之间的连接网络使用的是同一种协议。WorldFIP 总线运用的构架如图 5-47 所示。在系统的构架体系中，控制器和协调管理器（总线管理器）都可以根据需要灵活设置，控制器也可以具有协调管理器的功能，从而使 WorldFIP 网络控制系统兼有集散控制系统

（DCS）和现场总线控制系统（FCS）的优势和特点，也可以独立地构成集散控制系统或现场总线控制系统。

连接到WorldFIP总线上的设备称为站点或节点。总线上的站点可以分为两类，一类是具有协调管理功能的站点——总线仲裁器（Bus Administrator，BA），它管理对传输介质的访问（只调度通信，不调度进程）；另一类是基本站点，具有生产者/消费者功能，这类站点可以向总线发布信息或从总线接收信息。任何一个站点可以同时具备上述两种功能，但在任何一个给定的时刻，整个网络上只能有一个执行总线仲裁器功能的设备（站点）。

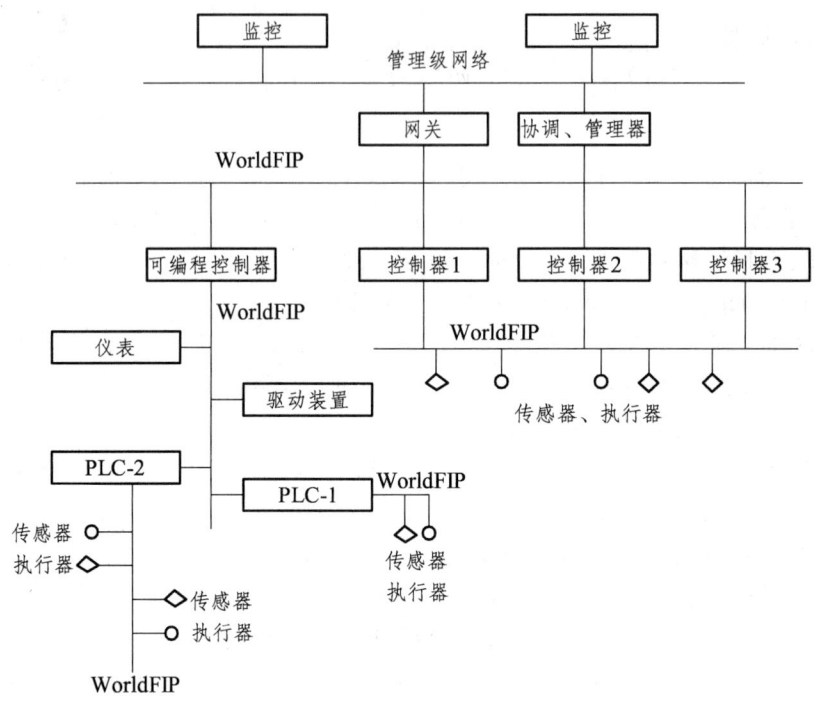

图 5-47　WorldFIP 总线运用的构架

（一）WorldFIP 总线的传输服务

WorldFIP 总线提供两种传输服务，即变量交换服务和报文传送服务。

1. 变量交换服务

变量交换服务是 WorldFIP 网络中最主要的一种通信服务。WorldFIP 协议定义的变量是网络信息或对象的一种数据表达。协议赋予变量三种特性，即通用特性、静态特性和动态特性。通用特性包括变量名称、标识符、变量类型及变量数值；静态特性包括变量的刷新周期、同步标识符等；动态特性包括变量刷新状态、刷新定时等。标识符用于标识变量，在一个 WorldFIP 网络中是唯一的。WorldFIP 网络上的变量数据发送设备（站点）称为生产者（Producer）；网络上变量的接收设备（站点）称为消费者（Consumer）。WorldFIP 网络上任一变量只有一个生产者，但可以有多个消费者。变量生产者内部设有特定的、以变量标识符标识的存储缓冲区（称为信源）；变量消费者内部设有同一个标识符标识的存储缓冲区（称为信宿），变量数据在信源与信宿之间的传送称为变量交换。因此，变量交换可以看作是一种存储缓冲区之间的数据交换,也称为基于缓冲区的变量交换。

变量交换具有周期性交换和非周期性交换两种形式。周期性交换的所有变量标识符和传输周期在系统开始组态时形成一个调度表,由总线仲裁器 BA 根据调度表的内容实现周期性变量交换;非周期的变量交换是随机的,总线仲裁器 BA 根据用户(基本站点)的请求来实施网上变量的传输交换。

变量传输采用 16 位的变量标识符(称为变量地址)寻址,网络上可以存在 65536 个变量。因此,变量寻址是全局性的逻辑寻址。

2. 报文传送服务

报文传送服务是一种信息传送,是附加在变量交换传输机制上进行的服务,其一般为点对点的传输服务,但也支持同一网段内的多播寻址。

报文传送是一种事件传输,采用 24 位的网络地址寻址,24 位地址包含网段地址和网段内的站地址,这是一种物理寻址。

(二)WorldFIP 总线的基本通信模式

WorldFIP 总线上所有的数据传输均由总线仲裁器 BA 发起和控制,WorldFIP 总线通信的基本模式称为"生产者—消费者",又称为 P—C 模式,P—C 模式通信如图 5-48 所示。

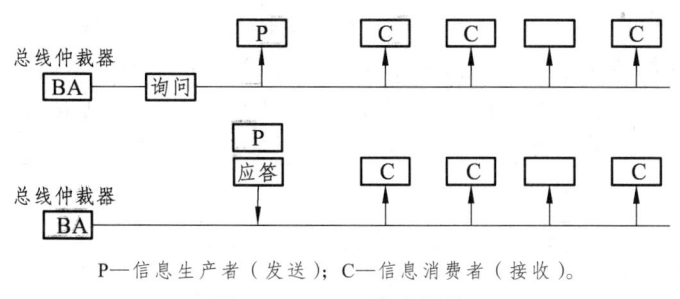

P—信息生产者(发送);C—信息消费者(接收)。

图 5-48 P-C 模式通信

无论是周期传输或非周期传输,总线上的每一次有效数据通信都是由总线仲裁器 BA 发送的询问帧 ID_DAT 来启动的。总线仲裁器按顺序在询问帧中发出一个标识符,生产者(P)识别出自己的标识符后即从专用内存缓冲区取出该变量数据,在总线上以 RP_DAT 帧的形式广播发送相关的变量数据,此变量的消费者(C)则将该数据接收到自己的缓冲区,同时消费者一般还要对数据是否符合时间约定进行检测。因此,在每个站点中对应于逻辑标识符的是专用内存缓冲区。WorldFIP 网络基本通信模式的信号流程如图 5-49 所示。

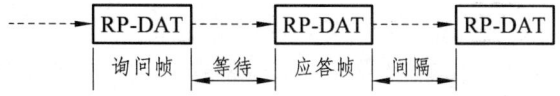

图 5-49 WorldFIP 通信的基本操作周期

总线仲裁器根据调度表,周期性地扫描标识符列表,从而实现变量数据的实时刷新机制。WorldFIP 总线上的非周期通信(事件)和消息传递,根据请求在完成周期通信后的剩余时间内进行。

（三）WorldFIP 的协议构架

WorldFIP 的通信协议采用三层结构的构架，即应用层、数据链路层和物理层，WorldFIP 通信协议层次如图 5-50 所示。每个层次的协议均采用标准的协议模块，图中分别注明了采用的标准名称和标准号。这种方法使 WorldFIP 总线具有很强的通用性和开放性。

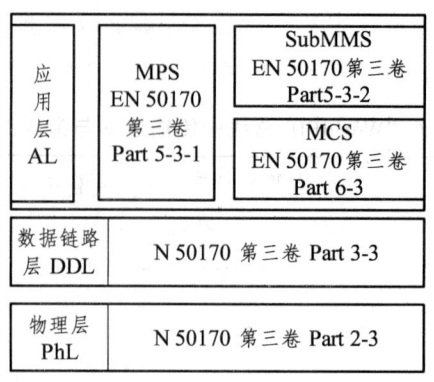

图 5-50　通信协议层次

（四）WorldFIP 网络的拓扑结构

WorldFIP 网络可以采用总线型、星形和自由拓扑结构，若传输介质为光纤电缆时，只能采用星形拓扑结构。在总线型拓扑结构中，双绞线电缆采用菊花链方式连接各个站点。在自由拓扑结构中，主干电缆为单线对双绞线，各个站点使用单线对电缆通过接线盒连接到主干电缆。自由拓扑大大简化了网络接线，但这种拓扑结构的通信速率受到限制（仅可应用于 31.25 kb/s）。

WorldFIP 网络可由一个网段或多个网段构成，在双绞线连接下的多网段结构需要采用重复器 Repeater 连接各个网段。一个多网段的拓扑结构如图 5-51 所示。

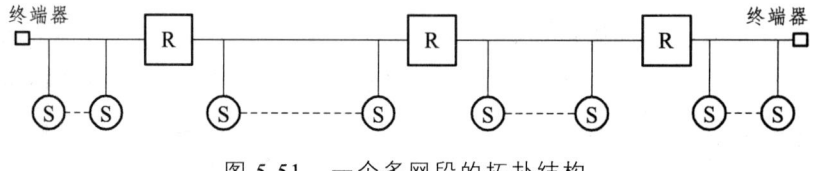

图 5-51　一个多网段的拓扑结构

整个 WorldFIP 网络允许最多使用 3 个中继器连接 4 个子段，每个子段最多可有 32 个物理连接点，通过使用分线盒可以连接 256 个站点，典型速率为 1 Mb/s。典型的传输介质是工业级屏蔽双绞线，并具有专用线路驱动芯片管理介质冗余。在一条通道出现故障的情况下，另一条能自动切入。物理层具有信号检错和杂音侦听的机制，并能将出现的状态通知网络管理或中断链路层服务。

二、WorldFIP 总线的协议

WorldFIP 总线模型符合 ISO/OSI 模型，但只有应用层、数据链路层和物理层三个层次。每层的协议均采用 EN50170 标准中第三卷定义的内容构成。

（一）WorldFIP 物理层

WorldFIP 的物理层与 IEC1158-2 中物理层的标准基本一致。

物理层为数据链路上的两端实体间提供建立、维护和拆除物理连接信道所必需的功能，目的在于保证可靠的电信号的传输，即按 bit 为单位的同步与传输。WorldFIP 支持的物理传输介质为屏蔽双绞线或光纤，WorldFIP 总线的传输速率与最大距离如表 5-6 所示。

表 5-6　WorldFIP 总线的传输速率与最大距离

传输速率	双绞线介质传输最大距离	光纤介质传输最大距离
31.25 kb/s	5～20 km	40 km
1 Mb/s	1～4 km	40 km
2.5 Mb/s	500 m～1.5 km	40 km
5 Mb/s	300～700 m	40 km
25 Mb/s	80～200 m	40 km

1. WorldFIP 的信号编码

物理层使用曼彻斯特码对数据链路层传来的位流进行编码，编码用的每一位时间长度被分成等时长的两部分，"1" 用位中间负跳变传送，"0" 用位中间正跳变传送。除了 "1" 和 "0" 的编码之外，WorldFIP 的信号编码中还有两个特殊的符号 V+和 V-。WorldFIP 的信号编码如图 5-52 所示。

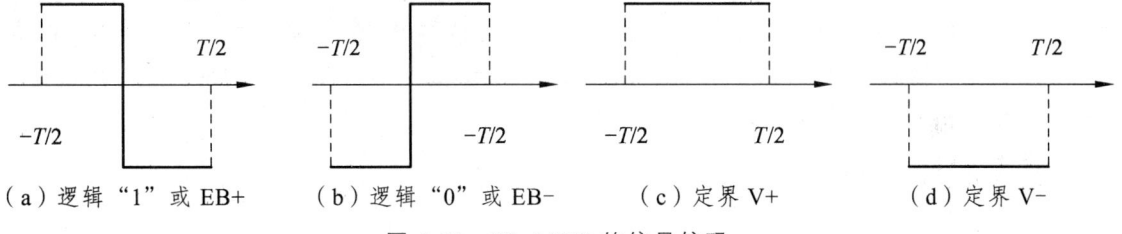

（a）逻辑 "1" 或 EB+　　　（b）逻辑 "0" 或 EB-　　　（c）定界 V+　　　（d）定界 V-

图 5-52　WorldFIP 的信号编码

2. WorldFIP 总线传输的信号序列

所有 WorldFIP 传送的信号序列都由三部分组成：帧起始序列 FSS（FieldStartSequence）、数据与控制段 CAD（ControlAndData）及帧结束序列 FES（FieldEndSequence），帧结构如图 5-53 所示。

帧起始序列 FSS 包含前导和帧起始定界符。前导 PRE（Preamble）是一个 8 位的 "10101010 序列"，用于接收方同步发送方的时钟；帧起始定界符 FSD（FieldStartDelimiter）也是一个 8 位的字符串序列，用以向数据链路层指示有用信息 CAD 的开始。

控制和数据段 CAD 仅包含来自数据链路层的逻辑信息（"0" 和 "1"）。

帧结束序列 FES 仅包含一个帧结束定界符 FED（FieldEndDelimiter），也是一个 8 位的字符串序列 "1V+V-V+V-101"，由数据链路层来标识有效信息 CAD 段的结束。

物理层为每个传输数据增加了 3 个字节的符号。

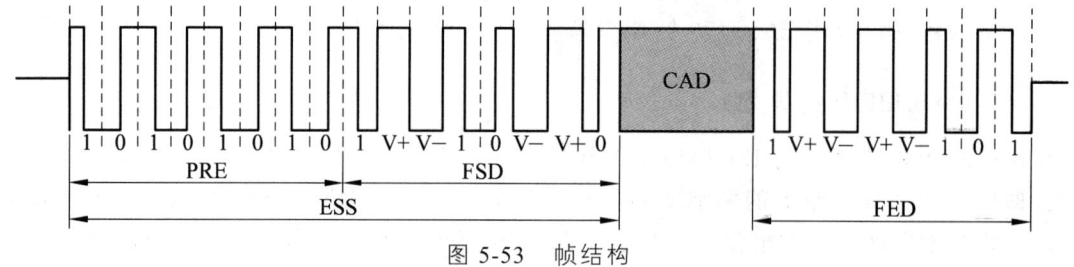

图 5-53 帧结构

（二）数据链路层

WorldFIP 数据链路层的介质访问控制采用总线仲裁方式，而在通信方式上则采用生产者/消费者模式。这种总线仲裁的设计思路是按照一定的时序，为每个信息产生者分配一定的时段，在总线仲裁器 BA 里存放着调度顺序表；总线仲裁器 BA 按照这个调度顺序表发出询问请求，逐个呼叫每个生产者，如果这个生产者在总线上状态正常，应在规定时间内对总线仲裁者的呼叫做出反应。

总线仲裁器 BA 使用询问帧 ID_DAT 在总线上广播一个标识名，连接到总线上所有站的链路层同时记录 ID_DAT 帧，仅有一个站被识别为标识的生产者，其他站作为使用者。信息的生产者以响应帧 RP_DAT 广播被标识的变量值，这个变量值将同时被所有用户接收。然后，总线仲裁者按顺序表继续下一个识别过程，如此周而复始地按照调度顺序表的顺序进行下去。

如果响应帧类型错误或控制字段（FCS）有误，总线仲裁器 BA 会检测到一个传输错误；如果响应帧超时，总线仲裁器 BA 会检测到帧丢失。无论哪种错误发生，总线仲裁器 BA 都可以记录，但不影响通信过程，总线仲裁器将按调度表进行下一个变量标识的询问过程。

WorldFIP 总线上的一切通信活动都是由总线仲裁器 BA 管理的。总线仲裁器 BA 在协议中又被称为链路活动调节器 LAS（Link Active Scheduler），具有链路活动的调节能力，并能形成链路活动调度表。

1. WorldFIP 的帧结构和报文

WorldFIP 的传输机制使用两种类型的帧：询问帧（ID_DAT）和响应帧（RP_DAT）。每一个 WorldFIP 帧的数据段均以一个控制字节开始，网络站点以此字节识别接收到的帧类型。这个控制段用来表示变量传输请求或确认帧等；以 2 个字节的帧校验序列（FCS）结束，用于验证接收到的帧的完整性。WorldFIP 的帧结构可以用图 5-54 来说明。

FSS	控制	标识符	FCS	FES
2	1	2	2	1

（a）总线仲裁器的询问帧格式

FSS	控制	用户数据	FCS	FES
2	1	n	2	1

（b）基本站的应答帧格式

图 5-54 WorldFIP 的帧结构

一个变量（产生者或使用者）的数据可以是 8 字节，也可以是 16、32、48 乃至 128 字节。一则报文（消息），则可以长至 256 字节。应用层在用户层信息的前面加上两个字节的识别码（ID）。这两个字节第一个是变量类型即 PDU 类型，第二个字节是数据长度。数据链路层则在应用层基础上加上一头一尾。头上是一个字节的状态字，表示该信息是最近刷新的，还是重复以前的数据；尾上加两个字节，用于 CRC 校验。

2. WorldFIP 总线的介质访问控制

WorldFIP 总线的介质访问由总线仲裁器 BA 控制。总线仲裁器 BA 将总线的访问时间划分为周期性传输段、非周期性传输段和消息传输段，周期变量循环传输，非周期变量和消息报文则根据需求利用周期内的富余时间进行传输，总线的访问控制如图 5-55 所示，图中以 20 ms 为一个周期；V_1、V_2、V_3 为周期性变量；E_1、E_2 为非周期变量；M_1、M_2、M_3 为消息报文。

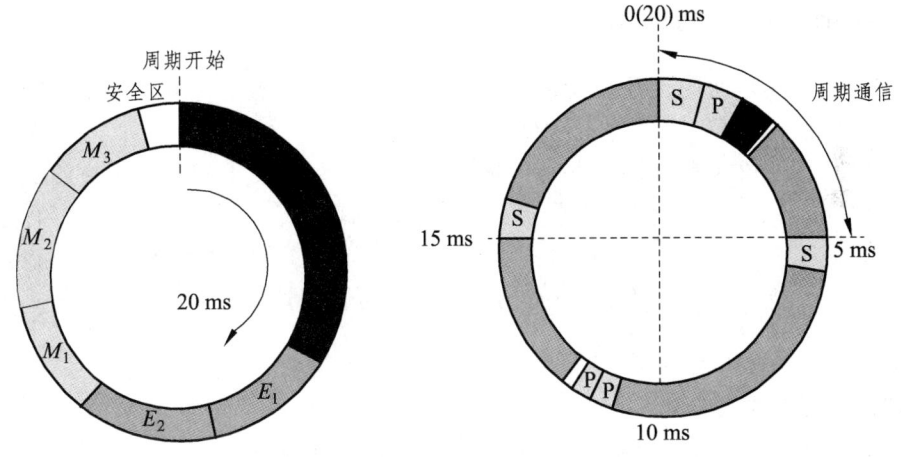

图 5-55 总线的访问控制

3. WorldFIP 介质访问方式的特点

WorldFIP 介质访问的特点在于它将总线上的时间片划分为不同的基本周期，而每个基本周期又分为周期变量传输和非周期变量传输，允许两类信息互不干扰地在一条总线上同时传递，用户可以自己选择两类信息在"管道"中的比例，以满足实际需求。为加强安全性，还可构造防火墙，保证在从控制部分提取有用信息的同时，不会影响到严格的时间控制，做到了信息技术和控制技术的结合，既能保证控制的安全，又能很容易地组成系统，"向上""向下"均有很大的发展余地。

在比较典型的现场总线中，数据管道几乎全部用来传递报文，因此很难保证"有严格时间要求"的数据不受干扰，如 CAN 和 LonWorks 的介质访问属于改进了的 CSMA/CD 方式，虽然也解决了总线的争用问题，但数据的发送时间不具有确定的时间上限，不具有本质实时性。而在典型的底层控制总线中，由于只能严格地传递"有严格时间要求"的变量，报文传输的效用难以很好发挥。WorldFIP 则可以很好地弥补这个缺陷，数据请求可以在确定的时间中得到响应，满足列车控制系统对实时性的要求，这点和 MVB 有异曲同工之处。

WorldFIP 创立并成功地使用了生产者/消费者通信模式。生产者/消费者通信模式在每个智能装置的通信栈中建立了一个缓冲区,多个装置的通信缓冲区实际上形成了一个分布式数据库。连接到总线并具有通信能力的设备既可以是由总线仲裁器中的调度表来约定成为数据生产者,也可以是由用户要求确定的数据使用者。这是一种采用固定周期刷新的多副本分布式数据库,其运作模式有以下 3 个步骤:

(1)数据产生——某一设备成为生产者时,将数据写入缓冲区。
(2)数据刷新——网络将数据复制进多个使用者的缓冲区中。
(3)数据使用——需要此数据的使用者再从其缓冲区中读取。

所以,生产者/消息者通信模式是一对多的、基于表格的模式。这种一对多的通信方式采用缓冲区构成分布式数据库。它以复制方式通信,实现异步并发传输信息,通信效率非常高,可以实现任何装置间的通信,网络结构灵活。

三、WorldFIP 总线的特点

WorldFIP 总线是面向工业控制的,在技术上有很多特点与优势,其主要特点可归纳为协议的同步性、高可靠性、可用性及应用的成熟性。

WorldFIP 总线协议首先满足各种环境下对生产控制的要求和工业用户的实际需要,并考虑了相关技术(尤其是信息技术)发展所带来的影响,融合了控制技术和信息技术。WorldFIP 在一条总线上,在单一协议的框架内及有调度的访问控制下,既传输实时数据,又传输随机信息,两者之间互不影响;既是实时的、可预测性的,又是面向未来可与 Internet 连接的现场总线。

1. 协议的同步性

WorldFIP 总线协议可以兼容实时数据和非实时性的消息数据,并同步传输。协议采用的生产者/用户模式和总线仲裁器的调度方式,保证了在一条总线上传递大量信息的同时,不会干扰实时变量的通信。控制信息和非控制信息能在同一条总线上互不干扰地传递。

WorldFIP 总线协议的这种技术手段比较稳妥地解决了两种不同的调度机制的兼容问题,非常适合工业控制网络和工业控制系统,因此产生了巨大的作用和影响力,为后续产生的一些通信协议提供了借鉴。基于这一概念和方法,基金会现场总线(Foundation Fieldbus,FF)采用了这种模式,IEC 制定的列车通信网络 TCN 标准也采用了这种模式。

2. 具有很高的可靠性和可用性

WorldFIP 总线协议定义的数据包采用帧校验序列和曼彻斯特 II 型编码,充分保证了数据传输的高可靠性。根据一些统计数据和推算,在 1 Mb/s 的速率下 24 h 内不停地工作,其产生的误码帧在 20 年内不会超过一帧,这是其他现场总线难以相比拟的。WorldFIP 采用固化的协议处理器芯片、软硬件结合的措施,在充分保证系统稳定性、可靠性的基础上,同时提高了系统的灵活性和可移植性。

WorldFIP 采用 IEC 物理层标准,支持电缆冗余,大部分协议固化在硬件上,稳定性强且支持双介质冗余,在网络安全性方面有其独到之处。在一个网络中有多个网络仲裁器,在任一给定时刻只有一个起作用，其他处于热备份状态，监听网络状态。每一个用户站的网络冗余则是通过一个控制器驱动两路驱动器，接入两根独立的网线实现的。当一根网线被破坏时，能自动切换到另一根网线。物理层带有冗余机制，软硬件处理冗余，硬件采用专用芯片，安全可靠，可用性强。

WorldFIP 的高可靠性还表现为具有很强的抗干扰能力。通信系统能适应恶劣环境；能完全满足 IEC 关于电磁兼容性的 EMC 标准。它的通信模式支持后台传输报文、周期和事件变量，保证报文和事件的传输不影响实时控制。

3. 通信协议的一致性

WorldFIP 现场总线不论低速还是高速，只有一套协议，能适应各种结构和规模的控制系统，不需要任何网桥或网关，低速与高速网络的衔接只用软件完成。基于上述性能，WorldFIP 总线可以布置在系统的不同层次网络中，能够支持控制功能下放和设备识别，从而实现了控制网络系统体系的简化和统一性。

在列车控制系统中，WorldFIP 总线可以采用统一的通信协议，通过采用不同的通信速率来解决列车级（低速）和车厢内部（高速）的控制问题。WorldFIP 总线的网络拓扑主要是总线拓扑，也可以采用自由拓扑。WorldFIP 总线原协议并不支持自组态，为满足英国铁路客户的需求，ALSTOM 公司对该总线进行了扩展，在不改变主要软硬件的基础上，实现了自组态，使其能够自适应编组变化。WorldFIP 采用广播方式通信，可在线增加或删除站点，而不影响当时的网络通信。当增加一个站点后，它会自动产生一个存在变量，并对 BA 的扫描做出响应，从而更新 BA 所管理的变量调度表。BA 的变量调度表能自动产生一个网络管理变量，以反映网络上站点的存在情况，该网络管理变量在每个扫描循环之后被更新。

4. 应用上的成熟性

WorldFIP 总线是一个成熟的工业控制网络，它在应用上的成熟性主要表现在应用范围广、应用时间长以及具有充分的技术支持。

WorldFIP 总线的应用范围广泛，网络上可以连接不同类型的站点，这些站点可以是控制器、输入/输出单元、传感器或人机接口等。根据不同类型的站点，用户可以选择适当的数据传输速率，以适应不同的系统运用和不同的应用目标。因此，WorldFIP 总线在很多领域中得到了运用。

WorldFIP 总线到目前已经运用了 20 年，长期的运用积累了大量、丰富的经验，这些经验为 WorldFIP 总线的改进、完善和优化提供了资源，也是 WorldFIP 总线成熟性的一种表现。

WorldFIP 总线成熟性表现的第三个方面是 WorldFIP 组织所提供的技术支持。WorldFIP 组织是一个非营利的组织，用户只需支付一定的成本费用即可从 WorldFIP 组织获得包括技术培训、技术支持和技术测试在内的技术服务。WorldFIP 组织可以为不同性质的用户提供不同层次的技术培训、技术指导；帮助用户在产品开发、系统安装等使用中正确地运用总线协议及各种器件；可以为用户提供产品规划、硬件设计和测试支持；还可以为用户的产品提供互操作能力的测试。除了技术支持外，WorldFIP 组织还开发并提供

WorldFIP 的开发工具，推出了互操作性规范，以帮助用户能够更好、更方便地运用 WorldFIP 总线。

> **任务拓展**

1. 手绘 TCN 列车通信网络的结构。
2. 令牌总线和令牌环网的区别是什么？
3. 查阅资料，阐述 CAN 总线的实际运用。
4. 详述 Neuron 芯片的内部结构。

任务七　列车以太网

微课：列车以太网

以太网作为一种局域网接入技术，由于其不仅通信速率高，而且还具有高度的灵活性且实现简单等优点，近年来得到迅猛的发展。早期以太网是在 20 世纪 70 年代首先由 Xerox 公司发明的。早在 1973 年，XeroxPaloAltos 研究中心的研究者开发了早期以太网作为 XeroxAltos 实验室的互联网络，其以太网时钟由 Altos 系统提供，导致初期以太网传输速率仅为 2.94Mbit/s。

一、以太网概述

1980 年，DEC（Digital Equipment Corporation）公司、Intel 公司和 Xerox 公司联合发布了 DIX 版以太网 1.0 规范，其传输速度为 10 Mb/s，所支持的唯一物理介质为粗同轴电缆。1982 年，DIX2.0 版发布，这就是通常所说的 EthernetⅡ。与 DIX 同步的是 IEE802.3 委员会发布了 CSMA/CD 访问方法和物理层，尽管其帧的定义与 DIX2.0 不尽相同，但是现在更多的人认为它就是以太网。这两种结构的数据帧可以在同一介质共存，但不能互操作。

1993 年，全双工以太网的出现，改变了以太网半双工的工作模式，不仅使以太网的传输速度又翻了一番，也彻底解决了多个端口的信道竞争。1995 年 3 月，IEEE802.3u 规范的通过，标志着以太网时代的来临。1996 年，出现了快速以太网标准，传输速度为 100 Mb/s。1998 年 6 月，IEEE802.3z 规范的通过，又使以太网进入到高速网络行列，运行速度为 100 Mb/s。2002 年 6 月，又通过了万兆标准 IEEE802.3z。从此，以快速以太网连接桌面、高速以太网连接核心的高速局域网开始得到了应用。

由于列车智能化水平的不断提高，传统的列车通信网络已经无法满足未来列车通信网络需要具备大吞吐量以及灵活组网的要求。因此从 2012 年起，国际电工技术标准化组织 IEC 陆续发布了 IEC61375 系列协议，将以太网技术用于设计列车通信网络。协议标准 IEC61375-1 给出了列车通信整体架构，包括以太骨干网（Ethernet Train Backbone，ETB）和以太组成网（Ethernet Consist Network，ECN）的列车通信网络（Train Communication Network，TCN），IEC61375-2-1 给出了 WTB 总线的定义，IEC61375-2-3 定义了网络通信细则，IEC61375-2-4 对 TCN 进行了规定，包括列车控制和监视系统的接口及应用层功能，IEC61375-3-4 规定了列车编组网的标准，包括数据类型、协议接口及地址转换协议等。具体的协议名称，协议内容如表 5-7 所示。

表 5-7 IEC61375 系列协议

协议名称	协议内容
IEC 61375-1	列车通信网络的总体概述
IEC 61375-2-1	列车以太骨干网 WTB 总线协议
IEC 61375-2-2	列车以太骨干网 WTB 总线测试
IEC 61375-2-3	TCN 网络通信细则
IEC 61375-2-4	TCN 应用程序细则
IEC 61375-2-5	ETB 网络基本框架
IEC 61375-3-1	列车 MVB 总线
IEC 61375-3-2	列车 MVB 总线一致性测试
IEC 61375-3-3	列车 CANopen 组网规范
IEC 61375-3-4	组成网服务标准及组网标准

标准发布后，国内外企业与研究机构均已经开始研究将高速以太网应用于列车网络。德国西门子公司在其新一代动车组 ICE4 中采用基于以太网的架构进行列车控制数据的传输，并对关键车载设备进行了必要的以太网接口升级。捷克公司研发了支持 TRDP 协议的列车网络协议，如车辆控制单元 VCU、骨干网节点（Ethernet Train Bus Node，ETBN）、人机交互界面 HMI 等。

加拿大的庞巴迪公司在 350 km/h 动车组的列车网络设计上也采用了以太网架构提升列车子系统的信息化维护水平。日本日立公司在以太网基础上开发了具有车载以太网及无线车地网络部分的 B-System 系统。芬兰的 EKE 研发了以以太网协议为基础的列车以太网网关及交换机产品。日本的三菱、瑞典的 Westermo 等公司也在持续对列车以太网进行研究。

TCNopen 组织西门子、庞巴迪、Unicontrols、东芝等公司共同合作开发了 TRDP 协议栈的开源代码。其主要用于研发相关的产品、促进铁路以太网的普及和降低成本等，TRDP 协议已经成为列车通信网络中应用价值最高的以太网协议。

二、以太网的优点

以太网发展到今天，虽然已经历了 30 多年历史，但由于技术不断更新，使其仍然朝气蓬勃，并已经成为一种主流技术。以太网技术不但占据着局域网绝大部分领域，而且正向城域网（MAN）和广域网（WAN）挺进，成为当今最有生机的网络技术，其传输速率从最初的 94 Mb/s 达到今天的 10 Gb/s，提高了一万倍。以太网与光纤技术的结合，使传输距离可达 100 km 以上，并且可以简单地实现"干线直接到桌面"。

以太网技术有如此的辉煌,主要归功于它与其他网络技术相比,在以下几个方面具有无可比拟的优越性。

1. 数据传输速率很高

以太网支持的数据传输速率包括 10 Mb/s、100 Mb/s、1 Gb/s 和 10 Gb/s,比目前任何一种现场总线都快。以太网从扁平的总线共享模式发展到结构化的交换模式后,任意终端之间的通信通过交换机实现透明的转发,由于每个端口都是独立的冲突域,不存在信道共享引起的竞争问题,系统的通信容量成倍增加。在相同通信量的条件下,通信速率的提高意味着网络负荷的减轻,而网络负荷的减轻则意味着实时性的提高。

2. 支持多种物理介质和拓扑结构

以太网支持多种传输介质,包括同轴电缆、双绞线、光缆、无线等,使用户可根据带宽、距离、价格等因素做出相应选择。以太网支持总线型、星形、令牌环形等多种拓扑结构,可扩展性强,同时可采用多种冗余连接方式,提高网络的性能。

3. 易于信息网络集成且利于资源共享

由于具有相同的通信协议,以太网能实现办公自动化网络和工业控制网络的无缝连接。随着实时嵌入式操作系统和嵌入式平台的发展,嵌入式控制器、智能现场测控仪表将方便地接入以太控制网络,组建统一的企业网络。网络上的用户无论处于什么地方,也无论资源的物理位置在哪里,都能使用网络中的共享数据、设备及其他服务,极大地解除了地理位置上的束缚。这种强大的资源共享能力得益于以太网巨大的用户群,是目前其他任何一种现场总线都无法比拟的。

4. 开放性好

基于 TCP/IP 协议的以太网是一种标准的开放式网络,不同厂商的设备很容易互联。这种特性非常适合于解决控制系统中不同厂商设备的兼容和互操作的问题。以太网是目前应用最广泛的局域网技术,遵循国际标准规范 IEC/IS0802.3,受到广泛的技术支持。几乎所有的编程语言都支持以太网的应用开发,如 Java、VC++、VB 等。采用以太网作为现场的控制总线,可以保证有多种开发工具供选择。

5. 成本和费用低廉

由于以太网的应用最为广泛,受到了硬件开发商和生产厂商的高度重视与广泛的支持,因此可以有多种硬件产品供用户选择。它与目前众多的现场总线相比,价格也低廉得多。在工程和应用方面,由于以太网沿用多年,已为众多的技术人员所熟悉,并对以太网的设计、开发和应用等方面有很多的经验。现有的大量资源可以极大地降低以太网系统的开发、培训和维护费用,从而可有效降低系统的整体成本,加快系统的开发和推广速度。

三、列车以太网架构

以太网的列车通信网络拓扑如图 5-56 所示。

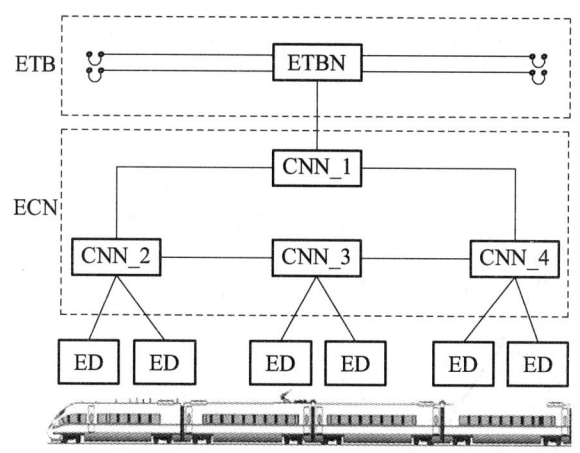

图 5-56 以太网的列车通信网络拓扑

按使用范围网络可分为两级：列车编组网 ECN 和列车骨干网 ETB。其中列车级网络是列车通信网络的骨干网，其承载着跨编组信息传输任务，并具有汇聚子网数据的功能，可实现各个列车子网间的互联互通。列车级网络拓扑为线型拓扑，即列车级以太网节点设备以线性拓扑连接。车辆级网络 ECN 负责将每个车辆内部的车载子系统相连，这些车载子系统包括牵引系统、制动系统、给水系统、照明系统、空调系统、通风系统等，所有子系统的车载设备均通过各自以太网口接入本车的 ECN 节点，每个车辆级网络的节点为星形拓扑。以 8 编组列车为例，一般 1~4 组成一个子网，5~8 车组成一个子网。每个子网内的 ECN 节点可以通过线性或环形拓扑进行连接。列车骨干网与列车编组网之间通过骨干网节点 ETBN 进行数据的传输，而车辆级每个设备由组网交换机节点（Ethernet Consist Network Node，ECNN）相连并进行数据传输。

列车骨干网是动态网络，当网络拓扑发生改变且用户发出初运行指令时，骨干网通过初运行来生成新的拓扑，同时计算出新的拓扑标志，在初运行期间组成网内部的通信不受影响，但不同组成网之间的通信会被打断，初运行结束后会恢复。组成网内部的通信不会被转发到骨干网上，组成网上的接口在接收到报文时，会对报文中的目的地址和拓扑标志进行判断，当目的地址不是本地地址并且拓扑标志符合当前拓扑时才会将报文发送到骨干网上。

当某些特殊情况导致组成网掉线时，骨干网不能崩溃，不应该影响其他组成网之间的通信。两级网络相互配合，各有分工，在某一级出现特殊情况时不会影响另一级的通信，因此以太网列车通信具有很好的应变性能和可靠性。

（一）列车骨干网拓扑

列车骨干网 ETB 组成包括以太网列车骨干网节点 ETBN 和节点间的通信链路。ETB 与 ECN 之间信息的传输要通过 ETBN 节点，ETBN 的功能为负责两级网络之间的通信，同时对列车骨干网进行管理。ETB 使用线性结构，在该结构中骨干网节点顺次相接，相邻节点可以直接进行数据交换，不相邻节点要实现通信则需要将数据通过中间节点进行转发。

为了保证列车网络的可靠性，骨干网节点采取了冗余的结构，如图 5-57 所示。

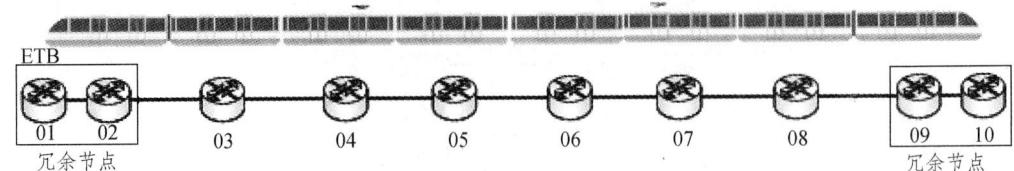

图 5-57 列车骨干网拓扑结构

两个处于激活状态的骨干网节点可以以互为冗余的方式连接到同一个 ECN 上，当 ETB 和 ECN 进行数据传输时，只有一个 ETBN 节点处于工作状态，该节点可以实现相应的功能，但当该 ETBN 出现故障无法工作时，需要由另一个 ETBN 节点代替该失效的 ETBN 完成相应的功能。

（二）列车组成网拓扑

列车组成网实现冗余的方式是设计不同的拓扑结构，常见的列车组成网拓扑结构有线形、梯形、环形等。如果网络中某个终端设备同两个子网交换机以两个相互独立的链路相连实现了链路冗余，则称其为双归属。当网络发生故障时，网络会变为以下状态：

（1）失效状态，网络在该状态下是分离的。

（2）部分功能状态，网络在该状态下只能完成正常状态下的部分功能，无法完成全部功能，并且网络不会分离。

（3）全部功能状态，网络在该状态时可以完成的功能和正常状态下完成的功能一致。根据需求不同，拓扑类型也不同，具体类型如下。

1. 线形拓扑

图 5-58 所示为线形拓扑，在这种拓扑下，若发生单点故障网络是无法容忍的，若是在单个交换机节点（Consist Network Node，CNN）发生故障时能够应用旁路功能，则网络会变为部分功能状态，此时网络不会发生分离，但与故障设备相连接的终端间不能保持正常的信息交互。

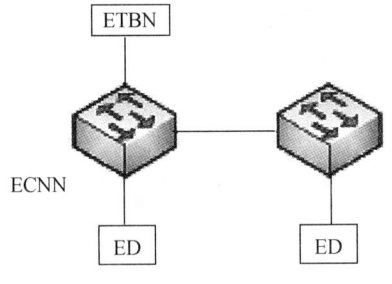

图 5-58 线形拓扑

2. 线形并行双归属拓扑

图 5-59 所示为线形双归属拓扑，网络在这种状态下若发生单个链路故障是不会导致瘫痪现象的，若某个双归属的终端设备与多个活跃的 CNN 通过冗余链路进行相连，那么终端仍可以在单个 CNN 发生故障时进行正常的信息交互。

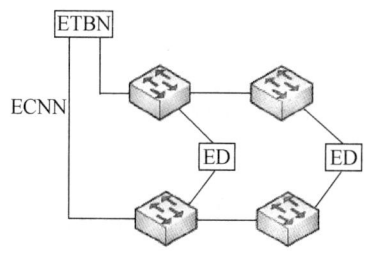

图 5-59　线形并行双归属拓扑

3. 环形拓扑

图 5-60 所示为环形拓扑，网络在发生单个链路故障时虽然不会瘫痪，但可能会导致网络功能缺失。

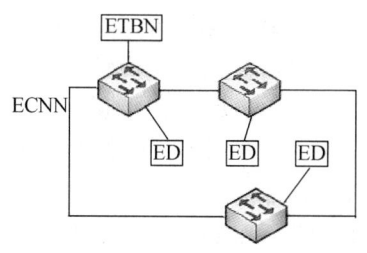

图 5-60　环形拓扑

4. 环形双归属拓扑

如图 5-61 所示，若某个具有双归属的终端设备和多个活跃的 CNN 组件通过冗余链路相连，当网络发生单个链路故障时仍可以维持正常的信息交互。

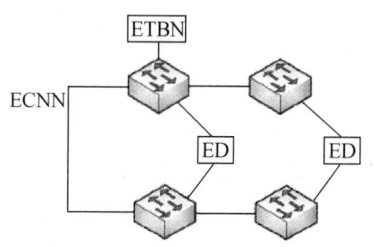

图 5-61　环形双归属拓扑

5. 梯形双归属拓扑

如图 5-62 所示，网络在发生单个链路故障时不会发生瘫痪，同样若某个双归属的终端设备与多个活跃的 CNN 组件通过冗余链路相连，单个 CNN 节点故障时，仍可以维持正常通信。当在不同位置有双链路组件发生故障时，可以实现完整或部分功能，这由故障在网络中的发生位置所决定，梯形双归属可靠性等级最高，它可以容忍绝大多数的双组件或多组件故障情况。

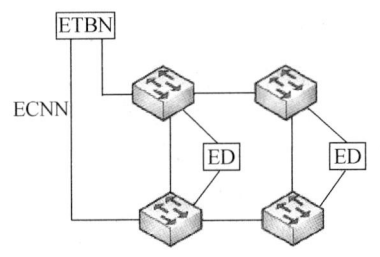

图 5-62 梯形双归属拓扑

四、数据传输模式

列车通信网络系统中每种报文都带有明确的时间限制，不同类型的数据有不同的时间限制。列车通信网络数据产生于源端，接收在宿端，数据可以按固定周期进行发送或者按需发送，列车与地面、列车与列车、编组与编组，以及编组内、车辆间都存在大量的信息交互。列车的正常通信和安全性受数据传输的正确性和实时性的影响，根据对实时性的要求不同，将列车上的数据分为三种：① 实时非周期数据，其特点是数据具有偶发性，实时性较高；② 实时周期性数据，数据被周期性传输且实时性要求最高；③ 非实时数据，对传输时延没有限制，实时性要求较低。

列车通信网络数据被分为五种类型，包括过程数据，消息数据，监督数据，流数据和尽力而为的数据。每种数据的服务参数如表 5-8 所示。

表 5-8 列车数据服务参数值

数据类型	最小周期 /ms	最大长度 /byte	最大时延 /ms	最大抖动 /ms	描述
过程数据	20	1500	10	10	列车监视、控制，周期性发送，具有高可靠性，低时延
消息数据	—	1500	100	—	列车监视、控制，非周期性发送，具有高可靠性，中等时延
监督数据	10	1500	10	10	列车网络操作数据
流数据	—	1500	125	25	视频流、声音流数据
尽力而为数据	—	1500	—	—	文件下载

过程数据（process data）：采用源广播寻址方式，特点是长度短而实时性强，周期性发送，主要用来进行中央控制单元（CCU）与远程 I/O 模块之间交互信息的传输，如 CCU 发送的控车命令，远程 I/O 模块反馈的状态信息等，这些信息包括常用制动命令、紧急制动命令、列车运行的速度和状态，过程数据对于时延要求非常严格，最大的端到端时延限为 10 ms。

消息数据（message data）：非周期性传输的数据，其优先级较高，传输时可以采用单播或广播的方式。寻址方式为目的寻址，最大时延为不能超过 100 ms，应用场景为乘客信息及报表、列车环境和安全监控。

监督数据（supervisory data）：用于事件鉴别、总线主权和设备状态信息传送，只在网络重构、网络初始化时才传输这些数据，主要涉及列车初运行、拓扑管理信息、监控列车安全状况等方面。

流数据：非周期进行发送，主要用于音视频数据传输，如工作人员之间进行通信、列车广播信息、列车视频监控信息等，有较低的实时性要求。

尽力而为交付数据：无具体的时延要求，主要用于不影响列车运行的数据，包括程序和文件传输等乘客服务数据，只需尽力传输即可。

总之，过程数据和消息数据具有较短的数据帧结构，而流数据以及尽力而为交付数据具有较长的帧结构。在实时性方面，对实时性的要求依次为监督数据和过程数据具有较高的实时性，消息数据具有较低的实时性，而尽力而为交付数据对实时性的要求最低。

五、列车实时数据协议栈

列车实时数据协议（TRDP）是列车实时传输协议，由 IEC61375-2-3 定义，基于 OSI 的五层网络模型，位于 TCP/UDP 传输层之上，应用层之下，属于第五层协议，传输层使用 TCP/UDP 协议，网络层使用 IP 协议，TRDP 用户层使用下一层提供的消息数据通信服务、过程数据通信服务和一些其他的功能，从而能够确保数据在列车终端设备间进行传输时是很安全的，具体的协议栈如图 5-63 所示。

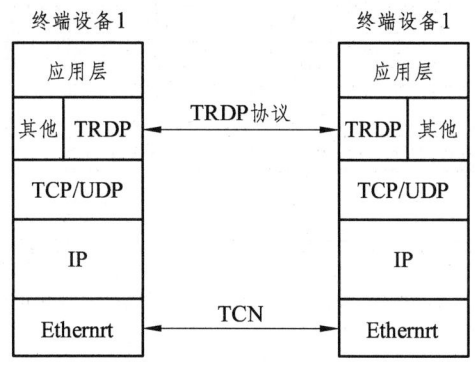

图 5-63　TRDP 协议栈

TRDP 协议主要用于列车通信网络中两种实时通信的数据类型的传输，分别为过程数据和消息数据。过程数据是实时周期性传输的，而消息数据是实时非周期性进行传输的，过程数据长度小，一般用于列车运行中控制单元发出的控制命令和远程输入/输出模块反馈的运行状态信息。数据量大、要求高可靠性和确定性，对实时性要求很高。消息数据一般用于设备状态信息和故障情况的报警信息，数据量长短不一，一般按需传输，实时性要求较低。TRDP 对过程数据的帧结构、交互模型和通信流程都进行了规定。

TRDP 层为了能够兼容标准以太网协议栈，向 TRDP 用户层提供数据传输时需要的服务接口用于数据的传输，上层调用下层来实现功能，而上层对下层完全透明，具体形式如图 5-64 所示。

TRDP 组成包括过程数据 PD 接口（PDCom）、消息数据 MD 接口（MDCom）、虚拟操作系统 VOS（VOS）、通信设备接口（Utilities）和精简 TRDP（TRDPLight），具体的程序接口结构设计如图 5-65 所示。其中，PDCom 负责列车网络上的过程数据的实时传输，MDCom 负责列车网络上的消息数据的实时传输，PDCom 通信方式是周期循环传输，可通过 TRDP API 调用，数据的有效载荷被限制在 1436 字节。MDCom 采用事件触发方式通信，也可通过 TRDP API 调用，数据的有效载荷被限制在 65388 字节。

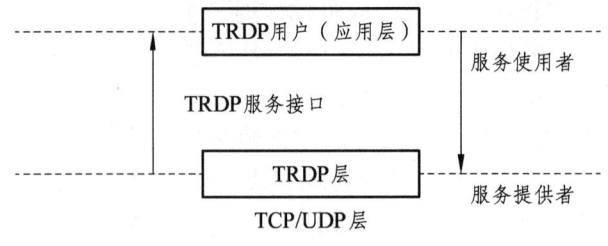

图 5-64　TRDP 服务模型

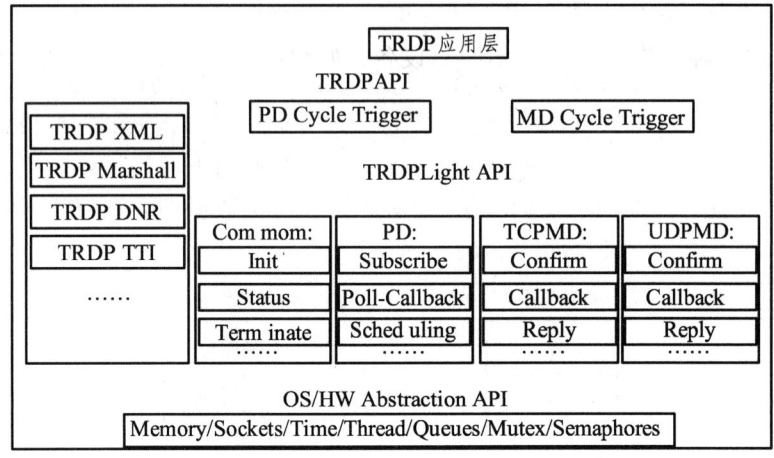

图 5-65　TRDP 程序接口设计图

VOS 提供与各种操作系统的服务接口以进行数据传输，可将 TRDP 协议运行在不同的操作系统上，但是不需要对协议进行任何修改，比如在 Windows、Linux 等操作系统上运行。

Utilities 主要负责通信设备的接口，通过 UTILITY API 进行调用，其中 TRDP XML 用于读取 TCN Open TRDP XML 配置文件的服务接口，TRDP DNR 用于对 IP 和 URI 地址转换的服务接口。

TRDP 的工作模式可分为两种，一种是精简 TRDP，另一种是完整 TRDP，两种 TRDP 工作模式如图 5-66、5-67 所示。

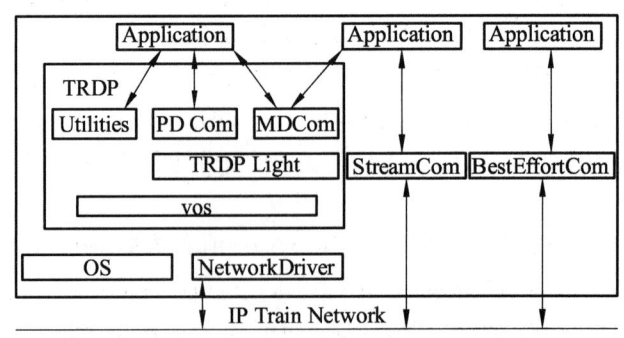

图 5-66　完整 TRDP 结构 – 高级终端设备

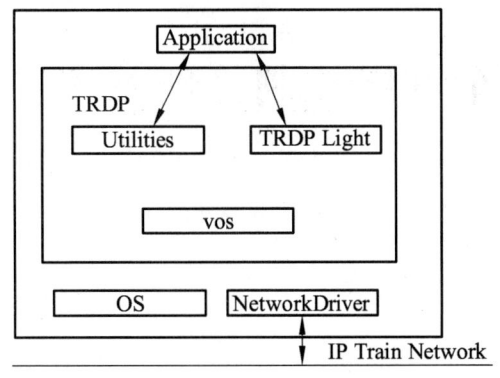

图 5-67 精简 TRDP 结构

TRDP 的这两种工作模式支持不同的设备，如编组或不编组。在完整工作模式下，功能较为全面，每个节点都可以满足多种功能和性能强的要求，如传输一些尽力而为的交付数据和传输流媒体数据等。PDCom 和 MDCom 通信功能只能在完整工作模式下完成。而在精简的 TRDP 工作模式下，设备较完整模式简单，只能完成一些基本的数据传输功能，无 PDCom 和 MDCom 通信功能。

任务拓展

1. 简述什么是列车通信网络。
2. 简述 TCN 网络的结构和工作原理。
3. 简述令牌总线的工作过程。
4. 绘制工业以太网的结构框架。

项目六　列车网络控制管理系统

1. 知识目标
（1）掌握列车网络控制的概念。
（2）掌握各列车网络控制的分类与原理。
（3）了解列车控制管理系统。

2. 能力目标
（1）具有列车网络控制系统的专业知识。
（2）拥有健康的体魄，能适应专业岗位对体质及心理素质的要求。
（3）具有严格执行工作程序、工作规范、工作标准、安全操作的意识。

3. 素质目标
（1）拥护党路线，方针、政策，有奉献精神和创新精神。
（2）遵纪守法，诚信做人、踏实做事。
（3）具有良好的职业道德和公共道德。

项目导入

2021 年 6 月 28 日，由中国中车承担研制的我国首列中国标准地铁列车在河南郑州下线，标志着我国在地铁车辆技术领域取得重大创新突破。为推动城市轨道交通产业持续健康发展，提升我国城轨装备技术水平和核心竞争力，从 2019 年 7 月开始，中国中车联合中国城市轨道交通协会、各地铁公司、科研院校及协作单位共同实施了系列化中国标准地铁列车研制及试验项目，目的是突破关键核心技术，打造适应中国需求、技术先进的"标准化"地铁列车平台，提高我国地铁装备标准化、模块化水平，建立城轨装备中国标准体系。

经过两年的技术攻关，首列中国标准地铁列车成功下线，标志着项目取得重大阶段性成果。据介绍，中国标准地铁列车是以中国标准为主导，采用标准化、模块化、系列化的设计理念，继承既有地铁列车运用经验并结合国内地铁用户需求自主开发的、具有技术引领性的全新产品平台。中国标准地铁列车拥有完全自主知识产权，"中国标准"覆盖率达到 85% 以上。据介绍，此次下线的地铁列车将用于"郑州机场至许昌线"，为采用 GOA4 级全自动驾驶的时速 120 公里 B 型车，由中车四方股份公司研制，是在中国标准地铁列车技术平台下诞生的首个车辆产品，也是首个示范应用的标准地铁项目。

目前，中国标准地铁列车平台下时速 120 公里 A 型车、时速 80 公里 A 型车和 B 型车的研制也在顺利推进中。系列化中国标准地铁列车的研制和示范应用，将推动我国地铁车辆标准体系的进一步完善，引领我国城轨装备"标准化"发展，降低城轨交通全寿命周期成本，增强我国城轨交通装备技术核心竞争力，为实现城市轨道交通高质量可持续发展，助力"交通强国"战略提供重要的装备支撑。

任务一　列车网络控制系统

微课：城轨列车网络
控制系统概述

列车网络控制系统是将列车的各个子系统及相关外部控制电路的信息进行读取、编码、通信传递、数据逻辑运算及输出控制的一个计算机网络系统。该系统好比人类的神经系统，能通过手和眼镜对自身所处的状态、外部环境进行感知和控制，并对不同情况做出一定反应。而在列车上，该系统则是对列车的供电状况、速度、列车运行模式等状态信息进行实时监控和识别，并根据读取到的列车驾驶人员发出的指令信息，对列车上各子系统发出相关控制指令，进行使各子系统产生相应的调整控制，以符合设定的功能要求，实现对列车的有效控制。

列车网络控制系统是列车的核心部件，它包括以实现各功能控制为目标的单元控制机、实现车辆控制的车辆控制机和实现信息交换的通信网络。列车网络系统的发展过程从系统功能来看经历了由单一的牵引控制到车辆（列车）控制，到现在已经进入分布式控制系统的发展阶段。

一、列车网络系统的发展

20 世纪 70 年代末至 80 年代初，车载微机的雏形分别在西门子公司和 BBC 公司出现。开始仅仅是用于传动装置的控制，随着控制、服务对象的增多，人们把铁道系统依次划分为 6 个层次：公司管理、铁路运营、列车控制、机车车辆控制、传动控制和过程驱动，于是列车通信网络在初期的串行通信总线的基础上应运而生，并从原来不同公司的企业标准推向国际标准，逐步形成了列车通信与控制系统的标准化、模块化的硬件系列和全方位的开发、调试、维护、管理软件工具。

1988 年，IEC 第 9 技术委员会 TC9 成立了第 22 工作组 WG22，其任务是制订一个开放的通信系统，从而使得各种铁道机车车辆能够相互联挂，车上的可编程电子设备能够互换。

1992 年 6 月，TC9WG22 以委员会草案（Committee Draft，CD）的形式向各国发出列车通信网（Train Communication Network，TCN）的征求意见稿。该稿分成 4 个部分：第 1 部分总体结构，第 2 部分实时协议，第 3 部分多功能车辆总线 MVB，第 4 部分绞式列车总线 WTB。

总体结构把列车通信网规定为由多功能车辆总线 MVB 和绞式列车总线 WTB 组成。

MVB 的传输介质可以是双绞线，也可以是光纤。在后一种场合，其跨距为 2000 m，最多可连接 256 个智能总线站。数据划分为过程数据、消息数据和监管数据。对过程数据的传输作了优化。发送的基本周期是 1 ms 或 2 ms。

WTB 的传输介质为双绞线，最多可连接 32 个节点，总线跨距 860 m。WTB 具有列车运行和接触处防氧化功能。发送的基本周期是 25 ms。

1994 年 5 月至 1995 年 9 月，欧洲铁路研究所（ERRI）耗资 300 万美元，在瑞士的因特拉肯（Interlaken）至荷兰的阿姆斯特丹（Amsterdam）的区段，对由瑞士 SBB、德国 DB、意大利 FS、荷兰 NS 的车辆编组成的运营试验列车进行了全面的 TCN 试验。

1999 年 6 月，TCN 标准草案正式成为国际标准，即 IEC61735。该标准对列车通信网络的总体结构、连接各车辆的列车总线、连接车辆内部各智能设备的车辆总线及过程数据等内容进行了详细的规定。列车通信网络的标准化对目前和将来的开发设计提供了一个良好的基础，现已交付或投入运营的采用 TCN 的车辆达 600 辆以上，装备 TCN 的车辆数量正在迅速增长，Adtranz、Firema、Siemens 等车辆制造工厂的所有新项目均以 TCN 为基础。

我国列车通信网络的发展可以追溯到 1991 年，株洲电力机车研究所在购买 ABB 公司的牵引控制系统开发工具特别是软件开发工具的基础上，开发出了第一套电力机车微机控制装置，安装于 SS40038 电力机车上。在该装置中，系统被明确划分为人机界面显示级、机车控制级和传动控制级三级，级与级之间通过串行总线连接，形成了二级总线的雏形。其中连接司机台显示器与机车控制级之间的显示总线在"春城"号动力分散电动车组上扩展为贯穿列车连接各动力车的机车控制级与司机台显示器的列车显示总线；连接机车控制级与传动控制级的近程控制器总线在"先锋"号动力分散交流传动电动车组上扩展为连接动力车节点与传动控制单元和 ATP 的中程控制器总线。

近年来，国内机车车辆工业发展迅速，相继开发成功了动车组、350 公里高速列车等产品。这些产品需要对列车的运行状况和故障做出快速准确的判断和处理，而传统的机车车辆控制技术已不能满足这方面的要求。同时，随着电子技术的飞速发展，应用于车辆上的智能设备也越来越多，如集中轴报、电动塞拉门、电子防滑器、电空制动、信息显示等系统都装在 K 型车上。这些系统需要配备大量的控制线路，且有的系统自成一个小型网络，使一个车辆有多种网络存在，各系统间的数据不能共享，信号重复检测。为解决上述存在的问题，引入列车通信网络技术将全列车的智能用电设备连接起来，达到数据共享是非常必要的。90 年代中期，随着动车组在我国升温，对列车通信网络特别是机车的重联控制通信的需求十分迫切。一方面，铁道部开展了列车通信网络研究课题；另一方面，路内外许多单位也先后自发地开展了自我开发、联合开发或技术引进工作，这些工作主要在局域网、现场总线、TCN、通信介质、基于 RS-485 的通信协议等领域展开。例如，上海铁道大学与株洲电力机车研究所合作开发的基于 ARCNET 的列车总线和基于 HDLC 的车辆总线的列车通信网络的研究；上海铁道大学用 CAN 作为连接司机台和列车控制单元的局部总线的研究；国防科技大学用 CAN 作为磁悬浮列车的列车总线的研究；西南交通大学用 RS-485 协议作为摆式列车倾摆特制总线的研究；北方交通大学对通信介质及其转换的研究；大同机车厂对列车通信网结构及其协议的研究和对 BITBUS 的研究；株洲电力机车研究所的基于 FSK 的列车通信的研究，基于 RS-485 协议的局部总线的研究，基于

LonWorks 的列车总线和局部总线的研究，CAN 总线用于列车监控装置和摆式列车局部控制总线的研究，基于 ModBus 的 I/O 局部总线的研究，MVB、WTB 的研究等以及国产化的 MVB 产品与其他公司的 MVB 产品的兼容性试验；四方机车车辆研究所、铁道科学研究院、西南交通大学、武进市剑湖铁路客车附件厂、武汉正远公司等对 LonWorks、MVB、WTB 进行的研究。

以上这些研究，有一些成果得到了应用，其中，"新曙光"号是首列采用 LonWorks 列车总线技术的内燃动车组。在该项目中，LonWorks 列车总线网卡插在成熟的内燃机车微机控制装置 EXP 机箱中。首尾动力车的重联通信通过 LonWorks 列车总线以显示报文方式实现，而 EXP 机箱内的主 CPU 通过机箱背部的并行 FE 总线访问网卡上的双口 RAM 实现信息交换。"神州"号 LonWorks 列车重联通信与此类似，但采用了二路，即设置了一路 LonWorks 冗余通道。

"先锋"号是首列采用株洲电力机车研究所的 TEC 列车通信与控制系统的动力分散交流传动电动车组。在该项目中，每节动车或拖车上都有一个列车总线节点，列车总线贯穿全列车连接各个节点。在每节动车或拖车内，各智能控制设备通过 MVB 或控制器总线与节点交换信息。在司机台显示器上可以选择查看全列车各个设备的状态。

"中原之星"号是第二列采用 TEC 技术的动力分散交流传动电动车组。该项目与"先锋"号项目的主要区别是采用了 MVB 光缆连接一个车组单元内三节车厢的所有智能控制设备（大部分布置在车辆的地板底下）。而整列车仅设置了 2 个列车总线节点，即每个车组单元只设置 1 个列车总线节点。从而从列车总线往下看，好像整个列车是由 2 个基本运转单元构成，简化了控制信号在列车总线上的传递。另外，"中原之星"号的车辆总线、列车总线、列车控制单元、某些重要设备的数字输入/输出通道（如继电器）等采取了冗余措施。

"新曙光"号、"神州"号列车重联通信的成功，特别是"先锋"号、"中原之星"号的较为完备的列车通信与控制系统的成功，标志着我国列车通信与控制系统的发展已经进入实用化的新阶段。

二、列车网络控制系统的功能

列车网络控制系统的功能主要包括：实现牵引控制，即牵引特性曲线的实现和牵引功能的优化；实现列车牵引黏着控制，使列车在各种运用条件下，都能保持轮轨间的牵引力，并尽可能地使机车运用在轮轨间的牵引力实现最大化；实现并联和电路的连接，即逻辑控制功能；实现列车运行过程中的故障信息处理，即进行故障信息的采集、处理、传输、显示和记录，并为列车乘务提供故障的现场处理和排除信息的提示，以及列车运行的状态信息。

任务二　SIBAS 系统

微课：列车网络 SIBAS 控制系统

SIBAS（Siemens Bahn Automatisierangs System）系统是德国西门子公司提供的列车控制系统（见图 6-1），能够实现列车牵引系统控制、信息传输、运行监控和诊断等全部控制任务。SIBAS 系统目前有 SIBAS-16 和 SIBAS-32 两个系列，主要运用到我国早期的西门子进口城市轨道交通地铁车辆中，如上海地铁 1、2 号线车辆使用的 SIBAS-16 控制系统；广州地铁 1 号线车辆使用的 SIBAS-32 控制系统。

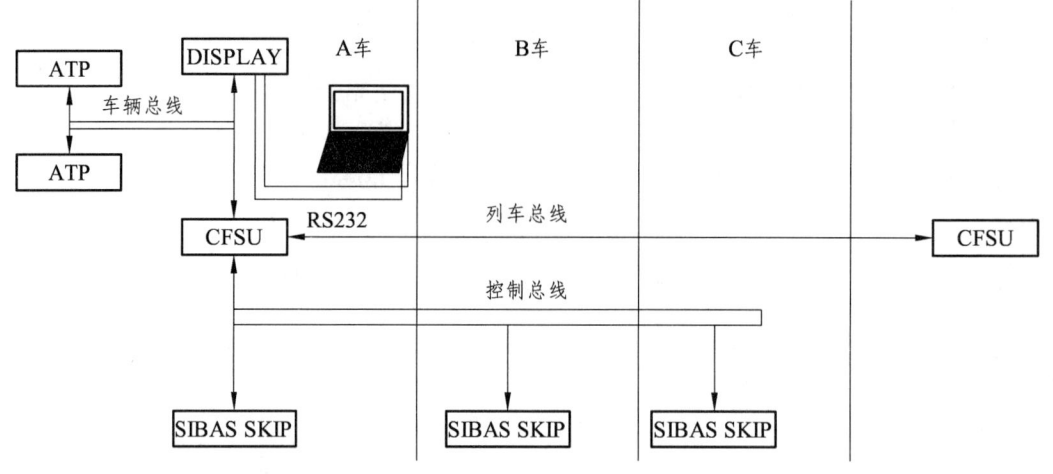

SIBAS—西门子铁路自动化系统；CFSU—中央故障存储单元；KLIP—智能化外围接口。

图 6-1　系统总线组成及结构

SIBAS-16 是典型的第一代微机控制系统，核心部件由 16 位的 8086 型微处理器构成的中央计算机、存储器组件，以及一个或多个控制机（8088，80C188）组成。该系统采用集中式机箱和插件式机械结构，数据的传输采用了 16 位并行总线和 RS-485 标准物理接口及 RS-422 串行总线技术。控制系统由中央控制器集中管理，采用分层结构，即列车控制层、机车控制层和传动层。采用多个串行总线系统，在传输速度和运行记录方面能满足列车控制的要求。但理论上来说，SIBAS-16 本质上还不能算是一个分布式的列车网络控制系统。SIBAS-16 系统在 20 世纪 80 年代和 20 世纪 90 年代曾经获得相当广泛的运用，如德国慕尼黑的轻轨电车、德国联邦铁路的 ET420 型动车组、西班牙的 5252 型机车、美国 AMTRAK 公司的 F69PH 型内燃机车等，上海轨道交通 1 号线早期的直流传动列车 DC01 采用的也是 SIBAS-16 控制系统。

SIBAS-32 系统是西门子公司于 20 世纪 90 年代，在 SIBAS-16 的基础上进一步推出的采用 32 位处理器芯片（Intel 486），并与 SIBAS-16 系统保持接口兼容的系统。SIBAS-32 系统是一个基于 TCN 通信网络的列车控制系统，该系统是按照 TCN 通信网络的结构进行构建的，为此 SIBAS-32 系统设计了智能外围设备连接终端，即 SIBAS KLIP 站。KLIP 站可以自由地分布在列车车辆的各个部位，因此采用了 SIBAS KLIP 的系统能够迅速综合信息和控制指令，并且通过通信总线传输给中央控制装置，同时 KLIP 站的运用还大量减少了传统列车的布线数量。SIBAS-32 系统采用集散控制模式，能够实现列车的牵引系统控制、信息传输、运行监控和诊断等全部控制任务。

20 世纪 90 年代，Siemens 公司在 SIBAS-16 的基础上进一步采用了 32 位芯片（Intel486）的 SIBAS-32 系统，并保持与 SIBAS-16 系统的接口兼容。

一、SIBAS-32 系统的主要特点

SIBAS-32 系统主要应用于中央控制单元（CCU）和牵引控制单元（TCU），其高性能微处理器不仅替代了大量使用的计算机系统，而且肩负了车辆重要功能和所有控制信息的协调处理工作。

为了减少传统机车车辆布线，SIBAS-32 系统设有智能外围设备连接终端，即 SIBASKLIP 站。采用 SIBASKLIP 可以迅速综合信息和控制指令，并且通过一根串行总线传输给中央控制装置。KLIP 站可以很自由地分布在各类车辆上。SIBAS-32 系统采用集散控制模式，能够实现列车的牵引系统控制、信息传输、运行监控和诊断等全部控制任务。

SIBAS-32 系统引入了 TCN 标准的列车网络，不仅大大减少了导线、管路、电缆、连接点和接头数量，简化了硬件系统，而且提供了完善的故障诊断和显示功能。

二、SIBAS-32 系统的 VCU 和 CCU

车辆控制单元（Vehicle Control Unit，VCU）是车辆级的控制单元，而中央控制单元（Central Control Unit，CCU）则是增加了列车级控制与管理功能的 VCU。在 SIBAS-32 系统中，CCU 的功能是可以转移的，根据当前运行的需要（如换向运行或当前的 CCU 发生故障），其功能可以转移至另一节车辆的 VCU 上。因此，系统中的每个 VCU 都具有 CCU 的列车控制和管理功能，可以在需要的时候予以激活。

中央控制单元 CCU 作为列车层的控制和管理器是 SIBAS-32 的核心控制单元，主要实现列车的集中控制与故障诊断功能（CCF 功能），同时还具有车辆级的牵引控制功能（TCF 功能）。CCU 的结构如图 6-2 所示，从图可以看到网关 GW 集成在 CCU 内，但是是一个独立的部分。中央处理器采用 32 位的 CPU 实现系统的控制与管理。中央处理器和 TCN 网关的串行总线接口用于外接计算机设备，可以通过外接的计算机设备对 CCU 和网关进行检查或系统设置。单元内的各插件均通过背板实现电气连接。

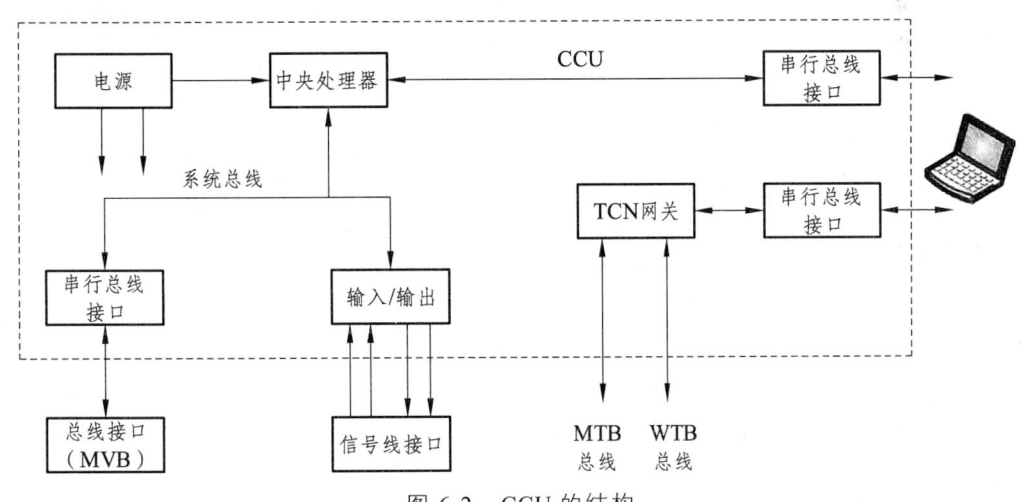

图 6-2　CCU 的结构

CCU 的机械结构采用欧洲标准的 6U 机箱，其中，中央处理器、网关和电源为 6U 的插件，串行总线（MVB）和输入/输出插件为 3U 的插件，机箱底部一般还带有高度为 1U

的风扇层，用于机箱通风和散热。CCU 的机箱结构设计充分考虑了环境因素如温度、振动，以及电磁干扰如静电、电磁辐射等的影响；设置了防止插件位置插错的机械编码机构；采取了保证系统电磁兼容性（Electromagnetic Compatibility，EMC）性能的措施，因此 CCU 具有很强的抗干扰性能和良好的电气连接性能。

三、SIBAS-32 系统的 TCU

牵引控制单元（Traction Control Unit，TCU）是列车的传动级控制单元，主要功能是实现对牵引变流器的控制。TCU 的结构与 CCU 类似，如图 6-3（a）所示。TCU 在结构上增加了一个牵引处理单元，其中的核心为一个高速信号处理器（Signal Processor，SIP），SIP 承担牵引和电制动的闭环控制并产生逆变器模块 IGBT 的触发脉冲、中间直流环节的闭环控制，以及实时传动部分的监控和保护。

TCU 的机械结构设计与 CCU 的结构设计相同，而牵引控制单元设计为 6U 结构的插件，其外观如图 6-3（b）所示，因此 TCU 可以采用 CCU 的机箱，从而具有同样的抗干扰性能和电气连接性能。

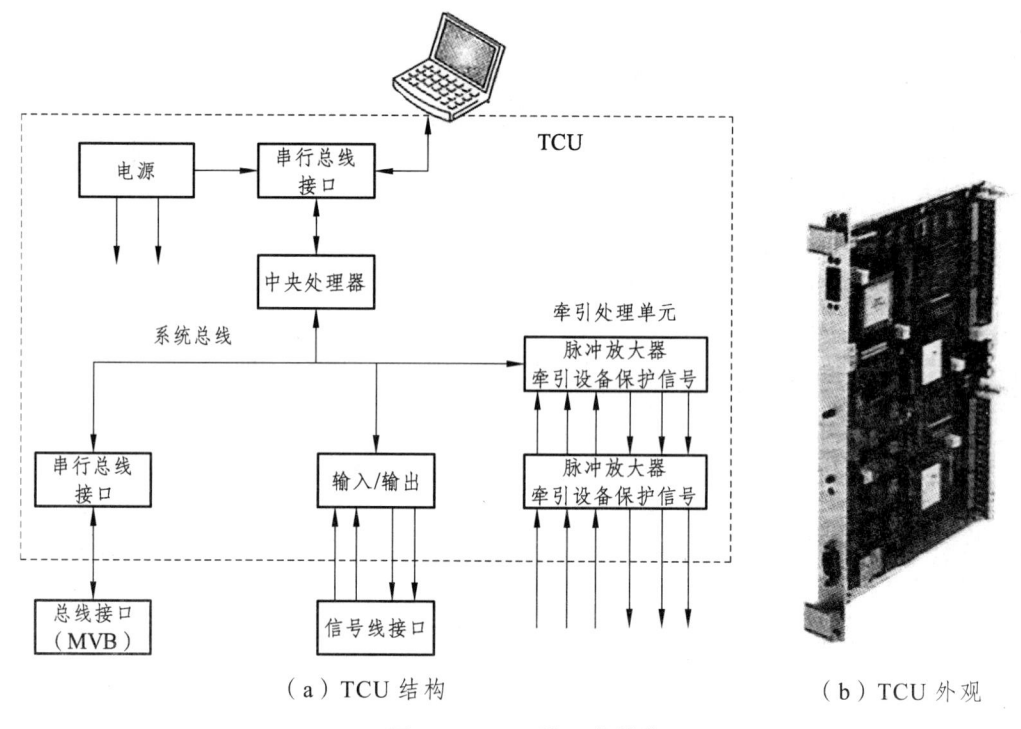

（a）TCU 结构　　　　　　　　　（b）TCU 外观

图 6-3　TCU 单元的结构

四、SIBAS-32 系统的网关（GW）

GW 用于 WTB 与 MVB 之间的协议转换，因此 GW 插件上除了具有两组 MVB（A 线和 B 线）接口和两组 WTB（A 线和 B 线）接口、WTB 和 MVB 的协议控制器，还有一个处理协议转换的微处理器。GW 的电气原理结构如图 6-4 所示。

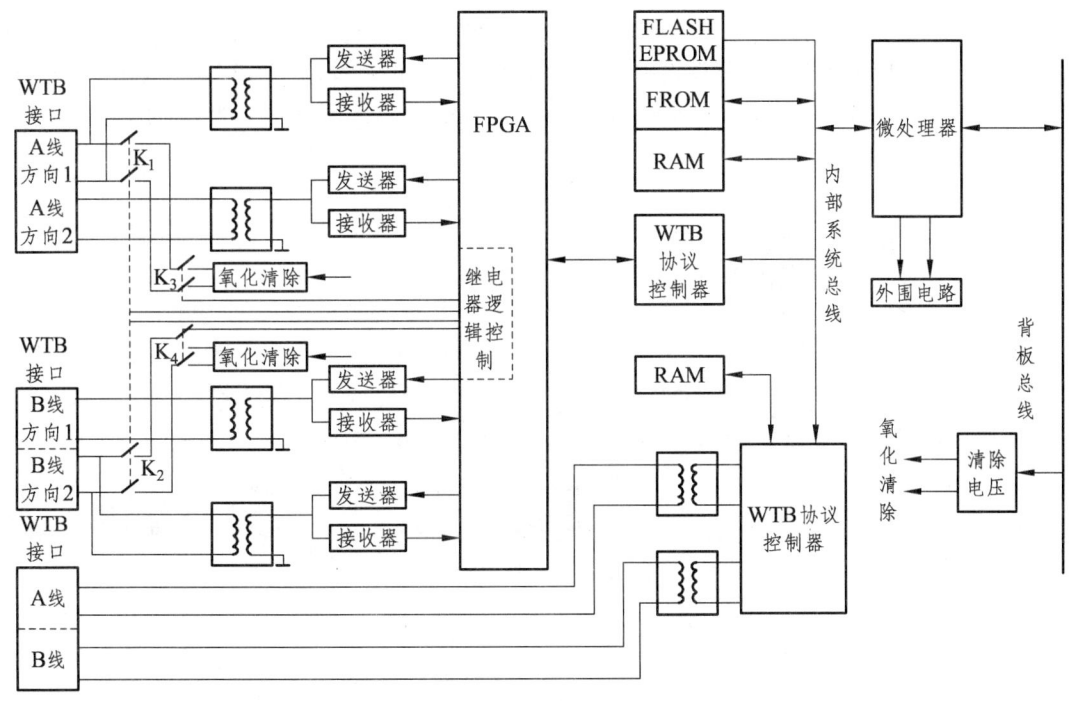

图 6-4 GW 的电气原理结构

WTB 的总线（A 线和 B 线）都具有方向 1 和方向 2 两个方向的接口，用于实现 WTB 的初运行。在 WTB 的初运行时继电器 K_1 和 K_2 是打开的，GW 可以在两个方向上进行总线的连接；初运行完成后闭合继电器 K_1 和 K_2，使两个方向的总线连接起来，形成完整的 WTB 总线网络。氧化清除功能用于清除总线接插件之间的氧化层以保证接插件连接处的低阻抗。根据 TCN 标准的定义，氧化清除采用 DC 60 V 的电压，GW 内部有一个清除电压模块。进行氧化清除时闭合继电器 K_3 和 K_4，使 DC 60 V 电压通过总线作用到接插件上，清除结束断开 K_3 和 K_4。所有继电器的控制由 FPGA 内的继电器逻辑控制功能实现。

五、SIBAS-32 系统的 KLIP 站

KLIP 站是一种信号输入/输出设备，主要功能是采集相关电路的状态信号和输出相关的控制信号。KLIP 站可以分为 CIO（Compact I/O）和 SKS（SIBAS KLIP STATION）两种形式，两种形式的 KLIP 站都具有 MVB 通信能力。CIO 一般主要用于司机操作台，负责采集司控器的信号、司机操作台的控制命令，如升/降弓、分/合主断路器等以及向司机操作台输出一些状态指示信号；SKS 主要用于低压电气柜和一些控制逻辑电路，负责采集低压电路（控制电路）的状态信号和相关控制信号的输出。

六、SIBAS 系统应用

图 6-5 所示为郑州地铁 1 号线的 SIBAS 控制系统，图 6-6 所示为牵引部件和网络结构。其中，CCF（中央控制功能）和 TCF（牵引控制功能）整合在一个 VCU 中，也就是所有计算在一个软件里进行实现。其中包括：①驾驶模式；②闭塞模式（牵引封锁）；③制动

模式（电制动）；④设定值处理；⑤冲击限制；⑥防滑/防空转——车轮空转/滑行控制器（SC）、列车速度漂移保护（DP）、车轮加速控制器（AC）、车轮平台保护（FSP）；⑦力矩计算。

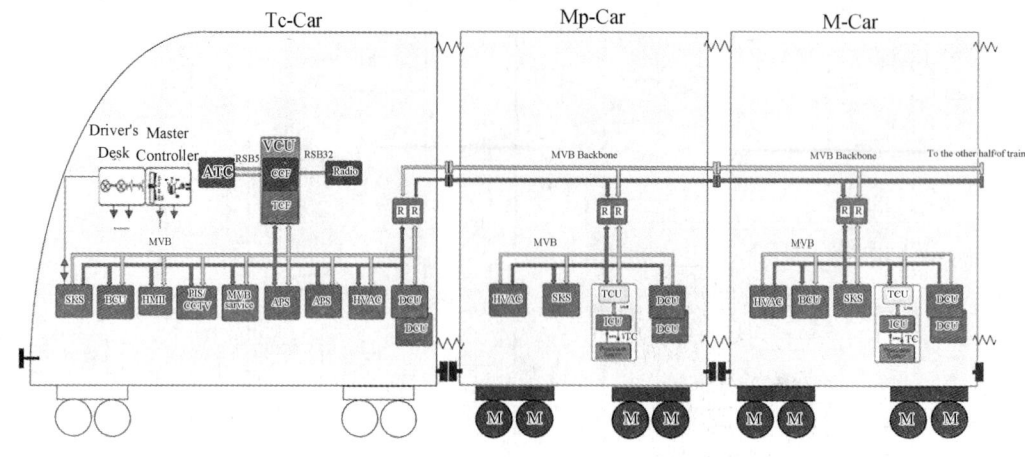

图 6-5　郑州地铁 1 号线 SIBAS 控制系统

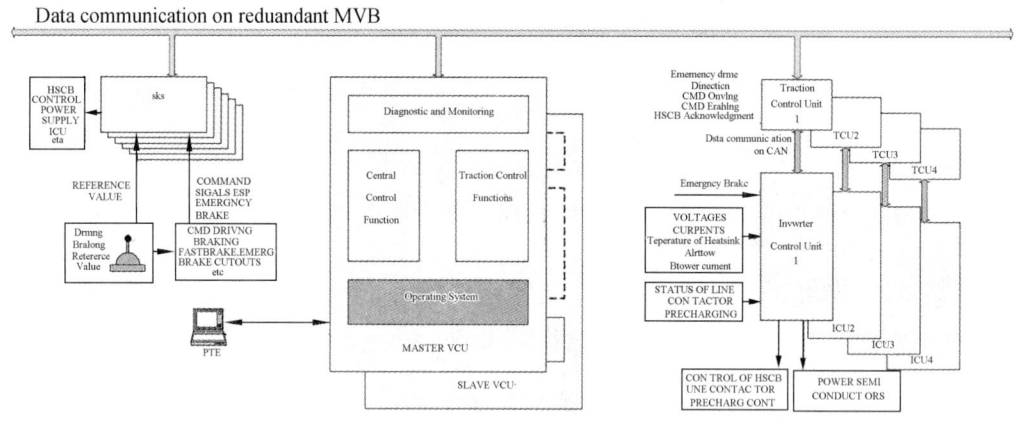

图 6-6　牵引部件和网络

TCF 提供一系列的保护和监视功能用于保护牵引系统和保证列车的安全运行：① HSCB 监视；② 过电压监视；③ 低电压监视；④ 线电流监视（RMS）；⑤ 运行状态间转换的监视；⑥ 能量平衡的监视；⑦ 方向监视；⑧ 温度监视；⑨ 牵引监视；⑩ ICUMVB 通信的监视；⑪ 测量速度监视；⑫ 空转/滑行监视；⑬ 轮径值监视。

任务三　MITRAC 系统

微课：列车网络
MITRAC 控制系统

MITRAC 系统是 Bombardier（庞巴迪）公司的系列产品，包括 MITRACTC（牵引逆变器）、MITRAC CC（列车控制系统）、MITRACAU（辅助逆变器）MITRACDR（牵引驱动器）。公司为了适应不同用户，推出了 MITRAC 500 系列、1000 系列、3000 系列。MITRAC

500 系列具有良好的环境适应性能，主要用于各类轻轨列车；MITRAC 1000 系列的特点是高功率密度和优良的寿命周期成本，主要用于各种类型的动车组，包括城市地铁、城际列车和高速动车组；MITRAC 3000 系列的主要特点是大功率，适用于干线铁路的电力机车和内燃机车。每个系列都包含了 MITRAC TC、MIT-RAC DR、MITRAC AU 和 MITRAC CC 4 个系统。

一、MITRAC CC 微机控制系统概述

MITRAC CC 来源于原 ABB 公司的 MICAS 系统。MICAS 系统是 ABB 公司于 20 世纪 80 年代开发的用于机车车辆和工业控制的微机自动化系统，并形成了包括 MICAS-S、MICAS-L 和 MICAS-E 在内的系列产品。其中的 MICAS-S 系统特别适合于对过程处理速度和性能有很高要求的牵引控制系统，因此 MICAS-S 主要用于铁路的机车车辆控制。MICAS-S 是一个分层控制系统，系统分为列车级控制、车辆级控制和传动级控制，各层有各自的控制功能，层与层之间采用数据通信的方法连接和交换信息。20 世纪 90 年代初期，MICAS-S 系统升级为 MICAS-S2，其技术上的主要特征就是其建立了列车通信网络。列车通信网络由列车总线和车辆总线二级总线型局域网互联构成，列车中各车辆的控制单元节点通过列车总线进行联网，通信介质为 9 芯 EP 电缆或 18 芯 UIC 电缆。列车总线的数据链路控制遵循 HDLC 协议，以移频键控 FSK 方式传输数据，数据传输速率可达 19.2 kb/s。2001 年以后，BOMBARDIER 公司进一步在 MICAS-S2 系统的基础上推出了新一代基于 MVB 总线和 WTB 总线的分布式列车控制与通信系统，并将其定义为 MITRAC 系统中的 MITRAC CC。

MITRAC CC 是一个基于 TCN 通信网络的分布式实时列车控制与通信系统，其适用范围涵盖了干线铁路机车、动车组、城市轻轨列车 LRV 和地铁列车。该系统的核心是 TCN 通信网络，其结构如图 6-7 所示。列车上所有的 MITRAC CC 设备（控制单元）都连接在 TCN 通信网络上，从而可以在各控制设备之间交换程序和诊断数据；允许不同用户之间的互操作且很容易增加新的设备，实现系统扩展。系统的通信网络采用屏蔽双绞线或光纤作为传输介质。在这个基础上 MITRAC CC 还采用了一些符合国际标准的协议作为 TCN 通信网络的应用层协议，如 UIC 556、UIC 557 和 UIC 647，从而使所有在 MITRAC CC 系统中运用的控制单元能够很容易地实现互联互通，具有良好的连接一致性。

从 MICAS-S、MICAS-S2 到 MITRAC CC，系统发展的过程都在轨道交通列车上留下过鲜明的印记，不论是 MICAS-S 还是 MICAS-S2 都在当时的轨道交通列车上获得过相当范围的应用。20 世纪 80、90 年代，由于当时的 ADTRANZ 公司是欧洲最大的轨道交通领域生产制造企业，MICAS 系统在欧洲的铁路列车有着广泛的运用。例如，1992 年瑞士联邦铁路 SBB 在 Re460 电力机车上就成功地运用了 MICAS-S2 系统，用于牵引 IC 2000（Intercity2000）双层客车，这是 MICAS-S2 系统的首次运用，后续的 Re462、Re465 型电力机车也均采用了 MICAS-S2 系统。2000 年以后，BOMBARDIER 公司成为一个世界级的轨道交通设备制造企业，MITRAC 系统因此在世界范围内得到大范围的运用。

欧洲的轨道交通技术对我国铁路和城市轨道交通有着重大的影响，MITRAC 系统在我国的轨道交通列车上也有较大范围的运用。1986 年，我国从欧洲五十赫兹集团购买了

150 台 8K 型交-直传动的电力机车，8K 电力机车当时采用的是电子控制装置，但根据我国的要求，其中 135 号和 136 号两台机车采用了 MICAS-S 系统取代原有的电子控制装置，这是 MICAS-S 系统在我国电力机车上的首次运用。由于我国在购买 8K 电力机车的同时还附带有技术引进，MICAS-S 技术也是其中的一项内容，因此在引进的基础上我国也完成了 MICAS-S 系统的研制。此后，我国的 SS8、SS4B、SS9 等交-直传动电力机车均采用的是我国自行研制的基于 MICAS-S 的控制系统。20 世纪 90 年代后期，我国生产的用于广深准高速铁路的 DJJ1 高速动车组（蓝箭动车组），其微机控制与通信系统采用了 MITRAC CC 系统。2007 年后，我国开始制造和谐号系列动车组，其中的 CRH1 型动车组也是采用的 MITRAC 系列的牵引系统，而控制与通信系统就是 MITRAC CC。另外，在我国的城市轨道交通地铁列车上 MITRACCC 系统也有较大范围的运用，如上海轨道交通的 7 号线列车、9 号线列车、北京地铁的 4 号线列车、14 号线列车、深圳地铁的 2 号线列车等运用的都是 MITRAC CC 控制与通信系统。

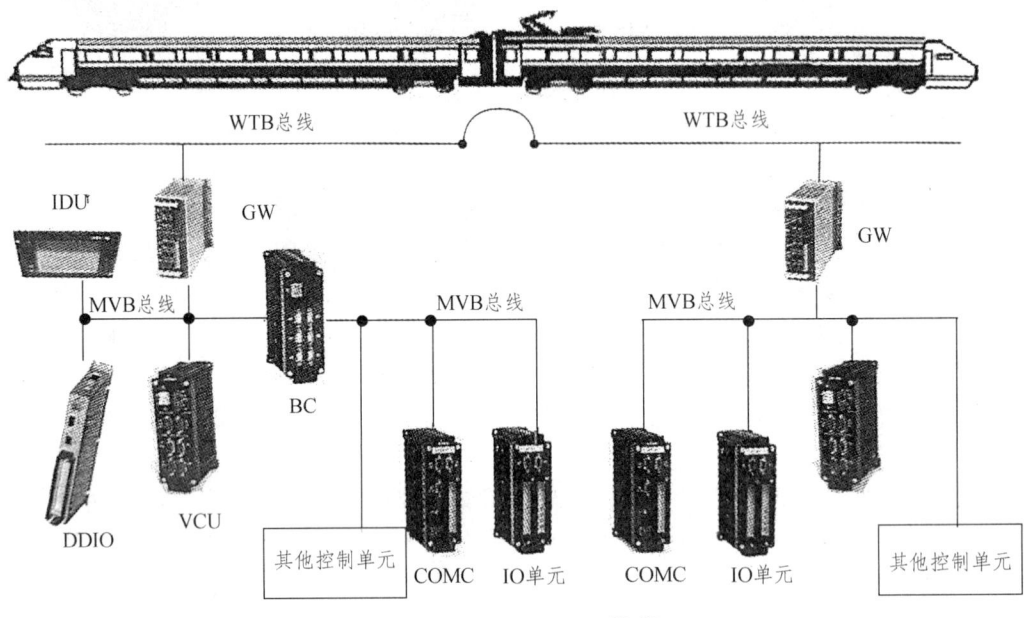

图 6-7 MITRAC CC 结构

二、MITRAC CC 系统的主要功能单元

在 MITRAC CC 系统中没有一般概念的控制柜和机箱，各个功能单元和 I/O 单元均自成一体封装在一个具有良好 EMC 性能的机壳中，每个单元均有自己独立的电源和 MVB 总线接口或 WTB 总线接口，以及其他串行通信总线接口。MITRAC CC 的主要功能单元有车辆控制单元 VCU、通信控制器 COMC、输入/输出单元 IOU 和 MVB 总线耦合器 BC 等。

1. 车辆控制单元（VCU）

VCU（Vehicle Control Unit）是用于列车和车辆控制的主处理器单元，所有连接在 MVB 上的单元都受 VCU 控制。VCU 本身包括了处理器（CPU）模块、通信模块和电源模块。CPU 模块具有一个 32 位数据总线的中央处理器芯片、带有至少 4 MB 的 FLASH

EPROM 和 SRAM，以及设置在由电池供电的存储芯片上的数据记录器及故障记忆存储器。通信模块具有两路 MVB 总线的接口及其他一些串行通信接口（如 RS-232 等）。VCU 的电源为 DC 110 V。VCU 的机械和电气设计适合的环境温度为 -4 ~ +70 ℃，并且能承受轨道车辆运行中所要经受的冲击和振动。VCU 的结构外形如图 6-8 所示。

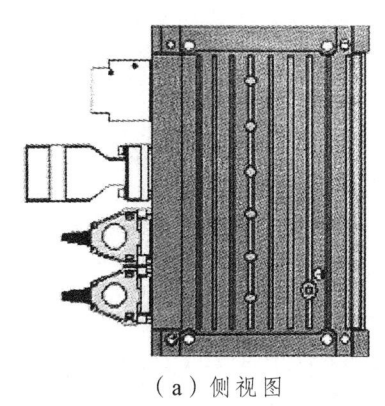 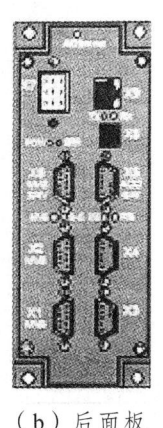 

（a）侧视图　　　　　　　（b）后面板　　　　　　　（c）整机

图 6-8　VCU 的结构外形

2. 通信控制器（COMC）

COMC（Communication Controller）是一个通信接口的转换单元，主要是将 MVB 的接口转换为其他串行通信接口，如 RS-485 和 RS-232。这是 MITRAC CC 系统为那些不具备 MVB 总线接口的设备而设置的接口转换装置。

COMC 一般具有两个 MVB 的接口，一个 RS-485 的接口和两个 RS-232 接口。COMC 可以通过面板的插座实现 MVB 设备地址的设置。COMC 的外形如图 6-9（a）所示。

3. 输入/输出单元（IOU）

MITRAC CC 系统的 IOU（Input/Output Unit）是一种实现信号转换的功能单元，主要作用是将外部的各种开关量信号或模拟量信号转换为可以在 MVB 总线上传输的数据，或将 MVB 数据转换为数字量和模拟量信号输出。根据 TCN 协议对设备的定义，IOU 均属于 1 类设备。

MITRAC CC 系统的 IOU 主要有 4 种形式：数字量输入/输出单元（DX）、模拟量输入/输出单元（AX）、数字量输入单元（DI）和司机操作台输入/输出单元（DDIO）。DX 同时具有多个数字量输入通道和数字量输出通道，基本标准为 10 个数字量输入通道和 6 个数字量输出通道；AX 则同时具有多个模拟量输入通道和模拟量输出通道，标准为 2 个模拟量输入通道和 2 个模拟量输出通道；DI 只有单一的数字量输入，基本标准为 16 个数字量输入通道。DX、AX、DI 单元的电源采用 DC 110 V。IOU 中的 DX、AX、DI 具有相同的外形结构，其外形如图 6-9（b）所示，DX、AX、DI 的设备地址可以通过面板上的插座进行现场设置。

DDIO 单元是一种特殊的 IOU，专用于配合司机操作台控制信号的输入/输出，DDIO 的外形如图 6-9（c）所示。DDIO 单元一般有 20 个数字量输入通道、12 个数字量输出通道、2 个模拟量输入通道和 2 个模拟量输出通道。2 路模拟量输入通道是特别设计为采集牵引和制动控制器的手柄位置信号，模拟量输出可以用于司机操作台上的仪表显示。DDIO 的供电电源采用 DC 24 V。

  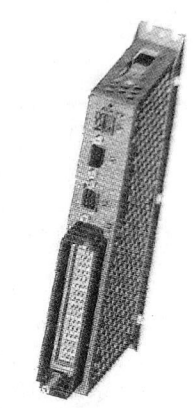

（a）COMC 的外形　　　　（b）DX、AX、DI 的外形　　　　（c）DDIO 的外形

图 6-9　MITRAC CC 结构

4. 总线耦合器（BC）

BC（Bus Coupler）用于加强总线传输的信号强度，以便连接两个 MVB 总线段。BC 的外形如图 6-10（a）所示。MITRAC 系统的 BC 一般具有两组端口，可以分别应用于 EMD 总线段和 ESD 总线段。BC 采用 DC 110 V 电源。

5. 智能显示单元（IDU）

MITRAC CC 系统中的 IDU（Intelligent Display Unit）用于司机操作台上的运行状态显示和列车故障显示，也可以调阅各个功能单元记录的故障数据。显示屏采用 10.4 英寸的彩色 TFT 液晶屏，标准分辨率为 640×480，可显示 256 种颜色。IDU 可以采用标准的 PC 键盘，也可以采用触摸屏。图 6-10（b）所示为 IDU 的外形。

IDU 具有两个 MVB 接口、一个 RS-232 接口，电源为 DC 110 V。IDU 工作的温度范围为 0 ~ +50 ℃。

 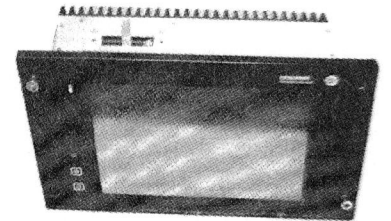

（a）总线耦合器的外形　　　　　　（b）智能显示单元的外形

图 6-10　BC 和 IDU 的外形

三、MITRAC CC 的软件

MITRAC CC 的软件由系统软件和应用软件构成。

系统软件是一个服务于 MITRAC 系统的功能性软件，是一个建立在通用的实时多任务操作系统 VxWorks 基础上的系统功能软件。系统软件包含两个主要功能，监控功能和时间定时功能。监控功能本质是一个操作系统与用户（系统维护人员）的接口，系统维护工程师可以在系统运行期间通过这个接口对系统进行测试和故障跟踪。维护工程师使用数据终端或便携式 PC 通过 RS-232 通信接口进入监控功能，根据系统已经定义的信号名称（以符号表示）以及其所在的程序模块，维护工程师能够寻址到这些信号，进行信号参数的检查或改变某些信号的参数值。时间定时功能实质是一张定时时间表，时间表中所有需要执行控制任务的应用程序都按时间顺序排列，系统按时间表执行各应用程序，实现实时控制。

MITRAC 系统的应用软件都采用图形化的符号即功能块语言编制，这些图形化的符号既描述了该功能块的功能，也注明了功能块的执行方法。MITRAC 的图形化符号需要在系统的开发平台上通过专用的编译器翻译成系统处理器（CPU）能够执行的机器码。从 MICAS-S 开始，系统采用了一种称为 FUPLA 的图形编程工具进行编程。FUPLA 编程的方法是选择、调用功能库中的功能块，将这些功能块的输入、输出引脚连接起来而形成程序。功能块实质上是以图形表示的为实现某一特定功能的子程序，用户只需要了解功能块的输入/输出引脚性能，无须知道其内部的原理。编程过程中也可以将几个功能块组合成一个宏功能块来完成一个程序段功能。FUPLA 的功能库为用户提供了一定数量的功能块，用户也可以自行开发功能块来扩充功能库。FUPLA 程序是一种树状的分层结构，高层为任务层，中间层为功能层，底层为程序段或功能块。FUPLA 要求用户必须为每个任务设置一个存储域，用于存放功能块运行所要求的堆栈和暂存单元。FUPLA 这种图形表示程序的方法非常直观，简化了编程的过程，且程序的修改、调整也非常方便。FUPLA 特别适合过程控制系统，因而这种采用图形化语言的编程方式被 MITRAC 系统一直沿用下来。

四、MITRAC CC 系统的主要特点

（1）符合各种国际标准（EN50155：车辆上的电子设备标准；ENV50121-3-2：铁路应用电磁兼容性的标准；ENV50204：数字无线电话电磁场辐射标准；IEC61375-1：列车通信网络标准；IEEE1473：1999 中关于列车通信协议标准；UIC556/557 列车中信息传输的诊断标准），具有开放接口。

（2）该系统器件结构紧凑，电源直接由列车蓄电池供电，可以实现分布式安装且不需要额外的加热或制冷，器件配线最少，质量显著降低。

（3）用线少，通过冗余增强系统的可用性，传感器的短距离连接和 I/O 设备接口减少了冲突。可测性和模块化使系统配置离火，并可兼容和连接以前不同的列车控制系统。

（4）该系统具有自诊断功能。诊断功能组合在监控系统中，通过数据可视化的远程交付式诊断、车辆跟踪详细目录、GPS 系统、货物跟踪、旅客载量数据等方式，进行实时监控和故障诊断，提高了应用的可靠性。

（5）支持远程无线数据恢复系统。系统可以支持轨旁无线系统通信，如 GSM/R 和无线局域网。因特网和企业互联网作为客户端调的访问介质，通过 MVB 或者其他的通信方式连接车辆通信系统。国外先进的 MITRACCC 系统可通过提供连接到运行车辆上的数据来实现远程维护，增强维护服务质量；并允许诊断和操作数据直接通过因特网传递给列车系统的操作者。系统使用开放的标准，如移动电话、无线局域网，以及因特网相关的通信协议。

（6）提供 MITRAC CC 远程控制平台。MITRAC CC 远程平台使用互联网技术和移动通信，结合庞巴迪公司的铁路专用技术，开发出新技术以降低维护成本，推进整个系统的可靠性。MITRAC CC 远程平台提供多种服务，通过标准接口访问车辆。由于服务本身来源不同的厂商，该远程平台不接受未经授权调的厂商的访问，同时保证在线的控制通信系统不冲突。

MITRAC CC 系统的发展过程与 TCN 通信网络的关系密切，一方面，TCN 通信网络是在吸收、借鉴了 MICAS 系统的技术而建立的一个国际标准；另一方面，TCN 通信网络标准在 MITRAC CC 中的运用使 MITRAC CC 成为一个性能优良的列车控制与通信网络。从 MICAS-S、MICAS-S2 到 MITRAC CC 的发展过程中可以发现，其技术的提高主要表现为处理器芯片性能的提高、系统的集成化和通信网络的运用。因此，通信网络对列车控制系统性能的作用是极为关键的。

MITRAC CC 系统是 TCN 通信网络又一个成功运用的典范，同时 TCN 网络的运用也使 MITRAC CC 系统乃至整个 MITRAC 系统成为一个享誉世界的国际品牌。

五、MITRAC 系统应用

MITRAC 列车控制通信系统的核心是 TCN（列车通信网络）标准，允许不同用户之间的相互操作。交换信息使用的传输介质为屏蔽双绞线或者光纤，列车上所有 MITRAC CC 器件都连在一个网络上，从而可以交换程序和诊断数据，很容易增加新的设备。在 MITRAC 中没有控制柜和机箱，而是各个控制单元或 I/O 单元均自成一体封装在一个具有较好的电池兼容性能的机壳中。每个车体均有自己的电源和车辆总线接口。图 6-11 和表 6-1 显示了广州地铁 2 号线列车 MITRAC CC 的微机控制系统总体框架。

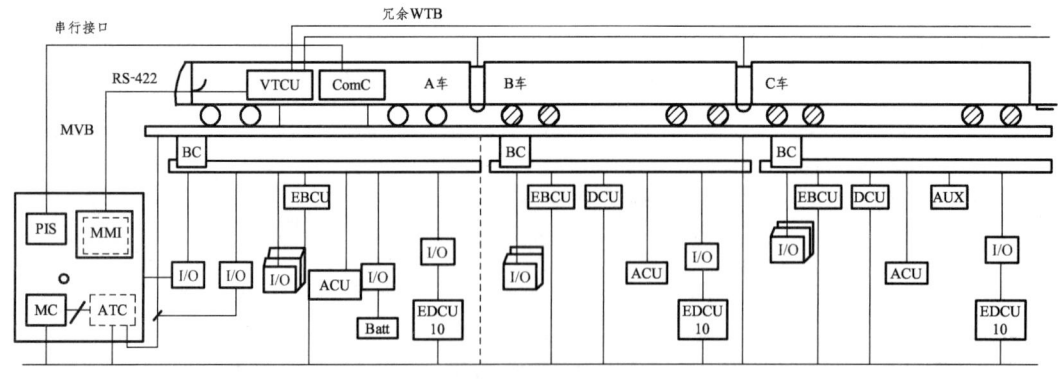

图 6-11　广州地铁 2 号线列车 MITRAC CC 控制通信系统

表 6-1 微机控制系统组成

序号	代号	名称	序号	代号	名称
1	ACU	空调控制单元	10	I/O	标准输入/输出单元
2	ATC	列车自动系统	11	MC	主控制器
3	AUX	辅助变流器控制单元	12	MMI	驾驶室显示单元
4	ComC	通信控制器	13	MVB	多功能车辆总线
5	Batt	蓄电池充电控制	14	PIS	乘客信息系统
6	BC	总线连接器	15	TCC	列车控制与通信
7	DCU	牵引控制器	16	VTCU	列车控制单元
8	EDCU	电动车门控制单元	17	WTB	列合成总线
9	EBCU	制动控制单元			

图 6-11 所示的列车微机控制系统由列车总线和多功能车辆总线两部分组成，它们在关键区域提供冗余，即 WTB 或 MVB 中的单点故障不会导致列车运行停止。列车控制分为列车控制级、车辆控制级以及子系统控制级三级（包括牵引控制、气制动控制、辅助电源控制、门控制、空调控制、乘客信息控制等）。列车控制级上的 WTB 通过安装在每个单元 VTCU 中的大功率网关与 MVB 相连，进行数据交换。列车控制级和车辆控制级与每个 3 节车单元的 VTCU 构成一个整体，执行如下的主要功能：通过 WTB 进行列车控制；总线管理和过程数据的通信；监督和诊断；通过 MVB 在各个子系统之间进行通信；提供与外部 PC 机之间的服务端口等。各部分功能如下：

（1）列车总线（WTB）与多功能车辆总线列车总线（硬线连接总线 WTB）连接着两个 3 单元的 VTCU，两个 VTCU 之间通过 WTB 进行通信。多功能车辆总线 MVB 与车辆及列车控制单元 VTCU 直接连接。VTCU 包括多功能车辆总线控制器，大容量的事件记录器等，可以对车辆总线通信进行管理。VTCU 通过 MVB 与车辆所有子控制系统进行数据交换，实现列车控制和车辆控制，车辆控制级、子系统控制级以及本车与同一单元的其他车之间通过本地车辆总线进行通信和数据传输。

（2）车辆及列车控制单元（VTCU）为带集成诊断功能和控制功能的车辆与列车控制装置，每三节车厢单元拥有一个 VTCU，作为总线管理主机，它是一个带有 32 位数字处理器、8 MB 闪烁内存的微机控制单元，还包含静态电池缓冲 RAM、串行接口、独立电源。

（3）列车管理系统（TMS）是以 VTCU 为核心的一个列车控制系统，是列车微机控制和网络系统的重要组成部分，由列车控制级的多台计算机系统和一些专门开发的高处理速度的微机组成。TMS 负责列车的控制、监控和诊断，该系统可以为列车子系统控制和模块提供各种实时控制信号。

（4）列车故障诊断（VTCU）通过列车微机控制和网络系统接收从各个子控制系统或 I/O 控制单元传来的故障报告，并附带所选择的环境数据和相应的时间参数。所有列车运行所需的关键的诊断信息则是通过安装在驾驶室驾驶台上的 TFT 液晶彩色触摸式显示器来显示。显示器的内容分别有中、英文显示，对不同的使用者设置了不同的权限，分为驾驶模式界面和检修模式界面。

列车故障诊断系统对所有重要的故障信息的记录均给出了跟踪数据,并能通过分析数据显示连续的牵引、制动曲线图形,对于每个直接连接到 MVB 总线上的子控制单元,均要求诊断系统能诊断并显示到最小可更换部件的故障。

任务四　DETECS 系统

微课：列车网络
DTECS 控制系统

一、DETECS 控制系统介绍

DTECS（Distribute Train Electric Control System）系统是我国南车集团自主研制、开发的分布式列车通控制系统,适用于干线铁路的各型电力机车、内燃机车以及高速动车组,也适用于城市轨道交通的地铁列车、轻轨列车和有轨电车。DTECS 系统以 TCN 通信网络为核心,采用了先进的计算机技术、通信技术、控制技术及模块化设计技术,能够实现轨道交通列车所要求的各种控制功能。该系统是专为轨道车辆的列车控制和通信而设计的一套车载计算机系统,它控制并监视整个列车,包括车载硬件、操作系统、控制软件、诊断软件、监视软件和维护工具。

DTECS 系统的研制、开发起步于 20 世纪 80 年代末,通过对 MICAS-S 技术的引进消化和吸收,又历经 20 多年的自我创新和发展,特别是 20 世纪 90 年代后期 TCN 网络通信技术在系统中的自主开发运用,DTECS 系统已经逐步成为一个技术成熟、运用可靠的分布式列车控制与通信系统。目前,DTECS 系统在我国轨道交通领域无论是干线铁路的电力机车、动车组还是城市地铁列车和轻轨列车均有广泛的运用,并且在我国出口的电力机车和城际动车组上也获得相当程度的运用。

DTECS 是一个分布式控制系统,它分布于整个列车的各个智能单元。这些单元可分别安装于车下设备箱、驾驶台或车厢内的电器柜中,各不同的分布式单元将使用 TCN 总线连接起来。

二、DETECS 系统结构及特点

1. DETECS 系统结构

DTECS 系统是一个采用模块化结构的分布式列车控制系统,各功能单元都是能独立工作的智能化模块,通过 TCN 通信网络将各个功能单元模块连接并组成一个分布式列车控制系统。DTECS 系统的结构如图 6-12 所示。

DTECS 系统的主要功能单元模块包括车辆控制模块（VCM）、模拟量输入/输出模块（AXM）、数字量输入/输出模块（DXM）、MVB 通信模块（即 MVB 通信网卡）、TCN 网关模块（GWM）、智能显示器（IDD）、便携式测试装置接口（PTD）、事件记录模块（ERM）、通信转换模块（BCM）和通信接口模块 RCM。这些单元可分别安装在车下设备箱中、司机操作台或车厢内的控制柜中,使用符合 IEC61375-1 标准的 TCN 总线连接起来。这种系统最明显的优点是显著减少了各箱柜之间的连线,并方便将来对系统功能的扩展。总线的

扩展比较简单，只需增加一根连接到该单元的网络电缆线并更新应用软件，就能和新的单元进行通信。

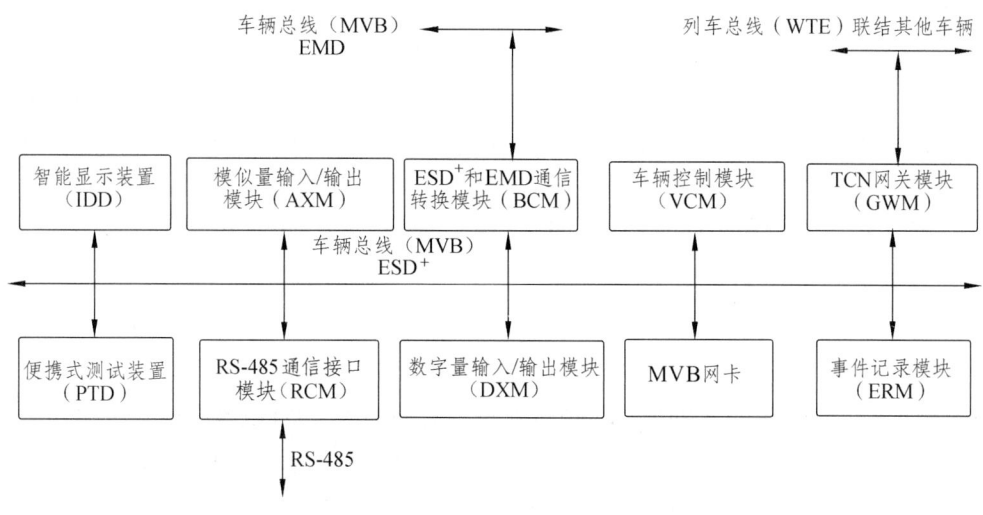

图 6-12 DTECS 系统的结构

DTECS 的系统结构以 TCN 通信网络为核心，将分布于整个列车的各个智能单元联结成一个列车控制网络，能够实现列车要求的各种控制功能和列车试验、诊断等功能。

2．DETECS 系统主要特点

这种系统的最大和最重要的优点是：显著减少各箱柜之间的连线，并方便将来对系统功能的扩展。总线的扩展比较简单，只需增加一根连接到该单元的电缆线，并更新应用软件就能和新的单元进行通信。系统设备采用模块化设计，其系列产品不仅适用于各种牵引系统的控制，而且适用于列车的控制，也可以用于列车监控系统，如 DTECS 系统应用于深圳地铁 1 号线增购车辆中。由于该系统构成的灵活性，可以很方便地适应不同形式的列车编组。

DTECS 广泛地采用电子控制设备和串行数据通信来代替继电器、接触器和直接硬连线，并且通过网络连接各个子系统的控制设备，能够减少继电器、接触器、列车布线、端子排和连接器连锁的使用。控制系统中具有电子控制机监控设备的子系统包括：列车控制单元、牵引逆变器控制单元、辅助逆变器、驾驶显示器、空调控制系统、门控制系统、制动控制系统。

三、DETECS 系统功能单元

1．车辆控制模块（VCM）

车辆控制模块（VCM）是一个基于 MVB 总线通信的车辆控制模块，主要实现车辆级控制、通信控制、总线主管理及故障存储和数据下载等功能。在 DTECS 系统中，VCM 负责整个 MVB 总线通信的管理，也就是 MVB 总线主即总线管理器，其他 MVB 设备则均为从设备 MVB 总线管理器负责管理 MVB 网络中的介质分配功能即负责调度其他从设备周期性数据的周期性发送；调度偶发性数据（如消息数据）的发送顺序和优先级等。如果同时存在多个可以作为主设备的 VCM，则必须通过某种仲裁的手段确保只能有一个管理总线的主设备（即总线主），其他的主设备只能作为备用的总线主。总线主在这些主设备之间可以进行控制主权的转移，并且通过这种方法实现 DTECS 总线主的冗余。

VCM 模块的结构主要包括一块处理器模板（CPU 板）和一块电源接口模板，通过一个 40 针的联结器相连接，分别固定在 VCM 外壳的下盖板上。输入 VCM 电源接口板的电压范围为 DC 77～137 V，输出电压为 DC 5 V。整个 VCM 系统的电源同时采用了直流变换（DC/DC）电源和低压差线性稳压电源（Low Drop Out regulator，LDO），保证了系统整体效率与可靠性；同时，VCM 电源还具有掉电保护功能，在外部电源掉电后，模块电源能够继续维持大约 800 s 的时间供电，供 CPU 执行相关的保护逻辑和相关故障数据的保存。CPU 模板的结构如图 6-13 所示。

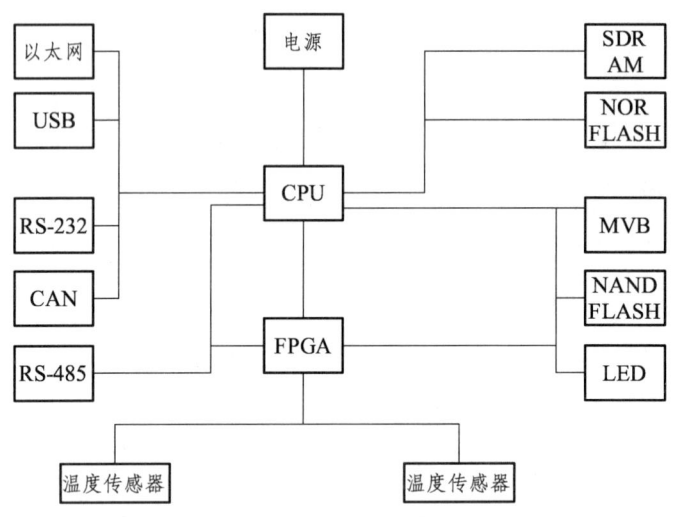

图 6-13 CPU 模板的结构

CPU 模板的设计选择了 NTEL IXP425 处理器为核心来构建系统平台。IXP425 是 INTEL 公司推出的嵌入式网络通信处理器，主频为 533 MHz、带浮点运算单元（FPU）、支持高速率的 SDRAM 存储器、存储控制器工作频率最大可到 133 MHz，并集成有 3 个高性能网络处理器内核：NPEA、NPEB 和 NPEC。该处理器的 X Scale 内核将高性能 32 位处理器与双精度浮点单元、32KB 的指令缓存、32KB 的数据缓存、数据缓冲内存管理单元、指令缓冲内存管理单元等集成在一起。芯片的其他功能还包括高性能存储控制器、中断控制器、DMA 控制器、PCI 控制器、USB 控制器、PC 接口等。这种高集成度、低功耗、低成本的嵌入式微处理器非常适合在工业控制、网络通信、交通控制等领域应用。

2. 模拟量输入/输出模块（AXM）和数字量输入/输出模块（DXM）

模拟量输入/输出模块（Analog IO Module，AXM）和数字量输入/输出模块（Digital IO Module，DXM）均设计为 TCN 标准中的 1 类设备，主要功能是实现信号的转换，可以进行过程数据的 MVB 通信。AXM 模块包含 6 路实时采集的模拟量输入信号通道（A）和 4

路模拟量输出信号通道（AO）。DXM 模块包含 16 路独立的数字量输入通道（DD）和 6 路独立的数字量输出通道（DO）。

3. 总线耦合模块（BCM）和 RS-485 通信接口模块（RCM）

BCM（Bus Coupling Module）模块的功能是实现 MVB 总线的 ESD 和 EMD 的介质转换。ESD+的接口驱动采用光电隔离的 RS-485 驱动器，适合于车厢内的短距离传输；EMD 采用的是变压器驱动，能够支持较长距离的传输。因此，当 MVB 总线需要实现较长距离的传输（如跨车厢传输）时，可以使用 BCM 模块将 ESD 接口转换为 EMD 接口。

RCM（RS-485 Communication Module）模块用于 MVB 总线与 RS-485 串行通信总线的转换，可以将一些不具备 MVB 总线接口的设备连接至 MVB 总线上，实现过程数据通信。RCM 模块具有 2 个 MVB 接口和 4 个 RS-485 标准的接口。

4. TCN 网关模块（GWM）

网关模块 GWM（Gateway Module）是 DTECS 系统的核心模块，属于 TCN 标准定义的 5 类设备。GWM 具有管理 WTB 网络的功能，可以实现 WTB 与 MVB 总线的转换及 WTB 总线的初运行。GWM 的外形与结构如图 6-14 所示。

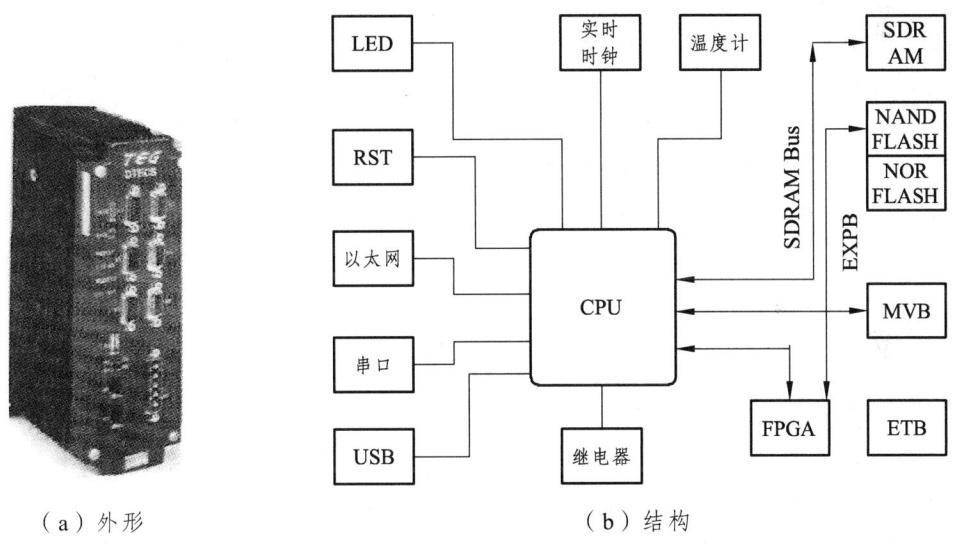

（a）外形　　　　　　　　　　（b）结构

图 6-14　GWM 网关外形与结构

GWM 应用层软件的编程语言采用符合 IEC61131-3 的 ISAGRAF 语言，它包括结构化文本 ST（Structured Text）、梯形图 LD（Ladder Diagram）、指令集 IL（Instruction List）、功能块图 FD（Function Block Diagram）和流程图 FC（Flow Chart）等 5 种用于可编程设备的编程语言。ISAGRAF 运用编程工具 Workbench 产生与目标无关的代码 TIC，TIC 代码被 ISAGRAF 虚拟机解释和执行，并通过 ISAGRAF 虚拟机提供的 API 接口与底层用户任务连接，从而完成特定的用户应用功能。

GWM 软件采用一种模块化的分层结构，由底向上各层依次为设备驱动层、操作系统内核、实时任务层、ISAGRAF 虚拟机和 ISAGRAF 应用程序。GWM 的操作系统采用的是实时多任务操作系统 VxWorks，设备驱动层的 BSP 驱动程序包由操作系统提供或由用户自己编写。实时任务层主要是 RTP 协议的实现和列车的故障诊断及记录等其他任务，其中，RTP 协议主要完成 WTB 和 MVB 过程数据、消息数据的传输、接口及处理以及网络的管理。ISAGRAF 虚拟机作为一种特殊的用户任务，负责对 ISAGRAF 应用程序代码 TIC 的解释和执行及与调试终端和其他应用任务的接口。这种模块化的分层结构可以最大限度地简化应用软件的开发，极大地提高应用项目的开发效率。

GWM 将所有电路封装在一个较小的铸铝模块中，具有结构简单、体积小、成本低、可靠性高等优点。

5. 便携式测试装置接口（PTD）

PTD（Portable Test Device）接口是外部计算机进入 TCN 通信网络的接口装置，它连接在 MVB 总线上，通过它的 RS232 端口可以连接外部的计算机。外部的便携式计算机测试设备通过 PTD 进入 TCN 通信网络（MVB 总线），能够进行在线的数据采集、调试、数据分析和数据的上传及下载。为此，要求接入通信网络的计算机测试设备必须具有 TCN 标准定义的 4 类设备的能力。

6. 事件记录模块（ERM）

ERM（Event Record Module）主要用来实现故障记录和事件记录。为此目的模块配置了大容量的 NAND Flash，用于存储记录的数据。ERM 记录的数据内容主要有按时间间隔定时记录的正常运行状况和故障发生时的故障数据，故障发生时的运行状态，其他相关设备的状态数据及故障发生点的前后时间段的状态数据。

ERM 的记录数据可以通过列车的通信网络调阅，并且支持多种模式的故障数据查阅。ERM 的记录数据也能够通过 PTD 端口下载至便携式计算机测试设备。

四、DETECS 系统的网络通信

1. MVB 总线通信

DTECS 系统的 MVB 总线物理层采用了光电隔离的 ESD 和变压器隔离的 EMD 两种传输介质。MVB 的过程数据采用源地址的广播方式，采用 F-code=0、1、2、3、4 这五种过程数据报文，按照固定周期进行循环发送。DTECS 系统除 CM 外，每个功能模块都支持过程数据传输。

MVB 消息数据通信主要用于诊断数据、故障数据、状态数据等非周期数据的传输。在每个基本周期内，主设备都要发送一个 F-code=9 的询问主帧，发起一般事件轮询；如果仅有一个设备响应事件询问，那么将由该设备发起一次消息数据通信；如果有多个设备响应询问，则需要进行事件通信的查询，即通过组事件轮询帧 F-code=13 和单一事件轮询帧 F-code=14 来确定所有响应的设备并进行排队，然后逐个处理。系统中仅具有消息数据通信功能的设备才具有响应事件轮询的功能。

MVB 监督数据主要用于实现设备状态轮询（F-code=15）和主权转移（F-code=8）。主权转移功能主要实现总线主功能在多个设备之间进行轮转，可以提高总线的可用性。

DTECS 系统所有设备都支持设备状态轮询，仅有 VCM、GWM 和 PTD 具有主权转移功能。

2. WTB 总线通信

DTECS 系统采用 FPGA 芯片实现 WTB 协议控制器，可以实现帧的编码、解码、总线监测及切换控制、报文的发送和接收，以及中断的产生和控制等。FPGA 的运用既保证了协议控制器的可靠性，又可以避免采用专用的定制芯片带来的其他风险。

系统上电后由默认的主节点发起列车的 WTB 初运行，通过发送命名帧（Naming Request）、状态帧（Status Request）、拓扑帧（Topography Request）等对加入的节点进行命名和指定新的地址。主节点可以通过发送设置端节点帧（SetEnd Request）和设置中间节点帧（SetInt Request）来实现通信通道的转换。

WTB 的主设备通过定期地发送存在帧（Presence Request）来对端节点进行轮询，以确定是否有节点从编组中脱离。如果检测到端节点的缺失，将发送取消命名帧（Unnaming Request），解编整个编组，然后重新启动初运行过程，形成一个新的编组。

WTB 过程数据的发送同样采用广播模式，WTB 总线主节点按照固定的周期对每个节点进行过程数据轮询，相应的从节点将发送过程数据从帧到总线上，每个节点都可以接收到该节点的过程数据从帧。WTB 消息数据主要用来实现列车级的非周期数据的发送。WTB 软件主要实现消息数据的链路层，由 RTP 协议来实现其网络层、传输层、会话层和应用层。

3. 实时协议 RTP

实时协议 RTP 主要用来实现消息数据的网络层、传输层、会话层和应用层。消息数据链路层由相关的 WTB 链路层软件和 MVB 链路层软件来实现。消息数据的传输模型如图 6-15 所示。

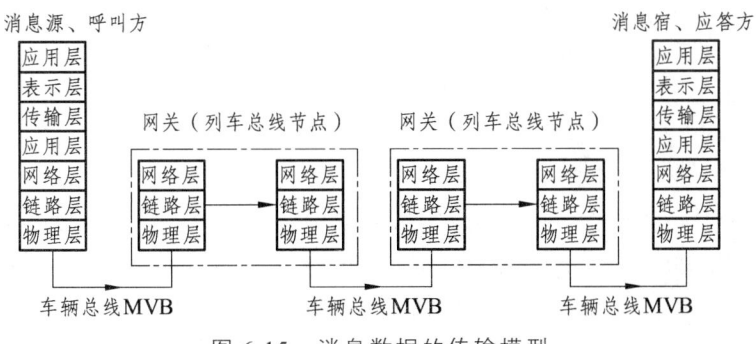

图 6-15 消息数据的传输模型

网络层的主要功能是进行报文的路由，报文经过网络层可以到达 MVB 链路层、WTB 链路层和传输层。传输层的主要功能是将消息分解成大小相同的数据包，并且通过滑动窗口进行流量控制和错误恢复。消息发送者称为生产者，消息接收者称为消费者，生产者和消费者都可以通过相应的状态机来进行连接的建立，数据的发送、侦听、接收、取消和解连等操作。

消息数据发送时，用户通过应用程序消息数据接口发送消息，首先在会话层建立呼叫者和应答者，消息传送至传输层；传输层将消息分为相应的数据包，建立状态机和连接；数据包传送至网络层，网络层对数据包进行路由分析，确定数据链路类型，如果是 WTB

链路，那么通过 WTB 链路发送任务将数据发送到 WTB 总线上去；如果是 MVB 链路层，那么通过 MVB 链路层发送任务将数据发送到 MVB 总线上去。

消息数据接收时链路层将产生相应的中断，在中断中将启动相关的链路层接口来提示网络层有数据要接收；网络层将从总线的通信存储器中复制数据，并且根据路由规则对数据进行路由选择；数据将可能被转发到另外一个链路层上去，也可能传送到传输层去；数据到达传输层后，将进行流量控制和差错恢复，进入状态机；然后数据经过会话层，最终达到应用层。

4. 网络的管理

网络管理层实际上是基于消息数据的一个应用，用来实现对网络的管理功能，包括数据的查看、数据的强制、数据的上载、数据的下载、网络状态查看、网络的远程控制等。网络管理者称为经营者，被管理的远程网络设备称为代理者。在 DTECS 系统中，一般把 PTD 作为网络管理经营者，其他模块都作为代理者。

用户指令或命令传给网络管理的经营者，经营者作为消息数据的呼叫者，将根据发送的指令或命令发送 CALL MESSAGE，而远程的代理者将根据呼叫消息功能代码（SIF CODE）执行相应的服务，将数据或执行结果发送相应的 REPLY MESSAGE 回传给经营者。

五、DETECS 系统应用

DTECS 系统在我国的城市轨道交通列车上有着许多成功的应用，例如，上海地铁 1 号线的换代列车、上海国产化 A 型地铁列车、重庆地铁 1 号线列车、深圳地铁 5 号线列车、昆明地铁的首期工程列车等，以及出口土耳其的城市轻轨列车和新加坡地铁工程维护车等，其中，以上海国产化 A 型地铁列车中的运用比较具有典型性。

上海国产化 A 型地铁列车的编组方式为"Tc+Mp+M+M+Mp+Tc"，其中 M 为动车、Mp 为带受电弓的动车、Tc 为带司机室的拖车，以"T+M+Mp"为 1 个单元，列车由 2 个单元组成，即"4M+2T"的 6 辆编组。列车的设计速度为 80 km/h，起动加速度 1.0 m/s^2、平均加速度 0.6 m/s^2、常用制动平均减速度 1.0 m/s^2。列车的牵引系统为交流传动系统，每节动车配置一台牵引逆变器驱动 4 台交流牵引电动机，牵引电动机额定功率 190 kW。列车运用 DTECS 系统为列车控制系统，上海国产化 A 型地铁列车控制系统的网络拓扑结构如图 6-16 所示。图中各模块的符号含义为：CCU 为中央控制单元、CCUR 为冗余的中央控制单元、BCM 为总线耦合模块、AXM 为模拟量输入/输出模块、DXM 为数字量输入/输出模块、RCM 为通信接口转换模块、ERM 为事件记录模块、SCU 为辅助逆变器控制单元、LVCU 为直流充电器控制单元、BCU（GW）为制动控制单元的网关、EDCU 为车门控制单元、TSC1 为无线传输装置、IDU 为司机室智能显示器、ACU 为空调控制单元、DCU 为牵引控制单元。

列车系统构成主要单元：

（1）列车控制单元（CCU）。CCU 位于每个驾驶室内，管理整个列车网络通信，并监控车辆设备。CCU 包括两套装置，在正常的情况下，系统随机选择一套作为主控设备，另一套为备用。备用设备不间断地监视主控设备状态，当主控设备出现故障时，备用设备将代替主控设备，行使列车中央控制单元的功能，以保障整个列车正常运行。

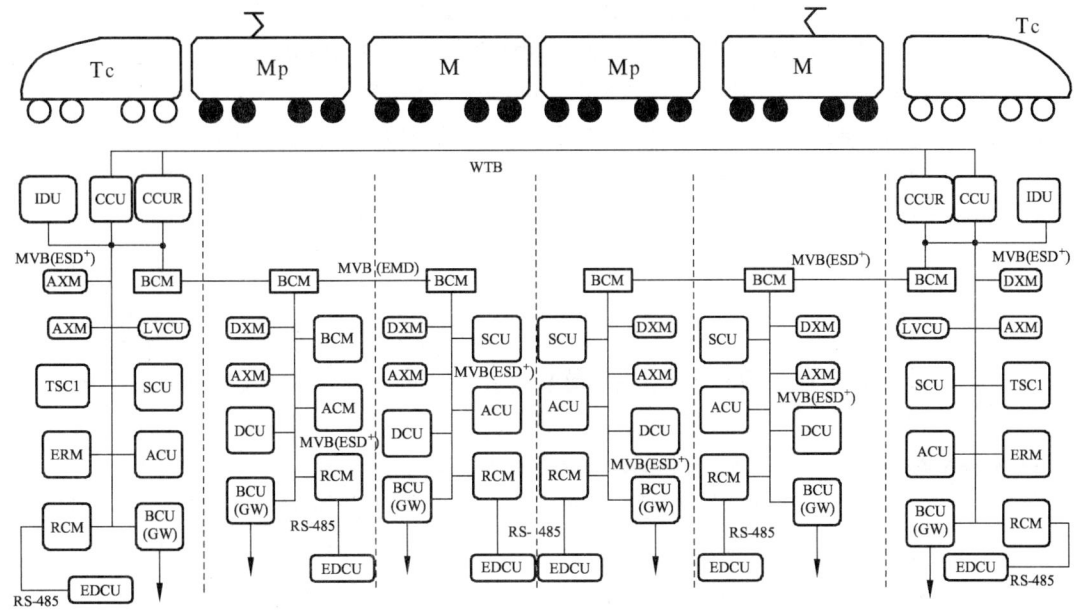

图 6-16 DTECS 系统结构

（2）输入/输出单元（DXM、AXM）。通过配置适量的数字量输入/输出模块（DXM）和模拟量输入/输出模块（AXM），并就近放置在信号采集场合，完成控制信号的采集和输出。

（3）总线耦合模块（BCM）。总线耦合单元，实现 MVBESD+和 EMD 的通信介质转换，实现车辆间 MVB 总线连接。

（4）驾驶室显示单元（IDU）。IDU 显示器位于每个驾驶台，采用符合人机工程学原理的设计以及高分辨率的图形显示，包括一个触摸屏系统。

（5）事件记录仪模块（ERM）。ERM 装在每个驾驶室里面。ERM 自身有闪存 Flash 作为存储体来记录列车状态，可以通过高速以太网将记录数据下载到地面设备或无线传输装置。

（6）无线传输装置（TSC1）。TSC1 装在每个驾驶室里面。TSC1 具有 GSM、GPRS 和 802.11B 三种无线通信接口，少量的实时信息通过 GSM、GPRS 传送到地面，大量的记录信息在列车回库后，通过无线网域 802.11B 传送到地面。

（7）便携式维护工具（PTU）。PTU 包括笔记本电脑和打印机。通过连接 PTU 和 DTECS 单元，记录的数据可从 DTECS 单元下载到 PTU。下载数据可在 PTU 显示器上显示，并可打印。

上海国产化 A 型地铁列车的通信网络由 WTB 列车总线和 MVB 车辆总线构成，WTB 连接两端 TC 车中的中央控制单元 CCU，MVB 则连接每节车厢内的各个控制单元。车厢内 MVB 总线的传输介质为 ESD；每节车厢的 MVB 总线通过总线耦合模块 BCM 转换成 EMD 介质，并实现编组单元内 3 节车厢的总线连接及与中央控制单元 CCU 的连接；CCU 同时也是编组单元内 MVB 的总线控制器。中央控制单元 CCU 包括两个互为冗余的装置 CCU 和 CCUR，在运行中系统随机选择一个 CCU 作为主控设备，另一个 CCUR 为备用。CCUR 通过监视主控 CCU 的状态，以确定是否需要代替主控 CCU。每节车厢的 MVB 总线上均连接有 RCM 模块用于连接不具备 MVB 总线接口的其他设备。列车控制系统的设计中还包含了在两节头车配置了两个无线传输装置 TSC1，用于与地面的无线传输，无线传输符合 GSM/GPRS 网络的相关技术标准。TSC1 也连接在 MVB 总线上。

DTECS 系统通过 WTB 和 MVB 网络传输相关控制命令和参数；通过网络采集全列车主要控制单元和设备的工作状态数据；通过网络向司机台的显示器提供列车的工作状态或故障情况，从而达到对列车控制的目标。DTECS 系统中的 ERM 模块可以记录实时的运行状况、司机的操作及运行故障的信息，为故障排除和列车维护提供支持。

任务五　列车控制与诊断系统

微课：列车控制与
诊断系统（TCDS）

城市轨道交通逐渐成为人们出行的主要交通工具，在研发轨道交通列车先进技术的同时，保证列车安全、高效地运行和旅客的安全是重中之重。故障检测就是根据列车的运行状态过程中收集到的信息，经过处理信息发现问题，找出故障源头，并做出相关决策，是确保列车正常运行的关键手段，可以有效地找出故障原因，减少维修时间。

一、列车控制和诊断系统介绍

列车控制与诊断系统（TCDS）是专为轨道车辆的控制和故障诊断而设计的，它将分布于整个列车的各个智能单元联结成一个 3 层的列车通信网络（TCN）。韩国现代 Rotem 有限公司的 TCDS 采用分布式、模块化的实时总线控制方式系统设计符合列车通信网络的 IEC61375-1 标准，具有高冗余性和可靠性。

（一）列车控制和诊断系统概念

列车控制和诊断系统是将列车的各个子系统及相关外部控制电路的信息进行读取、通信传递、数据逻辑运算及输出控制的计算机网络系统。该系统是对列车的供电状况、速度、列车运行模式等状态信息进行实时监控和识别，并根据读取列车驾驶人员或车载 ATO 指令信息，对列车上各个子系统发出相关控制指令，进而使各子系统产生相应的调整控制，以符合设定的功能要求，则实现了对列车的有效控制。

（二）国内外故障检测现状

20 世纪 60 年代，斯坦福大学研发出 DENRAI——第一个故障检测专家系统。20 世纪 80 年代，中国开始学习研究专家系统，高校和科研院所开发研制诊断系统。铁道科学研究院与上海铁路局合作研制了列车运行状态地面安全检测、客车行车安全检测、机车故障诊断系统。

国外最早应用的列车故障诊断专家系统的是比利时的列车定位和动车组运营管理信

息系统,由庞巴迪公司开发研制。

20世纪90年代欧洲的 ROSIN（Railway Open System Interconnection Network,铁路开放式系统互联网络）、TrainCom（Integrated Communication System For Intelligent Train Applications,智能列车应用的集成通信系统）、EUROMAIN（European Railway Open Maintenance System,欧洲开放式维护系统）等项目,成为欧美各国及日本发展列车故障诊断技术的基础。德国 IEC1 型动车组诊断系统 DAVID 功能包括诊断、运行/制动电路转换、自动准备和集中显示控制、处理、分类、存储诊断设备子系统的诊断结果,司机可以在显示屏上看见重要的运行数据及故障处理措施。该诊断系统可以将诊断结果传送给车站和维修部门,实现地对车的安全监控。法国 TGV-A 型控制计算机则可以实现车对车及地对车的实时信息交换,实现故障检测和诊断。

二、TCDS 的构成

TCDS 分为列车控制、车辆控制和局部总线控制 3 个层级,分别由双线式列车总线（WTB）、多功能车线（MVB）和 RS-485 串行总线实现,WTB 用于实现两个单元之间的通信构成网络列车控制级；MVB 用于实现单元内部的 TCDS、牵引系统、制动系统,辅助电源系统等设备间的通信,构成网络车辆控制级；RS-485 用于车辆控制单元（VCU）与乘客信息系统（PIS）、车门、空调间的通信,构成局部总线控制级,使不支持 MVB 的设备能够方便地接入列车通信网络。WTB 通过专用的网关（VGWS）与 MVB 相连,进行数据交换,WTB 和 MVB 的通信线路均采用双通道冗余设计,当一路通信线路出现故障时,系统可自动切换到另一路通信线路。

一般地铁列车由 6 节车辆编组组成,每 3 节为一个单元,每列车的控制诊断系统组成如图 6-17 所示,其中 TCDS 所需的典型硬件配置如表 6-2 所示,TCDS 网络拓扑结构如图 6-18 所示。

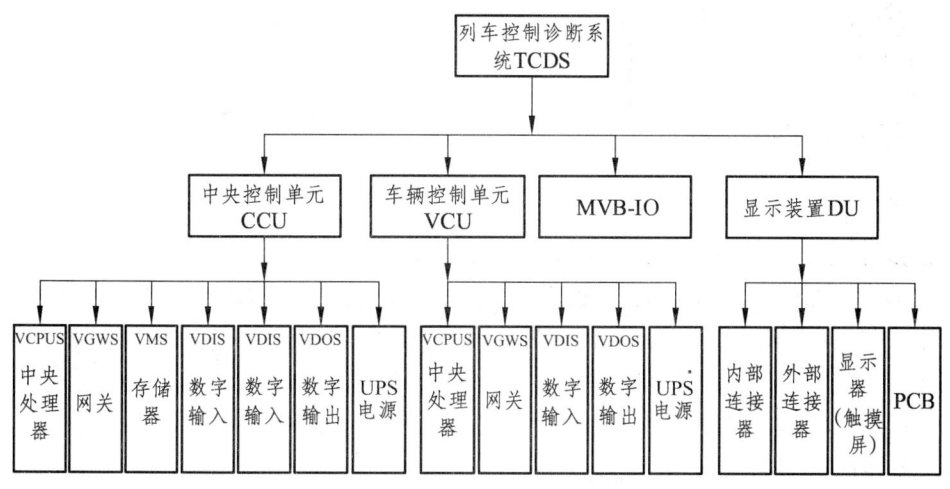

图 6-17 TCDS 组成

表 6-2　TCDS 硬件配置表

部件名称	单元 1			单元 2			总计
	Tc1	M	M1	M2	M	Tc2	
中央控制单元（CCU）	1					1	2
车辆控制单元（VCU）		1	1	1	1		4
输入输出模块（MVB I/O）	2					2	4
显示装置（DU）	1					1	2

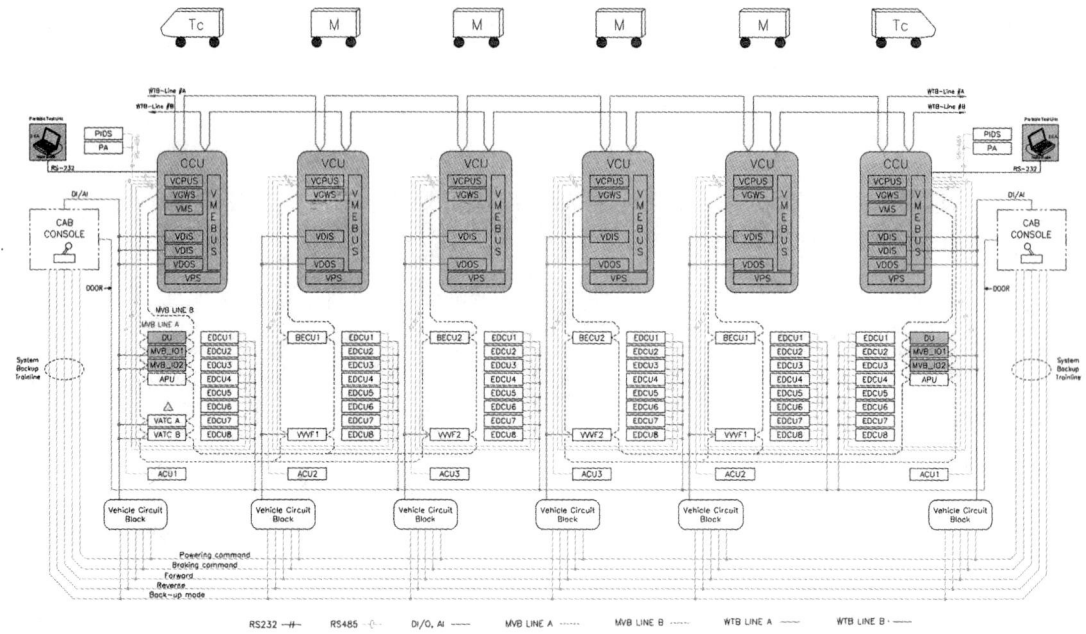

CCU—中央控制单元；VCPUS—中央处理器；VMS—存储器板；VDIS—数字输入板；VDOS—数字输出板；VPS—电源板；DU—显示装置；MVB I/O—输入输出模块；Tc—带司机室的拖车；M—动车。

图 6-18　TCDS 网络拓扑结构

三、TCDS 主要部件的功能

1. 中央控制单元（CCU）

CCU 是 TCDS 的核心部件，每列车装有 2 个 CCU，分别位于 2 个拖车，CCU 主要由中央处理器（VCPUS）、VGWS、存储器板（VMS）、数字输入板（VDIS）、数字输出板（VDOS）和电源板（VPS）等组成，各板（除 VPS 外）均通过 VME（Versa Module Eurocard）总线进行通信。CCU 具备如下功能：

（1）列车级/车辆级过程控制：负责列车的牵引制动控制运算以及空压机启动，空调启动等一系列控制功能。

（2）通信管理：具有 WTB/MVB 管理及 2 个 CCU 间主/备转移和管理的能力。

（3）显示控制：与显示装置（DU）相关的数据传输。

（4）故障诊断：采集、处理与存储列车辅助电源、牵引、制动、车门、乘客信息、广播、空调等子系的状态数据和故障数据，并通过 DU 报告司机或维护人员。

（5）数据记录存储与下载：具有运行记录数据、故障数据、耗电量与公里数数据的存储与下载功能，同时可利用便携式维护工具（PTU）进行在线查看分析。

2. 车辆控制单元（VCU）

VCU 与 CCU 的结构组成基本相同，从网络控制的角度来看，VCU 可作 CCU 的备份，VCU 比 CCU 少了 VMS 和 VDIS，不具备记录功能，另外两者的接口、软件也不一致。

3. 多功能车辆总线输入输出模块（MVBI/O）

多功能车辆总线输入/输出模块（MVBI/O）负责采集列车按钮开关、硬线信号（DC 110 V 继电器控制电路）等数字输入信号和司控器指令编码等模拟信号。每列车装有 4 个 MVBI/O 模块，分别位于 2 节拖车上（各 2 个）。其功能如下：

（1）输入信号采集：将采集的数字信号和模拟信号转换为 MVB 网络控制的报文，经 MVBEMD（电气中等距离）传输给 CCU。

（2）信号输出：将 MVB 网络控制的报文转换为电气信号，输出速度信号给速度表等。

每辆拖车的 2 个 MVBI/O 输入的信号完全相同，具备冗余能力，正常状态下系统采用 MVB_I/O1 的状态，当 MVB_I/O1 的生命信号置 0 后，采用 MVB_I/O2 的输入信号，MVBI/O 具有 28 个数字输入通道（DIO1-D128）、3 个模拟输入通道和 1 个 RS-485 接口（用于连接速度表）。

4. 显示装置（DU）

DU 是司机和维护人员的操作窗口，通过 MVBEMD 连接到 CCU。它是一个基于 Pentium M 650 MHz 的计算机，运行 WindowsXP 操作系统，带有触摸屏彩色 LCD（液晶显示器），使用 2G 的 CF 卡作为资料存储媒介，每列车装有 2 个 DU，分别位于 2 个拖车中。功能如下：

（1）信息显示：向司机或维护人员提供车辆各子系统设备的工作状态、故障信息等。

（2）参数设定：对空调温度、时间日期、轮径值和公里数等参数进行更改与设定。

（3）功能测试：进行列车牵引、制动、辅助电源、车门等子系统基本参数的测试。

（4）数据下载：通过 USB 接口，将运行记录、故障信息、耗电量与公里数信息下载到装有 PTU 软件的计算机进行统计和分析

四、TCDS 控制原理及应用

深圳地铁 3 号线列车采用 TCDS，通过 TCN（MVB+WTB）与全车各主要设备通信。TCDS 将来自牵引手柄或 ATO（列车自动运行）车载设备的牵引、制动指令通过 MVB 网络传给牵引子系统和制动子系统，从而控制列车的牵引、制动。同时其接收来自各个子系统的数据信息，以便对列车进行更有效的控制和状态监测。当列车网络故障时，TCDS 由于无法有效地控制列车运行而可能施加制动停车，甚至列车将被迫转入紧急运行模式。

1. WTB 的连接方式及其原理

每辆车的 CCU/VCU 均配有 VGWS，通过双路冗余的 WTB 电缆将 6 个 VGWS 串联，构成列车通信级的 WTB 网络。WTB 的通信拓扑结构如图 6-19 所示。WTB 主要实现 2 个单元车的 CCU 的信息交换备份，而车 2、3、4、5 的 VCU 对信息只做传输不做处理，深圳地铁 3 号线列车控制系统中，车 1 的 CCU 为 WTB 控制主站，只有车 1 的 CCU 能发出 WTB 主帧，车 6 的 CCU 不能发。当车的 CCU 故障后，相邻车 2 的 VCU 自动备份为 WTB 主站，代替车 1 发送 WTB 主帧进行数据采集；车 2 的 VCU 故障后则车 3 的 VCU 作为备份自动切换为 WTB 主站。只有当车 1 所在单元车的 CCU 和 VCU 全部故障后，WTB 通信才终止。当车 2、3 的 VCU 备份为 WTB 主站时，其只能起到代替车的 CCU 发送主帧进行数据采集的作用，而不能存储列车的信息，所有的信息经 WTB 传送至车 6 的 CCU 并存储于 VMS 中。WTB 的数据传输速度为 1 Mb/s，最大循环周期为 25 ms。

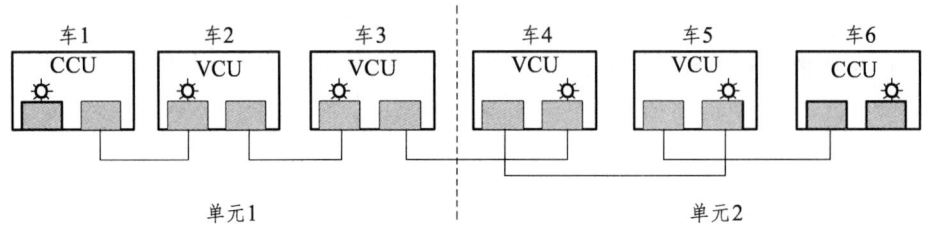

图 6-19 WTB 通信拓扑结构

2. MVB 的连接方式及其原理

深圳地铁 3 号线列车 MVB 同样采用双路冗余设计，传输介质为 EMD，传输速率为 1.5 Mb/s，通信距离可达 200 m。MVB 将一个 3 车单元的内部设备串联构成一个 MVB 网络，2 个单元内部各有一个由 MVB 组成的通信网络。连接到 MVB 的 3 个单元的子系统包括 DU、MVBI/O、制动电气控制单元（BECU）、辅助电源单元（APU）、可变电压和可变频率（VVVF）及车载控制器（VATC）。一个 3 车单元构成的 MVB 网络的数据访问顺序如图 6-20 所示。

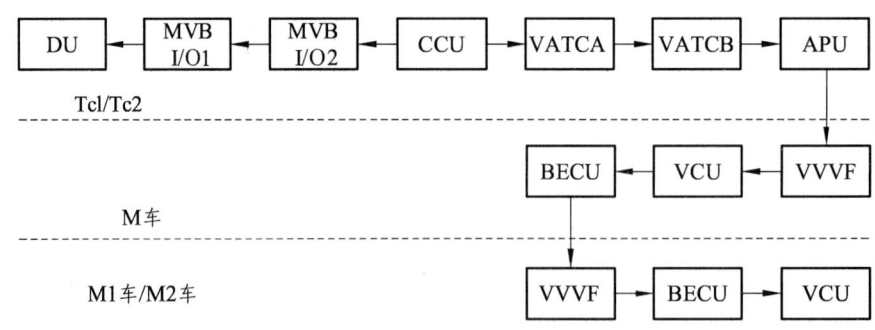

图 6-20 MVB 通信拓扑结构

MVB 的主帧由 CCU 发出，与 WTB 不同，车 1、车 6 的 CCU 都可以发出 MVB 主帧。CCU 不停发出状态数据请求（SDR），各子系统收到 CCU 发出的 SDR 后将其状态数据（SD）发送给 CCU。主帧包含了 SDR，辅帧传回的内容包含 SD。CCU 通过发送 SDR 收集各个子系统的 SD，通过收到的 SD 实时监控各子系统的状态，并在有故障时通过 DU 显示出来。每个单元的 CCU 同时向两边发送状态数据请求指令，如图 6-20 中浅色箭头和深色箭头所示。其中，浅色箭头环路主要采集司控器的指令，进行牵引制动的控制，深色箭头环路主要采集各个子系统的 SD，进行实时状态监控。CCU 发出的牵引制动指令通过 MVB 网络传给 VVVF 和 BECU，以实现列车的网络控制。

3. WTB 和 MVB 传输数据类型

（1）过程数据。过程变量表示列车的状态，如速度、电机电流、操作员的命令，过程变量的值称为过程数据。过程数据的传输时间是确定的和有界的，为保证这一延迟时间，这些数据被周期性地传送。

（2）消息数据。消息被分成小的包，这些包分别被编号并由目的站确认。消息包及与之相关的控制数据形成消息数据。消息数据以命令方式传输。功能消息被应用层所使用，服务消息用于列车通信系统的管理等。

（3）监视数据。监视数据为短的帧，主设备用它作同一总线内设备的状态校验、联机设备的检测、主权传输、列车初运行和其他管理功能。

4. 帧和报文格式

以 MVB 为例，MVB 的基本周期为 1 ms，由主帧和从帧构成，如图 6-21 所示。

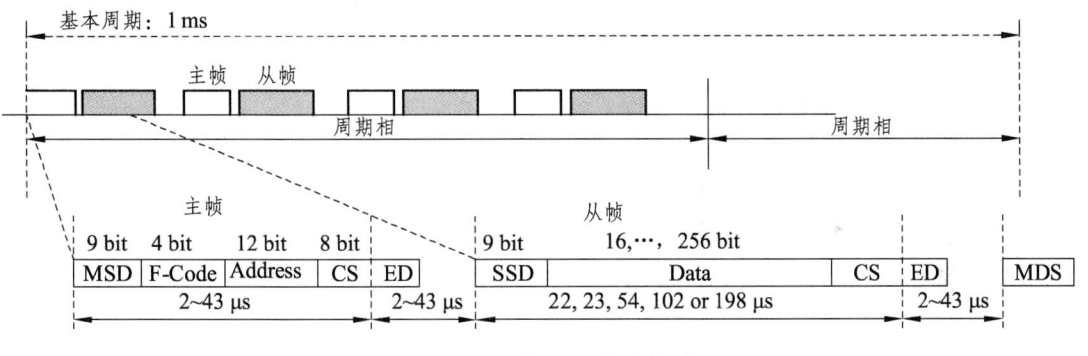

图 6-21 主帧和从帧的构成

主帧格式：从主开始分隔符 MSD 开始，4 位 F_code 码限制下面的 12 位并指示从帧大小，Address 为 F-code 码所限制的 12 位逻辑地址，用于数据处理，CS 为时序校验，ED 为结束分隔符。

从帧格式：从辅开始分隔符 SSD 开始，接着是 16 位、32 位、64 位、128 位或 256 位帧数据，8 位时序校验 CS 在 16 位、32 位、64 位帧数据后。当帧数据长度超过 64 位时，每隔 64 位后就有一个校验序列 CS，最后为结束分隔符 ED。

报文：主帧和响应它的帧称为一个报文。

报文类型：分为过程数据、信息数据和监管数据报文。

5. TCDS 的优点

韩国现代 Rotem 有限公司的 TCDS 分为列车控制、车辆控制和局部总线控制 3 个层级，该控制网络拓扑结构具有以下优点：

（1）全面监控列车各系统状态。该系统将列车自动控制（ATC）、牵引、制动、辅助电源、空调、乘客信息、广播、车门以及硬线控制信号等接入网络，因此 CCU 可更加全面地了解车辆各系统的状态和故障信息。

（2）高备份能力：① CCU-VCU 功能备份，列车在运行过程中，若主控钥匙激活端的 CCU 发生故障，由其相邻 VCU 直接替代并对列车进行管理，列车受任何限制可继续运行；② CCU-CCU 记录备份，任何一个 CCU 发生故障，另一个 CCU 具备事件记录功能的备份；③ WTB 和 MVB 冗余，WB 和 MVB 通信线路均采用双通道冗余设计，当一路通信线路出现故障时，系统可以自动切换到另一路通信线路，不会影响整个网络的通信；④ MVB I/O 冗余，每节拖车各有 2 个 MVB I/O，其输入的信号完全一致，MVB I/O2 长期为 MVB I/O1 提供备份功能。

（3）总线控制方式简单总线管理器为 CCU，一列车有 2 个 CCU，以主从方式工作。

任务拓展

1. 简述列车网络控制系统分类及原理。
2. 简述 SIBAS 系统的结构和工作原理。
3. 查阅资料，阐述列车网络控制系统的实际应用。

项目七　城轨列车网络控制及应用

1．知识目标

（1）掌握列车网络控制的概念。

（2）掌握各列车网络控制的分类与原理。

（3）了解列车控制管理系统。

2．能力目标

（1）具有列车网络控制系统的专业知识。

（2）拥有健康的体魄，能适应专业岗位对体质及心理素质的要求。

（3）具有严格执行工作程序、工作规范、工作标准、安全操作的意识。

3．素质目标

（1）拥护党路线，方针、政策，有奉献精神和创新精神。

（2）遵纪守法，诚信做人、踏实做事。

（3）具有良好的职业道德和公共道德。

项目导入

2021年6月28日，由中国中车承担研制的我国首列中国标准地铁列车在河南郑州下线，标志着我国在地铁车辆技术领域取得重大创新突破。为推动城市轨道交通产业持续健康发展，提升我国城轨装备技术水平和核心竞争力，2019年7月开始，中国中车联合中国城市轨道交通协会、各地铁公司、科研院校及协作单位共同实施了系列化中国标准地铁列车研制及试验项目，目的是突破关键核心技术，打造适应中国需求、技术先进的"标准化"地铁列车平台，提高我国地铁装备标准化、模块化水平，建立城轨装备中国标准体系。

经过两年的技术攻关，首列中国标准地铁列车成功下线，标志着项目取得重大阶段性成果。据介绍，中国标准地铁列车是以中国标准为主导，采用标准化、模块化、系列化的设计理念，继承既有地铁列车运用经验并结合国内地铁用户需求自主开发的、具有技术引领性的全新产品平台。中国标准地铁列车拥有完全自主知识产权，"中国标准"覆盖率达到85%以上。据介绍，此次下线的地铁列车将用于"郑州机场至许昌线"，为采用GOA4级全自动驾驶的时速120公里B型车，由中车四方股份公司研制，是在中国标准地铁列车技术平台下诞生的首个车辆产品，也是首个示范应用的标准地铁项目。

目前，中国标准地铁列车平台下时速 120 公里 A 型车、时速 80 公里 A 型车和 B 型车的研制也在顺利推进中。系列化中国标准地铁列车的研制和示范应用，将推动我国地铁车辆标准体系的进一步完善，引领我国城轨装备"标准化"发展，降低城轨交通全寿命周期成本，增强我国城轨交通装备技术核心竞争力，为实现城市轨道交通高质量可持续发展，助力"交通强国"战略提供重要的装备支撑。

任务一 TCN 系统在列车故障诊断中的应用

TCN 是国际通用列车通信网络标准，在总体结构上将列车通信网络规定为由多功能车辆总线 MVB 和绞线式列车总线 WTB 两部分组成。具有很强的实时性和容错性，它将整个列车微机控制系统（包含各个子系统，如门、空调、牵引、制动等）的各个单元连接起来，作为系统信息交换和共享的渠道，实现全列车环境下的信息交换。

一、TCN 系统在列车故障诊断中的应用介绍

1. 列车通信网络的拓扑结构

列车故障诊断功能由 VCU 集中完成。即在每个 VCU 中应有专用的 32 位处理器，用于故障数据的处理。在该系统中，对于每个连接到 MVB 总线上的子控制单元，VCU 通过列车总线控制系统接收从各子系统传来的故障报告，并附带一定的环境数据和相应的时间。

微课：TCN 通信网络在地铁车辆上的应用（一）

车载设备通过 TCN 通道将各自的状态信息及故障系统传递给 TCN 的中央控制单 CCU，CCU 接收到信息后经过处理及逻辑计算得出当前列车的状态情况，再将信息上报给司机和维护人员，甚至存储起来以便日后查询分析。列车通信网络的拓扑结构如图 7-1 所示。

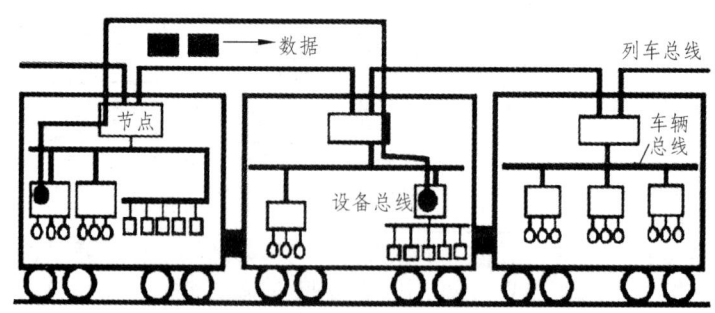

图 7-1 列车通信网络拓扑结构

对于故障，应该根据故障对子系统或列车的性能或安全性的影响划分为不同的故障等级。对不同的故障等级应该有不同的声光信息显示给司机。

子部件故障应划分为以下三个故障等级：① 轻微故障，不影响部件系统功能的故障；

②中等故障，限制部件系统功能的故障；③严重故障，严重影响系统的故障，系统将自动关闭。

2. 故障监测及记录

列车故障诊断是 TCN 系统的重要组成部分，可借助列车维护软件进行列车故障、状态监测及故障分析。例如，Monitor 维护软件可以用来监视或记录 MVB 总线上变量，变量监测窗口界面如图 7-2 所示。

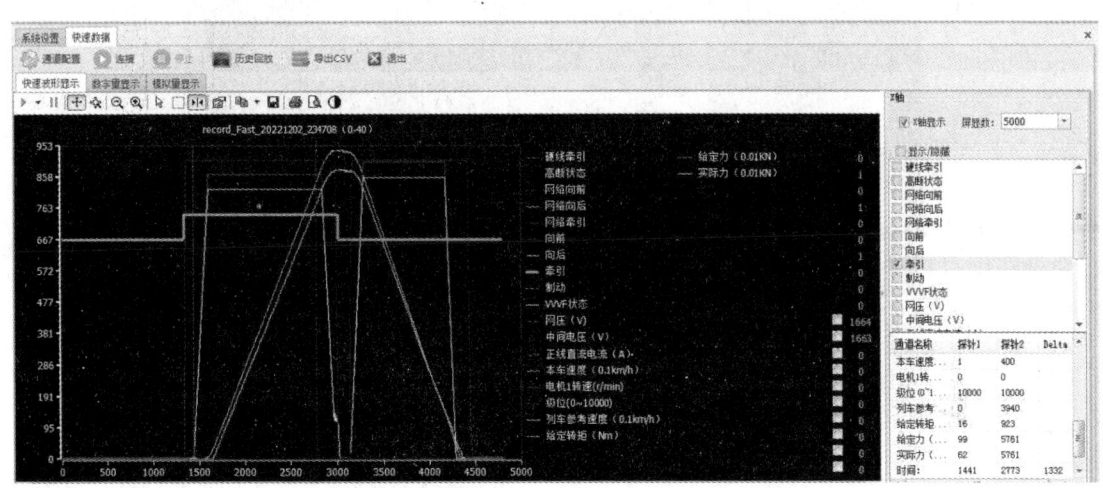

图 7-2　TCMS 功能模块通信中监测窗口界面

此外，还有其他相关监视软件，如 Serlink-Serdeb、Winscope 等软件，可在线监视列车状态和故障信息，帮助列车调试工程师和列车维护人员进行列车调试及故障诊断，及时纠正不正确软件及硬件控制功能。

同时，TCN 中也有专门的数据记录单元，对列车状态信息、故障信息及累计数据进行记录，并将记录相应数据储存起来。

3. 故障诊断

当故障发生时，TCN 系统可协助司机和检修人员采取适当的操作，并使维护人员更容易地查找及解决故障。TCN 系统可监视列车车载设备的状态，如列车方向、牵引制动状态、列车速度总风压力、网压、各设备的状态、日期、时间、诊断记录等信息，并将部分主要运行状态信息通过司机显示屏提供给操作人员。每条纯文本信息都配有故障代码、故障等级。故障等级通常分为轻微故障、中等故障、严重故障。对于严重故障，当故障报警时通常可能伴有蜂鸣器鸣响，有醒目的提示文本。蜂鸣器持续不断地响直至司机在显示屏上确认后，表示事件已被发现。

司机显示屏除了将故障提报给司机和维护人员外，通常还提供相应的必须实施的操作指导说明。点击故障查询按钮或相应的菜单按钮，可进入事件信息界面。该界面提供各子系统当前的故障信息，如故障代码、具体故障信息、故障等级、故障发生的时间等。

如果在上述事件信息界面选中某一条故障，则可进入该条故障的详细信息界面，此界面提供了司机应急处理指南及维护人员的检修指引,从中可以获得相应的帮助,如图7-3所示。

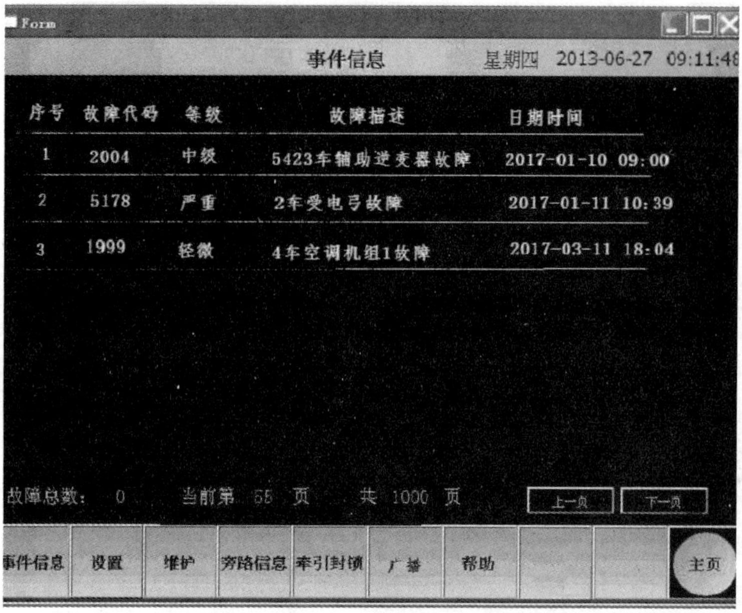

图7-3 事件信息界面

在故障检修方面,维护人员也可以从数据记录仪中检索故障期间相关状态数据,并且用PTU分析软件对检索的相关数据进行显示,借助连续的运行数据曲线,维护人员可以方便地对故障数据进行分析和处理,如图7-4所示。

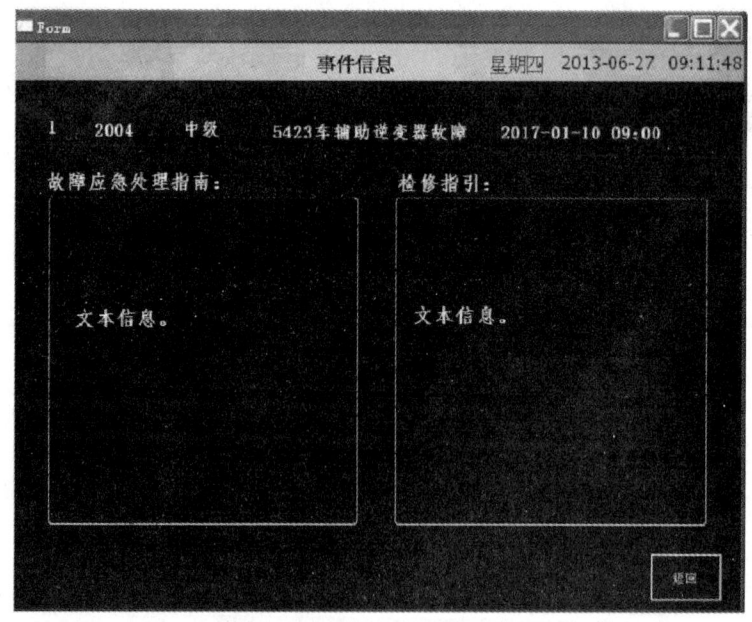

图7-4 故障的详细信息界面

二、TCMS 系统在列车故障诊断中的应用

列车控制管理系统（Train Control and Management System，TCMS），是负责处理和分配列车运行中各种内外数据，集列车的控制、监控和诊断于一体的集成控制系统。其主要功能是实现列车特性控制、逻辑控制、故障监视和自我诊断，并将信息传送到司机操纵台上的微机显示屏直观地反映列车实时状态。

微课：TCN 通信网络在地铁车辆上的应用（二）

列车控制管理系统（TCMS）是一个智能单元，通过传输信息和控制命令，对车上的主要设备进行管理。整个系统的网络架构采用 TCN 标准，为提高可靠性，对重要部件采用了冗余设计。

TCMS 系统应具备较高的可靠性、实用性、安全性、可维护性和较低的寿命周期成本，信息传输系统通过车载网络完成对牵引、制动、辅助供电、转向架、空调、旅客信息系统、门等单元的监视和控制，由微处理器控制的主要单元能够接收控制指令并对系统每个部件的操作状态进行采集，并将处理过的信息通过网络接口传送给 TCMS。

同时，某些微处理器控制单元具有启动和运行自诊断测试程序功能，可以通过网络接口向 TCMS 提供与各控制单元板卡有关的诊断信息，主要诊断项目包括列车的牵引、制动、辅助控制系统的状态；旅客安全相关设的状态（如车门关闭状态等）；其他电子电气设备状态等。

（一）TCMS 的基本功能

TCMS 可以执行控制和诊断两大类功能。

1. 控制功能

（1）监视和控制系统，保证被控设备的正常运行。
（2）正常运行时执行启动程序并发出控制指令。
（3）发生故障时，采取适当措施切除故障设备。

2. 诊断功能

（1）识别出故障设备或部件，减少维修次数并延长使用寿命。
（2）提供操作指南，发生故障时给出详细的处理方法和说明。
（3）诊断 TCMS 的各种零部件，为列车控制提供相关部件的状态，如远程输入/输出模块（RIOM）、网关、监视器、中继器（REP）和主处理单元（MPU）等。

（二）配置及结构说明

列车控制与监控系统（TCMS）采用分布式控制技术，划分为两级：列车控制级、车辆控制级。列车控制级总线和车辆控制级总线均采用多功能车辆总线。中继模块（REP）作为列车级总线和车辆级总线的网关，实现列车级总线到车辆级总线的数据转发功能。

此外，事件记录模块（EDRM）具备以太网接口，TCMS 可以通过 EDRM 的以太网接口或者车辆总线 MVB-EMD 接口借助车载无线传输系统将 MVB 总线上的列车状态和故障

数据实时传输到地面运营控制中心，实现列车远程监控功能。

按照不同的功能与硬件配置分为两种车型：带司机室的拖车 Tc 车、带受电弓的动车 Mp 车和不带受电弓的动车 M 车。不同车型由数量不同的车辆控制模块（VCMe）、事件记录模块（EDRM）、中继器（REP）、数字量输入/输出模块（DXMe）、数字量输入模块（DIMe）、模拟量输入/输出模块（AXMe）、人机接口模块（HMI）和必要的总线终端器构成。

（三）TCMS 拓扑结构

TCMS 的拓扑结构如图 7-5 所示，其硬件配置如表 7-1 所示。

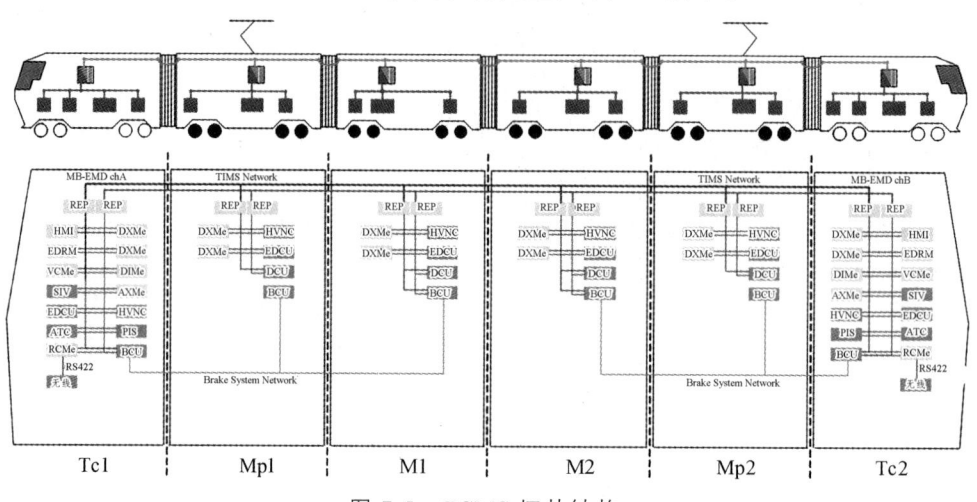

图 7-5　TCMS 拓扑结构

表 7-1　TCMS 所需硬件配置表

模块	Tc1	Mp1	M1	M2	Mp2	Tc2
VCMe	1	—	—	—	—	1
HMI	1	—	—	—	—	1
EDRM	1	—	—	—	—	1
REP	2	2	2	2	2	2
DXMe	2	2	2	2	2	2
DIMe	1	—	—	—	—	1
AXMe	1	—	—	—	—	1
RCMe	1	—	—	—	—	1
MVB 通信专用电缆	暂定 1800 m/列					
与 TCMS 模块相连的各种连接器	一套。包括 MVB 连接器、电源连接器、IO 连接器等，但不包括跨车连接器					

1. AXMe 模块

AXMe 安装于司机室的电气柜中，实现模拟量信号的采集输入和控制输出，通过 MVB 总线与 EGWM 通信，具备如下功能：

（1）输入信号采集：将车辆间电气信号转换成控制信号，经由列车控制网络传送给网关模块 EGWM，完成各种控制功能。

（2）控制信号输出：将网络控制信号转换成电气信号，控制诸如仪表等设备。

2. DIMe 模块

DIMe 安装于司机室和电气柜中，是对外部设备进行数字量输入的接口模块，通过 MVB 总线与网关模块 EGWM 连接使用，具备如下功能：

（1）控制信号输出：将网络控制信号转换成电气信号，控制诸如指示灯、继电器等设备。

（2）设备地址输入：通过外部跳线配置设备地址，维护过程较为简单。

3. DXMe 模块

DXMe 安装于司机室和电气柜中，通过多功能车辆总线 MVB（EMD）与网关模块（EGWM）交换数据，可以实现开关数字量状态信号的采集处理和网络控制指令的输出，并通过 MVB 车辆总线与 MVB 设备互联，具备如下功能：

（1）输入信号采集：将车辆间电气信号转换成控制信号，经由列车控制网络传送给网关模块（EGWM），完成各种控制功能。

（2）控制信号输出：将网络控制信号转换成电气信号，控制诸如指示灯、继电器等设备。

（3）设备地址输入：通过外部跳线配置设备地址。

4. EDRM 模块

EDRM 安装在司机室电气柜内，是完成故障诊断、数据记录与转储的核心模块，与 DETES 系统中的其他模块共同组成完整的列车网络控制系统，具备如下功能：

（1）数据记录：司机操作数据、故障数据、事件数据的记录，将网关模块（EGWM）的故障数据具体化。

（2）数据转储：通过车载信息网（工业以太网）将记录的数据下载，供便携式维护工具分析。

5. REP 模块

每节列车装有 2 个中继模块（REP），实现 MVB-EMD 总线耦合，单板功能主要包括 EMD 总线信号接收与发送处理。

1）EMD 总线信号

控制物理层的接收与发送。对接收到的数据（从 EMD 总线上得到）和要通过 EMD 总线发送的数据进行接收和发送处理。

2）中继模块

通过对两种不同总线上的信号进行接收处理后，数据被存储在内部，中继模块主要实现信号恢复与重建，信号发送的格式转换（两种总线的帧信号传输格式不一样）后，再传输到发送模块。

6. EGWM 模块

每节列车装有 2 个网关模块（EGWM）实现冗余，位于司机室的电气柜内，主要是完成网络的逻辑控制和网络协议的管理功能，相当于列车网络系统的大脑，其与 DETES

系统中的其他模块共同组成完整的列车网络控制系统，具备如下功能：

（1）过程控制：执行诸如牵引/制动控制、空电联合控制、超速保护和空调顺序启动等一系列控制功能。

（2）通信管理：具有多功能车辆总线 MVB 的管理能力，并且能够进行主权转移以实现热备冗余。

（3）故障对策：EGWM 单路故障时，可自动切换，切换完成后不能损失功能和动力；双路故障时，具备紧急控制功能，维持运行。

（4）显示控制：与 HMI 显示有关的数据传输。

7. HMI 显示器

每节列车装有 2 个显示器 HMI，分别安装在两个头车中。HMI 通过多功能车辆总线 MVB（EMD）与其他设备通信。HMI 是 TCMS 的显示终端设备，是司机和维护人员操作机车的窗口，具备如下功能：

（1）信息显示：向车辆驾驶人员和维护人员提供车辆综合信息，各设备的工作状态，故障信息的综合与处理等功能。

（2）参数设定：对轮径值、列车重量、站点、时间日期等参数进行更改与设定。

（3）功能测试：进行列车运行时加速度、减速度、制动距离等基本参数的测试。

（四）主要控制单元网络功能

1. 牵引控制单元（DCU）

DCU 放置于牵引逆变器箱内（见图 7-6），采用叠板结构，包括主控板（即 DSP 板）、母板、接口板，采用双 OMAP+FPGA+CPLD 结构，位于主控板的 OMAP 芯片为高性能双核处理器，内含 ARM9 核和 C67××DSP 核。

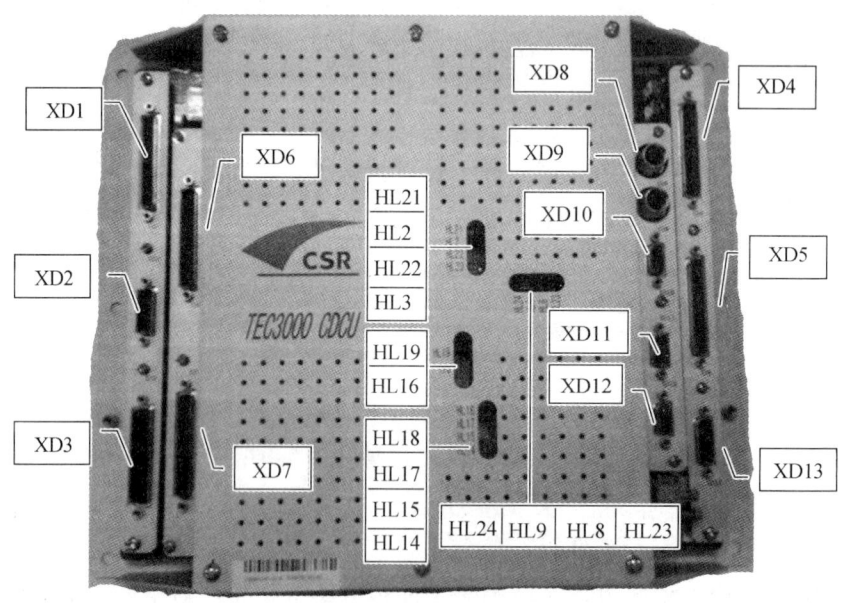

图 7-6　DCU 实物

DCU 外形尺寸（长×宽×高）：380 mm×300 mm×60 mm。

DCU 采用直接转矩控制完成对异步牵引电动机的精确转矩控制，实现完全微机化、数字化的实时控制。DCU 具有符合列车通信网络 IEC61375 标准的 MVB 通信接口，对外与车辆总线相连，与中央控制单元等形成控制与通信系统。同时，具备当列车控制与诊断系统出现故障时，可用硬线实现紧急牵引功能。

DCU 主要实现以下功能：

（1）牵引逻辑控制：接受外部控制命令，综合各种因素进行逻辑判断，输出数字信号控制各继电器、接触器等的通断，实现逻辑控制。

（2）变流器实时控制：接收电压、电流、速度等采样信号，输出 PWM 脉冲，实时控制电机，实现电机的高动态响应。

（3）特性控制：通过牵引给定力和电制动给定的计算、空电配合、牵引/电制动曲线控制，实现列车的牵引和制动。

（4）黏着利用：通过空转滑行的检测和控制，使黏着利用效率最大化。

（5）与列车网络设备通信：DCU 与列车网络控制和诊断系统之间通过 MVB 交换数据，通信单元可以将数据转换成符合 MVB 协议格式的数据包，传输到列车网络控制和诊断系统。同时 DCU 接收来自列车网络控制和诊断系统的数据，接受 VCM 调度，并反馈变流器运行状态和故障信息。

（6）故障记录、诊断和保护：可以实时监测逆变器及 DCU 的故障，记录故障波形数据，并向列车控制与诊断系统上传故障信息，记录故障日志，DCU 故障数据可通过以太网进行下载。

2. 制动控制单元（BCU）

车辆制动控制网络由 2 个 CAN 网络构成。其中每节 Tc 车、Mp 车和 M 车构成一个 CAN 网络。每个 CAN 网络包括 2 个网关阀和 4 个智能阀。2 个网关阀互为备份，以提高系统的可靠性。所有网关阀通过 MVB 总线实现制动控制网络与列车控制网络之间的通信。制动系统网络结构如图 7-7 所示。

微机控制接口包括网络接口和硬线接口。正常情况下（网络控制），制动控制网络与列车控制网络之间通过 MVB 总线实现对列车的制动控制。

硬线接口：包括二进制信号、频率信号和开关信号三类接口。二进制信号包括紧急制动（L_Emergency Brake）、快速制动（L_Fast Brake）、制动（L_Brake）、牵引（Drive）、紧急牵引（Emergency Drive Mode）、电源（UBAT）、CanID、停放制动施加（Apply Parking Brake）。其中，前三种制动信号低电平（0 V）有效。

频率信号：主要是指速度传感器信号。该信号主要用于列车的防滑保护，并可作为列车的参考速度。

开关信号：包括非零速（No Zero Speed）、制动缓解（Brake Released）及两个超速信号（Exceed 35kph、Exceed 88kph）。其中，Exceed 35kph 用于紧急牵引情况下的超速保护；Exceed 88kph 用于正常情况的超速保护。制动系统微机控制接口如图 7-8 所示。

每节 Tc 车和 M 车上有一个智能阀和一个网关阀。每节 Mp 车上有两个智能阀。每个阀均就近安装在其控制的转向架上（每个转向架一个阀）。智能阀控制其所在转向架的常用制动、紧急制动和车轮防滑保护。网关阀除了具备智能阀的所有功能外，还能进行制动管理并且与列车控制系统接口。MVB 串行通信卡安装到网关阀以实现制动系统与列车控制系统（如中央控制单元和牵引控制单元）的通信。

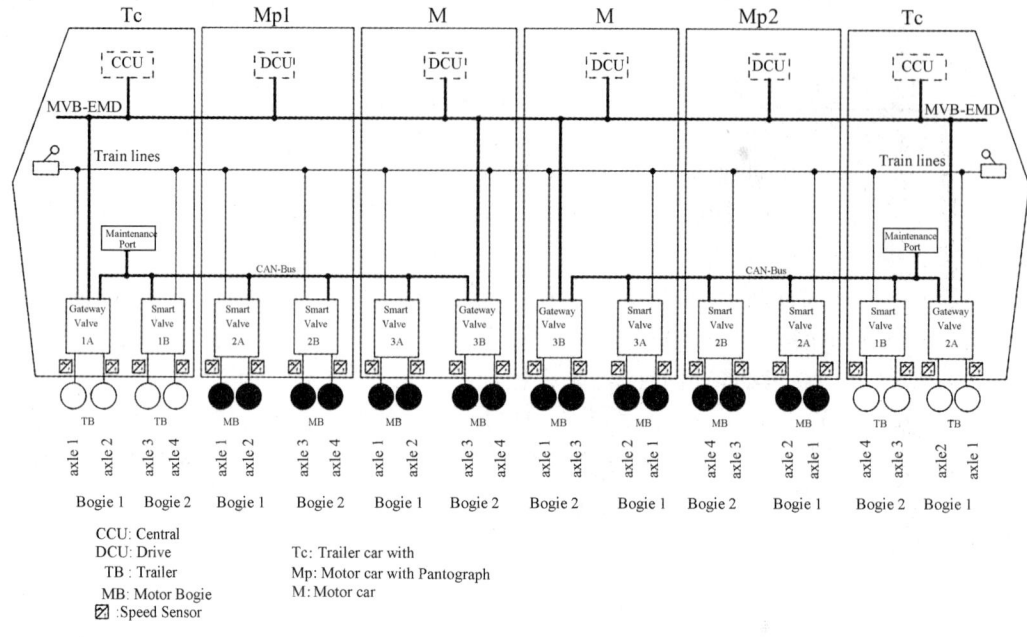

图 7-7 制动系统网络结构

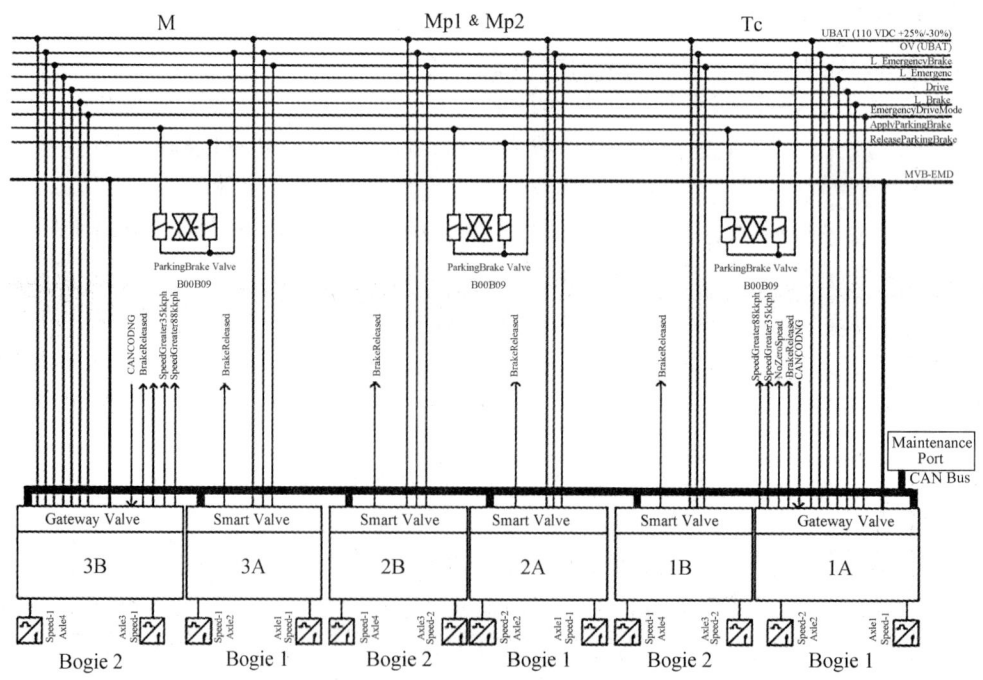

图 7-8 制动系统微机控制接口

3. 辅助电源控制单元（ACU）

ACU 放置于辅助逆变器箱内（见图 7-9），采用叠板结构，包括主控板（即 DSP 板）、母板、接口板，采用双 OMAP+FPGA+CPLD 结构，位于主控板的 OMAP 芯片为高性能双核处理器，内含 ARM9 核和 C67××DSP 核。

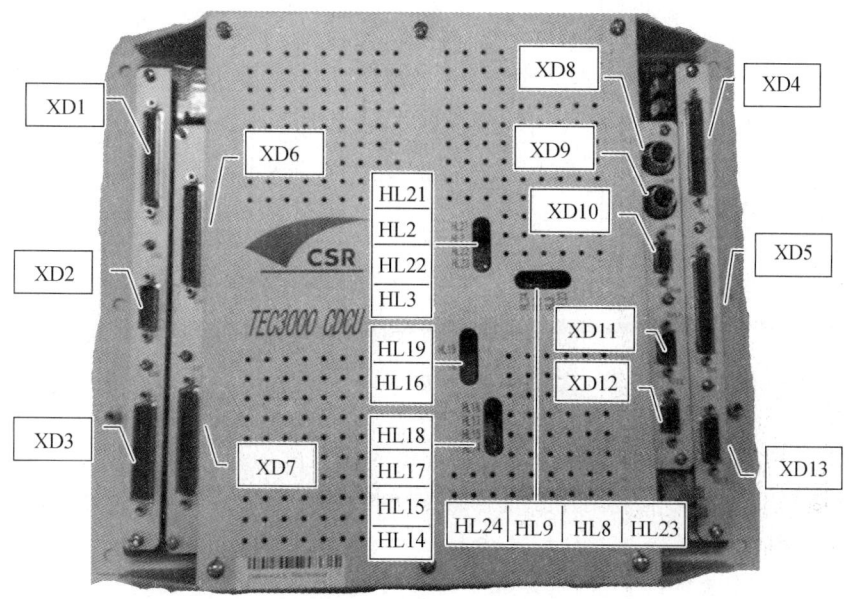

图 7-9 ACU 实物

ACU 外形尺寸（长×宽×高）：380 mm×300 mm×60 mm。

ACU 能实现完全微机化、数字化的实时控制，具有符合列车通信网络 IEC61375 标准的 MVB 通信接口，对外与车辆总线相连，与中央控制单元等形成控制与通信系统。

ACU 主要实现如下功能：

（1）逻辑控制：接受外部控制命令，综合各种因素进行逻辑判断，输出数字信号控制各继电器、接触器等的通断，实现逻辑控制。

（2）与列车网络设备通信，ACU 与列车网络控制和诊断系统之间通过 MVB 交换数据，通信单元可以将数据转换成符合 MVB 协议格式的数据包，传输到列车网络控制和诊断系统上去。同时 ACU 接收来自列车网络控制和诊断系统的数据，并反馈变流器运行状态和故障信息。

（3）故障记录、诊断和保护：可以实时监测逆变器及 ACU 的故障，记录故障波形数据，并向列车控制与诊断系统上传故障信息，记录故障日志，ACU 故障数据可通过以太网进行下载。

辅助电源系统是一个独立的系统，只要 SIV 检测到高压供电就开始工作，向外提供三相 380/220 V、50 Hz 电源以及 DC 110 V 电源，它不受牵引/制动指令的控制。ACU 具备 MVB 接口，通过 MVB 总线与 CCU 或 VCU 交换信息，并可以通过总线进行控制。

（五）列车网络控制系统功能原理

TCMS 主要包含四类功能：控制功能、故障检测、监视功能和诊断功能。

1．控制功能

1）模式控制

TCMS 判断列车处于人工驾驶模式或自动驾驶模式。当模式开关打到 ATO 模式，方向手柄在"向前"位，主控手柄在"零"位，并且有 ATC 发过来的 ATO 激活信号，列车处于自动驾驶模式。其他模式为人工驾驶模式。在自动驾驶运行过程中，若自动驾驶模式建立条件丢失，列车进行紧急制动，列车模式自动转为人工驾驶模式。

2）司机室激活控制

对列车的操作必须从对司机室的激活开始。

当司机钥匙没有插入司控器的钥匙孔，或者司机钥匙没有旋转至"激活"位时，TCMS 将处于一种"待机"状态，拒绝接收和执行诸如施加牵引、缓解制动等各种涉及安全的控制指令，但可以对全列车的状态信息进行监视和故障诊断。

当司机钥匙旋转至"激活"位后，TCMS 进入"激活"状态，将有"司机钥匙激活"信号的 Tc 车设置为主控司机室，并同时在显示器主界面显示。TCMS 激活后，只允许接收来自主控司机室的各种控制指令，而忽略非主控司机室的各种控制指令，但有一条指令除外，即"紧急制动"指令。当任何一个司机室的"紧急制动"按钮被按下，TCMS 均执行"紧急制动"指令，同时封锁牵引信号的输出。

当 TCMS 检测到两个司机室均有"司机钥匙激活"信号时，TCMS 会诊断出"司机室联锁故障"，并在显示器上做故障提示，并继续处于"待机"状态，拒绝执行各种控制指令。

3）方向控制

列车的运行方向包括"向前"和"向后"，所谓的"前"与"后"均是以司机的主观视角来定义的。而对牵引系统来说，是没有前后之分的，牵引逆变器通过正相序或反相序输出交流电来控制牵引电机和车辆轮对的正转或者反转，来实现司机所期望的列车"向前"或者"向后"运行。因此，对列车的方向控制即是对每个牵引逆变器的"正向"和"反向"控制。

对于某一个牵引逆变器而言，如果期望列车朝 1 单元方向"向前"运行时，牵引逆变器需要执行"正向"指令的话，那么如果期望列车朝 2 单元方向"向前"运行时，TCMS 则需要向该牵引逆变器发出"反向"指令。按照这个逻辑，TCMS 需要根据列车的每一个牵引逆变器的安装方位、主控司机室的位置以及该司机发出的方向指令进行逻辑判断，并逐个向每一个牵引逆变器单独发送"正向"或"反向"指令。

整列车的牵引逆变器安装布局采用中心对称方式，如果是 1 单元 Tc 车为操作端，当方向手柄打到"向前"位，则 TCMS 向 1 单元 Mp1 和 M1 车牵引逆变器发送"正向"指令，向 2 单元 M2 和 Mp2 车牵引逆变器发送"反向"指令；当方向手柄打到"向后"位，则 TCMS 向 1 单元 Mp1 和 M1 车牵引逆变器发送"反向"指令，向 2 单元 M2 和 Mp2 车牵引逆变器发送"正向"指令，并且 TCMS 将退行模式信号发给所有牵引逆变器；打到"零"位则判断为无方向。如果是 Tc2 车为操作端，则正相反。

在设计有关列车方向的列车硬连线时也会作如上考虑,即"向前"和"向后"列车硬线在列车中部做交叉处理,当1单元收到"向前"的列车信号时,2单元则收到"向后"的列车信号,反之亦然。因此在正常情况下,每个牵引逆变器从 TCMS 收到的"正向"或"反向"指令应该与其从列车硬连线上收到的"向前"或"向后"指令是一致的。TCMS 可以分别对每个牵引逆变器收到的 TCMS 指令和硬连线指令做比较,如果发现有不一致的情况,TCMS 会诊断出"牵引系统方向故障",并在显示器上做故障提示。

列车的换向操作只允许在列车静止的状态下才允许进行。一旦列车开始运行后,TCMS 将锁定当前列车的方向信号,直到列车停止运行后才能解锁。如果在列车运行过程中,不管是人为操作原因还是司控器故障原因导致方向信号变化,TCMS 会诊断出"方向信号丢失故障",并在显示器上做故障提示。

4)紧急牵引控制

为了保证在 TCMS 故障情况下,列车能够继续运行到下一站,列车设置了紧急牵引按钮,司机可以通过操作紧急牵引按钮进入紧急牵引模式。紧急牵引模式下忽略 TCMS 的网络信号,牵引制动指令通过硬线传输,级位固定(70%牵引、70%制动),紧急牵引模式下仅使用空气制动。

紧急牵引模式下,BCU、DCU 通过接收硬线的指令和硬线编码级位实现列车的牵引和制动控制,忽略 TCMS 的网络信号,并输出紧急牵引提示信息到 HMI。

当满足下列条件之一时,TCMS 系统的 HMI 提示司机应进入紧急牵引模式。

(1)出现 3 个或 3 个以上 DCU 通信故障(由 TCMS 诊断)。

(2)出现操作端 HMI 通信故障(由 HMI 诊断)。

(3)司机控制器牵引制动手柄电位器故障(由 TCMS 诊断)。

当出现下列情况之一时,司机应主动采取紧急牵引:① HMI 黑屏;② 列车无法正常牵引。

5)紧急制动控制

为了保证列车行车安全,TCMS 需要对某些影响列车运行的条件进行监视,当以下条件发生时,TCMS 将触发紧急制动,并且记录相关触发条件:

(1)列车启动 60 m 以内时,车门打开,且速度小于 75 km/h。

(2)速度超过 88 km/h。

(3)当列车处于非 ATO 和非 ATB 模式下,警惕按钮被释放 3 s 后。

(4)任意一端的紧急停车按钮动作。

(5)总风压力低于 5 bar。

(6)DCU 检测到后溜,网络施加紧急制动。

一旦 TCMS 触发紧急制动,直到列车停止才能恢复。TCMS 通过 DXMe 模块输出"紧急制动"信号(110 V 电平,高电平有效)。车辆厂在进行"紧急牵引"硬线电路设计时,须确保"紧急牵引"可以屏蔽 TCMS 输出的"紧急制动"信号。

2. **故障检测**

1)指令不一致检测

TCMS 从 I/O 单元采集硬线指令,从 MVB 总线上采集牵引制动单元反馈的硬线指令,当两者发生 2 s 以上不一致，TCMS 在显示器上报警提示司机。

TCMS 从 MVB 总线上采集所有制动系统反馈的硬线指令，并比较所有反馈指令，当发生 2 s 以上不一致时，TCMS 在显示器上报警提示司机。

TCMS 从 MVB 总线上采集所有牵引系统反馈的硬线指令，并比较所有反馈指令，当发生 2 s 以上不一致时，TCMS 在显示器上报警提示司机。

2）显示器设置参数错误检测

TCMS 主要检测显示器设置的轮径、车号等参数的错误。

TCMS 检测两个 Tc 车显示器发出的轮径值，当与显示器通信正常，但发出的轮径值不一致时，TCMS 在显示器上报警提示司机。

TCMS 还检测显示器轮径值的有效性，判断轮径值是否在 770～840 mm 之间，如果超出范围，TCMS 在显示器上报警提示司机。

3）通信状态检测

TCMS 通过生命信号机制检测所有连接至网络上的设备的通信状态。

当设备生命信号停止跳变超过 8 个传输周期，TCMS 判定该设备通信失败，在显示器上显示通信故障。当设备恢复跳变后，TCMS 判定该设备通信正常，并复位通信故障。

3. 监视功能

车辆的监视功能由智能显示器 HMI 完成。

每列车辆配有两个 HMI，分别安装于两个 Tc 车的司机控制台上。为司机和检修人员提供必要的信息。

HMI 有两种用户模式：运行模式和检修模式。

控制电源 DC 110 V 接通后，两个司机室的 VCME 和 HMI 同时开启。激活端司机室的智能显示单元 HMI 正常显示且可进行亮度调节，非激活端司机室的 HMI 显示为黑屏。

4. 诊断功能

车载故障诊断系统是 TCMS 的一个重要组成部分，完成车载各部件故障数据的采集、分析、转储和显示功能。故障信息在司机台上通过 HMI 显示，并且通过 PTU 上传到地面维修和服务系统中，供长期储存和进一步的地面分析。

TCMS 的诊断功能可以协助司机和检修人员进行工作。当故障发生时，它可以协助司机采取适当的操作，并使维护人员更容易地查找并解决故障。

如果列车发生故障，在 HMI 上将显示纯文本信息给司机。每条纯文本信息都分配有故障代码，根据不同的故障类别进行故障评估。此外，司机还可以从 HMI 上获得他所必须实施的操作的指导说明。

（六）TCMS 应用

北京地铁 6 号线列车采用 6 动 2 拖的 8 辆编组形式，TCMS 总线采用符 IEC61375 标准规定的 MVB-EMD（电气中距离）总线。系统拓扑结构如图 7-10 所示。

微课：TCN 通信网络在地铁 TCMS 系统应用

1. TCMS 设备介绍

1）中央控制单元（CCU）

每辆带司机室的拖车（Tc）的司机室电气柜中都有 1 台 CCU。CCU 作为 TCMS 的中央控制单元管理网络系统。在正常运行情况下，其中 1 台 CCU 为主控制设备，另 1 台为备用设备，备用设备实时监视主控制设备状态；当主控制设备出现故障时，备用设备将代替主控制设备行使中央控制单元的功能，以保障整个列车网络正常工作；2 台设备切换时间小于 2 s，不影响系统正常工作，不影响列车正常运营。中央控制单元的硬件结构如图 7-11 所示。

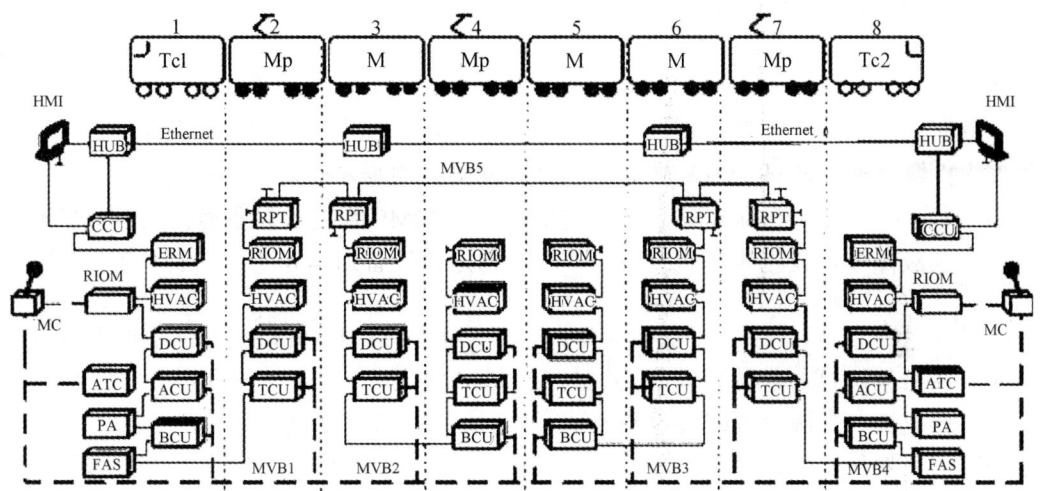

CCU—中央控制单元；ERM—列车数据记录仪；BCU—制动控制单元；ATC—信号系统；TCU—牵引控制单元；ACU—辅助控制单元；PA—列车广播系统；HVAC—空调与通风；RPT—中继器；MC—司机控制器；DCU—门控单元；HMI—人机接口单元；RIOM—远程输入/输出单元；FAS—烟火报警主控单元；HUB—集线器；Ethernet—以外网；MVB—多功能车辆总线。

图 7-10 北京地铁 6 号线 TCMS 拓扑结构

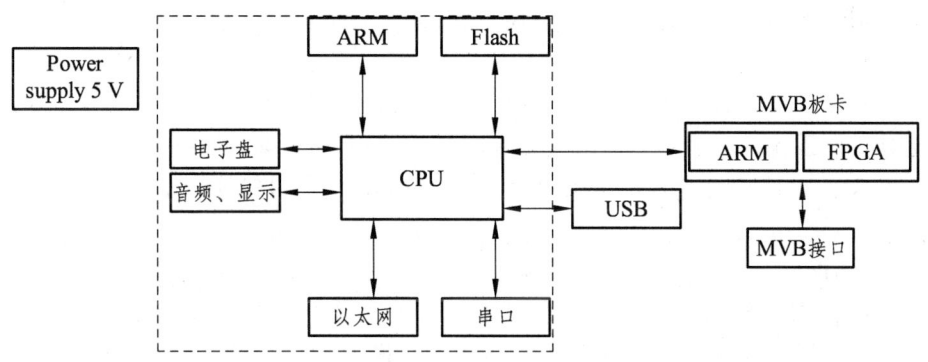

图 7-11 中央控制单元的硬件结构

CCU 的主要功能：

（1）MVB 总线通信调度，通过 CCU 中内置的总线管理器 BA 实现列车网络的总线调度。

（2）列车运行控制、监视，CCU 中运行的程序作为列车运行控制的软逻辑，与列车硬线控制逻辑一起实现整车的控制、监视功能。

2）司机室人机接口（HMI）

每辆 Tc 车的司机台上都安装有 1 台 HMI，它通过车辆总线 MVB 获取列车及设备信息，为司机及维修人员提供监视及操作的人机接口，实时显示车辆参数、系统运行状态，并实时提示车辆故障信息。另外，人机接口作为部分车辆参数的输入接口，可以进行时间、列车车次、轮径等参数的设置。

3）列车数据及事件记录器（ERM）

ERM 是列车信息采集和记录的关键设备，位于司机室电气柜中，以滚动存储的方式保存数据（先进先出的原则 FIFO）。在正常情况下，2 台 ERM 同时工作，互为备份，记录主 CCU 收发的重要数据以及 MVB 总线上的故障信息。

4）远程输入输出模块（RIOM）

RIOM 安装在每辆车的电气控制柜内。远程输入/输出模块完成列车各种数字量信号采集、数字量开关信号输出、模拟量信号采集等工作。其中，模拟量 PWM、电压、电流采集范围可以根据外部负载的变化进行配置，满足车辆整体设计要求。

RIOM 数量可进行灵活配置，在满足车辆整体原理设计需求的基础上，预留了部分设计余量，充分满足后续功能扩展的需求。

5）中继器（RPT）

中继器是满足 IEC61375 标准的 0 类设备，是冗余管理的 MVB-EMD 中继设备，为列车网络监控系统的可靠性提供了保障。中继器可以通过接收到的数据帧识别数据传输方向，将数据帧从一个网段中继传输到另一个网段。

RPT 的主要功能有：MVB 信号再生及放大传输；侦测网络上的信号冲突并进行相应的处理。

2. 系统功能

1）控制功能

列车网络控制管理系统可对牵引、制动、辅助、信号、车门及空调系统等进行功能控制、监视及故障诊断，并实时对列车数据进行记录。其主要的控制功能包括列车限速运行及超速保护控制、车辆级位及牵引封锁控制、电制动切除、电制动衰减控制、制动空压机启动控制、车辆保持制动缓解控制、车辆开关门控制、辅助系统并网控制等。除此之外，TCMS 还对空调系统、广播系统、火灾报警系统等进行实时调度控制，确保车辆的稳定运行，相关系统状态信息也会实时在显示屏上进行显示，让司机实时了解车辆状态（见图 7-12）。

2）监视功能

列车网络控制管理系统可对列车各主要系统的设备状态进行实时监视并在显示屏上进行显示，显示屏的主界面将显示列车激活端、行进方向、车辆速度、网压、网流、牵引制动级位、总风压力等信息。

3）故障诊断功能

TCMS 不但对列车功能进行实时控制，还具有列车故障诊断功能，用于对故障信息的识别和处理以及故障信息的输出。所有诊断信息以及列车故障信息能提供给整组列车，其中包括：故障等级、故障记录、运行记录、事件记录、自诊断功能、数据上传/下载 6 个部分。TCMS 系统的故障诊断功能主要用于车辆状态实时诊断以及列车日常维护、检修，可以协助司机及检修人员定位并解决故障问题。当子系统发生故障时，及时通过显示屏提示司机或检修人员故障发生位置及当前状态，使维护人员快速定位并解决故障。

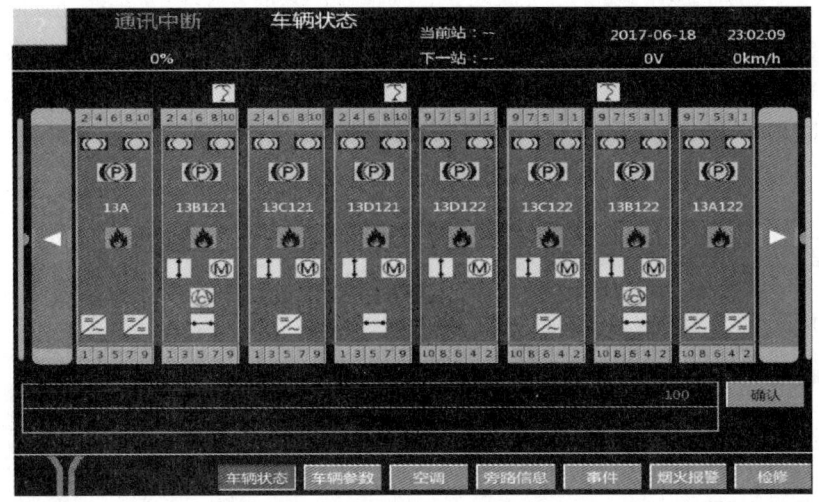

图 7-12　车辆状态

4) 记录功能

（1）列车事件录仪记录功能：运行数据的周期记录，故障数据的触发性记录（见图 7-13）。

（2）事件记录仪使用非易失性存储器，设备断电后确保数记录据不会丢失。

（3）工作人员可以使用 PU 设备与记录仪进行以太网连接，下载本地记录后，使用 PU 解析软件进行数据解析。

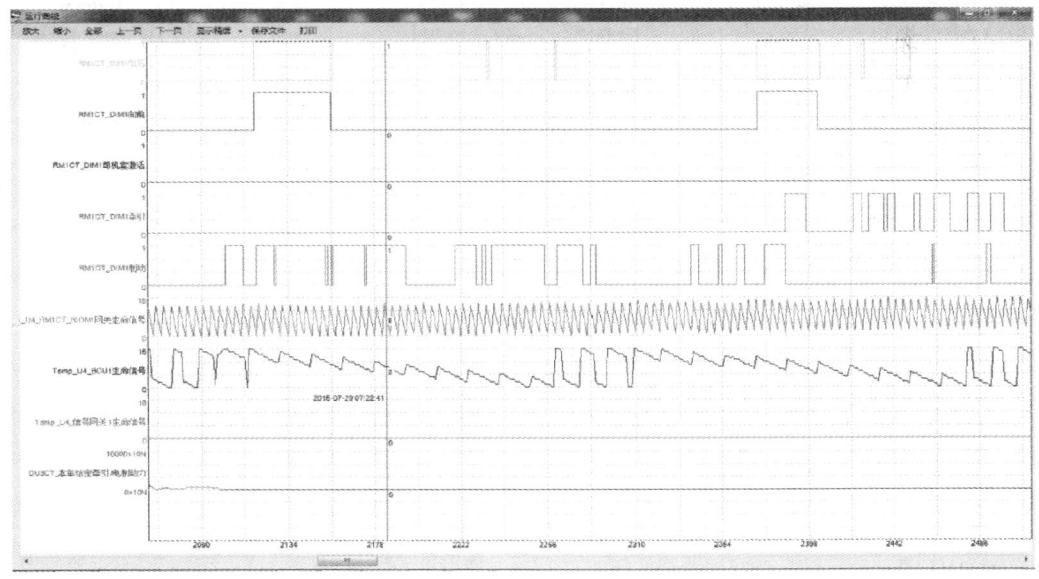

图 7-13　运行记录数据

任务二 MVB 通信故障分析及处理

微课：MVB 通信故障分析及处理

国内地铁车辆主流采用 4 动 2 拖固定编组，无重联需求。多功能车辆总线（MVB）是固定编组的列车组中连接各车辆设备的车辆总线，其主要功能是实现列车网络控制系统（TCMS）与其他具有操作性要求的互联设备之间的串行数据通信。

一、地铁车辆通信网络拓扑

某城市地铁车辆采用 4 动 2 拖固定编组，TCMS 采用分布式总线控制方式，具有冗余结构的列车级总线和车辆级总线。列车级总线和车辆级总线均采用 MVB，其物理介质采用双线（线路 A 和线路 B）冗余的电气中距离电介质。中继器作为列车级总线和车辆级总线的网关，实现列车级总线到车辆级总线的数据转发功能。TCMS 拓扑如图 7-14 所示。

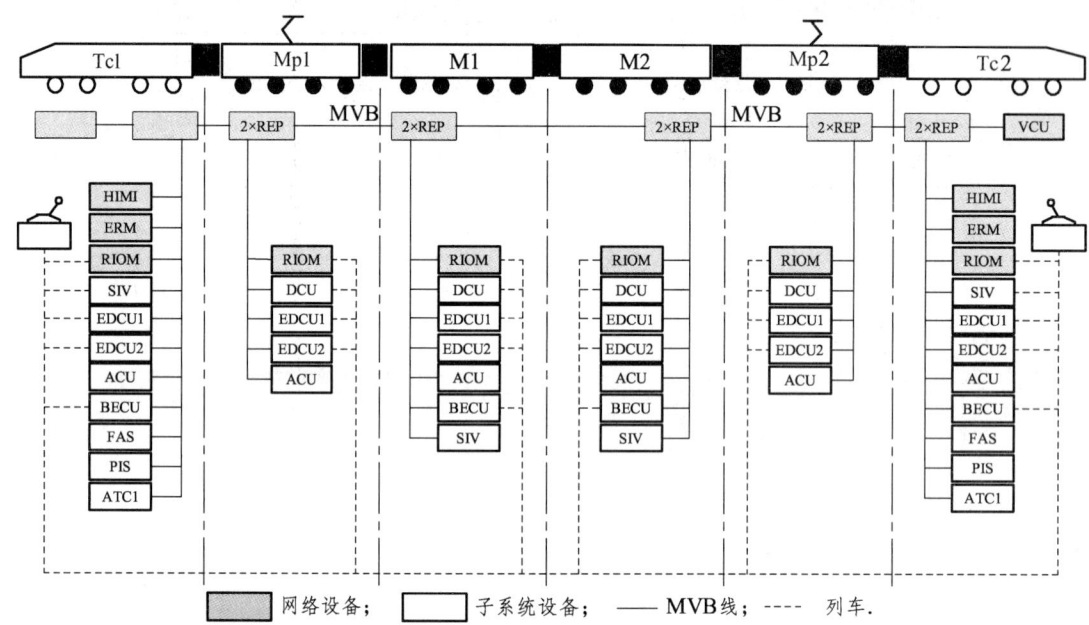

AUC—空调控制单元；ATC—自动控制系统；RIOM—远程输入/输出模块；VCU—中央控制单元；
DCU—牵引控制单元；BECU—制动控制单元；FAS—火灾报警系统；SIV—辅助电源控制单元；
EDCU—车门控制单元；ERM—事件记录仪；HMI—人机接口单元；
PIS—乘客信息系统；REP—中继器。

图 7-14 TCMS 拓扑

二、MVB 通信原理分析

1. MVB 帧

MVB 总线的数据帧有 2 种：一种是总线主发布的主帧，另一种是从设备响应的从帧。

主帧长度固定,1 个主帧以 9 位的主起始分界符开始,其后为 16 位帧数据,接着为 8 位检验序列,最后为终止分界符。

从帧的长度不固定,可能有 5 种数据类型。从帧的帧数据包括 9 位的起始分界符,接着是 16 位、32 位、64 位、128 位或 256 位帧数据。根据从帧长度,在每组数据后加 1 个 8 位的 CRC 检验序列,最后为终止分界符。

2. 报文

MVB 报文分为 3 类:过程数据报文、消息数据报文和监视数据报文。报文类型由主帧中的 F 代码区分。MVB 报文由 1 个主帧和响应这个主帧的从帧构成,主帧仅由总线主发送,从帧是从设备对主帧的响应。

过程数据报文定时关系如图 7-15 所示。

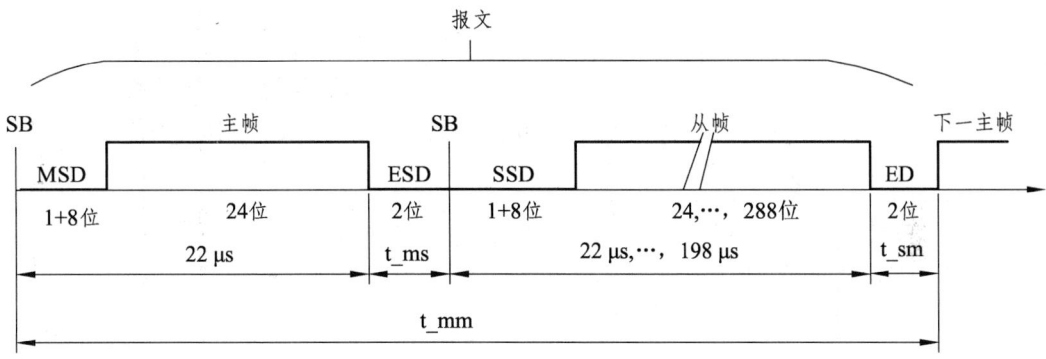

图 7-15 报文定时

MSD 表示主起始分界符;SSD 表示从起始分界符;SB 表示起始位;t_ms 表示从主帧到从帧之间的时间间隔,最小推荐值范围为(2-0.6667)μs<t_ms<(6-0.6667)μs;t_sm 表示从帧到下一主帧的时间间隔,t_sm>3 μs;t_mm 表示主帧与主帧之间的时间间隔,该时间间隔依据从帧长度而定。

过程数据报文为源寻址的周期性广播,总线主发送主帧,目标设备根据主帧中逻辑地址请求响应从帧。周期性报文传输时序如图 7-16 所示。

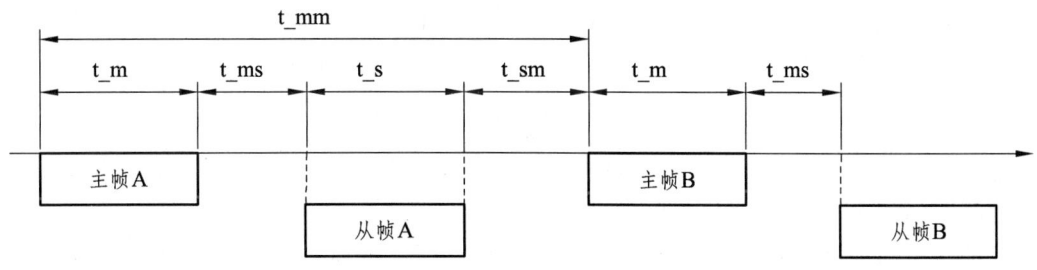

图 7-16 周期性报文传输时序

t_m 表示发送主帧所需时间(22 μs);t_ms 表示从主帧到响应主帧的从帧之间的时间间隔(默认为 42.7 μs);t_s 表示发送从帧的时间(22 μs、33 μs、54 μs、102 μs 或 198 μs);t_sm 表示从帧到下一个主帧的时间间隔,所需时间至少为 3.0 μs。

3. 通信质量评价

MVB 分析仪可以采集 MVB 总线上的报文，并给出 MVB 通信质量评价要素的统计分析结果。行业通用的 MVB 通信质量评价要素及评价标准如表 7-2 所示。

表 7-2　MVB 通信质量评价要素及评价标准

评价要素	评价要素描述/解释	评价标准
CRC	主/从帧的 CRC 校验码错误	≤1 个
BNI	从主帧到响应主帧的从帧之间的时间间隔不符合标准	≤1 个
TERR	主/从帧的起始或终止定界符可以被识别，但无法解析帧数据	≤1 个
ALO	主/从帧数据受损	≤1 个
SQE	因通信质量不好导致采集报文时出错	≤1 个
DMF	双主帧错误，即两主帧之间间隔不符合标准	≤1 个
DSF	双从帧错误，即两从帧之间间隔不符合标准	≤1 个
EMF	解析报文后发现主帧错误	≤1 个
ESF	解析报文后发现从帧错误	≤1 个

评价标准为是否满足评价要素的报文数量。

三、典型故障及分析

（一）部分系统偶报通信故障

1. 故障描述及故障模拟

HMI 偶报部分联网系统通信故障，且随机自动复位；发生故障的系统和故障发生时间均随机出现，无法具体定位故障点。

使用 MVB 分析仪检查列车 MVB 通信质量，发现 MVB 通信质量评价要素不达标项，具体为统计的全部过程数据报文中满足 BNI 和 CRC 等评价要素的报文数量远大于 1 个。使用 MVB 分析仪抓取 MVB 过程数据报文，解析数据后发现部分报文的线路 A 主帧结束后紧跟一串连续的矩形波，不满足标准要求；而线路 B 数据帧正常，如图 7-17 所示。

2. 故障调查分析

排除物理线路、外部电磁干扰、系统软硬件设计发生闪报通信故障等因素影响后，初步把故障点锁定在 TCMS 设备自身。

通过使用示波器采集 MVB 报文数据进行精确分析，发现线路 A 部分的主帧结束 1 μs 后存在电平高达 375 mV 左右的波形极值，即标准中定义的"振铃"现象。由于中继器对波形的检测较灵敏，当检测到"振铃"现象后将波形放大，导致 BNI 和 CRC 等评价要素不满足要求。MVB 分析仪和示波器抓取到的主帧尾部"振铃"波形分别如图 7-18 和图 7-19 所示。

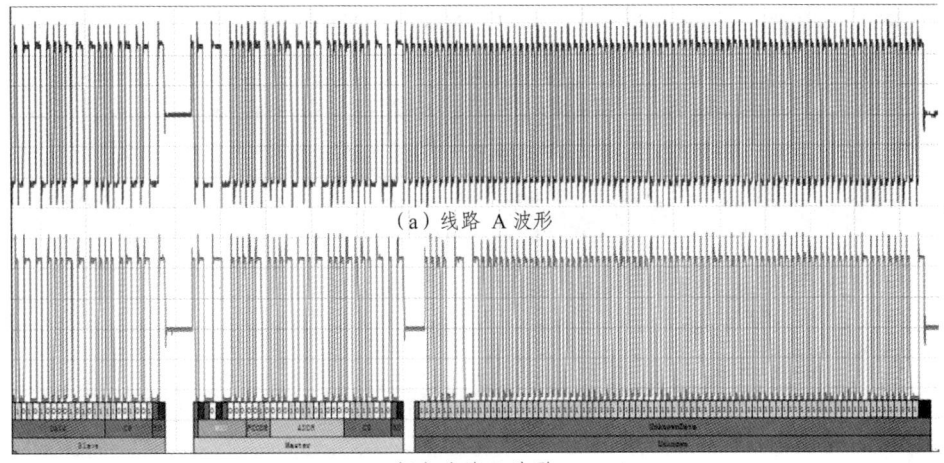

（a）线路 A 波形

（b）线路 B 波形

图 7-17　MVB 分析仪抓取的数据帧波形

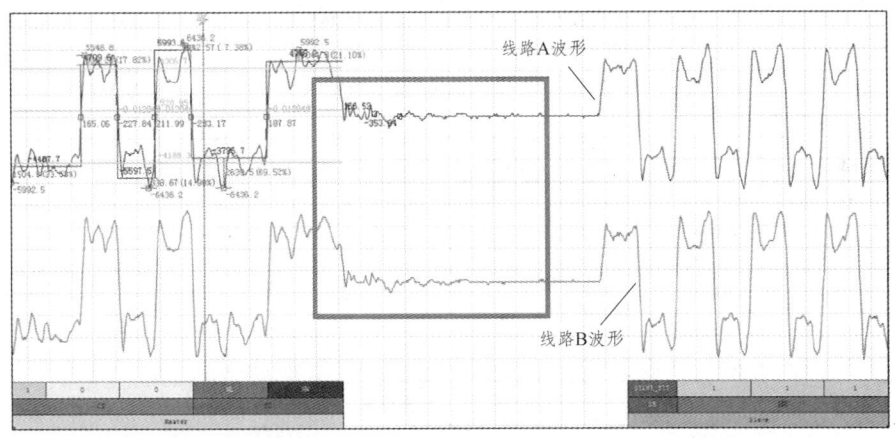

图 7-18　MVB 分析仪抓取的主帧尾部"振铃"波形

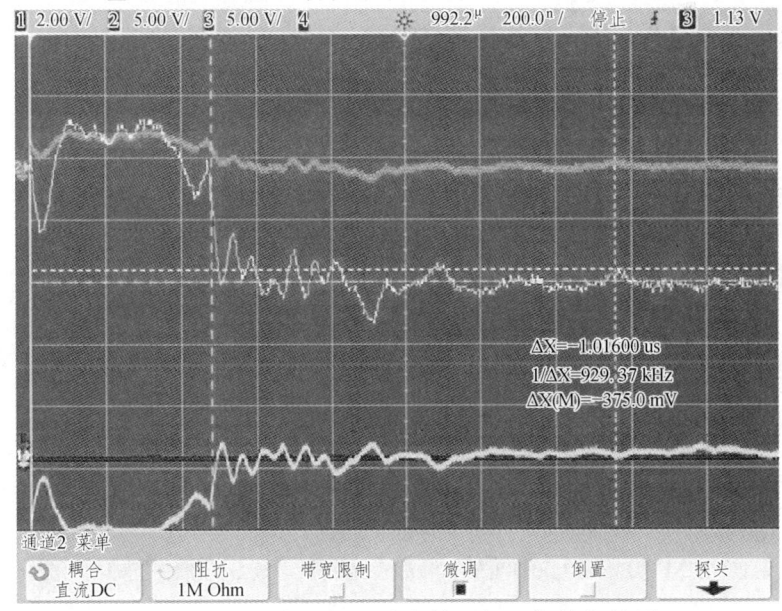

图 7-19　示波器抓取的主帧尾部"振铃"波形

结合图 7-18 和图 7-19 进行分析，得出故障的根本原因如下：

（1）中继器对数据帧进行整形放大，当检测到一个数据帧终止分界符后，中继器开始等待检测下一个数据帧的起始分界符。本故障中继器在主帧终止分界符结束到从帧起始分界符开始的总线空闲时间 1.5 μs 内（即图 7-15 中定义的 t_ms-0.6667 μs），如果检测到有连续的电平变化，且电平幅值超过中继器的设定阈值 350 mV，中继器将会输出连续的矩形波。

（2）结合现场车辆测试波形分析，主帧帧尾的异常振荡超过了 1 μs，波形极值达到 375 mV，不符合 IEC61375 标准中规定"在终止定界符产生之后输出信号在 0.3 μs 的时间内达到 0.1 V"的要求。

（3）统计发现，发生主帧尾部极端"振铃"现象的从帧响应设备均为 VCU，因该项目 TCMS 采用 T 形拓扑结构，各支路的响应设备都是经过中继器与干线连接的，每个中继器有 3 μs 的数据帧延时，相当于总线空闲时间至少增长了 3 μs，因此其他设备数据帧不会受影响。

（4）经过对 VCU 的 MVB 板卡相关参数进行分析，发现该厂家 MVB 板卡底层软件定义的 t_ms 时间为 2 μs（符合标准要求），导致当响应设备为 VCU 时，MVB 总线空闲时间理论为 1.3333 μs，小于 1.5 μs。考虑到 MVB 总线传输延时及 VCU 板卡输出特性存在差异等因素，导致主帧尾部的极端"振铃"现象在中继器处被错误放大。

3. 故障解决方案

针对该故障，MVB 板卡厂家在实验室进行故障模拟，模拟的结果与现场测试情况基本一致，结合实车测试情况，MVB 板卡厂家考虑优化板卡底层软件来解决该问题。

底层软件优化方案为：修改 MVB 板卡的响应时间，把从主帧到响应主帧的从帧之间的时间间隔 t_ms 最小值由原来的 2 μs 优化为 4 μs（仍在标准范围内），保证在中继器的总线空闲时间 1.5 μs 内无连续的电平波动。

经过对优化的 MVB 板卡底层软件在实验室进行模拟测试及实车测试，使用 MVB 分析仪在车辆上采集分析 MVB 通信质量，确定满足标准要求，HMI 偶报部分联网子系统通信故障问题消失。

（二）空调系统连续报通信故障

1. 故障描述及故障模拟

多列车升级 DCU 程序后，HMI 报 1 车 ACU 通信故障；将 2 车 DCU 电源关闭后，1 车 ACU 通信故障消失，电源开启后故障重现；ACU 厂家对 1 车 ACU 通信控制器进行调换，故障未随设备转移，HMI 依然报 1 车 ACU 通信故障。

使用 MVB 分析仪检查列车 MVB 通信质量，MVB 通信质量评价要素未达到相关标准要求，在线抓取 MVB 过程数据报文，发现满足 ESF 评价要素的报文数量呈递增现象，远大于 1 个。

对故障车辆使用 MVB 分析仪抓取过车数据波形，实施以下 2 种情况模拟分析：

（1）2 车 DCU 电源关闭后抓取数据波形，如图 7-20 所示，图中左侧主帧为网络总线主发送给 2 车 DCU 的主帧，因为 2 车 DCU 此时关闭，所以在这个主帧后面无 2 车 DCU 的从帧反馈；右侧的主帧为网络总线主发送给 1 车 ACU 的主帧，此时 1 车 ACU 能够识别网络发送的主帧，并反馈了从帧。

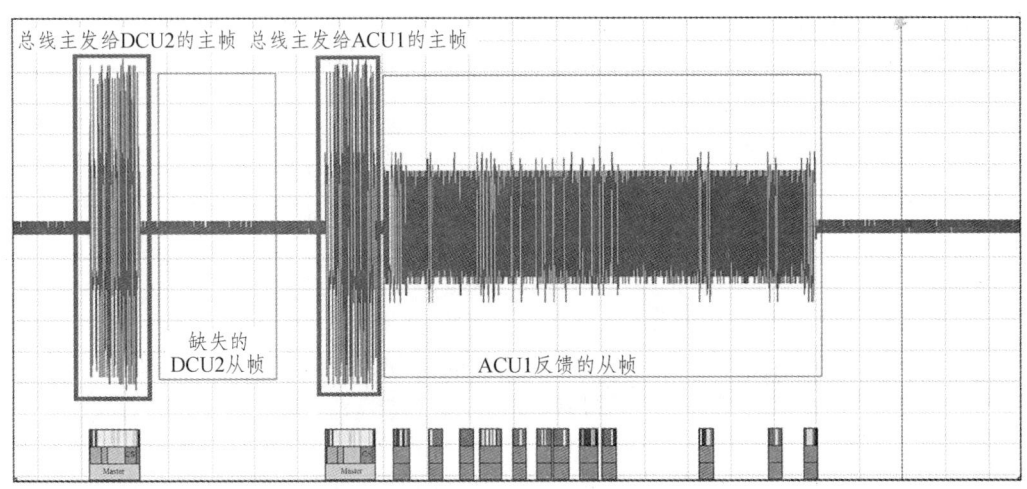

图 7-20　2 车 DCU 电源关闭后抓取的数据波形

（2）2 车 DCU 电源开启后抓取数据波形，如图 7-21 所示。左侧主帧为网络总线主发送给 2 车 DCU 的主帧，因为 2 车 DCU 此时开启，所以在这个主帧后面有 2 车 DCU 的从帧反馈；右侧的主帧为网络总线主发送给 1 车 ACU 的主帧，此时 1 车 ACU 未能反馈从帧。

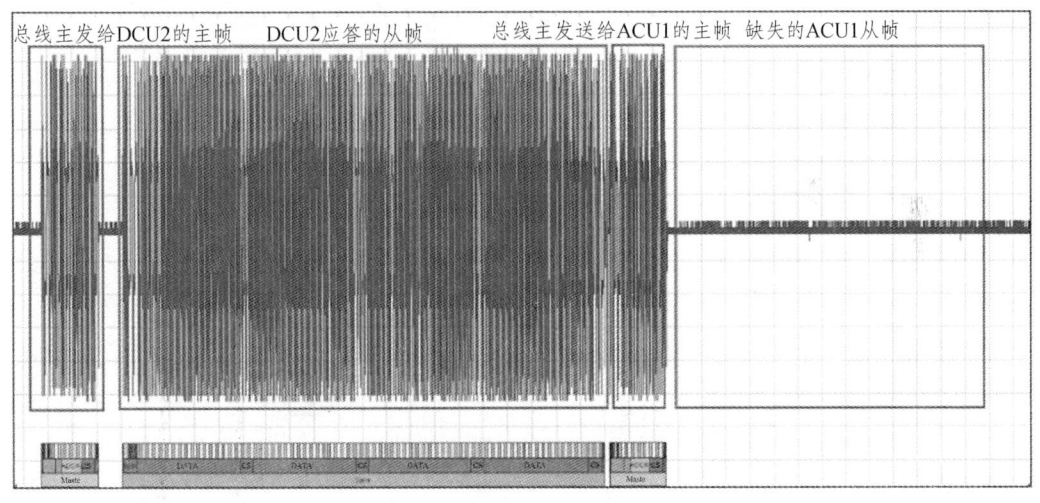

图 7-21　2 车 DCU 电源开启后抓取的数据波形

2. 故障诊断与调查

排除物理线路、外部电磁干扰、DCU 和 ACU 软硬件设计等因素影响后，初步把故障点锁定在 TCMS 设备自身。

2 车 DCU 电源开启状态下，1 车 ACU 之所以不反馈从帧，是因为 1 车 ACU 的通信控制器未能正确解析出网络总线主发送给它的主帧。

所有车载设备中只有空调在此种情况下出现该故障,在车辆上使用 MVB 分析仪针对 ACU 从帧响应波形测试。网络总线主发给各车 ACU 的主帧时序图分别如图 7-22 ~ 图 7-27 所示。

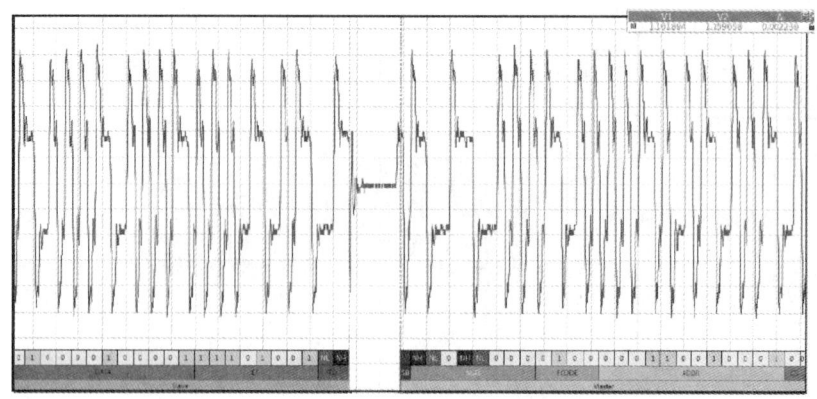

图 7-22　总线主发送给 1 车 ACU 的主帧时序

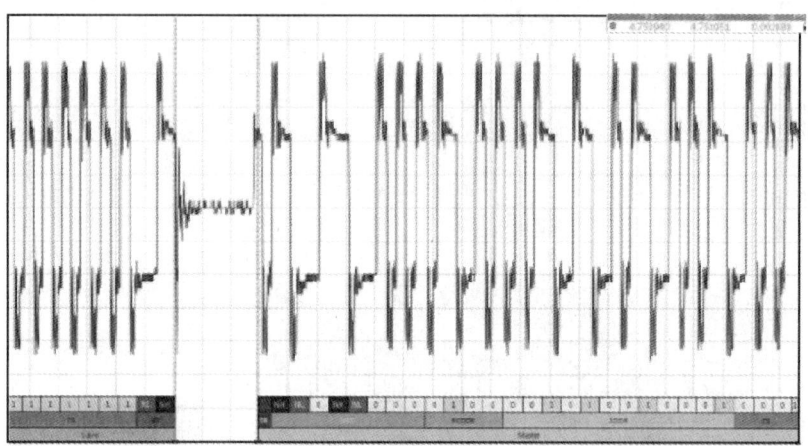

图 7-23　总线主发送给 2 车 ACU 的主帧时序

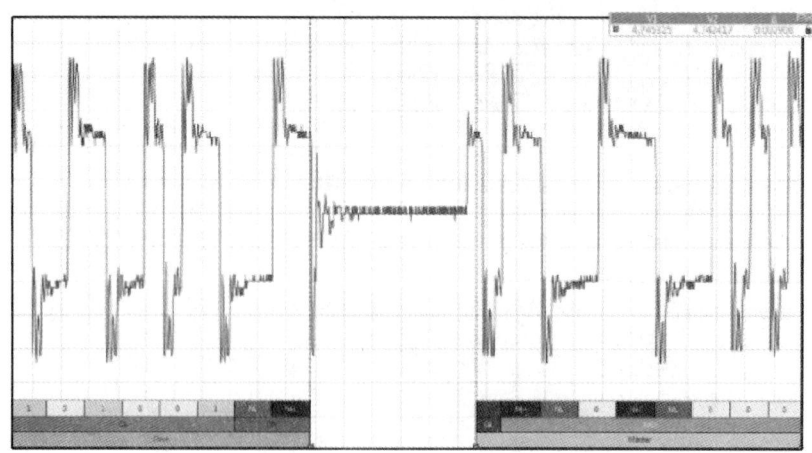

图 7-24　总线主发送给 3 车 ACU 的主帧时序

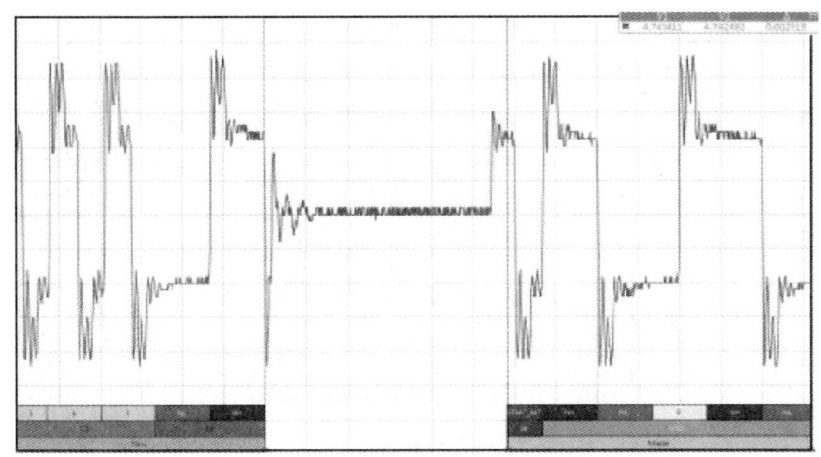

图 7-25　总线主发送给 4 车 ACU 的主帧时序

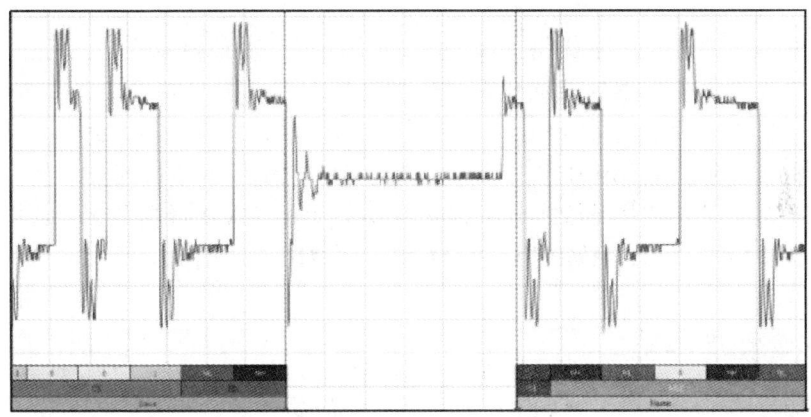

图 7-26　总线主发送给 5 车 ACU 的主帧时序

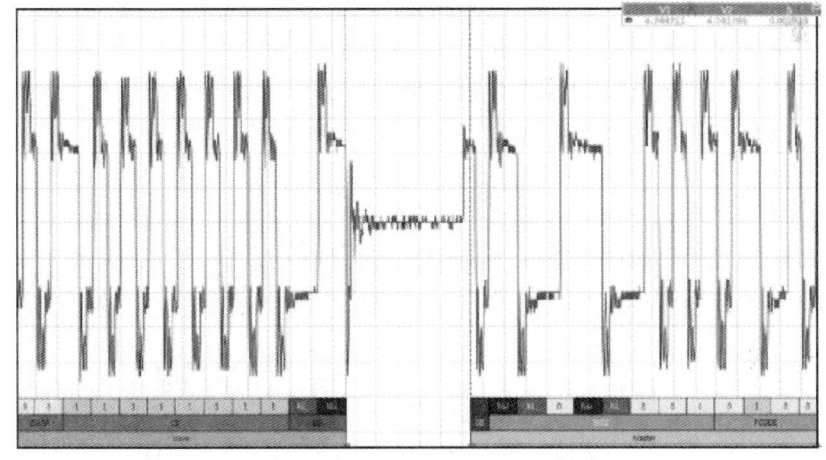

图 7-27　总线主发送给 6 车 ACU 的主帧时序

通过计算总线主发送给各车 ACU 的主帧与前序帧之间的空闲时间，得知 1 车~6 车 ACU 的主帧与前序帧之间的空闲时间间隔分别为 2.236 μs、2.889 μs、2.908 μs、2.919 μs、2.931 μs 和 2.915 μs。

结合 MVB 分析仪采集的数据波形进行分析，得出故障的根本原因如下：由于 1 车 VCU 为总线主，且受 ACU 的安装位置影响，6 个 ACU 距离 1 车总线柱的长度各不相同，1 车至 6 车 ACU 收到的主帧延时时间理论存在递增现象，理论分析与测试结果基本相符。因 1 车 ACU 距离总线主最近，使得总线主发送给 1 车 ACU 的主帧传输延时最短约为 2.236 μs，导致从帧到下一主帧的时间间隔为 3.6 μs（t_sm=2.236 μs+2×0.6667 μs），虽然满足 IEC 61375 标准中 t_sm 大于 3 μs 的要求，但接近于标准的阈值。考虑到测量误差等外部环境影响，1 车 ACU 可能对 VCU 的主帧无法正确识别，即当在 2 车 DCU 开启情况下，因为有 2 车 DCU 从帧的存在，使得总线主发送给 1 车 ACU 的主帧与前序帧之间的总线空闲时间较短，在此种情况下，1 车 ACU 无法正确解析主帧，而无响应从帧，网络总线主在连续多个周期中未检测到 1 车 ACU 的从帧，则在 HMI 上报 1 车 ACU 通信故障，使用 MVB 分析仪检查通信质量的评价要素 ESF 不达标。

3. 故障解决方案

针对该故障，TCMS 厂家优化了 VCU 的 MVB 板卡通信配置程序。

通信配置程序优化方案为：优化总线轮询时序，即调整总线主发送给 ACU 的主帧在最小宏周期（最小宏周期为 1024 ms）中时间片的位置，使总线主发送给 ACU 的主帧之前有约 542.86 μs 的总线空闲时间。经过对优化的 MVB 板卡通信配置软件在实验室进行模拟测试及实车测试。使用 MVB 分析仪实时采集车辆 MVB 通信数据，经分析 MVB 通信质量满足试验标准要求，HMI 连续报 ACU 通信故障问题消失。

四、故障处理总结

针对上述 2 起典型的 TCMS 故障问题，结合故障调查过程及处理方法，在处理轨道交通车辆同类问题时，可以着重从以下几个方面调查分析。

1. 物理线路排查

物理线路连接的正确性和可靠性是保证通信正常的基础。由于轨道车辆在运行过程中存在振动或通信物理线路连接松动等问题，可能造成部分系统通信故障。

2. 电磁干扰排查

通信线路外围的强电磁干扰也是可能导致通信故障的原因之一。必要时，需要借助专用设备对通信线路外围电磁干扰进行排查，以排除电磁干扰对通信质量的影响。

3. 应用层分析

TCMS 应用层一般依据心跳信号来判断子系统的通信状态。因此，通过检查子系统应用层的心跳信号正常与否及 TCMS 处理子系统心跳信号是否合理也是排查通信故障的调查方向之一。

4. MVB 板卡检查

MVB 板卡硬件及底层软件相关参数设计是否合理，直接决定着系统通信质量的好坏。

一般情况下，在 MVB 板卡装车前会在实验室对其进行一致性测试，当测试结果满足相关标准要求时，基本可以保证 MVB 板卡在装车后具备良好的通信质量。在实际应用中，处理类似通信故障问题时，在排查物理线路连接工艺、电磁干扰和应用层软件设计符合相关标准和工艺规程的情况下，可以使用 MVB 分析仪和示波器等仪器采集故障时刻的数据帧波形，并进行深入分析，检查 MVB 板卡参数设计的合理性，判断参数是否会对通信造成影响。

从 2 个典型故障案例来看，在 MVB 板卡底层软件相关参数设计时，选取了相关标准要求的临界值，虽然符合标准要求，但在可能影响通信质量的不利因素叠加的情况下，会导致发生系统通信故障。因此，在考虑影响系统通信质量的多重不利因素和 MVB 板卡通信相关参数设计在满足标准的前提下，需要考虑一定的余量，以提高 MVB 板卡的通信鲁棒性。

TCMS 负责列车的控制、监视和故障诊断功能，其工作稳定性直接影响列车的运行效率、可靠性和安全性。通过对 TCMS 联网设备实施型式试验、上车前并组网测试和例行试验，基本可以对 TCMS 设备相关潜在问题做到及早发现，并做出针对性优化，但由于电子设备元器件之间的差异和长时间使用出现老化等因素影响，针对列车运营阶段出现的相关故障分析处理比较棘手。

任务三　WorldFIP 总线在城市轨道交通中的应用

微课：WorldFIP 列车通信网络在城市轨道交通中的应用

在我国城市轨道交通迅猛发展的过程中，轨道交通车辆呈现出多样化的状态。列车控制系统是轨道交通车辆的一个极其重要的部件，WorldFIP 总线技术在这个领域具有宽阔的应用前景。将 WorldFIP 总线应用于列车通信系统，可以提高列车整体性能，能很好地适应城市对轨道交通的需求，具有较高的实际应用价值，其中，南京地铁 1 号线列车控制系统采用的 WorldFIP 网络就是一个成功的典型例子。

一、南京地铁 1 号线列车

南京地铁 1 号线列车为两单元编组，每个单元由 A、B、C 三辆车组成，A 车为带司机室的无动力拖车，B 车为带受电弓的动车，C 车为不带受电弓的动车。列车全长 140 m，拖车自重 601 t，动车自重 641 t；额定载客量为 1798 人（AW2），设计速度为 80 km/h，南京地铁 1 号线列车外形如图 7-28 所示。

二、硬线和网络的功能划分原则

南京地铁 1 号线列车网络结构如图 7-29 所示。

（1）凡有关安全的功能（如安全环路、紧急制动、车门控制等）由硬线实现，网络可冗余控制；网络故障不影响安全功能。

图 7-28　南京地铁 1 号线列车外形

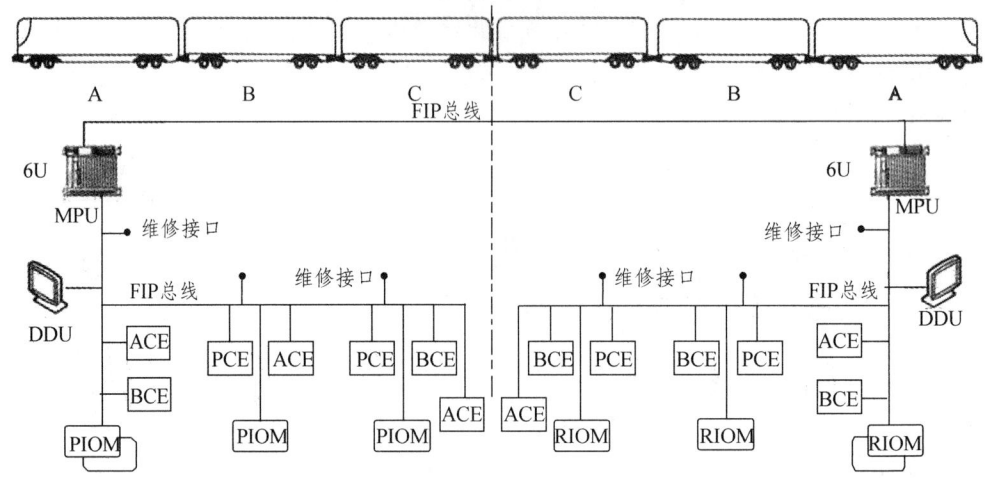

图 7-29　南京地铁 1 号线列车网络结构

（2）牵引制动功能（如空电混合、指令评估、传输、分配等），在由硬线保证最小控制功能的基础上，由网络适度参与，以实现整车性能的优化。

（3）其他功能（除了牵引制动功能以外）最大程度地网络化、离散化；由网络根据整车的需要进行控制。

（4）紧急牵引应能由硬线独立控制完成，网络可不参与。

WorldFIP 车辆网络上各设备的 FIP 地址是通过系列化的数据插头或低压二进制信号输入组合来定义的。制动控制电子单元（BCE）的地址是通过硬跳线来定义的，除此之外，其他每个设备都安装有一个数据插头来定义地址。数据插头是一个 9 针联结器，内部有小的存储器（4 KB E^2 PROM），它能够存储设备网络地址及其在列车的位置，数据插头安装在每个单元的维护串行通信口上。

WorldFIP 网络的物理信道采用特征阻抗 120 Ω 的屏蔽双绞线，连接方式为"菊花链"方式，用以减小连接电缆的有效长度，提高网络的抗干扰能力。

MPU 是车辆网络的主节点，管理和调度车辆网络上的通信；同时，其中的一个 MPU 还兼任列车网络的主节点，管理和调度列车网络上的通信。在正常运行情况下，以运行端的 MPU 为列车网络的主节点（由操作的司机台钥匙确定），后端的 MPU 可以作为冗余备用。MPU 上运行 TIMS 的主功能软件，除了管理网络的通信外，也是控制命令的发布者。

DDU 是列车控制综合显示屏，通过人机界面交互方式为司机提供列车运行状态和发布命令，实现运行和维护（TIMS）的功能。TIMS 需要收集每一个子系统的信息，包括完整的列车运行信息和运行故障信息，并产生出综合的信号用于在 DDU 上显示。列车的故障分三个等级，分别为严重故障、中度故障和轻度故障，这些信息除了通过 DDU 报告给司机外，还需要传送到维修支持系统。

RIOM 单元具有 32 个二进制输入接口、8 个输出接口和 4 个标准的 RS-485 串行通信接口，用以连接那些未能直接连接到 WorldFIP 网络上的子系统、设备和传感器。TIMS 通过 RIOM 与这些设备的连接是为了将这些设备的信息纳入 TIMS 系统内，同时控制和监测这些设备的工作。MPU 在应用软件的每个循环中访问 RIOM，读取串行口和 I/O 口的信息。

整列车（6 辆编组）共有 32 个 RS-485 串行通信口，其中 A 车有 8 个、B 车和 C 车各有 4 个。RS-485 串行通信口采用主/从轮询机制进行数据交换，RIOM 为主设备，其他总线上的设备为从设备，每一个设备单元都有一个唯一的地址。RIOM 在串行通信总线上发送一个请求（设备地址标志），与指定地址一致的设备则以信息数据作为响应，同时，这一个完整的通信过程也可以相互检查 RIOM 与设备之间的通信是否正常。RIOM 上的 RS-485 串行通信端口及所连接的设备如表 7-3 所示。

表 7-3　RS-485 串行通信端口及所连接的设备

设备	A 车								B 车和 C 车			
	RIOM11				RIOM10				RIOM21	RIOM31	RIOM41	RIOM51
	LS12	LS13	LS14	LS01	LSI2	LS13	LS14	LS01	LS12	LS13	LS14	LS01
FDU					√							
前部 IDU	√								√			
后部 IDU	√								√			
Door1A		√								√		
Door2A		√								√		
Door3A		√								√		
Door4A		√								√		
Door5A		√								√		
Door1B			√								√	
Door2B			√								√	
Door3B			√								√	
Door4B			√								√	
Door5B			√								√	
ACU								√				
APU				√								√
PECU				√								√
ATC								√				

通过串行通信端口和 RIOM 连接到 TIMS 上的有下列子系统和设备：

（1）旅客信息系统（PIS）的显示器，包含车厢内部显示单元（IDU）和列车前端显示单元（FDU）。每节车厢所有的 IDU 都连接相同的串行通信口，所有的 IDU 具有相同的组地址。运行的信息同时发送给所有的显示器，而为了检测显示器功能状态的信息则需单独发送命令给每个信息显示器。A 车的 FDU 通过独立的串行通信口连接到 TIMS 上。

（2）车门子系统。每节车厢同一侧的 5 个门连接一个单独的串行通信口，从而监测车门的状态。

（3）音频系统的音频设备。每节车厢的音频功率单元（APU）和乘客紧急通话单元（PECU）与 RIOM 的一个串行通信口连接，A 车的音频控制单元（ACU）则通过另外独立的串行通信口连接到 RIOM 上，从而达到监测和控制目的。

（4）列车自动控制系统（ATC）。ATC 的串行通信口位于每个 A 车上，ATC 向 TIMS 传送 ATS 时间、列车精确位置和 ATC 状态等。

RIOM 单元的 I/O 接口用于逻辑信号的输入与输出。逻辑输入量由 RIOM 周期性读取获得，通过 FIP 车辆网络传输到 MPU。逻辑输出变量由 MPU 通过 FIP 车辆网络周期性地发送给 RIOM，逻辑输出变量是实际上的物理控制输出。通过二进制 I/O 接口连接到 TIMS 上的设备有：

（1）空调设备。TIMS 使用二进制 I/O 信号监测每节车厢空调设备的状态和给定的初始授权。

（2）照明设备。TIMS 可以获取每节车厢的照明设备状态（有故障/无故障）。

（3）受电弓。TIMS 可以监测每个 B 车的受电弓状态。

（4）司机台控制设备。司机操作台上的控制开关信息均通过每个 A 车的逻辑端口输入，从而使 TIMS 能够监测列车的状态，如：驾驶模式、司机室激活、紧急制动、停车制动等。

南京地铁 1 号线自开通以来，列车的 TIMS 运行可靠、故障率低，说明 WorldFIP 总线具有良好的性能和运用可靠性。

任务四　LonWorks 总线在列车故障诊断中的应用

微课：LonWorks 总线在列车故障诊断中的应用

广州地铁 1 号线列车故障诊断系统是 20 世纪 90 年代由德国西门子公司提供的。它采用西门子 SIBAS-32 总线控制技术，由于其诊断系统没有冗余结构和"黑匣子"，若一端的 CFSU（中央故障存储单元）出现故障，对应单元车的故障诊断功能将丧失，对列车状态的故障显示内容不够；一些可能影响到列车运营的故障诊断信息没有涉及，且故障诊断信息涉及比较浅显，不利于车辆检修及运营；另外广州地铁 1 号线至今运营已超过 10 年，存在诊断系统设备老化、进口备件价格昂贵、采购周期长等问题，因此我国展开了国产化诊断系统的前期研制工作。

1. 诊断系统的国产化方案

广州地铁 1 号线列车原诊断系统网络为双绞线，系统的 SIBAS-KLIP（远端输入/输出接口）逻辑部分将发生的故障通过逻辑电路组成同步串行信号，来自列车总线或车辆总线的对称的串行信号在 MED（Manchester 编码/译码器）中解码，并转换成 TTL 电平的时钟信号或数据信号。

在国产化诊断系统方案中，对每个故障信息输入都进行并行采集，然后通过 LonWorks 网送入诊断主机（相当于 CFSU），诊断主机再通过 HDLC 协议网络将数据按原系统的格式发出，使故障代码在 HDLC 协议网中重新再现。国产化方案采用原系统的车辆总线和列车总线，暂不需另外加装电缆，将原系统两条总线采用变压器隔离的 LonWorks 总线网络、通信介质均采用列车原有双绞线；诊断主机取代原系统的 CFSU，诊断单元取代原系统的 KLIP，系统结构如图 7-30 所示。HDLC 协议网络保持原通信协议，故障监控网络采用新测控装置和通信协议。

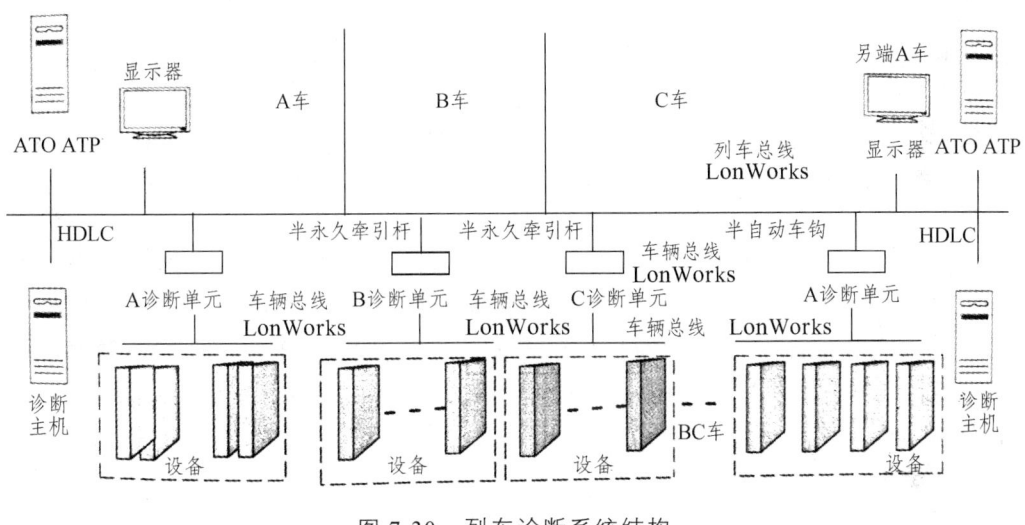

图 7-30 列车诊断系统结构

2. 网络架构

国产化诊断网络由 LonWorks 网络连接各单元，整个网络由两级网络构成。

一级网络是列车级 LonWorks 总线，包括诊断主机及其网关、列车级 LonWorks 网线、各个车厢的代理节点（诊断单元），代理节点是连接列车网和车辆网的桥梁，有两个独立的 LonWorks 通信口；上行 LonWorks 通信接口负责列车级网络通信，接收列车主机的信息，并将信息转发给下行 LonWorks 通信模块；下行 LonWorks 通信接口负责车厢级网络通信，转发集中控制命令，接收车厢级各应用节点传输的参数、工作状态等信息，并将这些信息存放到代理节点的数据库中，供诊断主机调用。

二级网络是车辆级 LonWorks 总线及车辆级应用节点。其中包括接收来自继电器、DCU、EBCU、辅助系统、车门等的故障或状态信息，通过 LonWorks 网络将这些信息传递给列车诊断主机，同时它还可接收主机发出的控制信号和诊断主机对网络上数据的不大于 50 ms 的轮巡访问，实现对各车辆子设备的控制和监测功能。

3. 诊断系统组网设计

网络采用自由拓扑形式，考虑到广州地铁 1 号线原有列车上的布线情况，线缆仍然采用双绞线，而在功能允许的情况下，可以利用一条贯穿于整列车的 110 V 供电线基于 LonWorks 网络控制技术设计成为备份的列车总线。另外诊断主机设有备份系统，当一端诊断主机不工作后，诊断主机的备份系统和列车总线可以继续传输数据且进行双线冗余，两条线在端部连接起来，形成环网，这样即使某一部分断开也不会影响整个列车网络的正常运行。

任务五 以太网在列车网络控制中的应用

微课：以太网在列车网络控制中的应用

一、北京地铁 11 号线列车中的应用

北京轨道交通 11 号线西段车辆列车控制及监控系统按照 IEC61375 标准规定的列车通信网络组建，整体划分为两级：列车级和车辆级。适用于有人值守的自动运行系统，具有列车远程控制、自动唤醒、自动休眠、列车初始状态自检、自动出入车场、正线自动运营、列车库内清扫等功能，同时具有车辆运行数据、故障信息通过信号及通信系统自动上传的功能，以及列车自诊断、列车子系统自愈（含远程复位）控制功能。

列车网络系统包括列车网络控制系统和列车健康管理维护信息网络。列车网络控制系统包括列车控制和各子系统控制，它连接所有的微机控制单元，用以传递控制和监控信息，还能与相关系统车载交换机进行数据交换，具有安全隔离功能。列车健康管理维护信息网络连接所有维护端口，用以远程访问、调试、维护、健康管理等，并与相关系统车载交换机进行数据交换，具有安全隔离功能。

连接到总线上各个子系统的控制单元主要包括：信号系统控制单元、牵引控制单元、制动控制单元、辅助控制单元、空调控制单元、车门控制单元、乘客信息系统、火灾报警系统控制单元等。整个列车控制及监控系统包括车载硬件、操作系统、控制软件、诊断软件、监视软件和维护工具等。

（一）拓扑结构

TCMS 网络拓扑结构如图 7-31 所示。

（1）列车为四辆编组，每节车配置一个 ECNN 机箱，ECNN 机箱内包含两个冗余的 ECNN 交换机。

（2）四辆编组为一个牵引单元，采用百兆网线贯穿整个牵引单元。

（3）车辆内部各子系统双通道接入 ECNN 交换机，实现与 CCU 的通信。

（4）CCU 冗余，全车设置 2 个 CCU，分别位于 1、4 车，1 车与 4 车 CCU 互为冗余。

（5）全车设置 2 个 HMI，其中 1、4 车各一个。

（6）I/O 冗余，关键 I/O 采集冗余。

（7）冗余设备分别接在同一车厢的两个 ECNN 交换机下，实现交换通道的冗余。

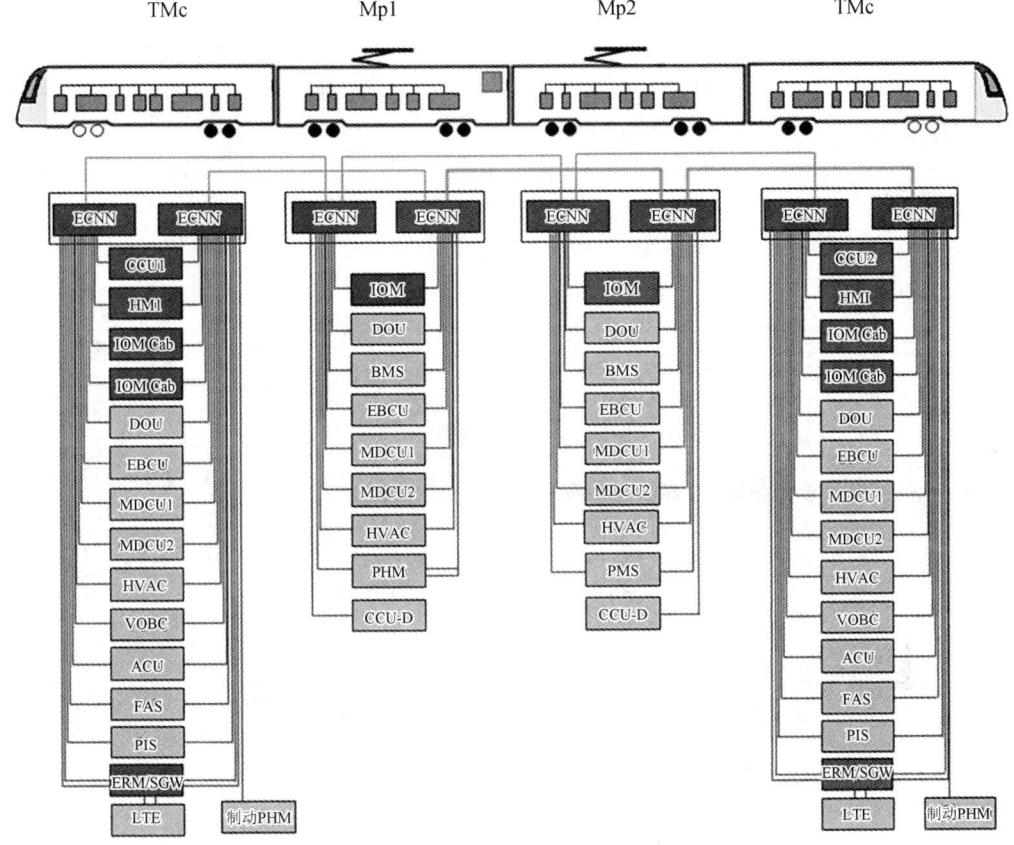

图 7-31 列车控制及监控系统接线

(二) TCMS 设备

1. 主控制单元

中央控制单元作为列车网络控制系统主要设备,具有对地铁列车的控制、监视和诊断功能,主要实现重要设备的管理、运行信息采集、运行状态的监视和故障诊断,从而保证列车安全可靠地运行。同时可为司机或机械师提供故障处理指南,为检修维护提供数据支持。主要由 CPU 处理板卡、TRDP 通信板卡、电源板卡、机箱等组成;本中央控制单元可实现 TRDP 通信功能。

2. 输入/输出模块 (IOM)

输入/输出模块可与不具有车辆总线接口的输入/输出信号进行连接,例如,对高压系统部件控制继电器、牵引系统冷却设备供电开关及控制继电器、火灾报警信号、安全环路状态继电器等系统输入的状态信号进行采集,并依据中央控制单元控制指令进行输出控制。

输入/输出 (I/O) 模块每一个端口具有独立的接口短路保护功能,即当一个 I/O 模块或控制对象有短路时,只会引起局部故障,而不会导致整个系统故障。每节车均布置有 I/O 接口,且关键 I/O 冗余。

3. 人机接口单元（HMI）

HMI 可对连接到总线上的子系统状态、列车的基本运行数据、状态信息和故障诊断信息进行监视、存储。显示器为彩色、带触摸功能、亮度可调节的 LED 屏。显示内容对不同使用者有不同的权限。布置于 Tc 司机室。

4. 车辆级以太网交换机

车辆级以太网交换机用于实现车辆级以太网数据转发，接收车辆级以太网数据流量，实时响应列车通信数据，形成车辆级以太网（见图 7-32）。

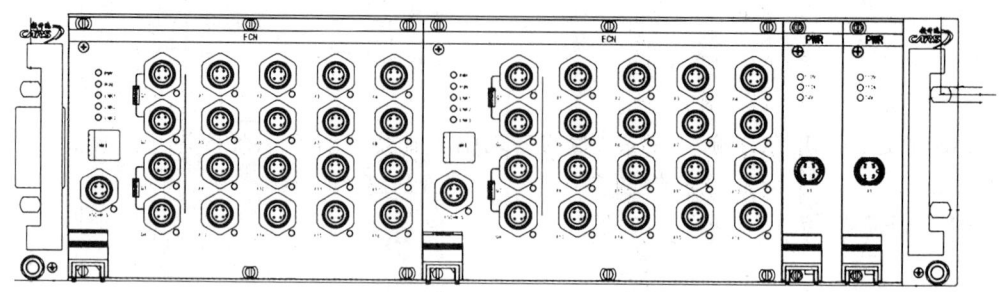

图 7-32　车辆级以太网交换机

车辆级以太网设备由以太网交换机 ECN1、以太网交换机 ECN2、电源板卡三种模块组成；以太网接口均使用 M12-D 圆形连接器接口，连接子系统设备端口支持 AutoMDI/MDI-X 直连-交叉线自动翻转。

5. 事件记录仪（含安全网关）

事件记录模块 ERM/SGW 是 TCMS 完成故障诊断、数据记录与转储的核心模块，具备如下功能：

（1）故障诊断：完成车载的故障诊断功能，并通过 IDU 报告给司机。

（2）数据记录：完成司机操作数据、故障数据、事件数据的记录，将车辆控制模块 CCU 的故障数据具体化。

（3）数据转储：通过车载信息网（工业以太网）将记录的数据下载，供便携式维护工具分析。

6. 以太网连接器接口

网络与各子系统之间采用以太网总线接口，同时以太网总线兼顾系统维护、数据下载与软件升级功能。各子系统设备侧连接器线端和设备端以太网通信连接器采用 M12-D 型连接器接口形式，传输介质采用屏蔽双绞线，数据传输速率为 100 Mb/s。

图 7-33　以太网连接器

(三)实现功能

1. 列车级功能

TCMS 列车级软件具有设备状态检测功能,通过检测设备周期发送的心跳信息了解设备是否在线。当设备心跳信息默认在 8 个端口周期内没有变化时,CCU 认为该节点设备掉线或出现故障。此故障将记录在 CCU 中,并在 HMI 上显示。CCU 诊断逻辑应避免节点通信故障所引起的误诊断。

1)司机室激活

车辆的上电方式有两种:① 辅助驾驶设备远程上电;② 本地人工上电。车载 VOBC 将此车辆上电信息发给车辆 TCMS,TCMS 记录上电方式。

2)方向定义

TCMS 通过 IOM 硬线输入得到原始的方向信号命令,并在系统内进行评估,仅当速度为 0 时方向信号得到评估,在控制系统中,设定 TMc1 车的向前方向为方向 1,向后方向为方向 2,CCU 监视和诊断不合理的方向设定(两个方向同时存在认为方向信号无效)。

3)CCU 冗余

每列车上安装有两台 CCU,互为冗余。列车激活后,其中一台将成为主 CCU,另外一台将成为从 CCU。正常情况下 TMc1 车的 CCU1 一直为主,TMc2 车的 CCU2 为从功能。当主 CCU 故障时,从 CCU 切换为主,接管列车控制功能。

4)超速保护

当车辆速度达到 104 km/h 时,牵引系统自动切除牵引,HMI 触发蜂鸣器持续进行报警,同时 HMI 界面上弹出超速警告,直至列车速度低于 104 km/h;当车辆速度达到 106 km/h 时,CCU 输出最大常用制动指令,DCU 和 BCU 收到指令后施加最大常用制动。当列车速度低于 104 km/h 时取消最大常用制动指令。当车辆速度达到 108km/h 时,制动系统网关阀硬线输出超速信号,由车辆施加紧急制动直至停车。

5)列车静止

以下任一条激活,则认为列车静止:

(1)IOM 采集的 TMc1 车零速继电器、Mp1 车零速继电器均得电。

(2)IOM 采集的 TMc2 车零速继电器、Mp2 车零速继电器均得电。

2. 高压系统

北京 11 号线共 2 个受电弓,分别安装在 Mp1、Mp2 车。正常情况下,Mp1、Mp2 车上 2 个受电弓同时升起,从接触网接收 DC 1500 V 电源。受电弓升起是通过一个安装在受电弓控制阀模块输入电缆中的电磁阀实现,采用压缩空气升起受电弓。

3. 牵引系统

TCMS 对牵引系统设定值处理的功能包括确定最大限速,生成各种行车模式(包括 FAM 模式、ATO 模式、AR 模式、ATP 模式、RM 模式、EUM 模式),跳跃模式、蓄电池牵引模式下的牵引指令和牵引百分比,对整车的状态进行监控和诊断,在列车工作不正常情况下封锁牵引,更严重的情况下会封锁 MCM。回送模式下不执行任何牵引指令。

4. 辅助系统

在同时满足下列条件时，TCMS 开始母线接触器上电自检：① 非紧急牵引模式；② 所有辅助逆变器通信正常且所有母线激活信号均无效；③ 所有零压启动信号均无效；④ 无高压。以上条件完全满足后，执行对母线接触器进行自检：首先，TCMS 发出闭合母线接触器命令，2 s 后 TCMS 回采母线接触器反馈信号，依据反馈信号判断控制电路的正常与否；同时输出断开母线接触器命令，2 s（暂定）后 TCMS 回采母线接触器反馈信号，依据反馈信号判断控制电路的正常与否。通过通断测试，确认母线接触器的状态。若控制电路检测不正常（接触器出现合或分故障），TCMS 将会在司机室显示屏上进行故障显示，此种情况下 TCMS 取消母线接触器闭合指令，母线接触器保持断开。当 TCMS 判断无接触器合或分故障，认为母线接触器上电自检完成，TCMS 发出母线接触器闭合指令。

5. 常用制动

TCMS 通过网络发送给 BCU 制动级位和制动状态标识位（由 TCMS 信号系统侧产生，TCMS 制动系统侧转发）；TCMS 收到 PWM 制动指令后，同时监测收到的制动列车线（低电平有效）和牵引命令列车线（高电平有效）。满足如下任一情况时，TCMS 向 BCU 发送对应制动百分比和制动状态标识位：① 制动列车线为低电平且牵引列车线为低电平；② 制动列车线为低电平且牵引列车线为高电平。上述第 2 种情况为牵引列车线制动列车线状态异常，此情况发生时，TCMS 判断牵引列车线和制动列车线冲突，将报警并记录。

TCMS 接收单车 BCU 诊断的 PWM 信号故障诊断并将此诊断 PWM 指令接收异常转发给 VOBC。TCMS 接收单车 BCU 诊断的制动网络状态和制动指令硬线信号不一致故障诊断，并发送给 VOBC。

6. 门系统

客室车门具有如下状态：未知、门隔离、门紧急解锁、门严重故障、门轻微故障、关门检测到障碍物、门打开、门关锁到位。当客室门与 CCU 通信故障/状态数据无效时，则门状态为"未知"。当客室门出现以下任意情况时，则门相关状态被激活，显示优先级依次降低，CCU 发送门状态到 HMI（以下信号通过 MDCU 被传输）：① 隔离（/切除）；② 门紧急解锁；③ 门故障（轻微故障或严重故障）；④ 关门检测到障碍物；⑤ 打开；⑥ 门关锁到位；

7. 乘客信息系统

报站模式分为全自动报站模式、半自动报站模式、手动报站模式，这三种模式的触发及切换工况如下：

（1）当 ATC 生命信号正常且 ATC 报站信息有效时，进入全自动报站模式。

（2）当 ATC 生命信号丢失时，列车进入紧急制动状态，PIS 系统自动进入半自动模式，沿用之前全自动模式时的区间信息和报站信息不做改变。

（3）当 ATC 生命信号正常，ATC 报站信息失效时，PIS 系统自动进入半自动模式，沿用全自动模式时的区间信息，通过对速度和开关门次数的计算来确认下一站信息并报站。当 PIS 自行计算的站点信息有误时，可以通过 HMI 设置区间信息、下一站信息，PIS 通过 HMI 给定的信息继续计算下一站信息并报站。

司机可以通过 HMI 切入手动报站模式，选择起始站、终点站、下一站等信息报站。

二、郑州地铁 17 号线列车中的应用

郑州地铁公司 17 号线列车控制及监视系统设计具有硬线、网络通信两种方式与车辆其他系统交互，TCMS 与各系统交互关系如图 7-34 所示。

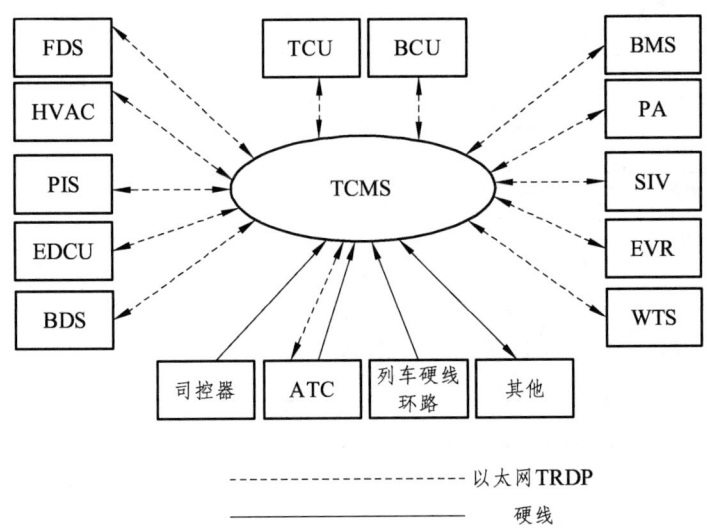

图 7-34 TCMS 与各系统交互关系

TCMS 与各系统交互方式的说明如表 7-4 所示。

表 7-4 TCMS 与各系统交互方式

序号	子系统	部件	MVB	电气硬线
1	车体及车端连接	联解设备		√
		车门	√	
2	转向架	轮缘润滑装置		√
3	高压系统	受电弓		√
		主断路器		√
		高压隔离开关		√
		断电保护回路		√
		高压检测设备		√
4	牵引系统	牵引变流器	√	√
5	辅助电气系统（含充电机）	辅助逆变器	√	√
		外接电源		√

续表

序号	子系统	部件	MVB	电气硬线
6	供风及制动系统	制动控制器	√	√
		警惕电路		√
		脱轨检测装置		√
		空压机		√
		辅助空压机		√
7	PIS系统	旅客信息系统	√	
8	车内环境控制系统	空调系统	√	√
		照明控制		√
		灭火器		√
9	驾驶设施	逻辑控制		√
		方向手柄		√
		司控器		√
10	列控车载设备	ATC	√	√
11	其他	烟火报警	√	
		安全环路		√

（一）列车通信网络

列车通信网络的网络拓扑采用环形拓扑+星形拓扑的复合式拓扑结构，通信总线采用以太网总线，融合了列车控制网络、维护网络和走行部监测系统网络。

列车通信网络按其层次结构可分为列车级和车辆级两级网络：

（1）列车级网络采用千兆以太网，每车各配置一台具有千兆以太网网口的列车级交换机、并采用环网结构连接实现冗余，确保单点故障不影响列车级网络功能。

（2）车辆级网络包括车辆控制网、维护网络和走行部监测系统网络。车辆控制网采用百兆以太网，连接列车控制及监视系统相关部件和车辆各子系统微机控制单元到列车级交换机，实现对车辆各子系统的控制、监视、诊断及维护功能。

列车通信网络控制数据采用符合 IEC61375-2-3、IEC61375-3-4 标准规定的 TRDP 协议，实现系统间的数据传输；对于与行车安全相关的牵引系统、制动系统、辅助系统、信号系统采用安全的 TRDP 协议进行数据交互。

（二）拓扑结构

TCMS 网络拓扑结构如图 7-35 所示。

编组列车配置 1 个 CCU，每个司机室 1 个。6 个 RIOM（每个中间车 1 个），用于数字量和模拟量采集。配置 1 个 HMI（每个司机室 1 个），用于列车设备状态及故障显示，为满足网络通信传输及冗余功能需求，每辆车配置 1 台交换机，共配置 4 台以太网交换机，用于信号中继放大以及传输通道隔离。每台交换机包含 ECN1 和 ECN2 两个模块，用于子系统联网；同时配置 GCN1 和 GCN2 两个模块，用于列车级以太网环网组网。每个设备以太网口采用独立的 IP 地址。

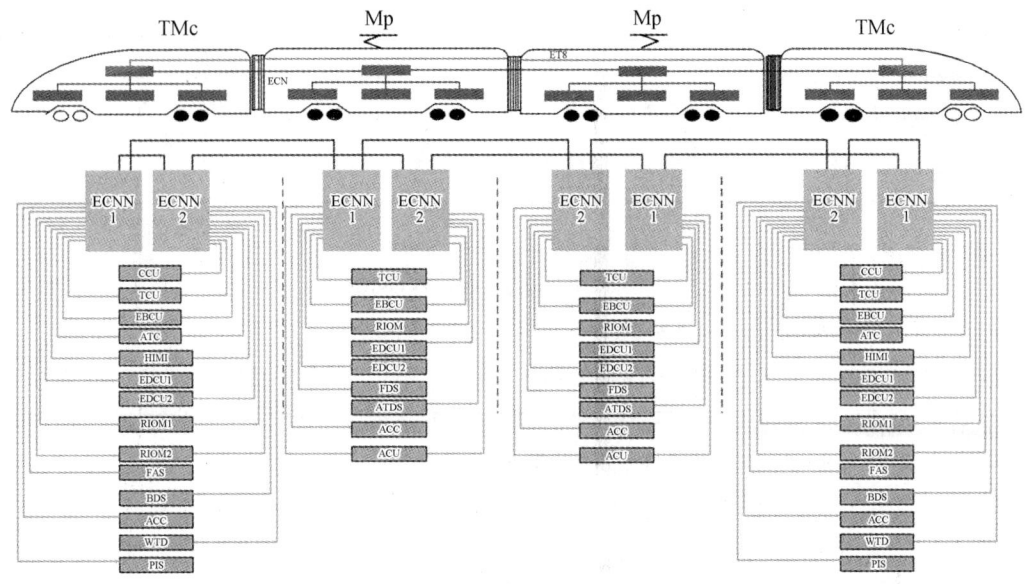

图 7-35　工业以太网络拓扑结构

（三）通信功能

在同一时刻，列车的 2 个 CCU 中只有一个为主，另一个为从，从 CCU 模块一直处于以太网监听状态。

（1）控制器上电后，默认系统通信正常，且延时 120 s 开始判断各系统的生命信号值。

（2）端口通信周期≤程序运行周期的，任意一个端口连续 8 个程序运行周期生命信号数值不变化，则"系统通信异常"置 1。

（3）端口通信周期≥程序运行周期的，任意一个端口连续 8 个端口通信周期生命信号数值不变化，则"系统通信异常"置 1。

（4）当通信异常时，所有端口出现 1 次数值变化，"系统通信异常"置 0。

（四）列车控制单元（CCU）

CCU 作为列车主控制设备，分别设置在两端带司机室的头车，CCU 通过车辆总线与 HMI、RIOM 等设备通信。列车控制单元主要包括机箱、电源模块、CPU 模块。TMc 车配置 CCU，两个中央控制单元为热备冗余。CCU 的性能参数如表 7-5 所示。

表 7-5　CCU 性能参数

名称	参数
系统启动时间	≤60 s
安全平台 SIL 等级	可支持 SIL2 级
通信协议	TRDP、TRDP-SAFETY、MVB、MVB-SAFETY
CCU 切换时间	≤200 ms

续表

名称	参数
最快通信周期	20 ms
传输速率	强制百兆
模式	全双工
电压	DC 110 V（77～137.5 V）
机械尺寸	3U 机箱

（五）各系统功能

1. 牵引系统功能

列车控制与监视系统具有牵引控制功能。中央控制单元通过以太网向牵引控制单元传输指令信息，同时通过列车通信网络将牵引系统的状态信息、故障信息传递给中央控制单元，从而实现列车网络控制系统对整车牵引系统的控制。

牵引系统在与列车控制与监视系统通信故障且紧急牵引列车线为低电平的情况下：①牵引工况下，牵引系统根据硬线信号施加牵引；②非牵引工况下，牵引系统不施加牵引和电制动。

列车控制与监视系统实现的主要功能包括但不限于：

（1）牵引切除。

（2）牵引电制动力切除。

（3）牵引故障复位。

（4）高加速功能。

（5）牵引系统自检。

（6）时钟同步。

（7）牵引系统相关状态的显示。

（8）故障诊断与记录。

2. 制动系统功能

列车控制与监视系统实现的主要功能包括但不限于：

（1）空压机管理。

（2）保持制动的缓解。

（3）转向架制动远程切除。

（4）制动系统自检。

（5）时钟同步。

（6）制动系统相关状态的显示。

（7）故障诊断与记录。

3. 辅助系统功能

为防止启动电流过大，空压机和空调的顺序启动由列车控制与监视系统进行控制，空压机的启/停、运行模式由列车控制与监视系统进行管理。同时，辅助系统通过以太网将故障信息和状态信息传递给中央控制单元和人机接口单元。

列车控制与监视系统实现的主要功能包括但不限于：

（1）扩展/并网供电控制。

（2）蓄电池牵引使能。

（3）辅助系统自检。

（4）时钟同步。

（5）辅助系统相关状态的显示。

（6）故障诊断与记录。

4．信号系统功能

列车控制与监视系统通过与信号系统的通信实现车辆的全自动无人驾驶功能及其他信号模式控车。信号系统通过以太网向中央控制单元传输指令信息，同时，中央控制单元通过列车通信网络将整车的状态和故障信息传递给信号系统，从而实现信号系统对车辆的控制。

列车控制与监视系统实现的主要功能包括但不限于：

（1）上电自检。

（2）静态自检。

（3）动态自检。

（4）鸣笛控制。

（5）远程休眠。

（6）自动洗车。

（7）断路器复位。

（8）单个转向架制动远程切除。

（9）蠕动模式申请。

（10）车上设备工作状态远程监测。

（11）车门故障隔离站台门。

（12）站台门故障隔离车门。

（13）车辆远程控制（空调、照明）。

（14）时钟同步。

（15）车辆状态与故障信息的无线上传。

（16）信号系统通信状态显示。

（17）故障诊断与记录。

各系统将自检结果通过以太网发给 TCMS，TCMS 将综合车辆自检结果发送给 CC。所有系统都发送自检成功后，TCMS 将自检成功结果发送至车载 CC。有任一系统发送自检失败后，TCMS 将自检失败结果发送至 TAU，再经 TAU 发送至车辆调工作站。列车上电自检结果可在 ATS 的 TCMS 界面显示；列车各子系统上电自检成功的状态可在车辆调的车辆自检界面查看。

各系统上电自检时序如图 7-36 所示（图中时间供参考）。

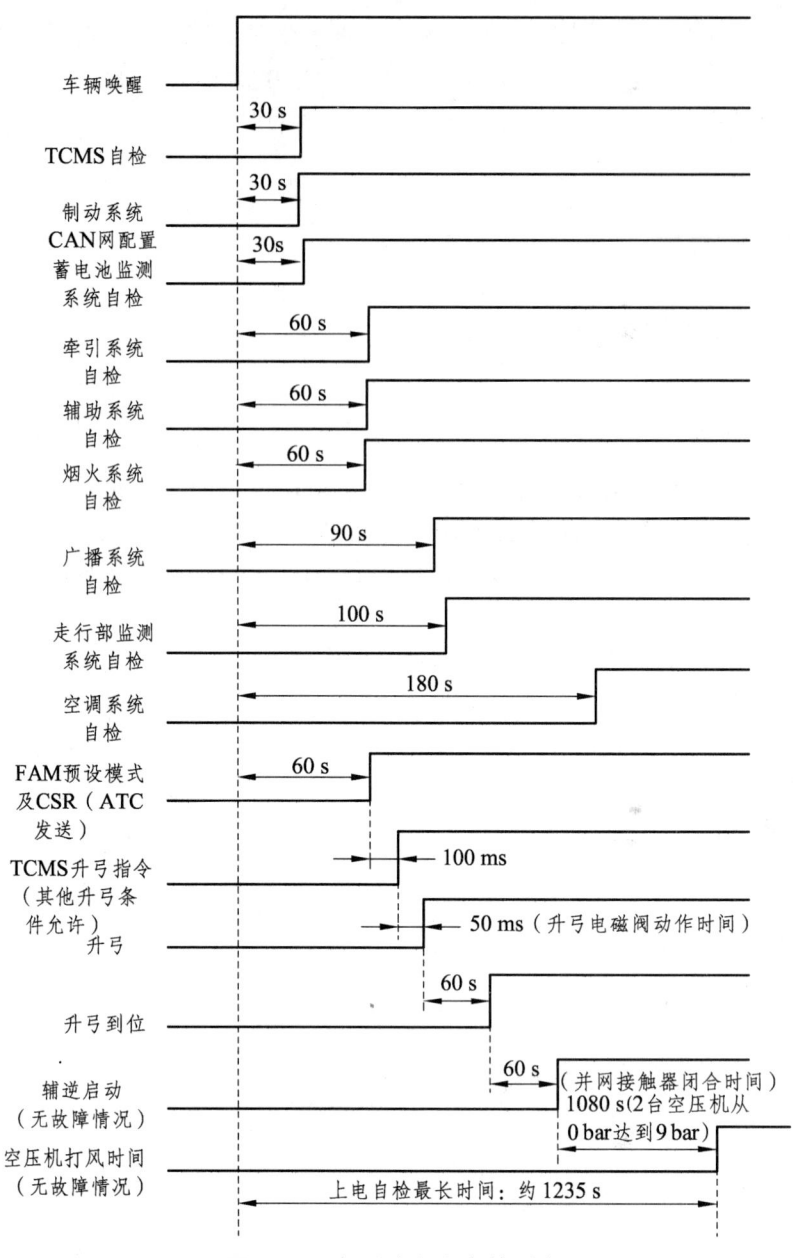

图 7-36 各系统上电自检时序

5. 门系统的功能

各车均有两个门控器具备以太网接口与列车控制与监视系统通信,其中一个为主门控器,另一个作为从门控器。当主门控器与列车控制与监视系统通信失败时,从门控器将接管主门控器的功能。当网络控制开关门时,采集开关门指令信号和门使能信号,开门信号采用双字节不同编码的方式发送给车门,关门信号直接转发。门系统的状态信息通过门控器传送给列车 TCMS,用于显示以及故障记录功能。开关门控制由硬线实现,列车控制与监视系统监视并显示各车门的状态及故障。

列车控制与监视系统实现的主要功能包括但不限于：

（1）屏蔽门/车门切除匹配。

（2）门系统自检。

（3）时钟同步。

（4）门系统相关状态的显示。

（5）故障诊断与记录。

6. 空调系统的功能

列车控制与监视系统具有对空调系统的控制及监视功能。空调控制器通过以太网接口连接到列车通信网络上，列车上电时，车辆根据休眠前存储的信息自动启动空调，唤醒成功后，车载 VOBC 转发中心车辆调发送的空调配置参数，TCMS 可转发列车火灾信号，由空调系统判断和控制新风阀的关闭和开启。

列车控制与监视系统实现的主要功能包括但不限于：

（1）空调系统启停控制。

（2）温度设定功能。

（3）模式控制功能。

（4）空调减载控制功能。

（5）空调压缩机顺序启动。

（6）空调系统自检。

（7）时钟同步。

（8）空调系统相关状态的显示。

（9）故障诊断与记录。

7. PIS 系统的功能

列车控制与监视系统具有对 PIS 系统控制和监视的功能。Tc 车各有一个 PIS 控制器，一个为主机，一个为从机。

列车控制与监视系统实现的主要功能包括但不限于：

（1）报站模式选择功能。

（2）半自动报站设置功能。

（3）手动报站设置功能。

（4）紧急广播功能。

（5）音量调节功能。

（6）PIS 系统自检。

（7）时钟同步。

（8）PIS 系统相关状态的显示（包括 CCTV 视频显示）。

（9）故障诊断与记录。

8. 辅助监控系统的功能

辅助监控系统包括走行部车载故障诊断系统、车载无线传输系统、烟火报警系统、弓网监视系统。

列车控制与监视系统实现的主要功能包括但不限于：
（1）车载数据无线上传。
（2）烟火报警消音、复位。
（3）辅助监控系统自检。
（4）时钟同步。
（5）辅助监控系统相关状态的显示及报警。
（6）故障诊断与记录。

9. 故障诊断

列车在运行、维护和维修期间对司机以及检修人员的维护和检修提供支持，以减少列车故障时间、提高车辆可用性、减少维修成本。

根据故障对子系统或列车的性能或安全性的影响，将故障诊断代码划分为不同的故障等级，并对其进行编码，指导司机和检修人员进行及时处理。

10. 人机交互

列车控制与监视系统在司机室设置人机交互显示屏，通过司机室显示屏，使司机能实时在线观测整车运行状态，或通过显示屏控制相关系统的运行状态。

可以通过显示屏发布部分控制操作指令，还可对各子系统工作状态、故障信息和操作维修提示信息进行集中显示。显示内容包含但不限于接触网电压、牵引系统状态、制动系统状态、辅助系统状态、高压系统状态、车门状态、空调系统状态，还可显示车内以上系统控制单元和其他所有具有网络接口设备的软件版本信息。通过显示屏可以进行系统测试以及输入初始设定值（时间、轮径等）。

结合 PIS 系统显示屏功能，可以显示列车摄像头的视频信息。

11. 维护功能

通过便携式诊断单元（PTU）实现系统维护。PTU 软件安装在笔记本电脑上，采用以太网通信方式，通过交换机连接列车控制与监视系统。PTU 具备如下功能：
（1）逻辑变量监测：实时监测所有逻辑变量。
（2）数据下载、存储：通过维护端口下载运行数据和故障数据，并进行存储。
（3）在线监测：对运行数据进行表格及图形化解析。
（4）离线解析：对故障发生时的数据进行表格及图形化解析。
（5）软件上载：对系统软件进行更新。

任务拓展

1. 什么是列车控制与诊断系统？
2. 分组展示列车网络控制系统在列车控制中的应用。
3. 试画出本书知识内容的思维导图。
4. 简述以太网的应用。

下篇 实训篇

实训一　列车网络结构认知

学习目标

1. 知识目标

掌握列车网络拓扑结构及模块功能。

2. 能力目标

能够正确连接各模块端口线缆的能力。

3. 素质目标

（1）培养获取信息的能力。
（2）培养团队合作精神。

情境描述

实训系统拓扑图中的虚线框中期间为真车实物模块，均安装在机车 3D 模型侧面，如图 8-1 所示。

图 8-1　真车实物模块

HMI 为机车显示屏，DXM 为数字量输入/输出模块，DIM 为数字量输入模块，AXM 为模拟量输入/输出模块，具体模块如文中实物图所示。通过各模块功能结构介绍，理解整车网络拓扑结构。

任务书

利用某城市地铁 2 号线网络拓扑结构界面,理解整车网络拓扑结构中线路连接情况、各模块功能及地址分配。

任务分组

小组成员		任务分工
姓名	学号	

引导问题

1. 描述某城市地铁 2 号线网络拓扑结构?

2. 各个控制模块位置在哪里?

任务实施

一、作业前准备

1. 人员准备

两名作业者按规定穿戴劳保防护用品(工作服、劳保鞋、安全帽)。

2. 工具准备

序号	名称	规格型号	单位	数量	备注
1	地铁模块		个	1	

二、作业过程

（一）各模块结构认知（见图 8-2）

（a）

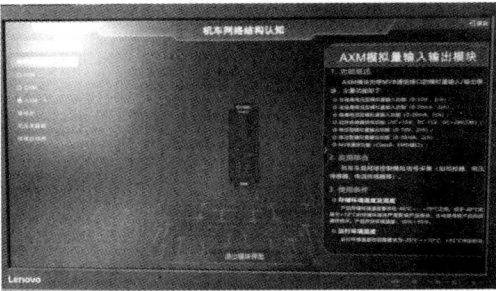

（b）

（c）

图 8-2　机车网络结构认知

（二）AXMe 网络模块

1. 功能概述

AXMe 模块为带 MVB 通信接口的模拟量输入/输出模块，主要功能如下：

（1）非隔离电压型模拟量输入功能（0～10 V，2 通道）。

（2）非隔离电流型模拟量输入功能（0～20 mA，2 通道）。

（3）隔离电流型模拟量输入功能（0～20 mA，2 通道）。

（4）对外传感器供电功能（DC +15 V、DC -15 V、DC +24 V 三种）。

（5）电压型模拟量输出功能（0～10 V，2 通道）。

（6）电流型模拟量输出功能（0～20 mA，2 通道）。

（7）MVB 通信功能（Class0，EMD 接口）。

2．供电要求

模块外部供电参数如下：

（1）额定电压：DC 110 V。

（2）额定电流：0.15 A。

（3）允许的电压波动范围为：DC 77～137.5 V，超出此范围可能导致模块内部供电保护性中断。

3．模块接口

（1）X1：MVB1（9 芯 SUB-MIN-D 插针连接器）。

（2）X2：MVB2（9 芯 SUB-MIN-D 插孔连接器）。

（3）X3：模拟信号输出（9 芯 SUB-MIN-D 插针连接器）。

（4）X4：RS-232（9 芯 SUB-MIN-D 插孔连接器）。

（5）X5：电源（2W2 SUB-MIN-D 插针连接器）。

（6）X6：模拟信号输入（25 芯 SUB-MIN-D 插针连接器）。

4．MVB 通信接口

MVB 模块的通信接口采用 2 个 DB9 连接器，1 个为插针式（X1）、1 个为插孔式（X2）。连接器采用英制（UNC4-40）紧固螺钉，信号定义如表 8-1 所示。

表 8-1　MVB 通信连接器（X1、X2）点位定义

管脚号	信号名称	信号说明	备注
1	A.Data_P	A 线差分正线	
2	A.Data_N	A 线差分负线	
3	—	—	未定义
4	B.Data_P	B 线差分正线	
5	B.Data_N	B 线差分负线	
6	A.TERM_P	A 线终端负线	终端节点有效
7	A.TERM_N	A 线终端正线	终端节点有效
8	B.TERM_P	B 线终端负线	终端节点有效
9	B.TERM_N	B 线终端正线	终端节点有效

5．模拟量输出接口（见表 8-2）

表 8-2　模拟量输出连接器（X3）点位定义

管脚号	信号名称	信号说明	备注
1	—	未定义	
2	AOUT4_H	第 4 路模拟量输出正线	0～20 mA 输出

续表

管脚号	信号名称	信号说明	备注
3	AOUT3_H	第3路模拟量输出正线	0~20 mA 输出
4	AOUT2_H	第2路模拟量输出正线	0~10 V 输出
5	AOUT1_H	第1路模拟量输出正线	0~10 V 输出
6	AOUT4_L	第4路模拟量输出负线	0~20 mA 输出
7	AOUT3_L	第3路模拟量输出负线	0~20 mA 输出
8	AOUT2_L	第2路模拟量输出负线	0~10 V 输出
9	AOUT1_L	第1路模拟量输出负线	0~10 V 输出

6. 电源接口（见表8-3）

表 8-3　电源连接器（X5）点位定义

管脚号	信号名称	信号说明	备注
A1	P110V	DC 110 V 电源（正）	
A2	N110V	DC 110 V 电源（负）	

7. 模拟量输入接口（见表8-4）

表 8-4　模拟量输入接口（X6）点位定义

管脚号	信号名称	信号说明	备注
1	+24V	对外+24 V 供电电源	
2	AIN1	第1路模拟量输入	
3	AGND	电源/模拟信号地	
4	AGND	电源/模拟信号地	
5	AIN3	第3路模拟量输入	
6	-15V	对外-15 V 供电电源	
7	-15V	对外-15 V 供电电源	
8	—	未定义	
9	+15V	对外+15 V 供电电源	
10	+15V	对外+15 V 供电电源	
11	AIN4-	第4路模拟量输入负线	
12	AIN5-	第5路模拟量输入负线	
13	ISOGND	隔离通道地	
14	+24V	对外+24 V 供电电源	
15	AIN2	第2路模拟量输入	
16	AGND	电源/模拟信号地	

续表

管脚号	信号名称	信号说明	备注
17	AGND	电源/模拟信号地	
18	AIN6	第6路模拟量输入	
19	-15V	对外-15 V供电电源	
20	—	未定义	
21	+15V	对外+15 V供电电源	
22	+15V	对外+15 V供电电源	
23	AIN4+	第4路模拟量输入正线	
24	AIN5+	第5路模拟量输入正线	
25	ISOGND	隔离通道地	

8．外部指示灯（见表8-5）

表8-5　外部指示灯定义

灯号	灯定义	颜色	状态说明
L1	模块运行指示灯	绿色	正常时：此灯周期性闪烁（约每秒闪烁3次） 异常时：此灯常亮或常灭
L2	模块模拟采集自检指示灯	黄色	正常时：此灯灭 异常时：此灯亮
L3	电源状态指示灯	绿色	正常时：此灯常亮 异常时：此灯常亮或闪烁
L4	MVB通信状态指示灯	绿色	有通信时：此灯闪烁 无通信时：此灯常灭或常亮

（三）DIMe网络模块

1．功能概述

DIMe模块主要实现I/O信号输入功能，具体包括：

（1）DC 110 V数字信号输入功能。

（2）MVB通信功能（EMD介质）。

设备地址采用地址插头硬线配置方式。

2．供电要求

模块外部供电参数如下：

（1）额定电压：DC 110 V。

（2）额定电流：0.05 A。

（3）允许的电压波动范围为：DC 77～137.5 V，超出此范围可能导致模块内部供电保护性中断。

3. 模块接口

（1）X1：MVB1（9芯 SUB-MIN-D 插孔连接器）。
（2）X2：MVB2（9芯 SUB-MIN-D 插针连接器）。
（3）X3：电源（25W3 SUB-MIN-D 插针连接器）。
（4）X4：数字信号输入（48芯插针连接器）。

4. MVB 通信接口

MVB 模块的通信接口采用2个 DB9 连接器，1个为插针式（X1）、1个为插孔式（X2）。连接器采用英制（UNC4-40）紧固螺钉，信号定义如表8-6所示。

表 8-6　MVB 通信连接器（X1、X2）点位定义

管脚号	信号名称	信号说明	备注
1	A.Data_P	Line_A 线差分正线	
2	A.Data_N	Line_A 线差分负线	
3	—	—	未定义
4	B.Data_P	Line_B 线差分正线	
5	B.Data_N	Line_B 线差分负线	
6	A.TERM_P	Line_A 线终端负线	终端节点有效
7	A.TERM_N	Line_A 线终端正线	终端节点有效
8	B.TERM_P	Line_B 线终端负线	终端节点有效
9	B.TERM_N	Line_B 线终端正线	终端节点有效

5. I/O 接口（见表8-7）

表 8-7　I/O 连接器（X3）点位定义

管脚号	信号名称	方向	信号描述
Z2	CHI（1）	输入	输入通道1
B2	CHI（2）	输入	输入通道2
D2	CHI（3）	输入	输入通道3
Z4	CHI（4）	输入	输入通道4
B4	CHI（5）	输入	输入通道5
D4	CHI（6）	输入	输入通道6
Z6	CHI（7）	输入	输入通道7
B6	CHI（8）	输入	输入通道8

续表

管脚号	信号名称	方向	信号描述
D6	CHI（9）	输入	输入通道 9
Z8	CHI（10）	输入	输入通道 10
B8	CHI（11）	输入	输入通道 11
D8	CHI（12）	输入	输入通道 12
Z10	CHI（13）	输入	输入通道 13
B10	CHI（14）	输入	输入通道 14
D10	CHI（15）	输入	输入通道 15
Z12	CHI（16）	输入	输入通道 16
B12	—	—	—
D12	110VG_A	输出	1~16 通道 110 V 电源地
Z14	—	—	—
B14	—	—	—
D14	110VG_A	输出	1~16 通道 110 V 电源地
Z16	—	—	—
B16	—	—	—
D16	—	—	—
Z18	—	—	—
B18	—	—	—
D18	—	—	—
Z20	—	—	—
B20	—	—	—
D20	110VG_B	输出	17~32 通道 110 V 电源地
Z22	CHI（17）	输入	输入通道 17
B22	—	—	—
D22	110VG_B	输出	17~32 通道 110 V 电源地
Z24	CHI（18）	输入	输入通道 18
B24	CHI（19）	输入	输入通道 19
D24	CHI（20）	输入	输入通道 20
Z26	CHI（21）	输入	输入通道 21
B26	CHI（22）	输入	输入通道 22
D26	CHI（23）	输入	输入通道 23

续表

管脚号	信号名称	方向	信号描述
Z28	CHI（24）	输入	输入通道 24
B28	CHI（25）	输入	输入通道 25
D28	CHI（26）	输入	输入通道 26
Z30	CHI（27）	输入	输入通道 27
B30	CHI（28）	输入	输入通道 28
D30	CHI（29）	输入	输入通道 29
Z32	CHI（30）	输入	输入通道 30
B32	CHI（31）	输入	输入通道 31
D32	CHI（32）	输入	输入通道 32

6. 电源接口及 MVB 地址（见表 8-8）

表 8-8　电源连接器（X4）点位定义

管脚号	信号名称	信号说明	备注
A1	—	—	—
A2	110-	输入	DC 110 V 电源地
A3	110+	输入	DC 110 V 电源正
1	MVB_DA4	输入	MVB 地址线 bit0
2	MVB_DA4	输入	MVB 地址线 bit1
3	MVB_DA4	输入	MVB 地址线 bit2
4	MVB_DA4	输入	MVB 地址线 bit3
5	MVB_DA4	输入	MVB 地址线 bit4
6	MVB_DA4	输入	MVB 地址线 bit5
7	MVB_DA4	输入	MVB 地址线 bit6
8	MVB_DA4	输入	MVB 地址线 bit7
9	—	—	—
10	—	—	—
11	—	—	—
12	GND	输入	地址地
13	GND	输入	地址地
14	GND	输入	地址地
15	GND	输入	地址地

续表

管脚号	信号名称	信号说明	备注
16	GND	输入	地址地
17	GND	输入	地址地
18	GND	输入	地址地
19	GND	输入	地址地
20	—	—	—
21	—	—	—
22	—	—	—

电源连接器（X4）集成设备 MVB 地址配置功能。设备地址线 DA4～DA11 内部加了上拉电阻，默认为高电平"1"，当要配置成低电平"0"时，只需要将对应的地址线与地址地短接即可。

7．外部指示灯（见表 8-9）

表 8-9　外部指示灯定义

灯号	灯定义	颜色	状态说明
24V	24 V 电源	绿色	常亮：DC +24 VDC 正常 其他：DC +24 V 故障
5V	5 V 电源	绿色	常亮：DC +5 V 正常 其他：DC +5 V 故障
SM	MVB 通信	黄色	闪烁：MVB 通信正常（闪烁频率与 MVB 端口轮询周期相关） 其他：MVB 无通信
SF	FPGA 运行	黄色	闪烁：运行成功（约每秒闪烁 10 次） 其他：运行失败

（四）DXMe 网络模块

1．功能概述

DXMe 模块主要实现 I/O 信号输入功能，具体包括：

（1）DC 110 V 数字信号输入功能。

（2）DC 110 V 数字信号输出功能。

（3）MVB 通信功能（EMD 介质）。

设备地址采用地址插头硬线配置方式。

2. 供电要求

模块外部供电参数如下：

（1）额定电压：DC 110 V。

（2）额定电流：0.05 A。

允许的电压波动范围为：DC 77～137.5 V，超出此范围可能导致模块内部供电保护性中断。

3. 模块接口

（1）X1：MVB1（9芯 SUB-MIN-D 插孔连接器）。

（2）X2：MVB2（9芯 SUB-MIN-D 插针连接器）。

（3）X3：电源（25W3 SUB-MIN-D 插针连接器）。

（4）X4：数字信号输入（48芯插针连接器）。

4. MVB 通信接口

MVB 模块的通信接口采用2个 DB9 连接器，1个为插针连接器（X1）、1个为插孔连接器（X2）。连接器采用英制（UNC4-40）紧固螺钉，信号定义如表8-10所示。

表8-10　MVB 通信连接器（X1、X2）点位定义

管脚号	信号名称	信号说明	备注
1	A.Data_P	Line_A 线差分正线	
2	A.Data_N	Line_A 线差分负线	
3	—	—	未定义
4	B.Data_P	Line_B 线差分正线	
5	B.Data_N	Line_B 线差分负线	
6	A.TERM_P	Line_A 线终端负线	终端节点有效
7	A.TERM_N	Line_A 线终端正线	终端节点有效
8	B.TERM_P	Line_B 线终端负线	终端节点有效
9	B.TERM_N	Line_B 线终端正线	终端节点有效

5. I/O 接口（见表8-11）

表8-11　I/O 连接器（X3）点位定义

管脚号	信号名称	方向	信号描述
Z2	CHI（1）	输入	输入通道1
B2	CHI（2）	输入	输入通道2
D2	CHI（3）	输入	输入通道3
Z4	CHI（4）	输入	输入通道4

续表

管脚号	信号名称	方向	信号描述
B4	CHI（5）	输入	输入通道 5
D4	CHI（6）	输入	输入通道 6
Z6	CHI（7）	输入	输入通道 7
B6	CHI（8）	输入	输入通道 8
D6	CHI（9）	输入	输入通道 9
Z8	CHI（10）	输入	输入通道 10
B8	CHI（11）	输入	输入通道 11
D8	CHI（12）	输入	输入通道 12
Z10	CHI（13）	输入	输入通道 13
B10	CHI（14）	输入	输入通道 14
D10	CHI（15）	输入	输入通道 15
Z12	—	—	—
B12	—	—	—
D12	CHI（16）	输入	输入通道 16
Z14	110GND	输入	110 V 电源地
B14	—	—	—
D14	—	—	—
Z16	110GND	输入	110 V 电源地
B16	—	—	—
D16	—	—	—
Z18	110GND	输入	110 V 电源地
B18	—	—	—
D18	—	—	—
Z20	—	—	—
B20	—	—	—
D20	—	—	—
Z22	CHO（8A）	输出	输出通道 8 常闭端
B22	CHO（1B）	输出	输出通道 1 负载端
D22	CHO（1A）	输入	输出通道 1 电源端
Z24	CHO（8B）	输入	输出通道 8 电源端
B24	CHO（2B）	输出	输出通道 2 负载端
D24	CHO（2A）	输入	输出通道 2 电源端

续表

管脚号	信号名称	方向	信号描述
Z26	CHO（8C）	输出	输出通道8常闭端
B26	CHO（3B）	输出	输出通道3负载端
D26	CHO（3A）	输入	输出通道3电源端
Z28	CHO（7A）	输出	输出通道7常闭端
B28	CHO（4B）	输出	输出通道4负载端
D28	CHO（4A）	输入	输出通道4电源端
Z30	CHO（7B）	输入	输出通道7电源端
B30	CHO（5B）	输出	输出通道5负载端
D30	CHO（5A）	输入	输出通道5电源端
Z32	CHO（7C）	输出	输出通道7常开端
B32	CHO（6B）	输出	输出通道6负载端
D32	CHO（6A）	输入	输出通道6电源端

6. 电源接口及MVB地址（见表8-12）

表8-12　电源连接器（X4）点位定义

管脚号	信号名称	信号说明	备注
A1	—	—	—
A2	110−	输入	DC 110 V 电源地
A3	110+	输入	DC 110 V 电源正
1	MVB_DA4	输入	MVB地址线bit0
2	MVB_DA4	输入	MVB地址线bit1
3	MVB_DA4	输入	MVB地址线bit2
4	MVB_DA4	输入	MVB地址线bit3
5	MVB_DA4	输入	MVB地址线bit4
6	MVB_DA4	输入	MVB地址线bit5
7	MVB_DA4	输入	MVB地址线bit6
8	MVB_DA4	输入	MVB地址线bit7
9	—	—	—
10	—	—	—
11	—	—	—
12	GND	输入	地址地
13	GND	输入	地址地
14	GND	输入	地址地

续表

管脚号	信号名称	信号说明	备注
15	GND	输入	地址地
16	GND	输入	地址地
17	GND	输入	地址地
18	GND	输入	地址地
19	GND	输入	地址地
20	—	—	—
21	—	—	—
22	—	—	—

电源连接器（X4）集成设备 MVB 地址配置功能。设备地址线 DA4～DA11 内部加了上拉电阻，默认为高电平"1"，当要配置成低电平"0"时，只需要将对应的地址线与地址地短接即可。

7．外部指示灯（见表 8-13）

表 8-13　外部指示灯定义

灯号	灯定义	颜色	状态说明
24V	24 V 电源	绿色	常亮：DC +24 V 正常 其他：DC +24 V 故障
5V	5 V 电源	绿色	常亮：DC +5 V 正常 其他：DC +5 V 故障
SM	MVB 通信	黄色	闪烁：MVB 通信正常（闪烁频率与 MVB 端口轮询周期相关） 其他：MVB 无通信
SF	FPGA 运行	黄色	闪烁：运行成功（约每秒闪烁 10 次） 其他：运行失败

（五）过程记录

（六）任务总结

任务评价

小组自评	小组互评	教师评价

实训二　列车组干网 MVB 线缆制作 ▶▶▶

学习目标

1. 知识目标

掌握 MVB 总线 DB9 连接器内部结构。

2. 能力目标

能够正确制作列车主干网 MVB 总线。

3. 素质目标

（1）培养获取信息的素养。
（2）培养团队合作素养。

情境描述

某城市地铁 2 号线列车主干网主要采用的是 MVB 总线，MVB 是特定用于连接同一车厢或不同车厢（这些车厢在运行过程中是一个固定不变的编组）的设备与其传感器和执行机构之间的互联。

MVB 总线上的设备，根据其控制与通信能力分为五类，每一类都有他特定的功能，实践证明 MVB 总线在整个运行过程中的故障率相对多一些。

MVB 总线连接器的制作

任务书

根据现场制作 MVB 总线制作工艺和操作视频，完成 MVB 线缆制作任务。

任务分组

小组成员		任务分工
姓名	学号	

引导问题

1. MVB 总线连接器内部连接点是哪几个？

2. 如何测试所制作的线缆是否成功？

任务实施

一、作业前准备

1. 人员准备

两名作业者按规定穿戴劳保防护用品（工作服、劳保鞋、安全帽）。

2. 工具准备

需要准备以下工具：卷尺、斜口钳、热风枪、剥线钳、一字螺丝刀、十字螺丝刀、美工刀、电烙铁、焊锡丝、松香、剪刀、镊子。

序号	名称	型号	参考图片
1	电烙铁	936A	
2	焊锡丝	0.8	
3	美工刀	2058	
4	压线钳	91102	
5	剥线钳	91201	
6	一字螺丝刀	62202	

续表

序号	名称	型号	参考图片
7	十字螺丝刀	62302	
8	万用表	通用	显示屏、背光/AC750 V挡Hz转换、量程旋钮、20 A电流测试插孔、200 mA电流插孔正端、三极管测试插孔、电压电阻等插孔、公共端插孔
9	镊子	通用	
10	卷尺	通用	

续表

序号	名称	型号	参考图片
11	松香	通用	
12	热风枪		

3. 材料

需要准备以下材料：一个 DB9 插针连接器、一个 DB9 插孔连接器、两套外壳、号码管（热缩管）、符合要求长度的 4 芯屏蔽线。

序号	名称	参考图片
1	DB9 插针连接器/DB9 插孔连接器	

续表

序号	名称	参考图片
2	PET/尼龙/棉线编织网管	
3	热缩管、绝缘套管	
4	RVVP 屏蔽线	

二、作业过程

（一）MVB 线缆制作

1. 接线图示意图（见图 8-3）

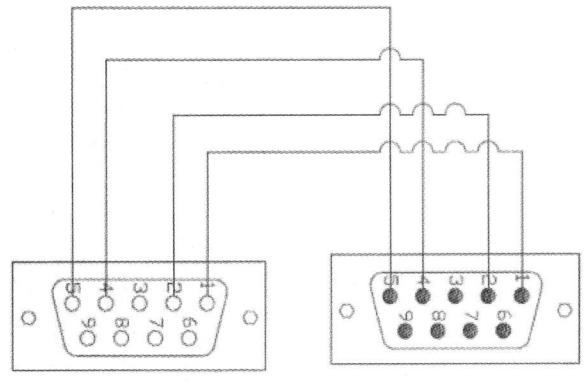

图 8-3 DB9 接线

2．制作步骤

（1）准备工具和物料。

（2）用美工刀剥出线缆保护层，套上长度约为 15 mm、$\phi 8$ 的号码管。

（3）用一字螺丝刀将屏蔽层与线缆分离，将屏蔽层拧成一股，准备待用。

（4）用剥线钳将 4 根线缆分别剥出 2 mm 线芯，套上 4 mm、$\phi 3$ 的号码管，用电烙铁在线芯上上锡，准备焊接点位。

（5）用电烙铁在 DB9 插座的 1 脚、2 脚、4 脚、5 脚分别上锡。

（6）将线缆根据实际需求分别焊接在 DB9 插座的 1 脚、2 脚、4 脚、5 脚，轻轻拉动检查焊接是否牢固。

（7）焊接屏蔽层，首先在屏蔽层上套一个约为 15 mm、长 $\phi 3$ 的热缩管，然后将屏蔽层焊接到 DB9 的外壳上，轻轻拉动检查焊接是否牢固。

（8）将热缩管上推，用热风枪将热缩管紧固，防止脱落短路。

（9）使用螺丝刀将外壳装好，并将螺丝紧固。

（10）另一端与之前操作相同，注意引脚接线确保为同一根线缆。

（11）使用万用表测量线缆两端，是否符合图纸要求且没有短路现象。

（12）断开电源，整理工具，并将工具按照原位摆放整齐，清理桌面。

（二）过程记录

（三）任务总结

任务评价

小组自评	小组互评	教师评价

实训三　M12 连接器组装

学习目标

1. 知识目标

（1）掌握电缆制作规范。
（2）掌握 M12 连接器组装规范。

2. 能力目标

（1）能够进行规范的电缆剥线操作。
（2）能够对连接器进行标准组装。

3. 素质目标

（1）培养学生规范、安全操作的职业素养。
（2）培养的一丝不苟、精益求精的精神。

情境描述

地铁紧急报警器安装前需先将电源连接器、信号连接器及地线分别进行连接，连接时电源连接器为插接结构，插接牢固后将两侧安装螺钉旋紧。信号连接器连接时在连接螺纹对正无卡滞的情况下手动无法继续旋转即可。地线采用螺钉安装在接地柱上，安装时端子线芯凸起面需朝向上方。

任务书

组装地铁车辆上紧急报警器的信号连接器。

任务分组

小组成员		任务分工
姓名	学号	

引导问题

1. 信号连接器的结构和功能是什么？

2. 连接器在组装时的注意事项是什么？

3. 信号连线器组装、连接正确后如何进行试验操作？

任务实施

一、作业前准备

1. 人员准备

作业者按规定穿戴劳保防护用品（工作服、劳保鞋、安全帽）。

2. 工具准备

常用工具清单：

序号	名称	参考图片	单位	数量	备注
1	一字螺丝刀		把	1	
2	十字螺丝刀		把	1	
3	万用表	显示屏、背光/AC750 V挡Hz转换、量程旋钮、20 A电流测试插孔、200 mA电流插孔正端、三极管测试插孔、电压电阻等插孔、公共端插孔	个	1	
4	电缆剥线刀		把	1	
5	屏蔽剪刀		把	1	

续表

序号	名称	参考图片	单位	数量	备注
6	压线钳	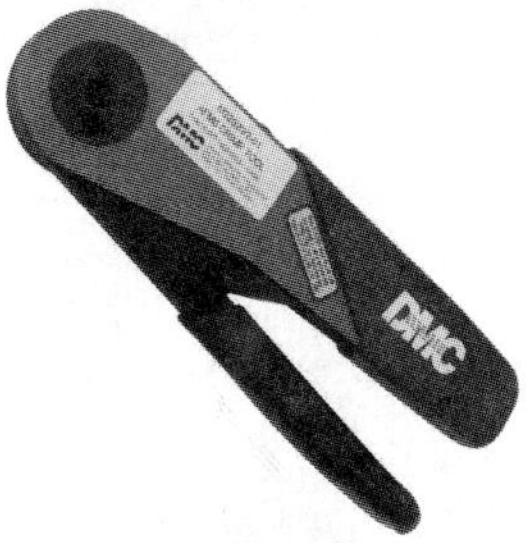	把	1	
7	可调定位器		个	1	

3. 材料清单

序号	名称	参考图片
1	插头体、绝缘体、连接器外壳、橡胶圈、尾部螺帽	
2	M12 连接器 0.5 mm² 压接针（YG971 压接插针）	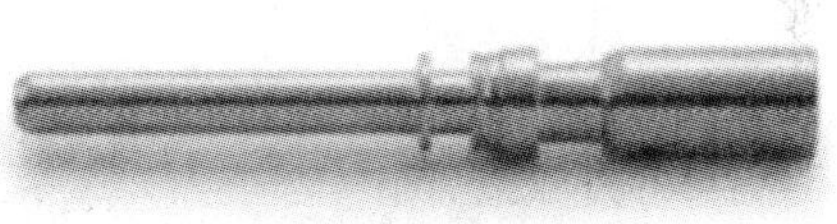
3	电缆	

二、作业过程

（一）冷压式接线 M12 连接器组装

连接器构成：插头体、绝缘体、连接器外壳、橡胶圈、尾部螺帽（见图 8-4）。

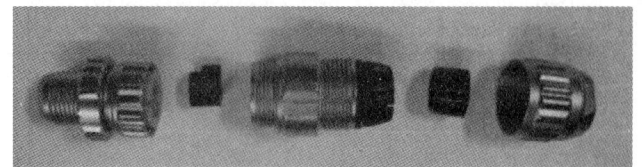

图 8-4　连接器构成

将连接器尾部螺帽、橡胶圈、连接器外壳依次套在电缆上（见图 8-5）。

图 8-5　穿入连接器尾部螺帽及金属屏蔽卡箍

用剥线刀剥去电缆外绝缘层 15～20 mm，剥线断面应平整，剥线时不能损伤屏蔽网及内部线芯（见图 8-6）。

图 8-6　剥线

将屏蔽网外翻至电缆外绝缘层上，360°均匀外翻，屏蔽网需保持原有编织状态，然后从根部去除电缆锡纸层、防护层及线缆间的填充物，不得损伤内部线芯（见图 8-7）。

图 8-7　屏蔽网及防护层处理

将屏蔽层修剪至 10 mm，然后用屏蔽带平齐屏蔽网折返断面均匀缠绕。再将电缆内芯线修剪至 12 mm，用剥线钳剥去电缆内芯线 4 mm，剥线时不得损伤线芯（见图 8-8）。

图 8-8　屏蔽网防护及内芯线剥线

进行 YG971 插针压接，将 AFM8 压接钳调整至压接挡位 6 挡，选配 SK2/2 定位器，并调节定位器深度，使压接钳的压模处于端子观察孔至端子末端被压接区域的中间部位，将单根电线放入正确的端子里，然后用压接钳对插针进行压接。压接点成形良好，无破裂、毛刺等现象，压接位置基本居中，在端子的检查孔处可以看到电线的线芯，同时线芯在端子外部不得有遗漏（见图 8-9）。

图 8-9　端子压接

端子穿入绝缘体时需注意放入点位应符合接线表信息。端子凸台需嵌入端子绝缘体的凹槽中（见图 8-10）。

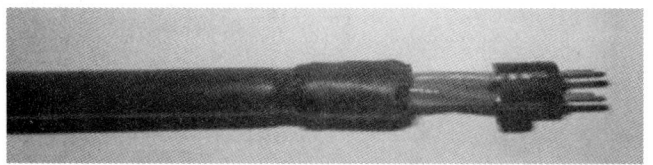

图 8-10　端子绝缘体穿入

将端子绝缘体按照连接器插头定位点插入连接器插头体，然后先将连接器外壳与插头体连接并旋紧，再将橡胶圈推入连接器外壳尾部，并将尾部螺帽与连接器外壳连接并旋紧（见图 8-11）。

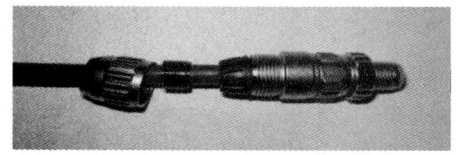 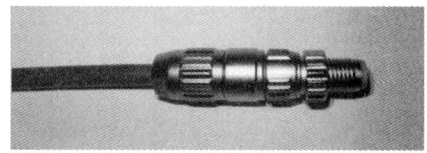

图 8-11　连接器插头体组装

（二）过程记录

（三）任务总结

任务评价

小组自评	小组互评	教师评价

实训四　单模块实验

学习目标

1. 知识目标

（1）掌握单模块实验操作台界面的操作规则。
（2）掌握单模块原理分析方法。

2. 能力目标

（1）能够完成单模块实验的编程。
（2）能够对单模块进行实验。

3. 素质目标

（1）培养学生的责任心。
（2）培养团队合作精神。

情境描述

网络模块测试台设计遵循以下原则：

（1）系统以真实机车网络模块测试大纲为准则设计测试台。

（2）使用真实网络部件设备用于操作练习，增加学生的实做经验，模拟真实网络系统工作环境，使用软件来仿真故障问题现象，弥补纯硬件教学方式及效果上的不足，并对容易出问题的零部件进行模拟故障分析，形象直观地展现故障起因。软硬件结合使用，在节省设备硬件成本的同时，也增强了培训效果。

（3）按照真实的网络系统检修作业流程及作业规范确定实训内容，构建工学结合的课程体系。使教学课程能更加密切地与实际作业相结合，形成"职业引导、能力递进"的人才培养模式，确立基于工作过程的课程体系，制定专业技能考核标准，真正实现人才培养与实际工作需求完整对接的目标。

（4）教师能够监控与管理整个系统，并负责日常维护、教学组织及考核工作。系统采用高速以太网交换机，网络传输介质具备很强的抗干扰能力，系统预留其他专业仿真实训系统的接口，可以满足扩展、升级的需要。

（5）软件具有高可靠性，遇到干扰而导致软件运行失控后，能自动恢复正常运行，若遇到不可恢复的软件故障，设备将停机或进入故障循环程序。

（6）设计遵循故障导向安全原则，即使多个故障组合或故障与误操作的组合也不会导致危险，外部环境的影响或使用条件的变化也不会导致危险的发生，系统考虑极端的电源条件及信号输入条件对系统安全性的影响。

任务书

利用单模块试验台对 DXM、DIM、AXM 模块进行编写程序和实验。

任务分组

小组成员		任务分工
姓名	学号	

引导问题

1. 每种模块的功能和端口是什么？

2. 如何编写程序？

3. 如何正确连线并进行实验操作？

任务实施

一、作业前准备

1. 人员准备
两名作业者按规定穿戴劳保防护用品（工作服、劳保鞋、安全帽）。

2. 工具准备
1）常用工具清单

序号	名称	参考图片	单位	数量	备注
1	一字螺丝刀		把	1	
2	十字螺丝刀		把	1	

续表

序号	名称	参考图片	单位	数量	备注
3	万用表	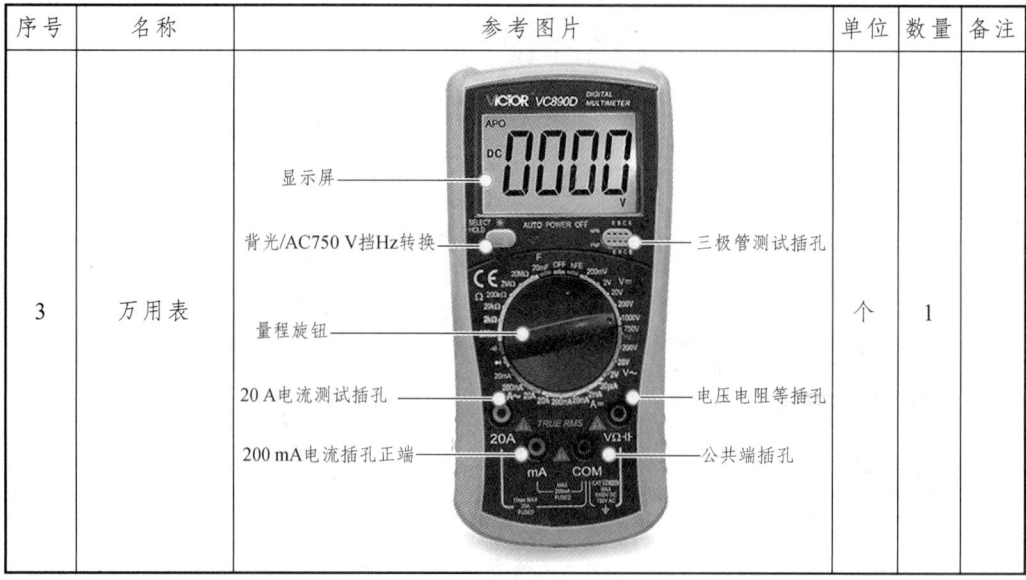	个	1	

2）网络模块试验台主要设备清单

序号	设备名称	规格型号	数量	单位
1	操作台	定制	1	台
2	工业计算机	研华 IPC610L	1	台
3	直流程控电源	HSPY-150-2	1	个
4	直流开关电源	西门子 PM207/5A	1	个
5	打印机	惠普 MF-PM227	1	台
6	PLC	S7-200SMART	1	套

3）工业计算机配置表

序号	名称	性能参数
1	CPU	主频 2.8 GHz，CPU 性能不低于 i5
2	内存	4 GB
3	硬盘	500 GB
4	接口	具备打印机接口，以太网通信口（100 Mb/s），USB 接口不少于 2 个
5	外设	光电键鼠
6	操作系统	Win 7
7	显示器	DELL 22 英寸

二、作业过程

（一）软件介绍

网络模块测试台软件主界面如图 8-12 所示。

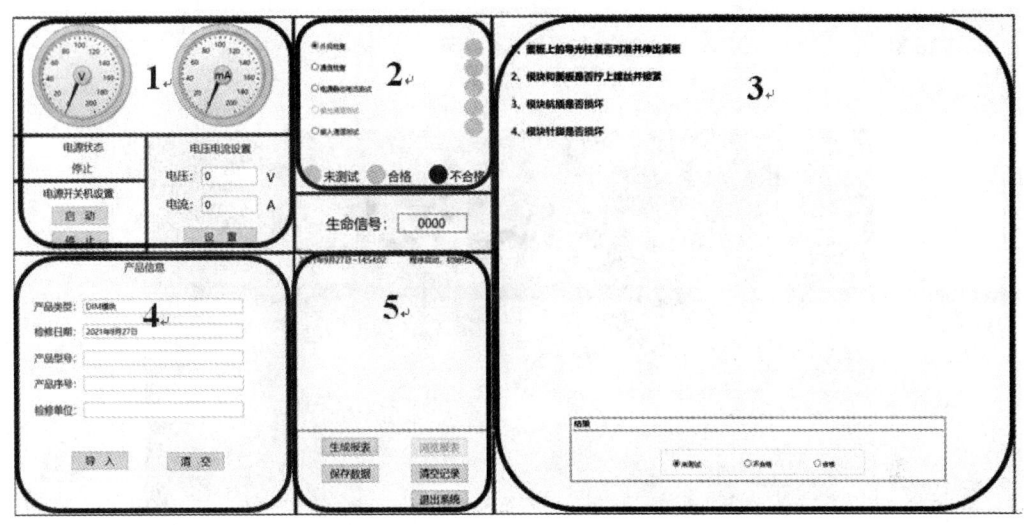

图 8-12　网络模块测试台软件主界面

区域 1：模块供电电压电流设置开关（可在此处设置网络模块所需的电压电流）。

区域 2：测试项目选择区域（需要测试哪一项就点击哪一项）。

区域 3：测试项目主要内容（显示每一项测试需要进行的步骤，是否合格的判断依据）。

区域 4：网络模块产品信息。

区域 5：数据保存及查看（点击保存数据可保存当前测试数据，点击生成报表可实时查看合格项目及生成表格）。

（二）功能原理及测试项目

满足 HXD1 机车车辆的网络模块检修功能的测试设备试验台具有如下功能：

（1）DIM 模块检修试验。

（2）DXM 模块检修试验。

（3）AXM 模块检修试验。

网络模块试验台由直流开关电源、数字量输入输出单元、模拟量测试的单元、MVB 通信单元以及串口模块组成。其中，直流开关电源为被试模块提供可调的直流电源；数字量输入单元采集被试网络模块的输出数字信号，由于输出数字信号的逻辑电平为 DC 110 V，因此，配置信号调理板来对信号进行转换，便于 PLC 对数据进行采集；数字输出模块输出 DC 110 V 数字信号给被试网络模块；模拟量测试单元对被试模拟量输入量进行测试；MVB 通信单元可以与被试模块之间进行 MVB 通信和测试 MVB 地址状态；串口模块与被试模块之间进行数据通信。

（三）DIM 模块测试

连接好测试台与 DIM 模块的插座，测试台插口与模块插口一一对应即可（见图 8-13）。

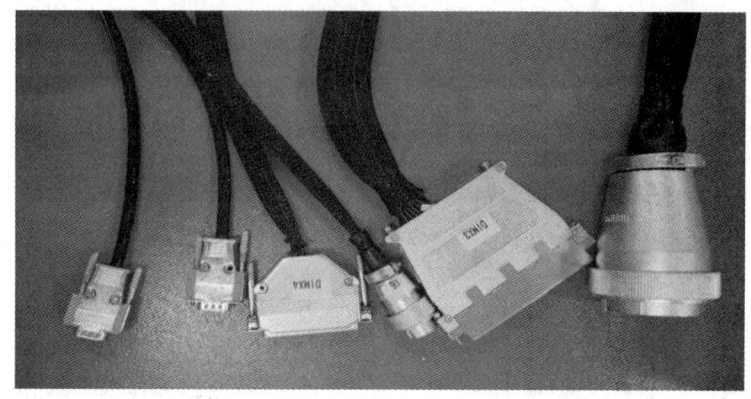

图 8-13　测试台与 DIM 模块连接插座

连接好插座的 DIM 模块如图 8-14 所示。

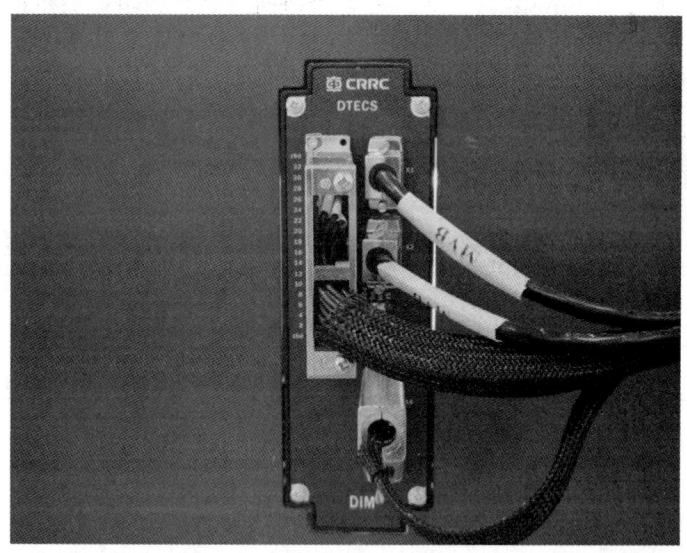

图 8-14　DIM 模块插座位置

连接好测试台与 DIM 模块的插座后，打开测试台桌面上的"网络模块测试台"软件，登录后选择需要进行测试的网络模块类型为 DIM 模块，进入测试界面（见图 8-15），进行 DIM 模块的分项测试。

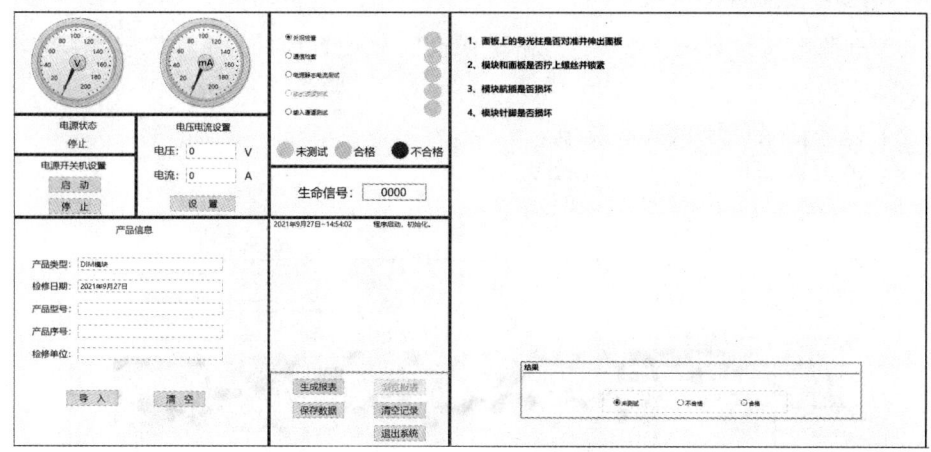

图 8-15 外观检查界面

1. 外观检查

(1) 手动检查产品可视器件安装是否与实际相符,各器件及附件是否齐全、安装牢靠,紧固件应无短缺、无松动。

(2) 检查模块航插与针脚是否完整。

(3) 确认合格,手动选择"合格/不合格"。

2. 模块通信测试（见图 8-16）

(1) 将电源电压设置为 77 V,点击电源开关机设置内的"上电",观察 DIM 模块面板上的 P24（+24 V）和 P5（+5 V）绿色状态灯是否被点亮。

(2) 面板上的 SF 灯和 SM 灯是否快速闪烁。

(3) 手动选择"合格/不合格"。

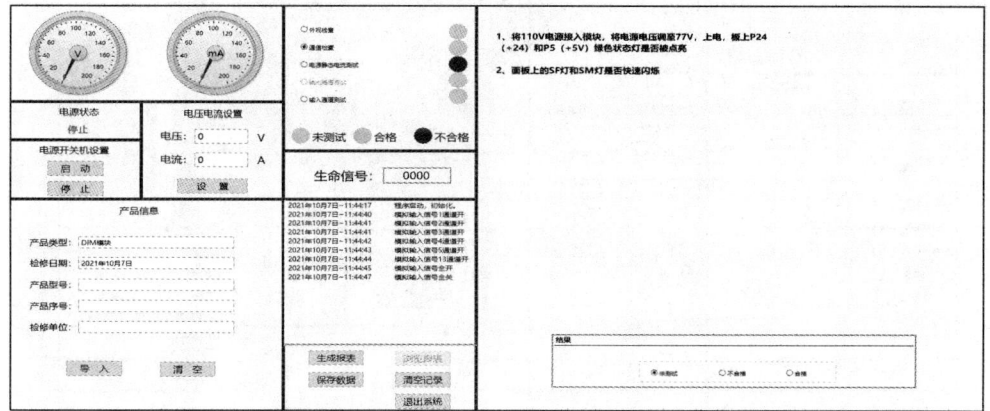

图 8-16 通信测试界面

3. 电源静态电流测试（见图 8-17）

（1）电源电压设置至 110 V，点击电源开关机设置内的"上电"，然后点击"电流读 u"。

（2）程序记录模块返回电流值。

（3）程序自动记录该项"合格/不合格"。

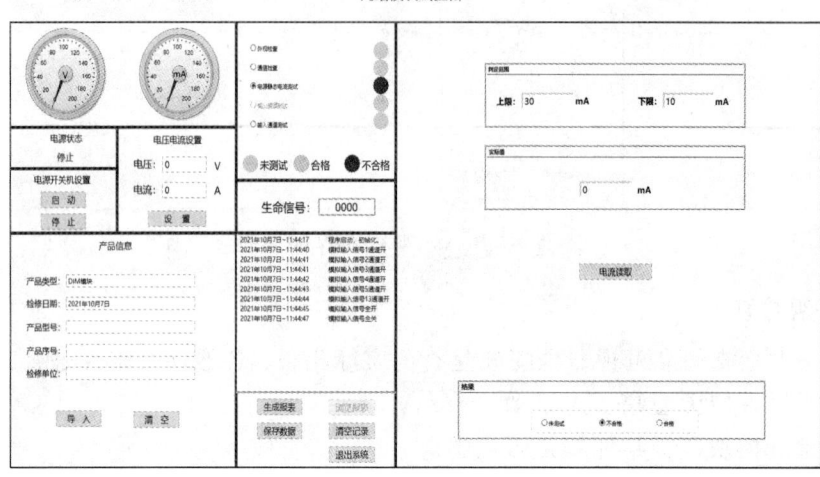

图 8-17　电源静态电流测试界面

4. DIM 模块输入通道测试（见图 8-18）

（1）点击右边测试内容区域的全开按钮，观察状态读取区是否有红灯。

（2）状态读取区全部绿色即为合格。

（3）手动选择"合格/不合格"。

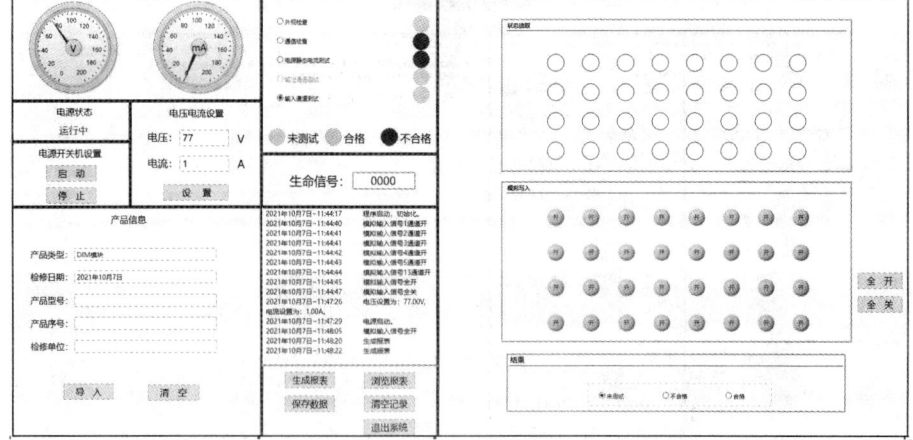

图 8-18　输入通道测试界面

（四）过程记录

（五）任务总结

任务评价

小组自评	小组互评	教师评价

实训五　地铁网络设备连接

学习目标

1. 知识目标
（1）掌握地铁网络设备的种类和功能。
（2）掌握地铁网络设备的接口使用与故障分析。

2. 能力目标
（1）能够正确使用网络设备。
（2）具有分析与解决网络设备故障的能力。

3. 素质目标
（1）培养运用知识、分析解决问题的能力。
（2）培养良好有效的沟通能力。
（3）培养团队合作素养。

情境描述

列车控制与监控系统（TCMS）采用分布式控制技术，划分为两级：列车控制级、车辆控制级。列车控制级总线和车辆控制级总线均采用 EMD 电器中距离介质的 MVB 多功能车辆总线。中继模块（REP）作为列车级总线和车辆级总线的网关，实现列车级总线到车辆级总线的数据转发功能。事件记录模块（EDRM）具备以太网接口，TCMS 可以通过 EDRM 的以太网接口或者车辆总线 MVB-EMD 接口借助车载无线传输系统将 MVB 总线上的列车状态和故障数据实时传输到地面运营控制中心，实现列车远程监控功能。

按照不同的功能与硬件配置分为两种车型：带司机室的拖车 Tc 车、带受电弓的动车 Mp 车和不带受电弓的动车 M 车。不同车型由数量不同的车辆控制模块（VCMe）、事件记录模块（EDRM）、中继器（REP）、数字量输入/输出模块（DXMe）、数字量输入模块（DIMe）、模拟量输入/输出模块（AXMe）、人机接口模块（HMI）和必要的总线终端器构成。

> **任务书**

依据地铁网络拓扑结构（见图 8-19），将网络设备（车辆控制模块、事件记录模块、中继器、人机交互接口、数字量输入/输出模块、模拟量输入/输出模块等）通过正确的连接线进行连接（一辆车或多辆车），并依据实验平台进行故障模拟、分析、解决故障（如无实验平台则可根据实际情况进行模拟连接）。

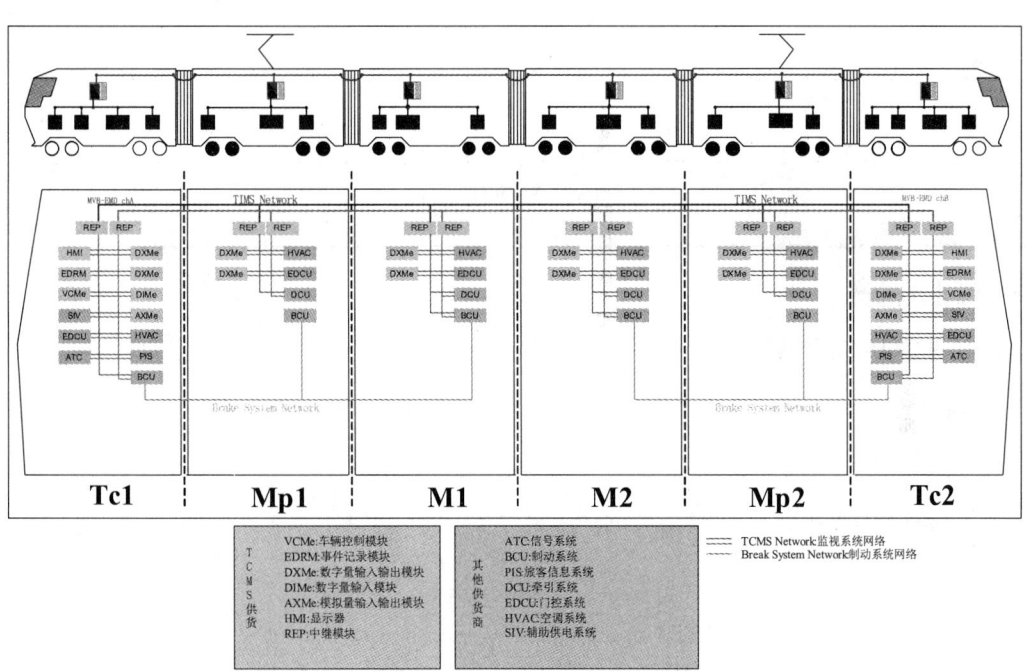

图 8-19 网络拓扑结构

TCMS 所需硬件配置：

模块	Tc1	Mp1	M1	M2	Mp2	Tc2
VCMe	1	—	—	—	—	1
HMI	1	—	—	—	—	1
EDRM	1	—	—	—	—	1
REP	2	2	2	2	2	2
DXMe	2	2	2	2	2	2
DIMe	1	—	—	—	—	1
AXMe	1	—	—	—	—	1
RCMe	1	—	—	—	—	1

任务分组

小组成员		任务分工
姓名	学号	

引导问题

1. TCMS 包含的功能有哪些？

2. 各个模块的定义和功能是什么？

任务实施

一、作业前准备

1．人员准备

两名作业者按规定穿戴劳保防护用品（工作服、劳保鞋、安全帽、防护镜）。

2．工具准备

序号	名称	规格型号	单位	数量	备注
1	万用表	FLUKE 15B	个	1	
2	一字头螺丝刀		把	1	
3	十字头螺丝刀		把	1	
4	活动扳手		把	1	
5	毛刷		把	1	

二、作业过程

(一) 各设备认知

1. **车辆控制模块 (VCMe) (见图 8-20)**

图 8-20 车辆控制模块

VCMe 模块电气接口如表 8-14 所示。

表 8-14 VCMe 模块电气接口

连接器	电气功能	管脚	信号名	信号说明
X1	WTB_A1	1	A1X	WTB_A1 正线
		2	A1Y	WTB_A1 负线
X2	WTB_A2	1	A2X	WTB_A2 正线
		2	A2Y	WTB_A2 负线
X3	WTB_B1	1	B1X	WTB_B1 正线
		2	B1Y	WTB_B1 负线
X4	WTB_B2	1	B2X	WTB_B2 正线
		2	B2Y	WTB_B2 负线
X5 X6	MVB	1	A.Data_P	A 组 MVB 正线
		2	A.Data_N	A 组 MVB 负线
		4	B.Data_P	B 组 MVB 正线
		5	B.Data_N	B 组 MVB 负线
		6		
		7		
		8		
		9		

续表

连接器	电气功能	管脚	信号名	信号说明
X7	PS	A1	110V+	DC 110 V 电源正
		A2	110V−	DC 110 V 电源地
X8	USB	1	VCC	5 V 电源正
		2	Data−	数据线负线
		3	Data+	数据线正线
		4	GND	5 V 电源地
X9	RS-232	1	GND	信号地
		2	TXD	
		3	RXD	
		4	GND	
		5	GND	
		6	GND	
		7	CTS	
		8	RTS	
X10	Ethernet	1	ETX+	发送数据+
		2	ERX+	接收数据+
		3	ETX−	发送数据−
		4	ERX−	接收数据−

2. 数字量输入/输出模块（DXMe）（见图 8-21）

图 8-21　数字量输入/输出模块

DXMe 模块电气接口如表 8-15 所示。

表 8-15 DXMe 模块电气接口

连接器	电气功能	管脚	信号名	信号说明
X1 X2	MVB	1	A.Data_P	A 组 MVB 正线
		2	A.Data_N	A 组 MVB 负线
		4	B.Data_P	B 组 MVB 正线
		5	B.Data_N	B 组 MVB 负线
		6		
		7		
		8		
		9		
X3	I/O	Z2	IN01	数字量输入通道 01
		B2	IN02	数字量输入通道 02
		D2	IN03	数字量输入通道 03
		Z4	IN04	数字量输入通道 04
		B4	IN05	数字量输入通道 05
		D4	IN06	数字量输入通道 06
		Z6	IN07	数字量输入通道 07
		B6	IN08	数字量输入通道 08
		D6	IN09	数字量输入通道 09
		Z8	IN10	数字量输入通道 10
		B8	IN11	数字量输入通道 11
		D8	IN12	数字量输入通道 12
		Z10	IN13	数字量输入通道 13
		B10	IN14	数字量输入通道 14
		D10	IN15	数字量输入通道 15
		D12	IN16	数字量输入通道 16
		Z14	110V-	110 V 电源地
		Z16	110V+	110 V 电源正
		D16	110V-	110 V 电源地
		Z18	110V+	110 V 电源正
		D18	110V-	110 V 电源地

续表

连接器	电气功能	管脚	信号名	信号说明
X3	I/O	Z22	OUT8_NC	数字量输出通道 8 常闭端
		B22	OUT1-	数字量输出通道 1 输出端
		D22	OUT1+	数字量输出通道 1 输入端
		Z24	OUT8+	数字量输出通道 8 输入端
		B24	OUT2-	数字量输出通道 2 输出端
		D24	OUT2+	数字量输出通道 2 输入端
		Z26	OUT8_NO	数字量输出通道 8 常开端
		B26	OUT3-	数字量输出通道 3 输出端
		D26	OUT3+	数字量输出通道 3 输入端
		Z28	OUT7_NC	数字量输出通道 7 常闭端
		B28	OUT4-	数字量输出通道 4 输出端
		D28	OUT4+	数字量输出通道 4 输入端
		Z30	OUT7+	数字量输出通道 7 输入端
		B30	OUT5-	数字量输出通道 5 输出端
		D30	OUT5+	数字量输出通道 5 输入端
		Z32	OUT7_NO	数字量输出通道 7 常开端
		B32	OUT6-	数字量输出通道 6 输出端
		D32	OUT6+	数字量输出通道 6 输入端
X4	PS+CFG	1	MVB_DA4	MVB 地址 bit4
		2	MVB_DA5	MVB 地址 bit5
		3	MVB_DA6	MVB 地址 bit6
		4	MVB_DA7	MVB 地址 bit7
		5	MVB_DA8	MVB 地址 bit8
		6	MVB_DA9	MVB 地址 bit9
		7	MVB_DA10	MVB 地址 bit10
		8	MVB_DA11	MVB 地址 bit11
		12	GND	信号地
		13	GND	信号地
		14	GND	信号地

续表

连接器	电气功能	管脚	信号名	信号说明
X4	PS+CFG	15	GND	信号地
		16	GND	信号地
		17	GND	信号地
		18	GND	信号地
		19	GND	信号地
		A2	110V-	110 V 电源地
		A3	110V+	110 V 电源正

3. 数字量输入模块（DIMe）（见图 8-22）

图 8-22 数字量输入模块

DIMe 模块电气接口如表 8-16 所示。

表 8-16 DIMe 模块电气接口

连接器	电气功能	管脚	信号名	信号说明
X1 X2	MVB	1	A.Data_P	A 组 MVB 正线
		2	A.Data_N	A 组 MVB 负线
		4	B.Data_P	B 组 MVB 正线
		5	B.Data_N	B 组 MVB 负线
		6		
		7		
		8		
		9		

续表

连接器	电气功能	管脚	信号名	信号说明
X3	I/O	Z2	IN01	数字量输入通道01
		B2	IN02	数字量输入通道02
		D2	IN03	数字量输入通道03
		Z4	IN04	数字量输入通道04
		B4	IN05	数字量输入通道05
		D4	IN06	数字量输入通道06
		Z6	IN07	数字量输入通道07
		B6	IN08	数字量输入通道08
		D6	IN09	数字量输入通道09
		Z8	IN10	数字量输入通道10
		B8	IN11	数字量输入通道11
		D8	IN12	数字量输入通道12
		Z10	IN13	数字量输入通道13
		B10	IN14	数字量输入通道14
		D10	IN15	数字量输入通道15
		D12	110V-	110V电源地
		Z12	IN16	数字量输入通道16
		D14	110V-	110 V电源地
		Z14	110V+	110 V电源正
		Z20	110V+	110 V电源正
		D20	110V-	110 V电源地
		Z22	IN17	数字量输入通道17
		D22	110V-	110 V电源地
		Z24	IN18	数字量输入通道18
		B24	IN19	数字量输入通道19
		D24	IN20	数字量输入通道20
		Z26	IN21	数字量输入通道21
		B26	IN22	数字量输入通道22
		D26	IN23	数字量输入通道23

续表

连接器	电气功能	管脚	信号名	信号说明
X3	I/O	Z28	IN24	数字量输入通道24
		B28	IN25	数字量输入通道25
		D28	IN26	数字量输入通道26
		Z30	IN27	数字量输入通道27
		B30	IN28	数字量输入通道28
		D30	IN29	数字量输入通道29
		Z32	IN30	数字量输入通道30
		B32	IN31	数字量输入通道31
		D32	IN32	数字量输入通道32
X4	PS+CFG	1	MVB_DA4	MVB地址bit4
		2	MVB_DA5	MVB地址bit5
		3	MVB_DA6	MVB地址bit6
		4	MVB_DA7	MVB地址bit7
		5	MVB_DA8	MVB地址bit8
		6	MVB_DA9	MVB地址bit9
		7	MVB_DA10	MVB地址bit10
		8	MVB_DA11	MVB地址bit11
		12	GND	信号地
		13	GND	信号地
		14	GND	信号地
		15	GND	信号地
		16	GND	信号地
		17	GND	信号地
		18	GND	信号地
		19	GND	信号地
		A2	110V-	110V电源地
		A3	110V+	110V电源正

4. 模拟量输入/输出模块（AXMe）（见图 8-23）

图 8-23　模拟量输入/输出模块（AXMe）

AXMe 模块电气接口如表 8-17 所示。

表 8-17　AXMe 模块电气接口

连接器	电气功能	管脚	信号名	信号说明
X1 X2	MVB	1	A.Data_P	A 组 MVB 正线
		2	A.Data_N	A 组 MVB 负线
		4	B.Data_P	B 组 MVB 正线
		5	B.Data_N	B 组 MVB 负线
		6		
		7		
		8		
		9		
X3	AO	2	OUT4+	模拟量输出通道 04 正端
		3	OUT3+	模拟量输出通道 03 正端
		4	OUT2+	模拟量输出通道 02 正端
		5	OUT1+	模拟量输出通道 01 正端
		6	OUT4-	模拟量输出通道 04 负端
		7	OUT3-	模拟量输出通道 03 负端
		8	OUT2-	模拟量输出通道 02 负端
		9	OUT1-	模拟量输出通道 01 负端

续表

连接器	电气功能	管脚	信号名	信号说明
X4	RS-232	2	TX	发送
		3	RX	接收
		4	P0.14	程序ISP下载
		5	GND	信号地
X5	PS	A1	110V+	110 V 电源正
		A2	110V-	110 V 电源地
X6	AI	1	+24V	24 V 电源
		2	AIN1	模拟量输入通道01
		3	GND	电源地
		4	GND	电源地
		5	AIN3	模拟量输入通道03
		6	-15V	-15 V 电源
		7	-15V	-15 V 电源
		9	+15V	+15 V 电源
		10	+15V	+15 V 电源
		11	AIN4-	模拟量输入通道04负端
		12	AIN5-	模拟量输入通道05负端
		13	ISOGND	隔离地
		14	+24V	24 V 电源
		15	AIN2	模拟量输入通道02
		16	GND	电源地
		17	GND	电源地
		18	AIN6	模拟量输入通道06
		19	-15V	-15 V 电源
		21	+15V	+15 V 电源
		22	+15V	+15 V 电源
		23	AIN4+	模拟量输入通道04正端
		24	AIN5+	模拟量输入通道05正端
		25	ISOGND	隔离地

5. 中继模块（REP）(见图 8-24)

图 8-24 中继模块 REP

REP 电气接口如表 8-18 所示。

表 8-18 REP 电气接口

连接器	电气功能	管脚	信号名	信号说明
X1 X2 X3 X4	MVB	1	A.Data_P	A 组 MVB 正线
		2	A.Data_N	A 组 MVB 负线
		4	B.Data_P	B 组 MVB 正线
		5	B.Data_N	B 组 MVB 负线
		6		
		7		
		8		
		9		
X5	RS-232	2	TX	发送
		3	RX	接收
		5	GND	信号地
X6	PS	A1	110V+	DC 110 V 电源正
		A2	110V-	DC 110 V 电源地

6. 智能显示装置（HMI）(见图 8-25)

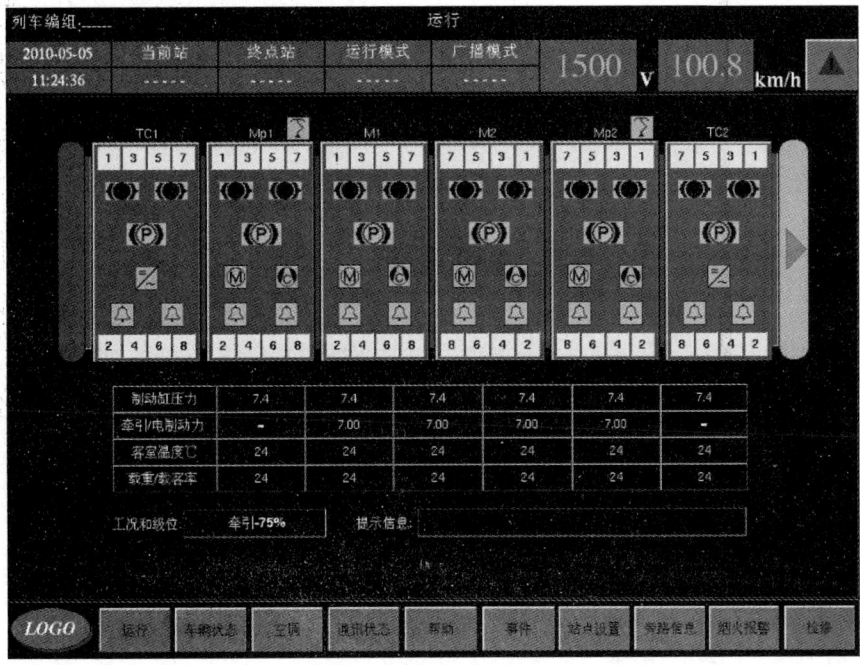

图 8-25 HMI 界面

HMI 电气接口如表 8-19 所示。

表 8-19 HMI 电气接口

连接器	电气功能	管脚	信号名	信号说明
X1	电源连接器（M23 7芯针）	1	110VDC+	输入电源+
		2	110VDC-	输入电源-
		3~7	NC	—
X7	MVB 连接器（D-Sub 9芯孔）	1	A.DATA_P	A 路数据+
		2	A.DATA_N	A 路数据-
		3	NC	保留
		4	B.DATA_P	B 路数据+
		5	B.DATA_N	B 路数据-
		6	A.TEDRM_P	A 线端接器的正极
		7	A.TEDRM_N	A 线端接器的负极
		8	B.TEDRM_P	B 线端接器的正极
		9	B.TEDRM_N	B 线端接器的负极

续表

连接器	电气功能	管脚	信号名	信号说明
X8	MVB 连接器（D-Sub 9 芯针）	1	A.DATA_P	A 路数据+
		2	A.DATA_N	A 路数据-
		3	NC	保留
		4	B.DATA_P	B 路数据+
		5	B.DATA_N	B 路数据-
		6	A.TEDRM_P	A 线端接器的正极
		7	A.TEDRM_N	A 线端接器的负极
		8	B.TEDRM_P	B 线端接器的正极
		9	B.TEDRM_N	B 线端接器的负极
X22	USB 连接器（M12 5 芯孔 A 编码）	1	USB5V	USB 电源
		2	USB1-	USB 数据-
		3	USB1+	USB 数据+
		4	GND	信号地
		5	NC	预留
X23	以太网连接器（M12 4 芯孔 D 编码）	1	ETH_TX+	以太网发送数据+
		2	ETH_RX+	以太网接收数据+
		3	ETH_TX-	以太网发送数据-
		4	ETH_RX-	以太网接收数据-

7. 网络控制系统常见故障分析与对策（见表 8-20）

表 8-20　网络控制系统故障分析与对策表

序号	故障名称	故障等级	故障定义	故障动作	处理方案
1	VCMe 通信故障	2	显示器报"无通信"故障；BE 黄灯常亮	显示器提示	① 确认所有 DXMe、DIMe、AXMe、VCMe、EDRM、REP、HMI 模块的 MVB 插头以及 SIV 箱通信插头、BCU 箱通信插头、VVVF 箱的通信插头锁紧；② 确认 REP 的 MVB 终端连接器锁紧；③ 确认所有 MVB 连接器锁紧；④ 重启列车控制和诊断系统；⑤ 如果故障依旧，请更换 VCMe 模块

续表

序号	故障名称	故障等级	故障定义	故障动作	处理方案
1	VCMe通信故障	2	软件配置错误，SE红灯常亮		①重新下载VCMe模块软件
			VCMe电源故障，所有指示灯不亮		①确认VCMe电源插头锁紧且110 V供电正常；②更换VCMe模块
2	EDRM通信故障	2	显示器报"EDRM通信故障"；BE黄灯常亮	显示器提示	①确认VCMe得电且指示灯显示通信正常；②确认EDRM的MVB通信插头锁紧；③更换EDRM模块
			EDRM电源故障，所有指示灯不亮		①认EDRM电源插头锁紧且110 V供电正常；②更换EDRM模块
3	DXMe通信故障	2	显示器报"DXMe通信故障"；SM通信指示灯不闪烁	显示器提示	①确认VCMe得电且指示灯显示通信正常；②确认DXMe的MVB通信插头锁紧；③更换DXMe模块
			DXMe电源故障，所有指示灯不亮		①确认DXMe电源插头锁紧且110 V供电正常；②更换DXMe模块
4	DIMe通信故障	2	显示器报"DIMe通信故障"；SM通信指示灯不闪烁	显示器提示	①确认VCMe得电且指示灯显示通信正常；②确认DIMe的MVB通信插头锁紧；③更换DIMe模块
			DIMe电源故障，所有指示灯不亮		①确认DIMe电源插头锁紧且110 V供电正常；②更换DIMe模块
5	AXMe通信故障	2	显示器报"AXMe通信故障"；L4通信指示灯不闪烁	显示器提示	①确认VCMe得电且指示灯显示通信正常；②确认AXMe的MVB通信插头锁紧；③确认AXMe的地址设定正确；④更换AXMe模块
			AXMe电源故障，所有指示灯不亮		①确认AXMe电源插头锁紧且110 V供电正常；②更换AXMe模块

续表

序号	故障名称	故障等级	故障定义	故障动作	处理方案
6	HMI通信故障	2	显示器报"无通信"故障；	显示器提示	①确认VCMe得电且指示灯显示通信正常； ②确认HMI的MVB通信插头锁紧； ③更换HMI显示器
			HMI电源故障，显示器不亮		①确认HMI电源插头锁紧且110 V供电正常； ②更换保险； ③更换HMI显示器
7	SIV通信故障	2	显示器报"SIV通信故障"	显示器提示	①确认VCMe得电且指示灯显示通信正常； ②确认SIV箱通信插头锁紧； ③确认SIV箱内通信接口板通信插头锁紧； ④确认SIV箱110 V供电正常； ⑤重启SIV控制电源； ⑥更换SIV箱内通信接口板
8	DCU通信故障	2	显示器报"DCU通信故障"	显示器提示	①确认VCMe得电且指示灯显示通信正常； ②确认DCU箱通信插头锁紧； ③确认DCU箱内通信接口板通信插头锁紧； ④确认DCU箱110 V供电正常； ⑤重启DCU控制电源； ⑥更换DCU箱内通信接口板
9	BCU通信故障	2	显示器报"BCU通信故障"	显示器提示	①确认VCMe得电且指示灯显示通信正常； ②更换BCU箱内通信接口板； ③确认BCU箱通信插头锁紧； ④确认BCU箱内通信接口板的通信插头锁紧且MVB终端连接器锁紧； ⑤确认BCU箱110 V供电正常； ⑥重启BCU控制电源

（二）过程记录

（三）任务总结

任务评价

小组自评	小组互评	教师评价